Luise Maria Ruhdorfer:
Familienchronik I. Teil,
Ruhdorfer – Hasenbichler.

Erfolg und Misserfolg,
Aufstieg und Niedergang,
Geschichte und Geschichten,
Zuversicht und Enttäuschung
spiegeln in der Gegenwart
die Geschicke unserer Vorfahren.
(LMR, 27.04.2023, 06:50 Uhr.)

LUISE MARIA RUHDORFER

FAMILIENCHRONIK I. TEIL

RUHDORFER – HASENBICHLER

Bibliografische Information der Deutschen Nationalbibliothek:
Die Deutsche Nationalbibliothek verzeichnet diese Publikation
in der Deutschen Nationalbibliografie; detaillierte bibliografische Daten sind
im Internet über http://dnb.ddb.de abrufbar.

ISBN 978-3-98885-251-9

www.rediroma-verlag.de

24,95 Euro (D)

Inhaltsverzeichnis I. Teil

Vorwort der Autorin

Die Verwandtschaft hat mich schon immer interessiert. Bei der großen Bauernhochzeit meines Kusins Albin Rudl habe ich im Alter von acht Jahren im Gasthaus Oleschko an der Bahnhaltestelle St. Georgen im Lavanttal alle Hasenbichler Verwandten kennengelernt. Aber ich wollte schon immer in „meinem St. Stefan“ leben. Als ich sechzehn Jahre alt war, hat mir Tante Rosa einen Teil der „Gastl-Geschichte“ erzählt. Sehr früh habe ich als verheiratete Frau mit Aufzeichnungen über die einzelnen Vorfahrenlinien begonnen. Immer wieder habe ich meine diesbezüglichen Schriften ergänzt und zusammengefasst. Dann habe ich mich im Herbst 2017 dazu entschlossen, diese Familienchronik systematisch aufzuarbeiten und ich habe mich diesem Ziel ab November 2022 ganz besonders gewidmet.

Dabei gehe ich so vor, dass ich zwei oder drei Generationen einer Familie eingehend darstelle, zuerst in einer Grafik, dann als Abstammungsgeschichte. Schließlich füge ich noch Erzählungen und Bildmaterial ein. – Der direkte Vorfahre wird fett gedruckt. Wer den Familiennamen verbürgt weitergibt, dessen Schreibname wird mit Großbuchstaben verschriftet.

Obwohl ich die Daten bis in die Gegenwart gesammelt habe, veröffentliche ich hier aus Gründen des EU-Datenschutzes nur möglichst umfangreiche Angaben zu meinen Vorläufergenerationen. Soweit es möglich war, habe ich die Angaben in den Matriken der Diözese Gurk-Klagenfurt und gegebenenfalls in anderen Diözesen überprüft bzw. von dort bezogen. Es ist interessant, die mir mündlich überlieferten Geschichten mit den amtlichen Kirchendaten abzugleichen. Die Verbindung von der heutigen Generation zu seinen Großeltern zu finden, wird jeder Nachfahre selbst schaffen können.

Nicht gesondert gekennzeichnete Abbildungen stammen aus meinem persönlichen Archiv. Ich fertige zu diesem Buch keine Literaturliste an, sondern führe die jeweilige Quelle direkt unter dem entsprechenden Bildmaterial beziehungsweise nach der entsprechenden Textstelle als Fußnote an. Ich füge auch Kartenmaterial ein, damit sich der Leser geographisch leichter orientieren kann.

In der schematischen Darstellung der Vorfahrenreihe und in den Überschriften verwende ich ausschließlich die heutige Norm der Rechtschreibung, um Verwirrungen zu vermeiden. Man muss wissen, dass die Rechtschreibung sowohl für die Einzelsprache Deutsch als auch für Slowenisch erst kurz vor 1900 in einer verbindlichen Norm festgelegt wurde.

Ich bringe auch Anekdoten und Erzählungen ein. Ich erkläre die Familiennamen umfangreich, auch die Vulgonamen werden analysiert. Es werden aber nicht nur Vulgonamen von Höfen und Keuschen besprochen, die Verwandte besessen oder auf denen sie gelebt, gewohnt oder gearbeitet haben, sondern auch solche von Paten und Zeugen sowie sonstigen in den Matriken erwähnten Personen. Für die Familiennamen gilt Gleiches. Auch Namen von nicht verwandten Paten, Zeugen, Priestern und Hebammen werden dabei berücksichtigt. Notwendige geschichtliche Zusammenhänge werden überdies erläutert. Ich erhebe keinen Anspruch auf Vollständigkeit der erhobenen Daten oder Wiedergabe der Erzählungen.

Allgemein übliche Abkürzungen werden nicht extra aufgelistet. LMR steht für Luise Maria Ruhdorfer.

Im Stammbaum werden die direkte Linie und jeweils das Elternpaar der Angeheirateten (oder Verpartnerten) dargestellt, soweit ich die Daten recherchieren konnte. Ich gehe beim Stammbaum von meiner Elterngeneration aus, bei der Auflistung der einzelnen Vorfahren beginne ich aber beim jeweils Ältesten. Die Verwandtschaftsbeziehungen in den Überschriften wurden im Verhältnis zum jüngsten Nachkommen einer Großfamilie ausgewählt. Sie bezeichnen also nicht meinen Verwandtschaftsgrad zum jeweiligen Vorfahren.

St. Stefan in Finkenstein, am 27. November 2023

Luise Maria Ruhdorfer, geborene Aloisia Maria Hasenbichler

Auf Grund des unerwartet umfangreichen Materials zum Thema „Familienchronik“ und wegen meiner inzwischen wieder einmal stark angegriffenen Gesundheit habe ich mich Ende Februar 2024 dazu entschlossen, diese Familienchronik in zwei Teilen zu veröffentlichen. Ich breche daher in diesem Buch, also in diesem I. Teil, „Ruhdorfer – Hasenbichler“, meine Ausführungen nach der „Chronik der Familie Johannes KÖFFER, vlg. Mayr am Hoff, Legerbuch 21“ ab und verlagere sowohl den Stammbaum Anton GASTL und die entsprechende „Chronik der Familie Anton GASTL in St. Stefan 1, P. Mallestig“ sowie die Stammbäume Anton OGRIS, Maria GALLOB und Agnes TRUPPE als auch die „Chronik der Familie Anton OGRIS in Klagenfurt“, die „Chronik der Familie Maria Gallob, vulgo Erian in St. Stefan 17, P. Mallestig“, beziehungsweise die „Chronik der Familie Agnes Truppe in Obergreuth, Gemeinde Finkenstein“, in den zweiten Teil, den ich irgendwann veröffentlichen werde, wenn ich wieder soweit genesen bin, dass ich so eine zeit- und kraftaufwändige Schreibarbeit auch erfolgreich bewältigen kann. Auf diese Weise ergeben sich von der Seitenzahl her zwei ungefähr gleich starke Teile meiner Familienchronik.

Ich bin überzeugt davon, dass einzelne Familien über ihre Genealogie sehr genau Bescheid wissen. Ich wollte aber absichtlich meine Erinnerung und mein Wissen einbringen und mit den Aufzeichnungen in den Matriken abstimmen.

St. Stefan in Finkenstein, am 29. Februar 2024

Luise Maria Ruhdorfer, geborene Aloisia Maria Hasenbichler

Stammbaum
RUHDORFER
nach 1850

RUHDORFER Josef
15.03.1913 – 04.02.1981, x 30.03.1948
Hutter Ermelinde Maria
28.10.1927 – 17.07.2009
Sonnrain, Feldkirchen

Ruhdorfer Paula
29.02.1908 – 01.08.1989
GASTINGER Peter
08.08.1903 – 03.06.1996, x 25.07.1938
Leitenpolte, Oberdorf-St. Urban

RUHDORFER Viktor
04.08.1898 – 03.05.1945, x 08.05.1938
Höfferer Aloisia
24.06.1914 – 04.12.2007
Oberer Türkolitzer, Dörfl

RUHDORFER Mathias
02.05.1877 – 29.04.1959, x 01.04.1915
Radlacher Maria
12.04.1871 – 21.05.1945
Oberer Türkolitzer, Dörfl

RUHDORFER Leo
30.04.1910 – 22.06.1940, x 22.11.1931
Rabitsch Stefanie
26.12.1909 – 27.03.1977
St. Georgen bei Judenburg

RUHDORFER Karl
09.01.1903 – 14.10.1969, x 15.08.1931
Tscherne Alfreda
15.12.1905 – 21.09.1977
Hauptstraße 1, Gurk

TSCHERNE Michael
25.09.1875 – 1917, x 19.09.1914
Dorner/Donner Anna
18.07.1881 – 1920/21
Hauptstraße 36, Gurk

RADLACHER Lambert
11.09.1846 – vor dem 06.09.1905, x 06.07.1801
Stingl Maria
1848/49 – 06.09.1905
Krottenhofer, Niederdorf

Chronik der Familie
Karl RUHDORFER
in Gurk

Karl RUHDORFER, 09.01.1903 – 14.10.1969,

„geboren am 9. 1. 1903 um halb 9 Uhr am Abend in Psein Nr. 6, getauft am nächsten Tag; katholisch, Knabe, unehelich geboren; Pate: Johann Radlacher, Knecht;“ [damals war seine Mutter Magd beim vulgo Türkolitzer in Dörfl Nr. 6]. – Legitimiert durch Heirat seiner Eltern am 01.04.1915 in St. Lambert zu Pisweg. („Per par. subseq. matr. 1. 4. 1915 legitimus.“) – Vaterschaftserklärung: Ruhdorfer Mathias, vulgo Türkolitzer in Dörfl, römisch katholisch, ledig, Sohn des Valentin und der Maria Ruhdorfer, hier geboren am 2. Mai 1877, den die gefertigten glaubwürdigen Zeugen nach eidesstättiger Aussage der Person und dem Namen nach gut kennen, hat sich als natürlicher Vater dieses Kindes „Karl“ bekannt und die Einschreibung als Vater dieses Kindes verlangt. Pfarramt Pisweg, 1. 4. 1915, Pfarrer Johann Safran e.h. Mathias Ruhdorfer e.h. Vater, Maria Radlacher e.h. Mutter, Gottfried Plieschnegger e.h. und Martin Kleinbergner e.h. als Zeugen. Alle katholisch.“[1]

Karl Ruhdorfer heiratete am 15.08.1931 in der Domkirche zu Gurk Alfreda, geborene Tscherne, 15.12.1905 – 21.09.1977.

Karl Ruhdorfer war Schuhmachermeister und Alfreda, Frieda genannt, war Hausfrau, im Moser-Gasthaus im 1. Stock am Südost-Eck, Hauptstraße 1, 9342 Gurk. Sie lebten zuerst im Weißgerberhaus in Gurk und Frieda zuletzt in der Försterklause in Gurk Nr. 4. Das Paar hatte vier Kinder: Wilhelm (1924-2020), verheiratet mit Ilse, (geb. Gallob, *1933), in Klagenfurt; Karl (1925-2008), verh. mit Helma, (geb. Griesser, 1932-2017), in Hetzendorf bei Fohnsdorf in der Steiermark; Anna Maria (1930-1989), verh. mit Ehrenfried Hinteregger (*1929) in Kadöll im Glantal; Herfried (1933-2006), verh. mit Luise Maria, (geb. Aloisia Maria Hasenbichler, *1944), der mein Ehemann war.

Karl Ruhdorfer ist am 14.10.1969 gestorben, zuletzt wohnhaft Hauptstraße 1 in Gurk; begraben in Gurk. Diese Familiengrabstätte wurde im Jänner 2011 aufgelassen.

Eltern der Alfreda Tscherne: Michael Tscherne, (1875 – 1917, vermisst in Russland, Erster Weltkrieg), und Anna, geborene Dorner, (1881-1920/21).

Hochzeit in Gurk, 15. August 1931,
Alfreda, geb. Tscherne, 1905-1977,
Karl Ruhdorfer, 1903-1969.

[1] Pfarre Pisweg: P04_010-1, Geburtsbuch XI, Kopie, 2. Januar 1899 – 19. April 1913, Blatt 057. – Nicht direkt zitierte Aussagen vgl. ebenda. – Eigene Ergänzungen in eckigen Klammern.

Meine Schwiegereltern Alfreda (Tscherne, 1905–1977) und Karl Ruhdorfer (1903–1969) wohnten zuerst im Weißgerberhaus in der Hauptstraße Nummer 4 in Gurk. Mein Ehemann Herfried konnte sich an diese Wohnung noch erinnern. Es gab dort eine steile Innenstiege und kein Wasser in der Wohnung, nur draußen auf dem Gang einen Wasserhahn für kaltes Wasser und ein Plumpsklo mit einem kleinen Fensterchen hinaus auf den Hinterhof. Diese Wohnung war so klein und die Geldknappheit so groß, dass der zweite Sohn bald nach seiner Geburt einige Zeit bei seiner Großmutter väterlicherseits in Pisweg verbringen musste. Es gab in Gurk damals vier Schuhmachermeister, und die Bauern waren „schlechte Zahler", wie mein Schwiegervater immer betonte, denn „sie haben bereits ein Paar neue Schuhe bestellt, bevor sie die alten bezahlt haben, nachdem diese auch schon total zerrissen gewesen sind."

Schließlich zogen meine Schwiegereltern in eine Wohnung ober dem Moser-Gasthaus in der Hauptstraße Nummer 1 in Gurk, nänlich im 1. Stock, und zwar auf der Südostecke. In dieser Wohnung war ich auch einige Male zu Besuch. Sie war im Winter eiskalt, obwohl ein Herd und ein Kachelofen drin standen. Bei den Fenstern zog es fürchterlich herein, und die Steinmauern strahlten eine geradezu sibirische Kälte ab.

Gleich bei der Tür hinein waren links die Küchenmöbel angeordnet, der Sparherd, ein niedriges Kasterl mit einem Vorhang und ein Wasserstockerl, links neben dem in die Wand eingemauerten Kachelofen. Dann folgten Herfrieds Diwan und der Kühlschrank. Er wurde also beim Schlafen „an einem Ende gebraten und am anderen eisgekühlt". Rechts neben der Eingangstür stand die Kredenz in Weiß, und dann folgte ein kleiner Tisch mit einer Rundumbank, die in die Mauernische beim Hoffenster gegen Süden eingebaut war. Einige Sessel ergänzten die Sitzgelegenheit.

Durch eine dünne spanische Wand getrennt war das Elternschlafzimmer zu linker Hand. Es gab darin zwei Betten und einen Kasten mit je einem Lege- und einem Hängeteil. Die Kästen waren damals extrem niedrig und höchstens 1,20 m breit und ungefähr 60 cm tief.

Geradeaus durch eine Stufe abgetrennt war die Schuhmacherwerkstatt mit einem Fenster gegen Osten. Wie ich meinen Schwiegervater kennengelernt habe, hat er nur noch allein gearbeitet; früher hatte er zeitweise einen Gehilfen. Leider wurden die Leisten für die Schuhe nach seinem Tod verheizt und alle Maschinen verkauft.

Ferienort Gurk im Gurktal, Kärnten, Austria. Gurk im Winter, nach der Errichtung des Schiliftes.
© Marktgemeindeamt A-9342 Gurk. Gestaltung: E. Schuster, Klagenfurt.

25 Jahre Kleine Zeitung, [o. J.].
Wanderkarte Strassburg-Moschitzberg.
© Freytag Berndt und Artaria, Wien.

Chronik der Familie
Mathias RUHDORFER
in Pisweg

Vater Mathias RUHDORFER, 02.05.1877 – 29.04.1959,

„geboren am 2. 5. 1877 um 11 Uhr[2] am Vormittag in Dörfl Nr. 6, getauft am selben Tag in Pisweg; katholisch, Knabe, unehelich geboren; Paten: Mathias Taumberger, Wurzerbauer in Dörfl, und Maria Taumberger, Wurzerbäuerin in Dörfl, als Stellvertreterin des Paten; ungeprüfte Hebamme Apollonia Lahber, Einwohnerin beim Türkolitzer. – [Vater Valentin Gutenbrunner wurde vom Pfarrer Johann Safran durchgestrichen.] – Legitimiert am 6. 10. 1890 durch Heirat seiner Eltern Valentin Ruhdorfer und Maria, geborene Strohmaier, in St. Florian zu Gunzenberg."[3]

Mathias Ruhdorfer heiratete am 01.04.1915 Maria Radlacher, 12.04.1871 – 21.05.1945, in St. Lambert zu Pisweg. Damit wurden alle fünf unehelich geborenen Kinder (Viktor, Karl, Paula, Leo, Josef) im Nachhinein legitimiert. Bei der eingetragenen Vaterschaftserklärung haben immer dieselben Personen unterschrieben: der Vater, die Mutter, die zwei Zeugen und der Pfarrer.[4]

Eltern der Maria Radlacher waren Lambert Radlacher und Maria, geb. Stingl. – Lambert Radlacher, geb. am 11. 9. 1846 in Niederdorf 6 beim Krottenhofer, am 12. getauft; Knabe, katholisch, ehelich geboren; Hebamme Ursula Taumberger, ungeprüft. Pfarrer Christoph Wilh. Stoffel. Vater: Johann Radlacher, Besitzer der Krottenhofer Keusche, ehelicher Sohn des Andreas Radlacher, sein Wohngänger, und der Maria, geb. Richter, seines Eheweibes. Sie heirateten am 6. 7. 1801 in Pisweg.[5] Mutter: Ursula, geb. Zedrösser, eheliche Tochter des Gregor Zödrösser, Bauer an der Wajandhube, und der Katharina, geb. Taumberger, seines Eheweibes. Pate: Valentin Zedrosser, vulgo Oberer Valtl zu Straßa.[6] – Johann Radlacher und Urschula Zedrosser heirateten am 5. 2. 1838 in Pisweg.[7]

Mathias Ruhdorfer war Holzknecht beim Lemisch und Besitzer der Keusche beim vulgo Oberen Türkolitzer in Dörfl Nr. 6, Pfarre St. Lambert in Pisweg. Er zog als Witwer nach der Übergabe der Keusche beim vulgo Oberen Türkolitzer an seinen jüngsten Sohn Josef mit diesem nach Feldkirchen, wo Josef ein Häuschen erbaut hatte. Maria Ruhdorfer, geborene Radlacher, war Magd auf mehreren Anwesen, Einwohnerin und Hausfrau beim Oberen Türkolitzer in Pisweg.

Mathias Ruhdorfer ist am 29.04.1959 gestorben. Er ist in Feldkirchen begraben. Maria Ruhdorfer, geborene Radlacher, ist am 21.05.1945[8] gestorben und in Pisweg begraben.

Mathias Ruhdorfer und Maria, geborene Radlacher, hatten fünf Kinder: Viktor (1898-1945, gefallen am Loiblpass), verh. mit Aloisia, (geb. Höfferer, 1914-2007), in Pisweg; Karl (1903-1969), verh. mit Alfreda, (geb. Tscherne, 1905-1977), in Gurk; Paula (1908-1989), verh. mit Peter Gastinger (1903-1996), in St. Urban bei Feldkirchen; Leo (1910-1940, gefallen), verh. mit Stefanie, (geb. Rabitsch, 1909-1977), in St. Georgen ob Judenburg in der Steiermark; Josef (1913-1981), verh. mit Ermelinde Maria, (geb. Hutter, 1927-2009) in Feldkirchen.

Maria Ruhdorfer, (geborene Radlacher, 12.04.1871 – 21.05.1945), hatte einen Bruder, **Thomas RADLACHER**, 19.12. 1882 – 1955[9]. Er war verheiratet mit Ottilie, geborene Stroh-

---

[2] Alle Internet-Daten von http://www.data.matricula.info/php/main.php. und http://data.matricula-online.eu/de/oesterreich/gurk/, also aus dem Internet-Portal der Diözese Gurk, ab Mitte Oktober 2017 bis zum Erscheinen dieses Buches eingeholt bzw. dort überprüft.

[3] Pfarre Pisweg: P04_008-1, Geburtsbuch IX, 22. Juni 1864 – 6. März 1881, Blatt 001.

[4] Vgl. Pfarre Pisweg: P04_014-1, Trauungsbuch IV, 4. Februar 1861 – 16. November 1890, Blatt 134.

[5] Vgl. Pfarre Pisweg: P04_013-1, Trauungsbuch III, 3. Mai 1784 – 16. Juli 1860, Blatt 054.

[6] Vgl. Pfarre Pisweg: P04_006-1, Geburtsbuch VII, 2. Februar 1841 – 28. Januar 1854, Blatt 060.

[7] Vgl. Pfarre Pisweg: P04_013-1, Trauungsbuch III, 3. Mai 1784 – 16. Juli 1860, Blatt 192.

[8] Vgl. Pfarre Pisweg: P04_023-1, Alphabetischer Index zu den Sterbbüchern, Kopie, 1. Jan. 1818 – 31. Dez. 2007. – (Entsprechendes Sterbbuch derzeit wegen EU-Datenschutz noch gesperrt. > VII, 135.)

mayer, 13.12. 1889 – 1965[10]. „Sie heirateten am 17. 10. 1914 in Pisweg. Der Bräutigam war ein ehelicher Sohn des schon verstorbenen Dienstboten Lambert Radlacher und der Maria, geb. Stingl. Der Bräutigam ist zur Gemeinde Pisweg zuständig, ledig, großjährig, (geb. 19. Dez. 1882 in der Pfarre Zammelsberg), dzt. Ersatzreservist des Landwehr-Uhlanen Regiments Nr. 5 in Stockerau bei Cortina eingerückt; katholisch, 31 Jahre alt, geb. 19. XII. 1882, unverehelicht. Die Braut Strohmayer Ottilie, Wirtschäfterin, in Dörfl hiesiger Pfarre gebürtige, uneheliche Tochter der Johanna Strohmayer, einer Inwohnerin beim vulgo Stangl in Gwadnitz. Die Braut ist großjährig, dzt. beim vulgo Tomale in Dörfl wohnhaft; katholisch, 24 Jahre alt, geb. 13. XII. 1889, unverehelicht. Zeugen: Jak. Feldsberger e. h., vulgo Franzl in Stroßa; Josef Lungkofler e.h., vulgo Lampele in Dörfl. Joh. Safran e.h., Pfarrer. – Dieses Brautpaar wurde, da kein Ehehindernis aufgedeckt wurde, nach erhaltener kirchlicher und politischer Dispens von allen Aufgeboten und [nach] Ablegung des Manifestationseides am 17. Oktober l. J. vormittags in hiesiger Pfarrkirche kirchlich getraut vom Ortspfarrer Joh. Safran e.h. – Ehedokumente: 1. Aufnahmeprot. Z. 210 vom 17. Okt. 1914. 2. kirchl. Dispens von allen Aufgeboten F.B.G. Ord. Z. 5415 vom 14. X. 1914. 3. pol. Dispens von allen Aufgeboten kk. Bezirksg. St. Veit (Telegr.). 4. Manifestationseid, den Brautleuten abgenommen am 17. Okt. 1914 in der Pfarrkanzlei Pisweg. – Vidi Safran e.h., Pfarrer."[11] (Jak. = Jakob, Joh. = Johann, l. J. = laufenden Jahres, ...prot. = ...protokoll, Z. = Zahl, F.B.G. Ord. = Fürstbischöfliches Gurker Ordinariat, pol. = politische, kk. Bezirksg. = kaiserlich-königliches Bezirksgericht, Telegr. = Telegramm. Vidi = Gesehen/Kontrolliert.) – Das Paar hatte zwei Töchter: Stefanie und Maria.

Sohn Viktor RUHDORFER, 04.08.1898 – 03.05.1945,

„geboren am 4. 8. 1898 um 3 Uhr am Nachmittag in Dörfl Nr. 2 beim vulgo Lampele; getauft am 5. 8. in St. Lambert in Pisweg; katholisch, Knabe, unehelich geboren; Patin Constantia Leitgeb, Mahrin beim Dueler in Gruschka; ungeprüfte Hebamme Maria Radlacher, [also seine Türkolitzer Großmutter]. – Legitimiert durch Heirat seiner Eltern am 1. 4. 1915 in St. Lambert in Pisweg. Zeugen waren Gottfried Plieschnegger e.h. und Martin Reinsberger e.h."[12] – Sein Vater Mathias Ruhdorfer ließ sich erst am 01.04.1915 nachträglich im Geburtsbuch eintragen. Sowohl der Vater als auch die Mutter und beide Zeugen konnten selbst unterschreiben. – Viktor Ruhdorfer ist aus der röm. kath. Kirche ausgetreten am 25.03.1938. – Als Vater seiner Mutter Maria Radlacher ist der verstorbene Philipp Radlacher eingetragen und als Mutter Maria, eine beim vulgo Toni in Stroßach lebende Gästin.[13]

Viktor Ruhdorfer heiratete am 08.05.1938 Aloisia, (geb. Höfferer, 24.06.1914 – 04.12. 2007), in Weitensfeld, [wohnhaft beim vulgo Hochackerer]. Der Bräutigam Viktor Ruhdorfer war Holzarbeiter, Sohn von Matthias Ruhdorfer und von Maria, geb. Radlacher, geb. in Dörfl, Gemeinde Pisweg und Pfarre Pisweg, ledig, großjährig und katholischer Religion, zuständig nach Pisweg; unverehelicht, geb. am 4. VIII. 1898. Die Braut Aloisia Höfferer, [24.06.1914 – 04.12.2007], Wirtschäfterin, Tochter von Alois Höfferer und von Katharina, geb. Schininger, geboren in der Inneren Wimitz, Gemeinde Pisweg, Pfarre Pisweg und zuständig nach Pisweg; ledig, großjährig und katholischer Religion; unverehelicht, geb. am 24.06.1914. Beistände:

---

[9] Vgl. Pfarre Pisweg: P04_023-1, Alphabetischer Index zu den Sterbbüchern, Kopie, 1. Januar 1818 – 31. Dezember 2007. – (Entsprechendes Sterbbuch derzeit wegen EU-Datenschutz noch gesperrt. > VII, 153.)

[10] Vgl. Pfarre Pisweg: P04_023-1, Alphabetischer Index zu den Sterbbüchern, Kopie, 1. Januar 1818 – 31. Dezember 2007. – (Entsprechendes Sterbbuch derzeit wegen EU-Datenschutz noch gesperrt. > VII, 165.)

[11] Pfarre Pisweg: P04_015-1, Trauungsbuch tom. V, Kopie, 24. November 1890 – 22. Juni 1931, Blatt 057.

[12] Pfarre Pisweg: P04_009-1, Geburtsbuch X, 8. März 1881 – 30. Dezember 1898, Blatt 159. – Vgl. ebenda folgende 3 Aussagen.

[13] Diese Abweichung in der Ahnenlinie der Maria Radlacher kann nicht erklärt werden. Sie ist aber so dokumentiert. > Ihr Vater war jedoch Lambert Radlacher.

Franz Schininger e.h., Zimmermann; Karl Ruhdorfer e.h., Schuhmacherm[eister]; Pfarrer [Heinrich] Schulte e. h.[14] – Dreimalige Verkündigung, Bräutigam holte Dokumente ab, Eheakte …

Viktor Ruhdorfer ist am 03.05.1945[15] am Loiblpass gefallen. Er fand seine letzte Ruhestätte in Pisweg, nachdem ihn ein Kriegskamerad auf einem Leiterwagen mit einem ausgeliehenen Pferd nach Hause überführt hatte. Laut Gefallenenliste aus dem Jahre 2010 fiel Viktor Ruhdorfer in Kappel an der Drau.[16] Er war am Loiblpass im Kampf gegen die Partisanen eingesetzt. Er hätte aber gar nicht mehr einrücken müssen, weil er bereits im Ersten Weltkrieg gekämpft hatte.

Viktor Ruhdorfer hatte einen unehelichen Sohn, Josef Strutz (1924[17]–1945, gefallen), der Schlosser war. An ihn erinnert eine Gedenktafel in Pisweg. – Aloisia Ruhdorfer, geb. Höfferer, hatte einen unehelichen Sohn mit Josef Lungkofler, (18.05.1919 – 09.11.1943), namens Walter Höfferer (28.11.1937[18] – 1995). Walter Höfferer ist in Pisweg begraben. – Viktor Ruhdorfer und Aloisia, geborene Höfferer, hatten 3 gemeinsame Söhne: Richard, Viktor, Max.

Der Vater von Walter Höfferer, „Josef Lungkofler, wurde am 18. März 1919 um 5 Uhr in der Früh beim vulgo Lampele in Dörfl Nr. 5 geboren; katholisch, Knabe, ehelich geboren; Afra Eppich, geprüfte Hebamme; Johann Safran e.h., Pfarrer. Vater: Lungkofler Josef, Lampele in Dörfl, ehelicher Sohn des Simon Lungkofler, vulgo Zauchner in Tschriett, Pfarre Altenmarkt, und der Maria, geb. Gwenger. Beide am Leben. Vater geb. am 21. 3. 1891, Pfarre Altenmarkt. Mutter: Friederika, geborene Felsberger, eheliche Tochter des Jakob Felsberger, vulgo Franzl in Stroßa, und der Agnes, geborene Höfferer, letztere schon verstorben. Mutter geb. am 13. 9. 1892. Alle römisch-katholisch. Eltern getraut am 12. 2. 1912 in Pisweg. Patin: Theresia Felsberger e.h., vulgo Franzl-Bäuerin in Stroßa. Joh. Safran e.h., Pfarrer. – Confirm./[Gefirmt] 9. 6. 1930, Klagenfurt-Dom. – Extr./ [Ausgetreten] 21. 1. 1938. – Am 9. Nov. 1943 bei Pustyjl-Shidowizy an Kopfschuss gefallen und im Heldenfriedhofe Porchow (südwestlich von Ilmensee-Russland) beerdigt. Joh. Safran e.h., Pfarrer.“[19]

Aloisia Ruhdorfer, geb. Höfferer, brachte einige Wochen nachdem ihr Ehemann Viktor am Loiblpass gefallen und auch ihre Schwiegermutter Maria, geborene Radlacher, verstorben war, ihren jüngsten ehelichen Sohn Max zur Welt. Da ihr Ehemann Viktor aus dem Zweiten Weltkrieg nicht lebend zurückgekehrt war, musste sie auf Geheiß ihres Schwiegervaters ihren unehelichen Sohn Walter, der im Zweiten Weltkrieg ebenfalls gefallen war, auf den Hof seines Vaters bringen. Und dann musste sie sich fortan als Magd auf fremden Höfen verdingen. Sie nahm also ihre drei ehelichen Söhne Richard, Viktor und Max von Hof zu Hof mit. Als Magd fand sie schließlich ständige Aufnahme beim Gregorbauern in der Wimitz. Dieser Hof befindet sich kurz vor Pisweg. Die Gregor-Kinder betrachten die Söhne von Viktor und Aloisia noch heute als zur Gregor-Familie gehörig. Die Ruhdorfer-Söhne erbauten später ein

[14] Vgl. Pfarre Weitensfeld: W07_009-1, Trauungsbuch III, Kopie, 15. Januar 1903 – 17. Februar 1940, Blatt 092. – Auch nachfolgende Aussage vgl. ebenda.

[15] Vgl. Pfarre Pisweg: P04_023-1, Alphabetischer Index zu den Sterbbüchern, Kopie, 1. Januar 1818 – 31. Dezember 2008. – (Entsprechendes Sterbbuch zur Zeit wegen EU-Datenschutz noch gesperrt. > VII, Blatt 135.)

[16] Vgl. www.denkmalprojekt.org/2011/Pisweg_wk1u2_kaernt_oe.html, Zugriff 20.04.2023, 16:45 Uhr. © Kurt Pirker, 09.08.2010.

[17] Vgl. Pfarre Pisweg: P04_012-1, Alphabetischer Index zu den Geburtsbüchern, 1. Januar 1784 – 31. Dezember 1939, Blatt 067. – (Entsprechendes Geburtsbuch zur Zeit wegen EU-Datenschutz noch gesperrt. Stand 20. 04.2023. > VII, Blatt 122.)

[18] Vgl. Pfarre Weitensfeld: W07_007-1, Alphabetischer Index zu den Geburtsbüchern, 1. Januar 1768 – 31. Dezember 2004, Blatt 017. – (Entsprechendes Geburtsbuch zur Zeit wegen EU-Datenschutz noch gesperrt. Stand 20.04. 2023. > VIII, Blatt 038.)

[19] Pfarre Pisweg: P04_011-1, Geburtsbuch tom. XII, Kopie, 16. April 1913 – 25. November 1939, Blatt 059.

Häuschen in Pisweg, wo ihre Mutter jahrelang lebte. Aloisia Ruhdorfer, geb. Höfferer, verbrachte aber ihren Lebensabend bei Sohn Max in Eberstein und ist auch dort begraben.

Sohn Karl RUHDORFER, 09.01.1903 – 14.10.1969

(Siehe oben „Chronik der Familie Karl RUHDORFER in Gurk".)

Tochter Paula Ruhdorfer, 29.02.1908 – 01.08.1989,

„geboren am 29. 2. 1908 um 12 Uhr in der Nacht in Dörfl Nr. 6; getauft am 1. 3. in St. Lambert zu Pisweg; Namenstag am 29. Juni, „Peter- und Paul-Tag"; katholisch, Mädchen, unehelich geboren; ihre Mutter war damals Magd beim vulgo Türkolitzer in Dörfl 6. Patin: Antonia Radlacher, Schwester der Kindesmutter, Magd beim vulgo Wrießl in Schamboden; geprüfte Hebamme Afra Eppich. – Legitimiert durch Heirat ihrer Eltern am 1. 4. 1915 in St. Lambert zu Pisweg."[20] – Bei Paula ist kein Kindesvater eingetragen, wohl aber folgt auf der linken Seite des Geburtsbuches die übliche Vaterschaftserklärung. – Die Eltern ihrer Mutter waren der bereits verstorbene Lambert Radlacher, gewesener Krottenhofer, und seine Ehefrau Maria, geborene Stingl.

„Maria Radlacher, geb. Stingl, ist lt. Totenschein vom 8. 9. 1905 am 6. Sept. 1905, um 6 Uhr abends, in Stroßa 5, als verwitwete Inwohnerin, im Alter von 56 Jahren an Herzwassersucht verstorben. Sie wurde versehen und am Friedhofe in Pisweg beerdigt von Jos. Rogl e.h., Pfarrer."[21]

Paula Ruhdorfer heiratete am 25. 7. 1938 Peter GASTINGER, (08.08.1903 – 03.06.1996), in der Stiftskirche zu Gurk.[22]

Paula Gastinger, geborene Ruhdorfer, war Weißnäherin, Hausfrau und Bäuerin sowie Herfrieds Taufpatin. Peter Gastinger war Bauer vulgo Leitenpolte, Oberdorf 2, St. Urban bei Feldkirchen. Paula Gastinger ist am 01.08.1989 um 13 Uhr 30 in Oberdorf 2, St. Urban bei Feldkirchen gestorben. Peter Gastinger ist am 03.06.1996 zu Hause verstorben. Beide sind in St. Urban bei Feldkirchen begraben. Das Paar hatte keine Kinder.

Paula Gastinger, geborene Ruhdorfer, Tante Lina genannt, hatte sehr viele Patenkinder. Zu Ostern ließ sie für ihre Patenkinder manchmal von ihrer Schwägerin, Frau Zippusch in St. Urban bei Feldkichen, wunderschöne und ausgezeichnet schmeckende Torten backen. Die vielen Osterreindlinge backte sie selber. – Großvater Mathias Ruhdorfer begleitete seinen Enkel Herfried zu Ostern die halbe Strecke von Pisweg nach St. Urban, wo Tante Lina ihr Patenkind erwartete, um ihm bei ihr zu Hause den Osterreindling auszuhändigen. Herfried verbrachte zu Ostern immer einige Tage bei Tante Lina, auch die Sommerferien. – Tante Linas Schwiegervater war evangelisch, weshalb er als einziger am Karfreitag immer einen Schweinsbraten aß. – Beim Leitenpolte war früher einmal eine Schusterwerkstatt, und sie besaßen sehr viele alte Bibeln. – Das Gelände war sehr steil, sodass man aufpassen musste, dass die kleinen Kinder nicht vom schmalen Weg „abkugelten".

Sohn Leo RUHDORFER, 30.04.1910 – 22.06.1940,

„geboren am 30. 4. 1910 um 21 Uhr in der Nacht, getauft am 1. Mai in Pisweg; katholisch, Knabe, unehelich geboren; seine Mutter war damals Einwohnerin beim vulgo Türkolit-

[20] Pfarre Pisweg, P04_010-1, Geburtsbuch XI, Kopie, 2. Januar 1899 – 19. April 1913, Blatt 130. – Nachfolgende Aussagen vgl. ebenda.

[21] Pfarre Pisweg: P04_022-1, Sterbbuch tom. VII, Kopie, 5. Januar 1899 – 21. Dezember 1939, Blatt 038.

[22] Vgl. Pfarre Gurk: G24_023-1, Index zu den Trauungsbüchern, 1. Januar 1770 – 31. Dezember 2003, Blatt 013. > VIII, 162. – (Entsprechendes Trauungsbuch zur Zeit wegen EU-Datenschutz noch gesperrt. Stand 20.04. 2023. > VIII, Blatt 162.)

zer in Pisweg; Taufpatin Antonia Radlacher, Magd; geprüfte Hebamme Afra Eppich; gefirmt am 29. 6. 1920 in Gurk. – Legitimiert durch Heirat seiner Eltern am 1. 4. 1915 in St. Lambert zu Pisweg. – Leo Ruhdorfer heiratete am 22.11.1931 Stefanie Rabitsch, [26.12.1909 – 27.03. 1977], in St. Georgen ob Judenburg. – Er ist am 22.6.1940 in Col. de St. Marie gefallen."[23]

Leo Ruhdorfer war Schneidermeister in St. Paul bei St. Georgen ob Judenburg Nr. 9. Stefanie Ruhdorfer war nach Leos Tod Hausfrau und Näherin in St. Veit/Glan. Stefanie Ruhdorfer, geborene Rabitsch, wurde in St. Veit/Glan begraben. Das Paar hatte drei Kinder: Walter, Renate, Eduard.

Sohn Josef RUHDORFER, 15.03.1913 – 04.02.1981,

„geboren am 15. 3. 1913 um 8 Uhr am Morgen in Dörfl Nr. 2 beim vulgo Lampele; katholisch, Knabe, unehelich geboren; Patin Antonia Radlacher, Magd beim vulgo Hansele am Kraigerberg; geprüfte Hebamme Afra Eppich. – Legitimiert durch Heirat seiner Eltern am 1. 4. 1915 in St. Lambert zu Pisweg. – Josef Ruhdorfer heiratete am 30. 3. 1948 Ermelinde Maria Hutter, [28.10.1927 – 17.07.2009], im Dom zu Gurk. – Er ist am 4. 2. 1981 gestorben."[24] Seine Ehefrau Ermelinde Maria, geb. Hutter, starb am 17.07.2009. Beide sind in Feldkirchen begraben. Das Paar hatte zwei Kinder: Alfred und Helga.

Josef Ruhdorfer war Sattler, hat beim vulgo Oberer Türkolitzer verkauft und mit diesem Geld in Sonnrain bei Feldkirchen ein Eigenheim errichtet. Er nahm seinen Vater Mathias Ruhdorfer mit nach Feldkirchen, weshalb dieser auch in Feldkirchen begraben liegt. Ermelinde Maria Ruhdorfer war Hausfrau. Josef Ruhdorfer war Herfrieds Firmpate.

Ermelinde Maria Ruhdorfer hat ihre Tochter Helga noch als Achtzigjährige mit ihrem eigenen Auto in Tamsweg besucht. Nachdem ihr gemeinsamer Sohn Alfred sehr früh verstorben ist, und Ermelinde nicht mehr Auto fahren konnte, ging sie mit einundachtzig freiwillig ins Altenheim in der Rottendorfer Straße 20, wo ihre Kräfte sehr schnell verfielen.

Ermelinde Maria Ruhdorfer, geborene Hutter, wurde in Gurk beim Prossegger geboren. Sie hatte noch zwei Schwestern. Ihr Vater war Arbeiter. Ihre Mutter starb, als sie sechzehn Jahre alt war. Als Josef sie zur Frau erwählte, arbeitete sie in Gurk im Gasthof Erian in der Küche.

Zum vermuteten Ruhdorfer Vorfahren Hieronymus Rueßdorff siehe ganz hinten im Buch die Skizze „Mein Amtstag in St. Stefan am Montag, dem 3. September 1647" als großteils frei erfundene Geschichte.

[23] Pfarre Pisweg: P04_010-1, Geburtsbuch XI, Kopie, 2. Januar 1899 – 19. April 1913, Blatt 158.
[24] Pfarre Pisweg: P04_010-1, Geburtsbuch XI, Kopie, 2. Januar 1899 – 19. April 1913, Blatt 198.

Maria Radlacher, *12.04.1871, Obere Türkolitzerin.

Familie vulgo Oberer Türkolitzer:
hinten von links: Josef? (*1913), Pauline (*1908), Karl (*1903), Viktor (*1898);
vorne von links: Mutter Maria (*1871), Leo? (*1910), Vater Mathias (*1877).
[Josef und Leo könnten hier auch ihre Plätze getauscht haben.]

Pisweg, II. Weltkrieg, Gefallene

Dienstgrad	Name	Vorname	Geburtsdatum & Ort	Todesdatum & Ort
Gefreiter	LUNGKOFLER	Josef	18.05.1919 Pisweg	09.11.1943 Pustje-Sydowitze
---	RUHDORFER	Viktor	04.08.1898 Pisweg	03.05.1945 Kappel / Drau

Gefallenenliste von Pisweg.
www.denkmalprojekt.org/2011/Pisweg_wk1u2_kaernt_oe.html.
Zugriff 20.04.2023, 16:45 Uhr. © Kurt Pirker, 09.08.2010, 044, 049.

von links nach rechts: Stefanie (Rabitsch, *1909) mit Renate?, Leo (*1910), Aloisia (Höfferer, *1914) mit Eduard?, Viktor (*1898), Maria (Radlacher, *1871) mit Walter?, Josef Strutz (*1924), Mathias Ruhdorfer (*1877).

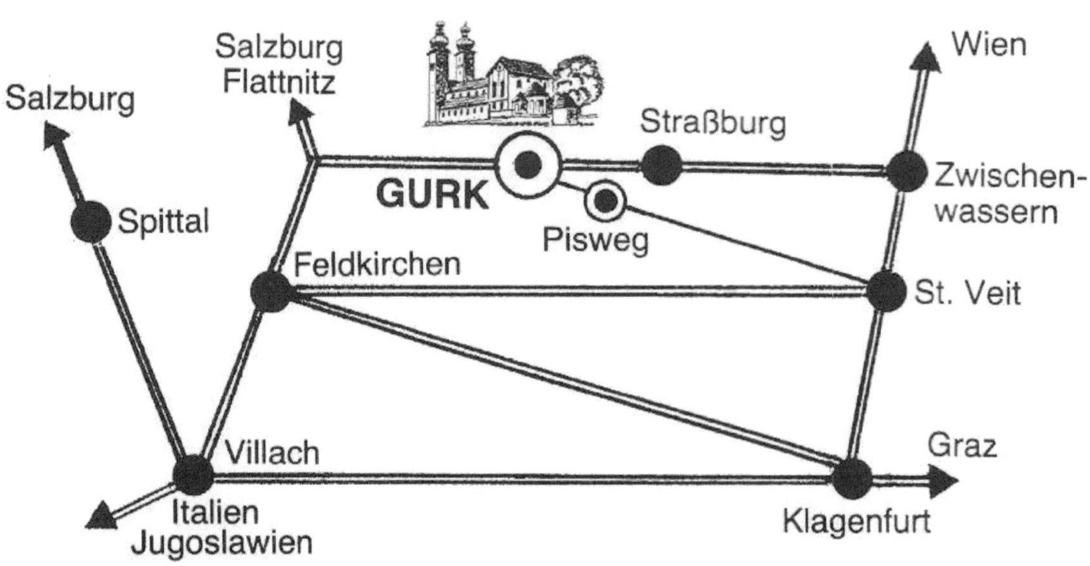

Ferienort Gurk im Gurktal, Kärnten, Austria; Straßenkarte.
© Marktgemeindeamt A-9342 Gurk, einige Zeit vor 1991. Gestaltung: E. Schuster, Klagenfurt.

Silberhochzeit der Türkolitzer Großeltern, 1940. (Oben und unten.)
von links nach rechts: Josef (*1913), Paula (Gastinger, *1908), Mathias Ruhdorfer, Herfried, Viktor (*1898), Anna (Hinteregger), Maria (Radlacher, * 1871, Türkolitzerin), Karl (*1903).

4. Reihe/R.: Pauline (Gastinger), Josef (*1913), Ermelinde (Hutter).
3. R.: Leo (*1910), Karl, Karl (*1903), Alfreda (Tscherne).
2. R.: Stefanie (Rabitsch), Mathias Ruhdorfer (*1877), Maria (Radlacher), Aloisia (Höfferer), Viktor (*1898).
1. R.: Anna (Hinteregger), Herfried (jeweils von links nach rechts).

Denkmalprojekt Pisweg, I. und II. Weltkrieg.
www.denkmalprojekt.org/2011/Pisweg_wk1u2_kaernt_oe.html.
Zugriff 20.04.2023, 16:45 Uhr. © Kurt Pirker, 09.08.2010, 038.
S. 28 unten: Fresken im Karner. S. 24 oben: Gefallenenliste von Pisweg.

Kirche in Pisweg. © Marktgemeindeamt Gurk, vor 1991.
Im Vordergrund Häuschen von Aloisia Ruhdorfer, geb. Höfferer.
Gestaltung: E. Schuster, Klagenfurt.

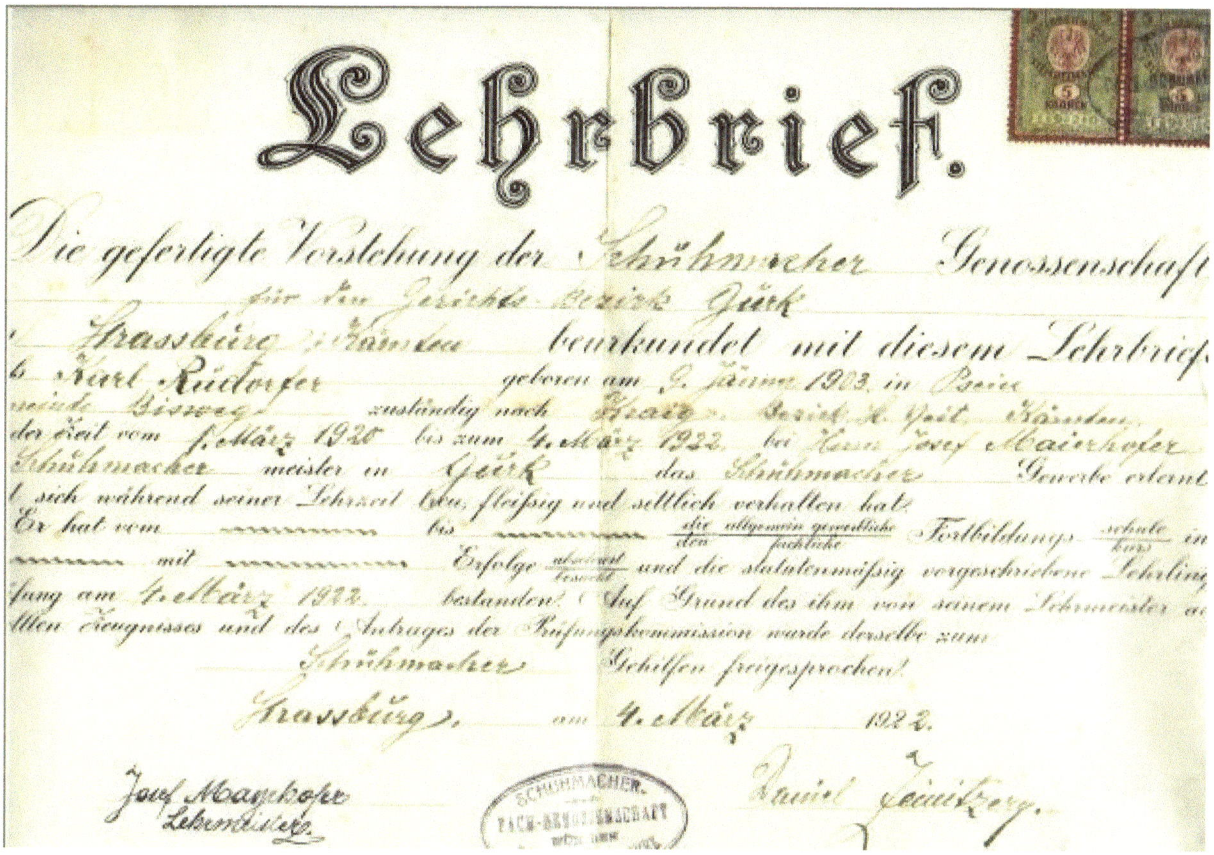

Lehrbrief.

Die gefertigte Vorstehung der Schuhmacher Genossenschaft für den Gerichts-Bezirk Gurk Strassburg i. Kärnten beurkundet mit diesem Lehrbriefe Karl Rudorfer geboren am 9. Jänner 1903 in ... Gemeinde Bisweg zuständig nach Strassburg Bezirk St. Veit Kärnten der Zeit vom 1. März 1920 bis zum 4. März 1922 bei Herrn Josef Maierhofer Schuhmacher meister in Gurk das Schuhmacher Gewerbe erlernt sich während seiner Lehrzeit treu, fleissig und sittlich verhalten hat. Er hat vom ... bis ... die allgemein gewerbliche / den fachliche Fortbildungsschule / kurs in ... mit ... Erfolge absolviert / besucht und die statutenmäßig vorgeschriebene Lehrlingsprüfung am 4. März 1922 bestanden. Auf Grund des ihm von seinem Lehrmeister ausgestellten Zeugnisses und des Antrages der Prüfungskommission wurde derselbe zum Schuhmacher Gehilfen freigesprochen.

Strassburg, am 4. März 1922.

Josef Maierhofer Lehrmeister

Schuhmacher-Fach-Genossenschaft

Daniel ...

Lehrbrief Karl Ruhdorfer, 04.03.1922, Ausschnitt.

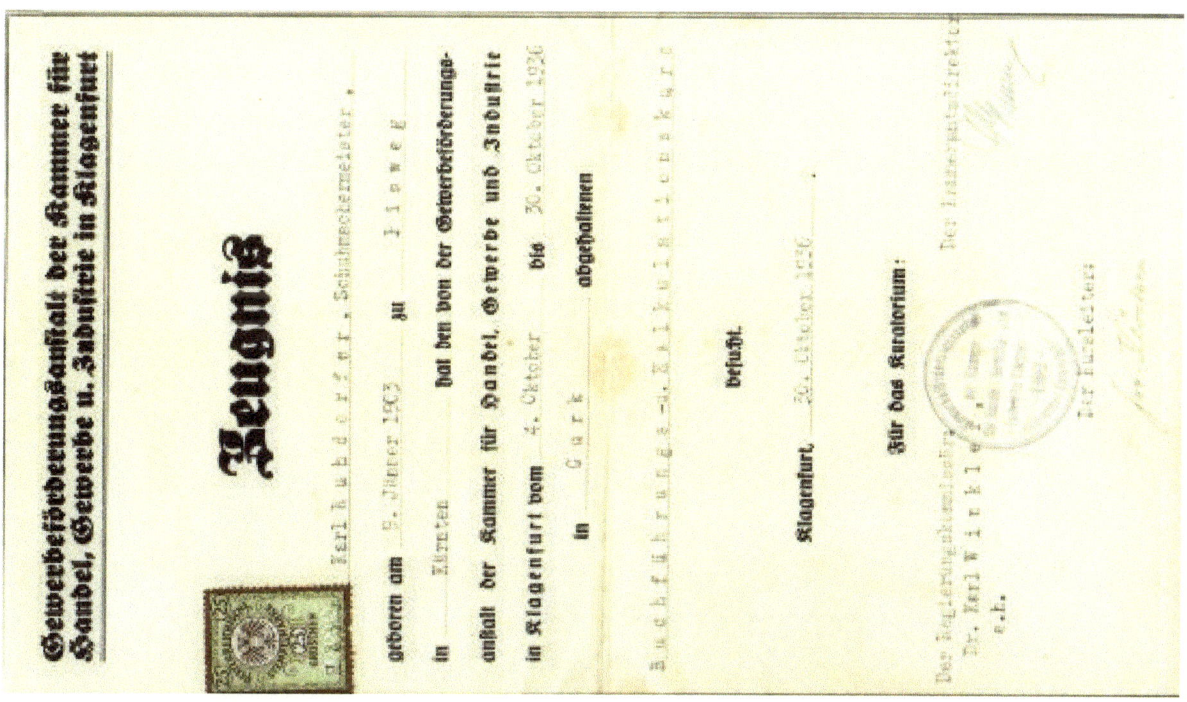

Gewerbeförderungsanstalt der Kammer für Handel, Gewerbe u. Industrie in Klagenfurt

Zeugnis

Karl Ruhdorfer, Schuhmachermeister, geboren am 9. Jänner 1903 zu Bisweg in Kärnten hat den von der Gewerbeförderungsanstalt der Kammer für Handel, Gewerbe und Industrie in Klagenfurt vom 4. Oktober bis 30. Oktober 1936 in Gurk abgehaltenen Buchführungs- u. Kalkulationskurs besucht.

Klagenfurt, 30. Oktober 1936.

Für das Kuratorium:

Der Regierungskommissär: Dr. Karl Wirkl e.h.

Der Anstaltsdirektor:

Der Kursleiter:

Zeugnis Buchführungskurs Karl Ruhdorfer, 30.10.1936, Ausschnitt.

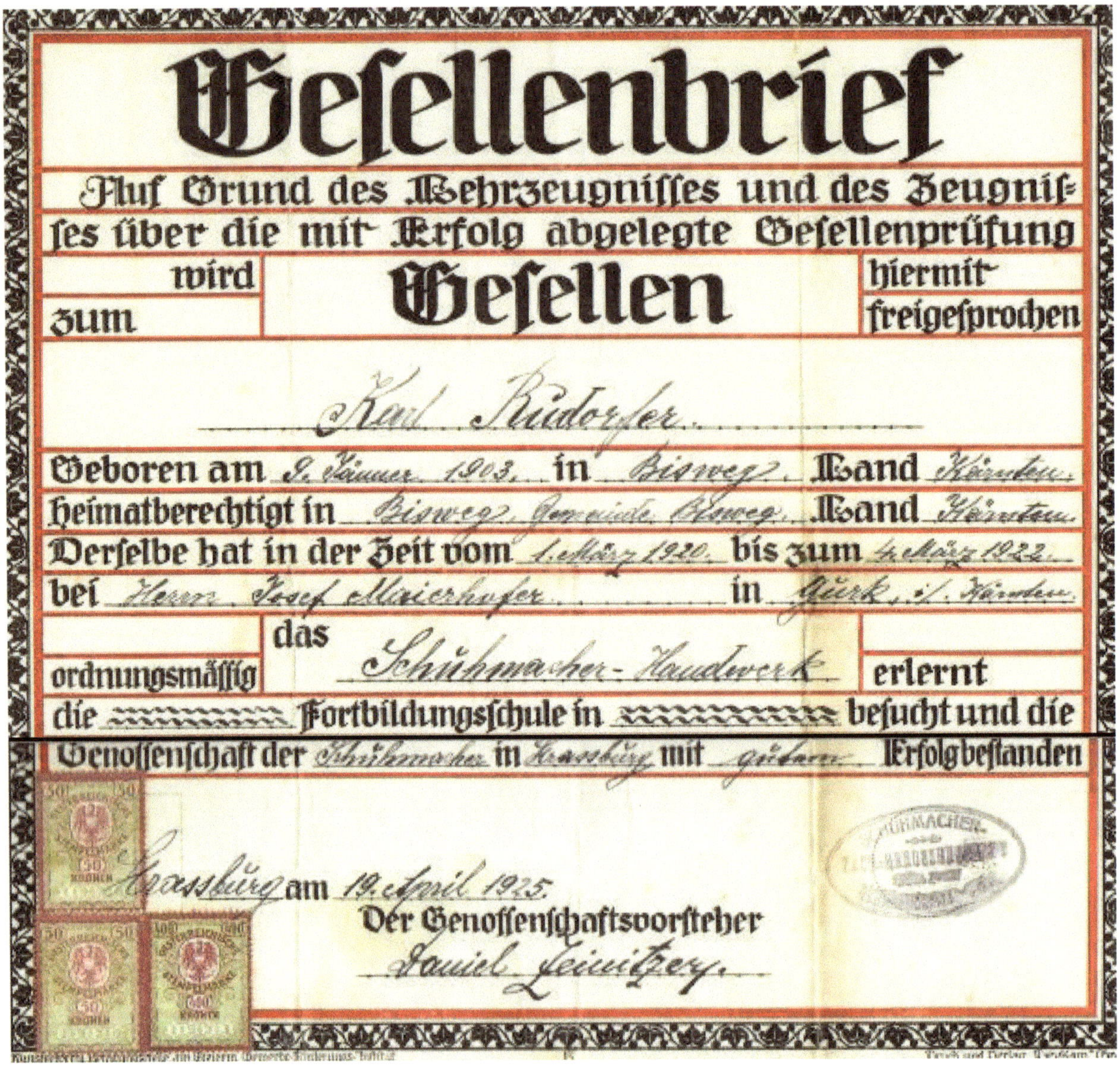

Gesellenbrief

Auf Grund des Lehrzeugnisses und des Zeugnisses über die mit Erfolg abgelegte Gesellenprüfung wird zum **Gesellen** hiermit freigesprochen

Karl Ruhdorfer

Geboren am 9. Jänner 1903. in Pisweg. Land Kärnten.
heimatberechtigt in Pisweg. Gemeinde Pisweg. Land Kärnten
Derselbe hat in der Zeit vom 1. März 1920. bis zum 4. März 1922.
bei Herrn Josef Maierhofer in Gurk i./ Kärnten
das Schuhmacher-Handwerk ordnungsmäßig erlernt
die ~~~~ Fortbildungsschule in ~~~~ besucht und die
Genossenschaft der Schuhmacher in Straßburg mit gutem Erfolg bestanden

Straßburg am 19. April 1925.

Der Genossenschaftsvorsteher
Daniel Leinitzer.

Gesellenbrief Karl Ruhdorfer, 19.04.1925, Ausschnitte.

www.denkmalprojekt.org/2011/Pisweg_wk1u2_kaernt_oe.html.
Zugriff 20.04.2023, 16:45 Uhr. © Kurt Pirker, 09.08.2010, 044, 049.

Feuerwehrkapelle Gurk; vorne sitzend Karl Ruhdorfer (*1903).

Schwiegereltern Karl und Alfreda Ruhdorfer, St. Stefan bei Finkenstein, 27.05.1967.

Urkunde

DIE KAMMER DER GEWERBLICHEN WIRTSCHAFT FÜR KÄRNTEN

BEURKUNDET HIEMIT DASS

KARL RUHDORFER

GEB·9·1·1903

SCHUHMACHERMEISTER

GURK

IN WÜRDIGUNG DER

35

JÄHRIGEN

SELBSTÄNDIGEN BERUFLICHEN TÄTIGKEIT SATZUNGSGEMÄSS

DIESES

Ehrendiplom

VERLIEHEN WURDE

KLAGENFURT, AM 22·JÄNNER 1968

DER PRÄSIDENT: DER KAMMERAMTSDIREKTOR:

DER SEKTIONSOBMANN: DER INNUNGSMEISTER:

Ehrendiplom 35 Jahre Schuhmachermeister Karl Ruhdorfer, 22.01.1968, Ausschnitte.

Stammbaum RUHDORFER vor 1860

RUHDORFER Valentin
21.05.1853 – 27.02.1897, x 06.10.1890
Strohmaier Maria
10.06.1853 – 09.01.1905
Obere Türkolitzerin, Dörfl 6

RUHDORFER Elisabeth
26.03.1827 – 23.02.1885
Einwohnerin beim Oberen
Türkolitzer, Michaletochter

RUHDORFER Johann
23.12.1797 – 14.08.1857, x 12.07.1824
Dörfler Margareth, Steinin, Zabersdorf
16.07.1793 – 15.12.1859
Michale/Ganz in der Wattein 3

Ruhdorfer Gertrud
*30.04.1779

RUHDORFER Anton
*29.05.1774

RUHDORFER Alexander
25.03.1770 – 06.05.1847, x 07.11.1796
Wurmitzer Maria
30.07.1775 – 30.08.1843
Lex in der Wattein 9

Gutenbrunner Josefa
04.07.1866 – 11.05.1949 x 13.06.1915
RADIS Vinzenz
Feldkirchen

Ruhdorfer Elisabeth
26.03.1827 – 23.02.1885
GUTENBRUNNER Simon
14.10.1824 – 21.11.1882, x 11.07.1853
Tagwerker, Zedl, Wattein

GUTENBRUNNER Jakob
29.12.1798 – 09.04.1867, x 07.06.1824
Hoy Agnes
22.04.1803 – 15.11.1860
Brunner zu Stein 1

STROHMAIER Andreas
29.11.1819 – 01.03.1888, x 06.02.1860
Tautscher Elisabeth
17.11.1828 – 02.09.1896
Oberer Türkolitzer, Dörfl 6

DÖRFLER Michael
1751/52 – 24.02.1830
Kogler Theresia
1760/61 – 16.03.1823
Ganz/Michale in Wattein 3

WURMITZER Andreas
1724/25 – 17.01.1793
Moser (Tiefenbacher) Elisabeth
1724/25 – 15.01.1801
Anderlbäuerin zu Grätsch 3

Chronik der Familie
Alexander RUHDORFER,
vulgo Lex in der Wattein

Einzelne Vorfahren

Bei den weiteren Recherchen zur direkten Ruhdorfer-Linie stieß ich in den Matriken der Diözese Gurk-Klagenfurt auf Einzeleintragungen, die auf Grund der mangelhaften Datenlage nicht vernetzt werden konnten.

Zum Beispiel fand ich in der Pfarre Meiselding am 07.03.1717 die Geburt des Franziscus Rötörfer, dessen Eltern Gregorius Rötörfer und seine Ehefrau Agnes waren.[25] Die Geburt des erwähnten Vaters Gregorius Rötörfer konnte dort aber am fraglichen Tag, nämlich am 16.10. 1737 nicht gefunden werden, auch nicht in den Jahren zwischen 1724 und 1726, was auf Grund anderer Eintragungen anzunehmen war.[26] Unter anderen wurde ein Gregorius Rudolfer gefunden.

Gesichtet wurde aber der Sterbeeintrag eines Georgius Ruedorfer, und zwar am 23.09. 1788 in Wattein Nr. 9, der dort als „rusticus"/Bauer im Alter von 60 Jahren verstorben war. Er starb unerwartet und plötzlich in seinem Bett und wurde mit den heiligen Sterbesakramenten versehen von Pfarrer Joan Nep. Holzer e.h.[27]

Es gibt allerdings einen Taufeintrag am 06.11.1724, wonach Gregorius Sigat e.h. den ehelichen Sohn des Joanne Luedorfer und seiner Ehefrau Agatha auf den Namen Leonardo taufte.[28] Und am 29.03.1727 taufte Andreas Litsch e.h. die eheliche Tochter des Bauern Joanne Luedorfer und seiner Ehefrau Regina auf den Namen Maria. Patin war Maria Sacherin, die Tochter des Schneidermeisters in Strassburg.[29]

Des Weiteren wurde die Taufe des Ignatius Ruedorfer am 27.08.1797 in Gunzenberg gefunden, geboren in Grätsch 4. Eltern Franz Ruedorfer und Regina Wurmitzerin. Großeltern väterlicherseits Georg Ruedorfer, Bauer in Wattein, und Anna, mütterlicherseits Andreas Wurmizer, Anderlbauer zu Grätsch, und Elisabeth. Hebamme Maria Tautscherin, eine Gästin zu Grätsch; Pate Ignatz Krapinger e.h., Bauer Mayr zu Grätsch; Mathäus Müller e.h., Curat.[30]

Dieser Ignaz Ruhdorfer starb am 11.11.1847 als Knecht in Wattein in der Lexhube an Brustwassersucht und wurde versehen am 14.11. am Gunzenberger Friedhof von Jos. Raupp e. h., Curat, beerdigt.[31]

Beginn der Matrikeneinträge

In der Pfarre Meiselding beginnen die Geburtsmatriken im Jahre 1652, die Trauungsbücher 1700 und die Sterbbücher 1696. Der Index zu Geburtsbüchern beginnt im Jahre 1863, jener zu den Trauungsbüchern 1870 und jener zu den Sterbbüchern 1857. Zur Pfarre Meiselding gehören die Orte Bergwerksgraben, Brugga, Stein, Tschatschk, Unterdeka und andere.

---

[25] Vgl. Pfarre Meiselding: M15_003-1, Geburtsbuch II, gebunden in lath. Pergamenths., 29. Mai 1696 – 10. November 1770, Blatt 111, erste Eintragung. Original-Eintragung in Latein und sehr schwer lesbar.

[26] Vgl. Sterbbuch I der Pfarre Meiselding, M15_023-1, 17. Juni 1669 bis 21. Oktober 1770: Es wurde im gesamten Zeitraum kein Ruhdorfer gefunden.

[27] Vgl. Pfarre Meiselding: M15_025-1, Sterbbuch II, 26. November 1770 – 17.12.1853, Blatt 094, 5. Eintragung von oben. Original-Eintragung in Latein und auch sehr schwer entzifferbar.

[28] Vgl. Pfarre Meiselding: M15_003-1, Geburtsbuch II, gebunden in lath. Pergamenths., 29. Mai 1696 – 10. November 1770, Blatt 157, Eintragung Nr. 4 von oben. Original-Eintragung ebenfalls in Latein und sehr schwer lesbar.

[29] Vgl. Pfarre Meiselding: M15_003-1, Geburtsbuch II, gebunden in lath. Pergamenths., 29. Mai 1696 – 10. November 1770, Blatt 168, letzte Eintragung von oben. Original-Eintragung auch in Latein und sehr schwer lesbar.

[30] Vgl. Pfarre Gunzenberg: G23_001-1, Geburtsbuch I, 20. April 1788 – 12. November 1814, Blatt 038. Eintragung wurde schon in Deutsch verfasst.

[31] Vgl. Pfarre Gunzenberg: G23_1009-1, Sterbbuch I, 23. August 1788 – 17. Dezember 1856, Blatt 172. Eintragung großteils in Deutsch.

In der Pfarre Gunzenberg beginnen die Geburtsmatriken im Jahre 1788, die Trauungsbücher 1789 und die Sterbbücher auch 1788. Der Index zu den Geburtsbüchern beginnt ebenso 1788, jener zu den Trauungsbüchern 1790 und jener zu den Sterbbüchern ebenfalls 1788. Zur Pfarre Gunzenberg gehören die Orte Graschitz, Schattseite, Stein, Wattein und Zedl.

In der Pfarre Pisweg beginnen die Geburtsmatriken, die Trauungsbücher und die Sterbbücher jeweils im Jahre 1770. Der Alphabetische Index zu den Geburtsbüchern beginnt im Jahre 1784, die beiden anderen Indizes jeweils erst 1818. Zur Pfarre Pisweg gehören unter anderen die Orte Dörfl, Gruska, Gwadnitz, Niederdorf, Pisweg, Psein, Strassa, Äußere und Innere Wimitz, Zabersdorf und Zedl.

In der Pfarre Gurk beginnen alle Matriken jeweils im Jahre 1577. Der Index zu den Geburtsbüchern beginnt im Jahre 1687, jener zu den Trauungsbüchern 1784 und jener zu den Sterbbüchern 1770. Zur Pfarre Gurk gehören unter anderen die Orte Gurk, Ölschnitz, Schattseite und St. Peter.

Die Suche nach Vorfahren gestaltet sich also wegen der fehlenden Datenlage vor dem Jahr 1800 durchgehend äußerst schwierig. Es gibt für diesen Zeitraum auch keine vernetzten Aufzeichnungen in den Geburtsbüchern. Daher beginne ich die weitere Ahnenreihe der Familie Ruhdorfer mit Alexander aus Meiselding.

Vater Alexander RUHDORFER, 25.03.1770 – 06.05.1847,

„geboren am 25. 3. 1770, Alex Rudorfer, in der Pfarre Meiselding; katholisch, Knabe, ehelich geboren. Eltern: Gregorius Rudorfer, faber lignarius et sequilinius in der Wattein et Anna ejus conjux. Pate Joannes Wurmizer, rusticus vulgo Tratnig an Kogl. Taufender: Jacobus Hoffer e.h., coop.“[32] – (Joannes = Johann, Wurmizer = Wurmitzer, rusticus = Bauer, Jacobus = Jakob, coop. = Cooperator/Priester; Gregorius Rudorfer, faber lignarius et sequilinius = Georg/Gregor Ruhdorfer, Zimmermann und Tischler; et Anna ejus conjux = und Anna, seine Ehefrau.) – Alexanders Mutter war Anna Dobernig/Dabernig. – Alexander Ruhdorfer war später Besitzer beim vulgo Lex in der Wattein.

Alexander Ruhdorfer heiratete am 07.11.1796 Marja Wurmizer, gebürtig aus der Pfarre Meiselding. Seine Eltern waren Georg Rudorfer und Anna Dobernigin. Ihre Eltern waren Andreas Wurmizer, Bauer zu Grätsch, und seine Ehefrau Elisabeth, geborene Tiefenbacher, Anderlbäuerin zu Grätsch. Beistände: Florian Wurmitzer e.h., Bauer an der Kraßnighube in der Pfarre Meiselding; Ignatz Ragginger e.h., ansässiger Bauer beim vulgo Mor in Grätsch in der Pfarre Meiselding. Ehe dreimal verkündet, und zwar am 23. Okt., 30. Okt. und 6. Nov.[33] – (Marja = Maria, Wurmizer = Wurmitzer, Dobernigin = Dabernigin.)

Alexander Ruhdorfer ist als Auszügler am 06.05.1847 im Alter von 80 Jahren in der Lexhube in Wattein Nr. 4 an Wassersucht gestorben. Er wurde von Curat Jos. Raupp e.h. versehen und am 10. Mai auf dem Friedhof in Gunzenberg beerdigt.[34]

Maria Ruhdorfer, geb. Wurmitzer, wurde am 30.07.1775 als eheliche Tochter des Andreas Wurmitzer, Bauer an der Anderlhube, und seiner Ehefrau Elisabeth, geb. Moser, in Grätsch Nr. 3, Pfarre Meiselding, geboren. Patin Agnes Pleschutznigin, einer Bäuerin in Meiselding.[35]

---

[32] Pfarre Meiselding: M15_003-1, Geburtsbuch II, 29. Mai 1696 – 10. November 1770, Blatt 436. – Nachfolgende Aussage vgl. ebenda.

[33] Vgl. Pfarre Gunzenberg: G23_006-1, Trauungsbuch I, 6. Juli 1789 – 25. November 1935, Blatt 010.

[34] Vgl. Pfarre Gunzenberg: G23_009-1, Sterbbuch I, 23. August 1788 – 17. Dezember 1856, Blatt 171. Nur die Formel über die Spendung des Sterbesakramentes wurde in Latein verfasst.

[35] Vgl. Pfarre Meiselding: M15_004-1, Geburtsbuch III, 5. November 1770 – 4. April 1790, Blatt 031.

Maria Ruhdorfer, geb. Wurmitzer, ist am 30.08.1843 in Wattein Nr. 4 in der Lex-Hube in der Wattein, Pfarre Gunzenberg, als Ehefrau des gewesenen Besitzers Alexander Ruhdorfer im Alter von 68 Jahren an Wassersucht gestorben. Sie wurde am 30.07.1775 in der Pfarre Meiselding geboren. Sie wurde mit den heiligen Sakramenten versehen und am 02.09.1843 um 10 Uhr am Friedhof in Gunzenberg von Pfarrer W. Janda e.h. eingesegnet.[36]

Bruder des Alexander Ruhdorfer war **Anton Rudolfer**, geboren am 29.05.1774; Vater „Georgis Rudolfer, incola apud Georgium in Watein, et Anna, uxor ejus. Pate Joannes Wurmizer, vulgo Trattnig."[37] – (Eltern: Georg Ruhdorfer, Bauer beim vulgo Georg in Wattein, und Anna, seine Ehefrau.)

Schwester des Alexander Ruhdorfer war **Gertrud Ruedorfer**, geboren am 30.04.1779. Vater „Georgius Ruedorfer, rusticus in logo Wattein, et Anna, ejus uxor, nata Dabernigin." Patin Helena Wurmitzerin, „rustica vulgo Trattnigin".[38] – (Eltern: Georg Ruhdorfer, Bauer im Ort Wattein, und Anna, seine Ehefrau, geborene Dabernig. Patin …, Bäuerin vulgo Trattnig.)

Andreas Wurmitzer wurde 1724/1725 in der Pfarre Gunzenberg geboren.[39] Er ist am 17.01.1793 in Grätsch Nr. 3 als Besitzer der Anderlhube im Alter von 68 Jahren „am Brand" gestorben. Er wurde am 25.01. zu St. Florian am Gunzenberg von Karl Pirker e.h., Pfarrer von Strassburg, begraben.[40]

Elisabeth Wurmitzer, geb. Moser, wurde 1724/1725 in der Pfarre Meiselding geboren.[41] Sie ist am 15.01.1801 in Grätsch Nr. 3 beim vulgo Anderl als Witwe „an der Geschwulst" gestorben. Sie wurde mit den Sakramenten versehen und ist am Ortsfriedhof von St. Florian zu Gunzenberg vom Ortskuraten Mathäus Müller e.h. begraben worden.[42]

Sohn Johann RUHDORFER, 23.12.1797 – 14.08.1857,

„geboren am 23. 12. 1797, Johan Ruedorfer, in Watein 9; an eben diesem Tag im Pfarrhof zu St. Florian in Gunzenberg getauft; katholisch, Knabe, ehelich geboren; Namenstag Johannes der Täufer und der Evangelist; Mathäus Müller e.h., Curat; Hebamme Klara Telsnig. Vater war Alexius Ruedorfer, Bauer vulgo Lex in der Watein, ehelicher Sohn des Georg Ruedorfer, in der Pfarre Meiselding gebürtig. Mutter Maria, geborene Wurmizerin, des [Andreas] Wurmizer, Bauer zu Grätsch, und [seiner Ehefrau] Elisabeth, geborene Tiefenbacherin, eheliche Tochter, in der Pfarre Meiselding gebürtig.[43] Patin Agnes Hoyin e.h., Bäuerin und Wirtin zu Zabersdorf in der Pfarre Pisweg."[44] – Johann Ruhdorfer war später Besitzer beim vulgo Michale in der Wattein, Pfarre Gunzenberg. – (Johan = Johann, Ruedorfer = Ruhdorfer, Watein = Wattein, Wurmizer(in) = Wurmitzer(in).)

---

[36] Vgl. Pfarre Gunzenberg: G23_009-1, Sterbbuch I, 23. August 1788 – 17. Dezember 1856, Blatt 161. – Vulgo Lex in der Wattein war in allen anderen Quellen auf Haus Nr. 9.

[37] Vgl. Pfarre Meiselding: M15_004-1, Geburtsbuch III, 5. November 1770 – 4. April 1790, Blatt 024.

[38] Vgl. Pfarre Meiselding: M15_004-1, Geburtsbuch III, 5. November 1770 – 4. April 1790, Blatt 047. – Direktzitate in [37] und [38] sowie [40] und [42] ebenda.

[39] Geburtsjahr aus dem Sterbedatum errechnet. – Geburtsbuch Pfarre Gunzenberg ab 1788, Trauungsbuch ab 1789 vorhanden.

[40] Vgl. Pfarre Gunzenberg: G23_009-1, Sterbbuch I, 23. August 1788 – 17. Dezember 1856, Blatt 010.

[41] Geburtsjahr aus dem Sterbedatum errechnet. – Im Geburtsbuch II, gebunden in lath. Pergamenths., der Pfarre Meiselding, M15_003-1, 29. Mai 1696 – 10. November 1770, wurde in den Jahren 1723 bis 1726, Blätter 140-166, keine Elisabeth mit dem Ledigennamen „Moser" oder „Tiefenbacher" gefunden. – Von Friedrich Moser und seiner Partnerin Maria ist die unehelich geborene Tochter Maria dokumentiert, geb. am 18.02. 1724, Blatt 147. – Hier liegt möglicherweise eine Namensverwechslung vor.

[42] Vgl. Pfarre Gunzenberg: G23_009-1, Sterbbuch I, 23. August 1788 – 17. Dezember 1856, Blatt 034.

[43] Siehe dazu Fußnote [41]. – Mutter war Elisabeth „Moser oder Tiefenbacher".

[44] Pfarre Gunzenberg: G23_001-1, Geburtsbuch I, 20. April 1788 – 12. November 1814, Blatt 040. – Nachfolgende Aussage vgl. ebenda.

„Johann Rudorfer, Watein Nr. 2, natürlicher Sohn des Alex Rudorfer und seiner Ehefrau Maria, geborene Wurmitzerin, heiratete im Alter von 27 Jahren, ledig, am 12. Juli 1824 Margareth, geborene Derfler, katholisch, 31 Jahre alt, ledig, geboren am 16.07.1793 in St. Florian zu Gunzenberg, natürliche Tochter des Michl Derfler, Bauer [vulgo Müllner in Bergwerk], und seiner Ehefrau Thereß, geborene Koglerin. Zeugen: Lorenz Delsnig, Bauer zu Unterdegga; Johann Wipger, Bauer vulgo Waggöliener; Ignatz Rohrigger e.h., Curat, als Namensfertiger. – Obiges Brautpaar wurde am 29. Juni, 4. und 11. Juli bei feierlichem Gottesdienst dem Volke von der Kanzl deutlich verlautbart und am 12. Juli hier getraut."[45] – (Rudorfer = Ruhdorfer, Watein = Wattein, Derfler = Dörfler, Michl = Michael, Thereß = Theresia, Kanzl = Kanzel).

„Johann Ruhdorfer ist als vormaliger Besitzer und damaliger Auszügler an der Michalehube zu Wattein Nr. 3 am 14.08. 1857 um 7 ¾ Uhr am Vormittag im Alter von 59 Jahren an Schlagfluss gestorben."[46] Er wurde von Curat Alex Nepozitek e.h. versehen und am 18.08. am Vormittag in Gunzenberg begraben.

Margareth Ruhdorfer, geb. Derfler/Dörfler oder Derflinger/Dörflinger, wurde am 16.07. 1793 in Grätsch Nr. 1 als uneheliche Tochter geboren und am selben Tag in der Kirche St. Florian am Gunzenberg getauft von Pfarrer Jos. Tomitz e.h. Hebamme war Maria Süssenbacherin, Bäuerin an der Mayr-Hube in Kogel Nr. 8. Vater war Michael Derflinger, Knecht zu Obermühlbach, ehelicher Sohn des Pongratius Derflinger, Hubenbesitzer in Stein, und seiner Ehefrau Kunigunde, gebürtig aus der Pfarre Meiselding. Mutter war Theresia Koglerin, eine ledige Bäuerin, eheliche Tochter von der Mooren-Hube in Grätsch, gebürtig aus der Pfarre Meiselding. Ihre Eltern: Franz Kogler, Besitzer der Mooren-Hube in Grätsch, und seine Ehefrau Kunigunde. Patin Elisabeth Guttenbrunnerin, Bäuerin an der Fränzl-Hube aus der Pfarre Meiselding. – Michael Derflinger hat eine Vaterschaftserklärung abgegeben.[47]

Margareth Ruhdorfer, geb. Dörfler, ist am 15.12.1859 um 5 Uhr am Abend in der Michalehube in Wattein Nr. 3 als Witwe des Johann Ruhdorfer im Alter von 66 Jahren laut Totenbeschauzettel Nr. 12/1859 an Wassersucht gestorben. Sie wurde am 16.07.1793 geboren. Sie wurde mit den Sakramenten versehen und am 19.12. am Vormittag von Curat Alexander Nepozitek e.h. begraben.[48]

Michael Dörfler wurde 1751/1752 in der Pfarre Gunzenberg geboren.[49] Er ist am 24.02. 1830 als Auszügler in der Ganz-Hube in Watein Nr. 3, (alte Haus Nr. 6), im Alter von 78 Jahren an einer Kolik gestorben. Er war der eheliche Sohn des Pangratz Derfler/Dörfler, gewesener Besitzer der Pangerle-, spätere Jogel-Hube in Stein, und der verstorbenen Kunigunde, geboren in Obermühlbach. Er wurde am 27.02. um 10 Uhr am Vormittag vom Ortskuraten W. J. Janda e.h. eingesegnet.[50]

Theresia Derfler/Dörfler, geb. Kogler, wurde 1760/1761 in der Pfarre Gunzenberg geboren.[51] Sie ist am 16.03.1823 in Wattein Nr. 3 als Bäuerin beim vulgo Michale im Alter von 62 Jahren „an der Geschwulst" gestorben und wurde am 18.03. in Gunzenberg begraben.[52]

---

[45] Pfarre Gunzenberg: G23_006-1, Trauungsbuch I, 6. Juli 1789 – 25. November 1935, Blatt 058.

[46] Pfarre Gunzenberg: G23_010-1, Sterbbuch tom. II, Kopie, 27. Februar 1857 – 9. Dezember 1937, Blatt 002. – Nachfolgende Aussage vgl. ebenda.

[47] Vgl. Pfarre Gunzenberg: G23_001-1, Geburtsbuch I, 20. April 1788 – 12. November 1814, Blatt 021. Eintragungen sehr schwer zu entziffern.

[48] Vgl. Pfarre Gunzenberg: G23_010-1, Sterbbuch tom. II, Kopie, 27. Februar 1857 – 9. Dezember 1937, Blatt 007. – Von Zeit zu Zeit wechselten auch die Vulgonamen einzelner Keuschen oder Bauernhöfe.

[49] Geburtsjahr aus dem Sterbedatum errechnet. – Geburtsbuch Pfarre Gunzenberg ab 1788, Trauungsbuch ab 1789 vorhanden. – Anmerkung: Bis [52] waren alle erwähnten Personen römisch-katholisch getauft.

[50] Vgl. Pfarre Gunzenberg: G23_009-1, Sterbbuch I, 23. August 1788 – 17. Dezember 1856, Blatt 124.

[51] Geburtsjahr aus dem Sterbedatum errechnet. – Siehe [49].

[52] Vgl. Pfarre Gunzenberg: G23_009-1, Sterbbuch I, 23. August 1788 – 17. Dezember 1856, Blatt 107.

Enkelin Elisabeth RUHDORFER, 26.03.1827 – 23.02.1885,

„geboren am 26. 3. 1827, Elisabetha Ruhdorfer, beim vulgo Michale oder Ganz in der Wattein Nr. 3, Pfarre Gunzenberg; katholisch, Mädchen, ehelich geboren. Vater Johann Ruhdorfer, Besitzer der Michaele Huben in der Wattein, geb. 23. 12. 1797 in Gunzenberg, ehelicher Sohn des Alex Ruhdorfer, vulgo Lex in der Wattein Nr. 9. Mutter Margareth, geb. Dörfler, geb. 16. 7. 1793, eheliche Tochter des Michael Dörfler, eines Müllners in Bergwerk, und der Theresia, geb. Kogler, sein Eheweib, katholisch, daselbst gebürtig. Trauung [der Kindeseltern] 12. 7. 1824 in Gunzenberg. Patinnen: Elisabeth Ginggler, geb. Wurzer, Mayrin, Bäurin in Gratsch; Helene Mosham, Einwohnerin in der Waggoliner Keusche; Hebamme war zugegen; Alois Dollinger e.h., [Pfarr]provisor."[53]

Elisabeth Ruhdorfer heiratete am 11.07.1853 Simon Gutenbrunner in Gunzenberg. „11. Juli 1853, Schattseite (Steinerhube, Stadtpfarre Straßburg), Haus Nr. 12. Bräutigam Simon Gutenbrunner, Obere Steinerhube Nr. 12, des noch lebenden Jakob Gutenbrunner, Besitzers der Brunnerhube zu Stein, Pfarre Meiselding, und der gleichfalls lebenden Agnes, geb. Hoy, dessen Eheweibs, ehelicher Sohn, und auch derzeit im elterlichen Haushalt wohnhaft; katholisch, 29 Jahre alt, unverehelicht; (14. 8ten 1827 geb.). Braut Elisabeth Ruhdorfer, des noch lebenden Johann Ruhdorfer, Besitzers der Michalehube Nr. 6 zu Wattein, Pfarre Gunzenberg, und der noch lebenden Margaret, geb. Dörfler, dessen Eheweibs, eheliche Tochter, in ihrem elterlichen Hause in Wattein wohnhaft; katholisch, 26 Jahre alt, unverehelicht; (26. März 1827 geb.). Zeugen: Gabriel Hoy e.h., Znikam zu Gunzenberg; Johann Wieser, Wagguliner in Wattein; Alexander Nepozitek e.h. als Namensfertiger. – Am 11. Juli 1853 von mir Alexander Nepozitek e.h., Provisor, copuliert. – Am 26. Juni, 3. und 10. Juli verkündet in Gunzenberg und Meiselding. – Papiere: Meldezettel des Bräutigams von der Stadtgemeinde Straßburg vom 25. Juni 1853, Gorton, Bgm. Verkündschein aus Meiselding, 10. Juli 1853."[54]

Elisabeth Gutenbrunner, geb. Ruhdorfer, ist am 23.02.1885 um 2 Uhr am Nachmittag als Witwe nach Simon Gutenbrunner in Wattein Nr. 3 gestorben, geboren in Gunzenberg, und am 25.02. beerdigt worden; katholisch, weiblich, 58 Jahre alt. „Sie ist nach Empfang der hl. Sakramente an Wassersucht gestorben, und von Herrn Kaplan Jakob Kortron am pfarrlichen Friedhof zu Gunzenberg nach christ-katholischem Gebrauche beerdigt worden. Lomb. Napper e.h., Mitprovisor."[55]

Simon Guttenbrunner wurde am 14. 8[ber]/Okt. 1824 in Stein Nr. 1, Pfarre Gunzenberg, als ehelicher Sohn beim Guttenbrunner geboren und in Gunzenberg von Kurat Ignatz Sotein e.h. getauft. Vater Jakob Guttenbrunner, Bauer. Mutter Agnes, geb. Hoy. Pate Barthan Hoy, Bruder der Kindesmutter, Bauer an der Georg-Hube.[56] – (Guttenbrunner = Gutenbrunner.)

Simon Gutenbrunner ist am 21.11.1882 um 2 Uhr in der Nacht in der Michel-Hube in Wattein Nr. 3 als verehelichter vormaliger Besitzer der Oberen Steiner-Hube in Schattseite Nr. 12 laut Totenbeschauzettel Nr. 6/1882 „an Schlagfluß" gestorben und wurde am 23.11. am Vormittag begraben. Er war Tagwerker und Kohlenbrenner an verschiedenen Orten. Gebürtig aus der Pfarre Meiselding; katholisch, männlich, 58 Jahre alt, geb. 14.10.1824, wurde er versehen und von Alexander Nepozitek e.h. am Pfarrfriedhof von Gunzenberg beerdigt.[57]

---

[53] Pfarre Gunzenberg: G23_002-1, Geburtsbuch II, 17. März 1815 – 25. Dezember 1856, Blatt 040.

[54] Pfarre Gunzenberg: G23_006-1, Trauungsbuch I, 6. Juli 1789 – 25. November 1935, Blatt 102. – Vorhergehende Aussage vgl. ebenda. – Simon Gutenbrunners Geburt wurde hier mit 14. 8[ber]/10. 1827 falsch eingetragen, richtig ist 14. 8[ber]/10. 1824.

[55] Pfarre Gunzenberg: G23_010-1, Sterbbuch tom. II, Kopie, 27. Februar 1857 – 9. Dezember 1937, Blatt 058. – Vorherige Aussage vgl. ebenda. – Große Bauernhöfe hatten mehrere Gebäude und auch Hausnummern.

[56] Vgl. Pfarre Meiselding: M15_004-2, Geburtsbuch III, 1. Januar 1816 – 29. August 1838, Blatt 050.

[57] Vgl. Pfarre Gunzenberg: G23_010-1, Sterbbuch tom. II, Kopie, 27. Februar 1857 – 9. Dezember 1937, Blatt 053.

Jakob Gutenbrunner wurde am 29.12.1798 in Gunzenberg Nr. 1 beim Gutenbrunner geboren. Namenstag Jacob Major [der Ältere]; katholisch, Knabe, ehelich geboren. Vater Thomas Gutenbrunner, Bauer. Mutter Elisabeth, geb. Koglerin. Pate Jakob Delsnig, Bauer zu Unterdeka.[58]

Jakob Gutenbrunner heiratete am 07.06.1824 Agnes Hoy. Eltern des Jakob: Thomas Gutenbrunner, Bauer, und Ehefrau Elisabeth, geb. Koglerin. Eltern der Agnes: Philip Hoy, Bauer, und Ehefrau Aloisia, geb. Tautscherin. Jakob war ein ehelich geborener Sohn, katholisch, unverehelicht. Agnes war eine ehelich geborene Tochter, katholisch, unverehelicht, 21 Jahre alt. Zeugen: Johann Delsnig, Bauer zu Unterdegga, „ad partem sponsi“ [für den Bräutigam], und Georg Neubauer, Bauer am Gunzenberg, „ad partem sponsae“ [für die Braut]. V. Stockhauser e.h., [Pfarrer]. – „Dass der Vater von der Braut ihrer Minderjährigkeit wegen seiner freien Einwilligung zur Schließung der Ehe gegeben haben, bezeugen die nemlichen oben angeführten Beystände.“ – „Dieses Brautpaar ist sowohl in hiesiger Pfarre als [auch in der] Meiseldinger Pfarre unter feuerlichen Gottesdienst den 27ten et 30ten May und 6ten Juny verlautbart und den 7ten hier kopuliert worden. Ignatz Stockinger e.h., [Pfarrer].“[59] – (... die nämlichen Beistände, während feierlichem Gottesdienst, May = Mai, Juny = Juni.)

Jakob Gutenbrunner ist am 09.04.1867 als Witwer und Besitzer der Brunnerhube in Stein im Alter von 69 Jahren beim vulgo Brunner in Stein Nr. 1 laut Totenbeschauschein Nr. 24 „an Herzbrand“ gestorben. Er wurde mit den Sakramenten versehen und am 11.04. von Pfarrer S. Nester e.h. eingesegnet.[60]

Jakob Gutenbrunner hatte einen älteren Bruder, nämlich **Joseph Gutenbrunner**, geb. am 05.03.1796, in Gunzenberg Nr. 1. Vater Thomas Gutenbrunner, Brunner-Bauer. Mutter Elisabeth, geb. Koglerin. Pate Jakob Delsnig, Bauer zu Unterdeka.[61]

Agnes Hoy wurde am 22.04.1803 in Schattseite Nr. 23 geboren, und am selben Tag im Pfarrhaus von Mathäus Müller, Ortskurat e.h., getauft; katholisch, Mädchen, ehelich geboren; Hebamme Franziska Gisbacher, Mayrin zu Grätsch Nr. 1. Vater Philipp Hoy, Bauer vulgo Lenz in Eggen, aus der Pfarre Meiselding gebürtig, ehelicher Sohn des Mente Hoy, Bauer, und seiner Ehefrau Walburga, geb. Wurmitzerin. Mutter Aloisia, geb. Tautscherin, aus der Pfarre St. Stefan am Krappfeld gebürtig, eheliche Tochter des Johann Tautscher, Schustermeister in Räbing, und Gertraud. Patin Agnes Steinbäurin, Besitzerin der Girscher Hube.[62]

Agnes Gutenbrunner, geb. Hoy, ist am 15.11.1860 als verehelichte Gutenbrunner-Bäuerin an der Brunner-Hube zu Stein Nr. 1 im Alter von 58 Jahren laut Totenschein Nr. 39 am „blutigen Schlagfluß“ gestorben. Sie wurde am 18.11. von Simon Robener e.h., Pfarrer, in Meiselding beerdigt.[63]

Urenkel Valentin RUHDORFER, 21.05.1853 – 27.02.1897,

„geboren am 21. 5. 1853 um 5 Uhr in der Früh in der Wattein Nr. 3 auf der vulgo Michalehube, Valentinus Rudolfer, und am selben Vormittag getauft; katholisch, Knabe, unehelich geboren; Pate Georg Ruhdorfer e.h., Lex in der Wattein; Maria Laglerin, ungeprüfte Heb-

[58] Vgl. Pfarre Meiselding: M15_006-1, Geburtsbuch IV, 2. Mai 1874 – 1. Januar 1816, Blatt 091.

[59] Pfarre Gunzenberg: G23_006-1, Trauungsbuch I, 6. Juli 1789 – 25. November 1935, Blatt 057. – Vorhergehende Aussagen vgl. ebenda.

[60] Vgl. Pfarre Meiselding: M15_026-1, Sterbbuch III, 10. Januar 1854 – 28. März 1878, Blatt 155. – Direktzitat siehe ebenda. – Jakob Gutenbrunner starb im Alter von 69 Jahren, nicht wie im Sterbbuch III angeführt, mit 70 Jahren.

[61] Vgl. Pfarre Meiselding: M15_006-1, Geburtsbuch IV, 2. Mai 1874 – 1. Januar 1816, Blatt 072.

[62] Vgl. Pfarre Gunzenberg: G23_001-1, Geburtsbuch I, 20. April 1788 – 12. November 1814, Blatt 088.

[63] Vgl. Pfarre Meiselding: M15_026-1, Sterbbuch III, 10. Januar 1854 – 28. März 1878, Blatt 083. – Direktzitat siehe ebenda.

amme. Vater Simon Guttenbrunner, [Vaterschaft nie anerkannt]. Mutter Elisabeth Ruhdorfer, eheliche Tochter des Johann Ruhdorfer, Besitzers der Michale-Hube zu Wattein, und der Margaret, geborene Derfler, katholisch, auch daselbst gebürtig. Alexander Nepozitek e.h., Provisor."[64] – Visitation am 31.05.1853 durch Jos. Dietrich e.h. aus Gurk.

Valentin Ruhdorfer heiratete am 06.10.1890 Maria Strohmaier in der Pfarrkirche zu Pisweg. Der Bräutigam Valentin Ruhdorfer war bei seiner Eheschließung ledig/unverheiratet und 37 Jahre alt, und seine Braut Maria Strohmaier war auch ledig/unverheiratet und ebenfalls 37 Jahre alt. Der Bräutigam Valentin Ruhdorfer wurde am 21.05.1853 in Gunzenberg geboren, und die Braut Maria Strohmaier wurde am 10.06.1853 beim vulgo Oberen Türkolitzer in Dörfl 6 geboren. Der Bräutigam war Einwohner beim vulgo Türkolitzer in Dörfl 6 und ein unehelicher Sohn der bereits verstorbenen Elisabeth Gutenbrunner, geb. Ruhdorfer, vulgo Michaletochter in der Wattein, Pfarre Gunzenberg, zuletzt Witwe nach dem schon vor ihr verstorbenen Simon Gutenbrunner, beide katholischer Religion. Die Braut Maria Strohmaier war Besitzerin der Türkolitz-Keusche Nr. 6 in Dörfl und dort wohnhaft, eine legitimierte Tochter des Andreas Strohmaier, gewesener und schon verstorbener Besitzer der Türkolitz-Keusche in Dörfl, und seiner noch lebenden Ehefrau Elisabeth, geborene Tautscher, alle katholischer Religion. Zeugen: Peter Felsberger, Stangerl in Gwanitz, Beistand der Braut; Math. Hoy e.h., Reich in Zabersdorf; Carl Napper e.h., Namensfertiger. – Dieses Brautpaar wurde am 21. und 28. Sept. und 5. Okt. 1890 in hiesiger Pfarrkirche dreimal verkündet, und da sich kein Hindernis gezeigt hat, am 6. Okt. 1890 kirchlich getraut. Pfarrer Carl Napper e.h. – Die Trauungsakte: das Informations-Trauungs-Examen-Protokoll vom 20. Sept. 1890; der Taufschein des Bräutigams vom Pfarramt Gunzenberg vom 10. 9. 1890, Zahl 36, und sämtliche pfarrliche Verkündzettel vom 20. Sept. 1890. Alle diese Dokumente liegen in der Lade für Trauungsakten, Faszikel Nr. III, aufbewahrt.[65]

„Valentin Rudolfer ist am 27. Februar 1897 um 12 Uhr [in der] Nacht, in Dörfl Nr. 6, in der Türkolitzkeusche, gestorben; als Ehemann der Besitzerin der Türkolitzkeusche in Dörfl, Maria [Ruhdorfer], legitimierte Strohmaier; [Valentin wurde] in [der Pfarre] Gunzenberg geboren; katholisch, männlich, 44 Jahre alt. Laut Totenbeschauschein N° 10 de 1897 dt= 28ten Februar 1897, Carl Napper e.h., Pfarrer. Ist nach Empfang der hl. Sterbesakramente an Lungenentzündung gestorben und am hiesigen pfarrlichen Friedhof [in Pisweg] nach christlich-katholischem Gebrauch von Herrn Franz Lippitz e.h., Aushilfspriester, beerdigt worden."[66] – (Rudolfer = Ruhdorfer, N° 10 de 1897 dt= 28ten Februar 1897 = Nr. 10/1897 vom 28.02.1897.)

Maria Strohmaier wurde am 10.06.1853 beim Türkolitzer in Dörfl 6 geboren und am selben Tag in Pisweg getauft; Mädchen, katholisch, unehelich geboren. Vater Andreas Strohmaier, Besitzer der Türkolitzer-Keusche in Dörfl, ehelicher Sohn des Thomas Strohmaier, Pirker in der Schattseite, und dessen Ehefrau Elisabeth, geb. Krottenmayer, katholischer Religion, nun verehlicht, geb. in Lieding. Mutter Elisabeth Tautscher, Gästin beim Türkolitzer in Dörfl, eheliche Tochter des Augustin Tautscher, Besitzer obiger Keusche und Schuhmachermeister, und seiner Ehefrau Apolonia, geb. Dörfler, katholischer Religion. Patin Maria Tautscher, Näherin; Hebamme Theresia Tautscher, ungeprüft.[67] – Legitimiert am 06.02.1860.[68]

---

[64] Pfarre Gunzenberg: G23_002-1, Geburtsbuch II, 17. März 1815 – 25. Dezember 1856, Blatt 134. – Nachfolgende Aussage vgl. ebenda.

[65] Vgl. Pfarre Pisweg: P04_014-1, Trauungsbuch IV, 4. Februar 1861 – 16. November 1890, Blatt 136. – Elisabeth Ruhdorfer starb am 23.02.1885, Simon Gutenbrunner starb schon am 21.11.1882. Siehe Fußnoten [55] und [57]. – Diese Eintragung enthält viele Unzulänglichkeiten des Herrn Pfarrers.

[66] Pfarre Pisweg: P04_023-1, Alphabetischer Index zu den Sterbbüchern, Kopie, 1. Januar 1818 – 31. Dezember 2007; > VI, 177. – Pfarre Pisweg: P04_021-1, Sterbbuch VI, 11. September 1867 – 22. November 1898, Blatt 179. – [Die Angaben im Index sind nicht immer deckungsgleich mit jenen im entsprechenden Buch.]

[67] Vgl. Pfarre Pisweg: P04_006-1, Geburtsbuch VII, 2. Februar 1841 – 28. Januar 1854, Blatt 131.

[68] Vgl. Pfarre Pisweg: P04_013-1, Trauungsbuch III, 3. Mai 1874 – 16. Juli 1860, Blatt 287.

Maria Ruhdorfer, geb. Strohmaier, ist am 09.01.1905 um 10 Uhr am Vormittag als Witwe beim Türkolitzer in Dörfl 6 im Alter von 51 Jahren an Wassersucht gestorben. Sie war am 10.06.1853 geboren. Sie wurde mit den Sakramenten versehen und in Pisweg von Pfarrer Jos. Rogl e.h. beerdigt.[69]

Andreas Strohmaier wurde am 29.11.1819 in der Schattseite Nr. 2, Pfarre Lieding, geboren; katholisch, Knabe, ehelich geboren; Hebamme Maria Bacherin, alte Wachterin in Strassburg. Vater Thomas Strohmaier, vulgo Oberer Pirker in der Schattseite, ehelicher Sohn des Josef Strohmaier, und seiner Ehefrau Maria, geb. Salmgerin. Mutter Elisabeth Brettner, eheliche Tochter des Valentin Brettner, vulgo Weidlmayer zu Mühldorf, und der Elisabeth, geb. Leutgebin. Patin Maria, eine geb. Wingerin, Pfoppenbacherin in der Schattseite, Bäuerin an der Pfoppenhube in Buch. Georg Fußnig e.h., Kaplan.[70]

Andreas Strohmaier und Elisabeth, geb. Tautscher, heirateten am 06.02.1860 in Pisweg. „6. Feber 1860, Dörfl 6. Bräutigam Andreas Strohmayer, Vorhauser auf der Türkolitzkeusche des Thomas Strohmayer, gewesenen Besitzers der Oberen Pirkerhube in der Pfarre Lieding, und seines Eheweibes Elisabeth, geb. Brettner, eheliche Tochter, kathol. Rel. [Bräutigam] katholisch, unverehelicht, 40 Jahre alt, [geb.] Lieding, 29. XI. 1819. Braut Elisabeth Tautscher, des Augustin Tautscher, gew. Besitzers der Türkolitzkeusche in Dörfl, und seines Eheweibes Apollonia, geb. Krappinger, beide schon selig, eheliche Tochter. [Braut] katholisch, unverehelicht, 32 Jahre alt, [geb.] Pisweg, 17. XI. 1828. Zeugen: Beistand des Bräutigams, Anton Telsnig, Unterer Passegger in Gurk; Beistand der Braut, Johann Selltzenger, vulgo Lampele in Dörfl. Johann Sommer e.h., Namensfertiger [für beide Beistände] und Zeuge. – Dieses Brautpaar wurde nach Beibringung der gesetzlichen Dokumente am 29. Jänner, 2. und 5. Februar verlautbart und weil sich kein Ehehindernis gezeigt [hat], die Einsegnung am 6. Sept. Nachmittags um 2 Uhr im Hause der Braut |: weil Wöchnerin :| von mir, Ortspfarrer Johann Sommer e.h., vorgenommen. – Die Trauuungsakte befinden sich im pfarrlichen Archive [im] Fach „Trauungsakten“ unter Fasc. Nr. 1 de anno 1860.“[71]

Andreas Strohmaier ist am 01.03.1888 um ½ 5 Uhr in der Früh als verehelichter Besitzer der Türkolitzerkeusche in Dörfl Nr. 6 im Alter von 69 Jahren laut Totenbeschauschein Nr. 9/1888 vom 02.03.1888 „an der Lungensucht“ gestorben. Er war in der Pfarre Lieding geboren. Er wurde mit den Sakramenten versehen und von Ortspfarrer Carl Napper e.h. am 03.03. am Pisweger Friedhof nach christ-katholischem Gebrauch begraben.[72]

Elisabeth Tautscher wurde am 17.11.1828 in Zabersdorf 8 geboren; katholisch, Mädchen, ehelich geboren; Hebamme Maria Dorferin, Wirtin in Zabersdorf, ungeprüft. Vater Augustin Tautscher, Schustermeister in Zabersdorf, ehelicher Sohn des Mathias Tautscher und seiner Ehefrau Helene, geb. Moßhanin, katholisch, gebürtig in der Pfarre Gunzenberg. Mutter Appolonia [Tautscher, geb.] Teppan, uneheliche Tochter der Elisabeth Dörflerin, Grabenkeuschlerin zu St. Florian am Gunzenberg, katholisch, in Gunzenberg gebürtig. Patin Maria Dörflerin, Bäuerin an der Teppan-Hube in der Pfarre Meiselding. Wurde von Pfarrer Simon Knofl e.h. getauft.[73]

Elisabeth Strohmaier, geb. Tautscher, ist am 02.09.1896 um 10 Uhr am Vormittag als verwitwete Auszüglerin in Dörfl 6 im Alter von 68 Jahren an Wassersucht gestorben und am 09.09. um 10 Uhr am Vormittag beerdigt worden. Sie war in Pisweg geboren, katholisch. Sie

[69] Vgl. Pfarre Pisweg: P04_022-1, Sterbbuch tom. VII, Kopie, 5. Januar 1899 – 21. Dezember 1939, Blatt 036.
[70] Vgl. Pfarre Lieding: L06_005-1, Geburtsbuch V (E), 1. Oktober 1813 – 24. August 1828, Blatt 042.
[71] Vgl. Pfarre Pisweg: P04_013-1, Trauungsbuch III, 3. Mai 1874 – 16. Juli 1860, Blatt 287. Siehe Fußnote [68]. – Vorhergehende Aussage vgl. ebenda.
[72] Vgl. Pfarre Pisweg: P04_021-1, Sterbbuch VI, 11. September 1867 – 22. November 1898, Blatt 134. – Direktzitat siehe ebenda.
[73] Vgl. Pfarre Pisweg: P04_004-1, Geburtsbuch V, 9. Mai 1813 – 12. Juli 1830, Blatt 124.

wurde durch den Aushilfspriester Lippitz am Pisweger Friedhof beerdigt. Carl Napper e.h., Pfarrer.[74]

Elisabeth Tautscher, gebar beim vulgo Türkolitzer in Dörfl Nr. 6 die folgenden, **unehelich geborenen Kinder**:

Maria, *10.06.1853, Geburtsbuch VII, Blatt 131;

Lambertus, *07.09.1855, Geburtsbuch VIII, Blatt 023;

Wolfgangus, *14.10.1857, Geburtsbuch VIII, Blatt 048;

Valentin, *05.02.1860, Geburtsbuch VIII, Blatt 083.

Am Tag nach der Geburt ihres Sohnes Valentin, also am 06.02.1860, wurde ihr Bund fürs Leben zu Hause beim vulgo Türkolitzer in Dörfl Nr. 6 vom Pfarrer Johann Sommer gesegnet. Vater und Bräutigam Andreas Strohmaier, geb. am 29.11.1819, Mutter und Braut Maria, geb. Tautscher, geb. am 17.11.1828. Nach der Eheschließung brachte **Elisabeth Stromaier** beim vulgo Türkolitzer in Dörfl Nr. 6 noch folgende **ehelich geborene Kinder** zur Welt:

Juliana, *06.06.1863, Geburtsbuch VIII, Blatt 131;

Johanna, *05.05.1865, Geburtsbuch IX, Blatt 016;

Thomas, *15.12.1867, Geburtsbuch IX, Blatt 046;

Mathias, *20.10.1871, Geburtsbuch IX, Blatt 089.

Zum Zeitpunkt ihrer ersten Geburt war Elisabeth Strohmaier, geb. Tautscher, 25 Jahre alt, und zum Zeitpunkt ihrer achten und letzten Geburt war sie fast schon 43 Jahre alt.[75]

Nach dem ersten Verkündigungsdatum am Sonntag, dem 29.01.1860, zu schließen, war die kirchliche Trauung vermutlich für Montag, den 13.02.1860, geplant, denn üblicherweise wurden Trauungen bei der Messe an drei aufeinanderfolgenden Sonntagen verkündet, damit möglichst viele Gläubige ein eventuelles Ehehindernis hätten melden können. Nachdem aber die Wehen wahrscheinlich frühzeitig einsetzten, verkündete der Pfarrer die Trauung am Donnerstag, dem 2. Februar, am Lichtmesstag, damals ein Feiertag für die Bauern, das zweite Mal, und dann am Sonntag, dem 5. Februar, das dritte Mal. Das erwartete Kind, Valentin, wurde bereits an diesem Sonntag geboren. Und der Pfarrer, die Zeugen und der Brautführer sowie der Bräutigam beschlossen, die Eheschließung zu Hause vornehmen zu lassen, damit sie die Hochzeit nicht absagen oder verschieben mussten, denn für die Tafel war sicherlich schon vorgesorgt. Vielleicht war die Braut durch die Geburt auch sehr mitgenommen und äußerst geschwächt, sodass man nicht wusste, ob sie weiterleben würde. Und nachdem Elisabeth Tautscher die Besitzerin beim vulgo Oberen Türkolitzer war, musste man bei ihrem vorzeitigen Tod damit rechnen, keinen Besitznachfolger zu haben, obwohl sie gerade das vierte Kind zur Welt gebracht hatte, denn damals kamen unehelich geborene Kinder als Besitznachfolger weder einer Keusche noch eines Bauernhofes in Frage.

Die Aufhebung des Untertanenstatus für Bauern und Keuschler mit Wirksamkeit vom 11. 09.1848 dürfte der Grund dafür gewesen sein, dass so viele Bauern und Keuschler im österreichischen Kaiserreich im Allgemeinen und in Kärnten im Besonderen ihre Besitztümer wegen Überschuldung verloren. Erstens waren sie nicht gewohnt, mit Geld umzugehen und finanzielle Erträge zu erwirtschaften, und zweitens mussten sie die Hälfte des errechneten Kapitalwertes eines Besitzes an ihren ehemaligen Grundherren bezahlen. Dieser Kapitalwert betrug das Zwanzigfache der jährlichen Feudalrente. Zur Entrichtung hatten die Bauern und Keuschler 20 Jahre Zeit. Sie mussten sich von da an auch selber um Saatgut, ihren Viehbestand und ihre Arbeitsgeräte kümmern sowie die nun ebenso frei gewordenen Knechte und

---

[74] Vgl. Pfarre Pisweg: P04_021-1, Sterbbuch VI, 11. September 1867 – 22. November1898, Blatt 176.

[75] Vgl. Pfarre Pisweg: Geburtsbuch VII, P04_006-1, 2. Februar 1841 – 28. Januar 1854; Geburtsbuch VIII, P04_007-1, 4. Februar 1854 – 18. Juni 1864; Geburtsbuch IX, P04_008-1, 22. Juni 1864 – 6. März 1881.

Mägde entlohnen. Sie mussten ihre Pflichten von da an gegenüber den neu geschaffenen Behörden wie Gemeindeämtern, Bezirkshauptmannschaften und Gerichten erfüllen.[76]

Urenkelin Josefa GUTENBRUNNER, 04.07.1866 – 11.05.1949

Eine **Halbschwester von Valentin Ruhdorfer**, Josepha Gutenbrunner, wurde am 04.07. 1866 um 3 Uhr in der Früh in der Waggolinerhube in Wattein 1 geboren und am selben Vormittag getauft; katholisch, Mädchen, ehelich geboren; Alexander Nepozitek e.h., Curat; Hebamme Johanna Dörfler, Wattein 2, ungeprüft. Vater Simon Gutenbrunner, früher Steinbauer in Zabersdorf, jetzt Tagwerker in Wattein, ehelicher Sohn des Jakob Gutenbrunner, ehemaliger Besitzer der Brunner-Hube in Stein, und seiner Gattin Agnes, geb. Hoy, beide katholisch, gebürtig an der elterlichen Hube in der Pfarre Meiselding. Mutter Elisabeth, geb. Ruhdorfer, verheiratet, eheliche Tochter des verstorbenen Johann Ruhdorfer, Besitzer der Michalehube in Wattein 3, und dessen verstorbener Gattin Margaret, geb. Dörfler, beide katholisch, früher Steinbäurin in Zabersdorf, jetzt Einwohnerin der Waggolinerhube, gebürtig an der Michalehube in Wattein. Patin Josefa Kaspitz, geb. Dürnkas, vulgo Grauskeuschler in der Schattseite. Alexander Nepozitek e.h., Namensfertiger und Zeuge. – Josefa Gutenbrunner hat am 13.06. 1915 in der Pfarrkirche Feldkirchen laut Mitteilung vom 16.06.1915, Zl. 107, Vinzenz Radis geheiratet. – Josefa Gutenbrunner ist laut Mitteilung vom 16.05.1949, Nr. 42/1949, am 11.05. 1949 im Krankenhaus Waiern, Feldkirchen, gestorben.[77]

Halbgeschwister des Valentin Ruhdorfer, *21.05.1853, und **Geschwister der Josefa Gutenbrunner**, *04.07.1866:

Maria, *14.12.1858, Pisweg, Geburtsbuch VIII, Blatt 065;

Agnes, *15.01.1862, Pisweg, Geburtsbuch VIII, Blatt 109;

Norbertus, 06.06.1864 – 22.03.1865, Pisweg, Geburtsbuch VIII, Blatt 147.[78]

Maria und Agnes Gutenbrunner wurden beim Steinbauer in Zabersdorf 2 geboren. Beide wurden am Abend geboren und am nächsten Tag getauft, Maria von Curat Alexander Nepozitek e.h. und Agnes von Pfarrer Johann Sommer e.h. Maria hat die ungeprüfte Hebamme Eleonore Ruhdorfer aus Lieding, Agnes aber die ungeprüfte Maria Wajand, Pirkerin, entbunden. Beiden war Maria Steiner, Lampele-Bäuerin in Zedl, Patin. – Norbert Gutenbrunner wurde hingegen am Vormittag um 11 Uhr in Zedl 6 geboren und am selben Nachmittag von Pfarrer Johann Sommer e.h. getauft. Ungeprüfte Hebamme war Katharina Hoi, Gästin beim Urle in Zedl. Da war Norberts Vater Simon Gutenbrunner allerdings nicht mehr Steinbauer in Zabersdorf, sondern bereits Knecht in Zedl 6. – Schwester Josefa wurde allerdings noch in der Waggolinerhube in Wattein 1 geboren. Da war ihr Vater Simon Gutenbrunner Tagwerker in Wattein, der mit seiner Familie dort als Einwohner lebte.[79]

Der Familienname RUHDORFER

Der Familienname Ruhdorfer kommt nicht von „Ruhe" und „Dorf", sondern von „Ruß" und „Dorf", bezeichnet also denjenigen, der aus einem „verrußten Dorf stammt".

> „**Ruß**", männlich/Maskulinum, steht für „schwarzer, pulverartiger Kohlenstoff", aus althochdeutsch „(h)ruoz" (9. Jahrhundert), mittelhochdeutsch „ruoz", mitteldeutsch „rūz", altsächsisch „hrōt", mittelniederdeutsch „rōt", „rūt", mittelniederländisch/niederländisch „roet"; daneben mit

[76] Vgl. Johanna Buch, Bauernalltag an der Schnittstelle dreier Kulturen. Das Leben der Familien Gallob und Mertel im Alpen-Adria-Raum im 19. und 20. Jahrhundert. Universität Wien, Institut für Geschichte, Diplomarbeit, 2012, S. 46. Betreuerin Prof. Marija Wakounig.

[77] Vgl. Pfarre Gunzenberg: G23_003-1, Geburtsbuch, 11. Januar 1857 – 4. Oktober 1910, Blatt 051.

[78] Vgl. Pfarre Pisweg: Geburtsbuch VIII, P04_007-1, 4. Februar 1854 – 18. Juni 1864.

[79] Siehe Fußnoten [64], [77] und [78].

unorganisch angefügtem -t mittelhochdeutsch „ruost", frühniederdeutsch „Rust" und mit m-Suffix an englisch „hrūm", altfriesisch „(h)rūmech" für „rußig" und mittelhochdeutsch „Rūmolt", Name des Küchenmeisters im Nibelungenlied erinnernd. Man setzt germanisch „*hrō-" voraus, das man verbinden kann mit althochdeutsch „horo" für „Sumpf, Schlamm" (8. Jahrhundert), mittelhochdeutsch „hor(e)" für „kotiger Boden, Kot, Schmutz", altsächsisch „horu", mittelniederdeutsch „hōr" für „Dreck, Kot, Mist, Schlamm, mittelniederländisch „hor(e)" für „Kot, Schmutz", altenglisch „horh" für „Schmutz, Schleim", altnordisch „horr" (aus „*hurhụaz") für „Nasenschleim, Schmutz. Außergermanisch vergleichen sich altindisch „kardamah" für „Schlamm, Schmutz", griechisch „*kóryza* (*κόρυζα*)" für „Erkältung, Schnupfen, Rotz", mitteliranisch „corcach" für „Sumpf", sodass von einer Farbwurzel indoeuropäisch „*ker-, *k̑er-" für „dunkle, schmutzige und graue Farbtöne ausgegangen werden kann. [* bedeutet „rekonstruiertes Wort".]

„**rußen**", Zeitwort/Verb, „Ruß absondern, mit Ruß schwärzen" (17. Jahrhundert), mittelhochdeutsch „ruozen" für „schwarz, schmutzig machen".

„**rußig**", Eigenschaftswort/Adjektiv, früher auch „rußicht" für „mit Schmutz behaftet, durch Ruß verschmutzt", althochdeutsch „(h)ruozag" (9./10. Jahrhundert), mittelhochdeutsch "ruozec, ruozic".[80]

„**Ruß, rußig**", niederländisch „roet"; „aus einem verrußten Dorf stammend", niederländisch „af komstig uit een roetrijk dorp".[81]

„**Ruß**", slowenisch „saje", weiblich Mehrzahl / Femininum Plural; „Kienruß", slowenisch „jelove saje"; „Glanzruß", slowenisch „svetlove saje"; „**rußen**", slowenisch „sajiti"; „**rußfarben**", slowenisch „sajast"; „**rußig, verrußt**", slowenisch „sajav".[82]

Der Familienname stammt also aus dem Mitteldeutschen „rūz" für „Ruß". Früheste überlieferte Namensvarianten sind „Rußdorfer" oder „Rueßdorfer". Kärntner Varianten davon sind: „Rötörfer, Ruedorfer, Luedorfer, Rudorfer, Rudolfer, Ruhdorfer".

Ortsnamen mit derselben Herkunft sind: „Ruhsdorf, Rußdorf, Ruhstorf, Rußbach". Es gibt den Ort „Ruhsdorf" in der Gemeinde Micheldorf in Kärnten. In diesem Dorf lebten am 01.01.2022 sechs Einwohner. Und in Micheldorf gibt es einen ehemaligen Hochofen zu bestaunen. In Salzburg gibt es den Ort „Rußbach am Pass Gschütt" und in Bayern den Ort „Ruhstorf an der Rott".[83]

Auch die Gewässernamen „Rußbach" und „Rott" stammen von derselben Wortwurzel. Ob es nun zuerst den Gewässernamen gab oder den Ortsnamen, ist nicht mehr feststellbar.

Jedenfalls nehme ich an, dass der Familienname „Ruhdorfer" in Kärnten vom Ort „Ruhsdorf" am „Rußbach" ausging und sich, zumindest unsere Vorfahren betreffend, über die Pfarre Meiselding in die Pfarre Gunzenberg und von dort in die Pfarren Pisweg, Gurk und Finkenstein verbreitete.

Es gab einen Paul von Rusdorf/Rußdorf, (um 1385-1441), in Roisdorf bei Bonn geboren, als Hochmeister des Deutschen Ordens von 1422 bis 1441. In Deutschland lebte auch ein Johann Joachim von Rusdorf/Rusdorff, (1589-1614), als kurpfälzischer Geheimer Rat. Und in Salzburg lebte ein Eberhard Ruedorffer/Ruedorfer, (05.02.1701 – 05.05.1765), in Kitzbühel in Tirol geboren, als römisch-katholischer Theologe, Hochschulprofessor an der Universität Salzburg, Prior des Benediktinerklosters Maria Plain bei Salzburg.[84] Im Stammbaum des Friedrich Joachim Freiherrn von Ankershofen, (1908-1967), sind zum Beispiel unter Punkt 1060. ein Rueßhaim von Rueßdorff (seit 1627) und ein Freiherr von Rueßdorff in Erneck er-

[80] Aus https://www.dwds.de/wb/Ruß, Zugriff 29.04.2023, 00:25 Uhr. > Duden, Herkunftswörterbuch, online, gratis.

[81] Aus https://www.google.at, Zugriff 29.04.2023, 00:30 Uhr. > Wörterbuch Deutsch-Niederländisch online gratis.

[82] Aus https://www.fran.si, Zugriff 29.04.2023, 12:15 Uhr, > Online Wörterbücher Fran Ramovš ZRC SAZU.

[83] Vgl. https://de.wikipedia.org/wiki/, Zugriffe 28.04.2023, 22:20 Uhr. Vgl. https://www.ostbayern.tourismus.de/orte/ruhstorf-a.d.-rott-cedc27a315, Zugriff 29.04.2023, 12:50 Uhr.

[84] Vgl. https://de.wikipedia.org/wiki/, Zugriffe 28.04.2023, 23:40 Uhr.

wähnt.[85] In der Herrschaft Finkenstein lebte ein Hieronim [Hieronymus] Rueßdorff als Besitzer der Neubauer-Hube in Outschena von 1647 bis 1649. – [Neubauer/Najbirt = Mayrof / Maier am Hof, Outschena = Ovčna/Ovčena.] Sein Lebenslauf konnte nicht weiter erkundet werden.[86]

Die Bedeutung anderer Familiennamen

Hier wird nicht unterschieden zwischen Verwandten und anderen Personen, wie zum Beispiel Paten, Zeugen oder Pfarrer. Sowohl Familiennamen als auch Vulgonamen werden nur aus dem Text entnommen und jeweils für zusammengehörige Kapitel besprochen, jene aus Fußnoten und dem Bildmaterial werden dabei nicht erfasst. Obwohl die Vulgonamen früher entstanden als die Familiennamen, werden sie in diesem Buch in umgekehrter Reihenfolge erörtert. Die vor Jahrhunderten gebräuchliche weibliche Form auf –in wird dabei nicht extra angeführt. Einige Familiennamen sind identisch mit Vulgonamen. Varianten werden absichtlich angegeben.

Bacher – der am Bach Wirtschaftende (R)
Brettner – aus Bretten (Kraichgau) oder Brettnau (Bodensee) [Stammender] (F)
Dörflinger/Derflinger > Dorflehner – mhd. lēhenære, lēner – Darleiher, Bergmeister, der die Gruben lehnweise vergibt; in Tirol Inhaber des Dorflehens; mhd. dorflēhen – Bauerngut (N)
Dietrich – Vorname (R)
Dobernig/Dabernig – s. Dobrova – Eichen- oder Sumpfwald (R); s. deber – Schlucht (R); der an einer Schlucht oder am Eichenwald Lebende (R)
Dollinger – s. dol – unten, unterhalb, im Tal ansässig (F); Talbewohner (R); mnd. dol – über-, hochmütig (N); Hochmütiger (R)
Dorfer – Dorf (R); der aus einem Dorf Stammende (R)
Dörfler/Derfler – aus Dörfl Stammender, Dorf (R)
Dürnkas – mhd. dürre und durre, mnd. dörre – dürr, trocken, mager (N); dial. Kas – Käse (R)
Eppich > Epe – niederrhein. und westfäl. ON (F); auch FN = nasse, moorige Gegend (F); > Epping – Eberhard(t), Ebhardt (N)
Erian – s. Jerjen – Jürgen (F)
Felsberger/Feldsberger – Fels + Berg (R)
Fußnig > Fuchs, Fuchß – für einen listigen oder rothaarigen Menschen (N); > Fux > Fuchs, Fuchß (N)
Gallob – s. golob – Taube, Taubenzüchter, -händler (F)
Ginggler, Gisbacher > Kießler – Kies(el); Kies + Bacher (R)
Gorton > Kort(h) – Konrad (N); > Korte – Kurz(e), Korten – mhd. kurz, md. korz, mnd. kort – kurz, gering an Ausdehnung (N)
Griesser – Gries – Schottergrund, Sandbank (F); an einer Sandbank Wohnender (R)
Gutenbrunner/Guttenbrunner – an einer besonders guten, kalten Quelle Lebender (F)
Gwenger – Wang – hangartiges Wiesengelände, Wiesenhang (F); am Wiesenhang Wohnender (R)
Hasenbichler – altlav. hasn – glatt, eben + altlav. Bichl – Hügel, Bühel (R); auf einem ebenen Hügel Wirtschaftender (R)
Hinteregger – der im hinteren Eck wohnt (F)
Hoffer – Hofbesitzer (F)
Holzer > Holz – im Holz, im Wald wohnend (F); Holzknecht, Waldarbeiter (R)
Hoy/Hoi – Hans (R), Johann (F)
Janda > Jander – Andreas (F); > Janek – Johannes (N)
Kaspitz > Kaspirz – hl. Kasper, hl. Kaspar, einer der Heiligen drei Könige (F)
Kleinbergner – klein + Berg (R); der auf einem kleinen Berg Wohnende (R)

---

[85] Vgl. Hans Pawlik: Friedrich Joachim Freiherr von Ankershofen (1908-1967), 2021-2022. Buch im Internet veröffentlicht in www.genealogy.at, Zugriff 30.03.2023, 00:30 Uhr. Siehe auch austria@genealogy.at.
[86] Vgl. Luise Maria Ruhdorfer: Die Finkensteiner Vulgonamen … Verlag Rediroma, Remscheid (D), 2016, S. 73.

Knofl – altlav. knofl – Knoblauch (R); Gärtner, Gemüsebauer (R)
Kogler– Mann aus Kogl (R), auf einem Hügel/Kogel/Kofel Lebender (F)
Kortron > Kort(h) – Konrad (N); > Korte – Kurz(e), Korten – mhd. kurz, md. korz, mnd. kort – kurz, gering an Ausdehnung (N)
Krapinger/Krappinger – s. krap – Karpfen (F); s. krap – Krapfen (F); Fischzüchter (R)
Krottenmayer – dial. Krot – Kröte (R) + Mayer, Meierei – Hof, Besitzer (F); Kröten beim Hof (G 193)
Lagler – s. loka – Au, Moos (F); altslaw. lonka – Lache, Tümpel, Auwiese (F); ein sumpfiges Gelände Bewirtschaftender (R)
Lahber – dial. Laberl – kleiner Brotlaib (F); s. hruška – Birnbaum, Birne (F); Bauer mit Birnbäumen im Obstgarten (R)
Leitgeb/Leutgeb – mhd. litgebe – Schenkenwirt, Wirt (F); mhd. lit – Most, der Most Ausschenkende (F)
Lemisch – s. lemež – Pflugschar (F)
Lippitz – Filip, Philipp (F)
Litsch > Li(e)schke, Lischka – nso., oso. und tsch. liška – Fuchs, poln. liszka – Füchsin (N)
Lungkofler > Lü(h)ning – mnd. lunink – Sperling (N); > hess. Lüning, obd. Lung – Achsnagel (N) und dial. Kofl/Kofel – Kogel (R); auf einem Kogel Wohnender (R)
Moser – Moos (R); der am Moos Lebende, Wirtschaftende (R)
Mosham/Moßhan – Moos + Hammer – Hammerwerk, Schmiede (R); Hammerwerk, Schmiede am Bach mit Moos in der Umgebung (R)
Müller – Berufsbezeichnung (R)
Napper > Nauber – Neubauer, mhd. *niubūr(e) – neu siedelnder Bauer (N); auch Neuwirth (N); s. novina – Neubruch (F); Neubauer, Neugebauer (R); auch Neuwirth (N)
Nepozitek – s. ne- – dt. un- + s. počitek – Ruhe, Erholung (R); unruhiger Mensch, betriebsamer Ort (R)
Nester – mhd. nestel – Schnürband, lieferte die Schnürbander für Schuhe, Mieder, Hauben (F)
Pirker – Birke (F); bei den Birken Wirtschaftender (R)
Pleschutznig, Plieschnegger > Pleschutschnig – s. pleša – kahle, unbewaldete Stelle (F); in der Nähe eines Kahlschlages Wohnender (R)
Radis – s. Radej, Radko – Konrad (F)
Ragginger > Ragger, s. rak – Krebs (F); Krebsfänger (R); ON Ragging, bei Berchtesgaden, Bayern (W); aus Ragging Stammender (R)
Raupp – Kurzform zu Rupert (F)
Reinsberger – Reinhold (F) + Berg; Grenzberg (F)
Richter – Berufsbezeichnung (R)
Robener – s. rob – steiler Abhang, Felskante (F); an einem Steilhang oder an einer Felskante Wohnender (R)
Rogl > Rogelj, s. rogelj – Zacken, Gabelzinke (F)
Rohrigger > Rohr – Schilf, FN und ON (F); Röhricht, Riedgras, Schilfrohr, Schilfdickicht (F); auch Rohrmeister (F)
Sacher – jiddisch Socher (= Wandlerhändler) (F); dial. sachen – urinieren (F)
Safran – Pflanzenbezeichnung (R)
Salmger – mhd. salman – Mittelsmann, Testamentsvollstrecker, Vormund (N); Treuhänder (N); > Salomon, Vorname (N); hebr. Salomo – Wohlergehen (N)
Schininger > Schinner – Schinder, z. B. Pferdeschinder = Abdecker (F); Pferdefleischverwerter (R); Nagelschmied (F)
Schulte > Scholz, schlesisch (F); l. scultatus – einer, der Verpflichtungen zu einer Leistung befiehlt, Gemeindevorsteher, Schulze (F)
Selltzenger – s. zelen – grün, s. zelenec – Grünling (F); > Zelnitz/Zelenc/Zelenec – Bergname Zelenica in den Karawanken (F)
Sigat > Siegert, Sieghart (N); ahd. siguhart – Sieg + hart, streng (N)
Sommer – berufliche Beziehung zur Jahreszeit, z. B. Sommerarbeit, Saisonarbeiter, Sommerbäcker (F); mhd. sumer – Sommer – für eine im Sommer geborene Person, für eine im Sommer fällige Zins- oder Arbeitsverpflichtung, möglicher Wohnort auf der Sonnenseite (FN)

Sotein > Suter/Sauter, mhd. sūter, l. sutor – Schneider, Schuster (N)

Steinbäur, Steiner – Stein, Fels(en) (F) und Bauer (R)

Stockhauser, Stockinger > Stock – Waldstelle mit Baumstümpfen (F); ein an einem Kahlschlag Wohnender (R); Haus + Stock – Geschoß – mehrgeschoßiges Wohnhaus (R)

Strohmaier/Strohmayer – sammelte den Strohzehent ein (F)

Taumberger – Gehöft südwestlich von Straßburg, [bedeutet] Tannenberger (F)

Tautscher – der Deutsche (R)

Telsnig/Delsnig > Dölling, mda. Dölling – junger Zander; Hechtbarsch (N); mnd. dol – über-, hochmütig (N); s. dol – unten, unterhalb, im Tal ansässig, Talbewohner (R)

Teppan > Steppan – Stefan, s. Štefan (F)

Tiefenbacher – s. globok – tief (F); tief + Bach (R); der an einem tiefen Bach Wirtschaftende (R)

Tomitz – Thomas (R)

Wajand – Weigand, Wieland (R); Wiegand, Wayand (G 192)

Wieser – Wohnstätte an der Wiese (F)

Wipger/Winger > Wipper(t) > Weiprecht, ahd. und asä. wīg-ber(a)ht – Kampf, Streit, Krieg + hell, strahlend, glänzend (N); strahlender Kämpfer (R)

Wurmitzer/Wurmizer – s. brdnice – kleine Hügel (F) – im Hügelland Wohnender (R)

Wurzer – Wurzelsammler, Kräuterhändler (F)

Zedrösser/Zödrösser/Zedrosser > ON Zedras bei Ludmannsdorf (F); ON Zedroß bei Pisweg (F); s. so + draga – wo zwei Talrinnen zusammenkommen (F); der am Ziel- / Ausgangspunkt zweier Talrinnen/Täler Wirtschaftende (R)

Zippusch – s. cip, s. cipa – Zipf (F); der auf einem „zipfaten" Grundstück Lebende, Wohnende (R)

Vulgonamen der Ruhdorfer Vorfahren

Anderl – Anderl, Andreas (R)

Brunner – Brunnen (R); der am Brunnen Wohnende (R)

Dueler – s. dolinar – im Tal Wohnender (F)

Erian – s. Jerjen – Jürgen (F)

Försterklause – Förster + Klause (R), Förster + Einsiedelei (F)

Franzl/Fränzl – Franzl, Franz (R)

Ganz – Hans (F)

Georg / apud Georgium – Georg (R)

Girscher – vielleicht von Kirschner für Pelzverarbeiter (R)

Graben/Grabenkeuschler – graben, Graben (R), Wurzelgraber, Totengräber (F)

Graus – grausam (F)

Gregor – Gregor (R)

Gutenbrunner – an einer besonders guten, kalten Quelle Lebender (F)

Hansele – Hansl, Hans (R)

Hochackerer – hoch gelegener Ackerbauer (F)

Jogl/Jogel – Jåkl, Jakob (R)

Kraßnig – s. hrastnica – Bach aus einem Eichenwald (F)

Krottenhofer – dial. Krot – Kröte (R) + Hof, Besitzer (F); Kröten beim Haus (G 193)

Lampele – Lambert (F)

Leitenpolte – Leite, Steilhang + Poldi, Polde, Leopold (R)

Lenz – Lenz, Lorenz (R)

Lex – Alex, Alexander (R)

Mayr – l. major domus – Verwalter, Meierei (F); Marhof, Herrschaftshof (R)

Michale/Michaele/Michel – Michl, Michael (R)

Mor/Mooren – Mohr, Maure (F)

Müllner – Müller, Berufsbezeichnung (R)

Oberer – oben weiter gelegen (R)

Pangerle – Bankert, uneheliches Kind (R); Pankarter – Bankert, uneheliches Kind (F)

Passegger/Prossegger – s. preseka – dial. Fratn, Kahlschlag (F)

Pfoppen/Pfoppenbacher – vielleicht von Flop – Fußboden, Ackergrund, überhaupt die Erde (Ü); Flop + Bach – der an einem am Bach liegenden Acker Wirtschaftende (R)

Pirker – Birke (F); bei den Birken Wirtschaftender (R)
Reich – reich (R); der Reiche (F)
Stangerl/Stangl – großgewachsener, schlanker Mensch (F); dünner Mann (G 201)
Stein/Steiner/Steinbauer – Stein, Fels(en) (F) und Bauer (R); Edelstein (N)
Süssenbacher – süß + Bach (R); ein liebenswürdiger Mensch (F), der an einem Bach lebt (R)
Teppan – Stefan, s. Štefan (F)
Tomale – Tomi, Thomas (R)
Toni – Toni, Anton (R)
Trattnig/Tratnig – mhd. trate – Brache, s. trata – Tråtn, Viehweide (F)
Türkolitzer/Türkolitz – s. trlica – Brechelstätte, s. trkoliti – klimpern (G 202)
Unterer – unten weiter gelegen (R)
Urle > Uhle – Uli, Ulrich (G 203)
Valtl – Vålt, Valentin (R)
Wachter – Nachtwächter (F)
Wäggoliner/Waggoliner/Wagguliner/Woguliner/Waggöliener – vielleicht von Waage und liánan – Muhen der Kühe (Ü)
Wajand – Weigand, Wieland (R); Wiegand, Wayand (G 192)
Weidlmayer – Veit + Meierei (F)
Weißgerber – weiß + Gerber (R)
Wrießl – s. breza – Birke (F); bei den Birken Wirtschaftender (R), (siehe oben Pirker)
Wurzer – Wurzelsammler, Kräuterhändler (F)
Zauchner – s. suha – Dürren-, Wildbach (F)
Znikam – s. zanikati – abstreiten, leugnen, verneinen (R)

Literaturangaben, Abkürzungen und Anmerkungen:

F = Anton und Tatjana Feinig: Familiennamen in Kärnten und den benachbarten Regionen. Klagenfurt: Hermagoras, 2004/05.
R = Deutung LMR / Luise Maria Ruhdorfer.
G = Das goldene Buch von Gurk. Hrsg. Marktgemeinde Gurk. Klagenfurt: Kä. Druck- und Verlagsges. m. b. H., 1998. Red. Hartmut Brachmaier. Mit Erklärung vieler Orts- und Vulgonamen.
N = Horst Naumann: Das große Buch der Familiennamen. Alter – Herkunft – Bedeutung. Augsburg: Weltbild, 2009.
Ü = Anton Überfelders Kärntnerisches Idiotikon. Hrsg. Alfred Goubran. Klagenfurt: Heyn, 2015.
W = Wikipedia, https://de.wikipedia.org/wiki/..., Zugriff 22.11.2023, 05:35 – 05:50 Uhr.
ahd. = althochdeutsch, altlav. = altlavanttalerisch, altslaw. = altslawisch, asä. = altsächsisch, dial. = dialektal, dt. = deutsch, hebr. = hebräisch, hess. = hessisch, l. = Latein/lateinisch, md. = mitteldeutsch, mda. = mundartlich, mhd. = mittelhochdeutsch, niederrhein. = niederrheinisch, mnd. = mittelniederdeutsch, obd. = oberdeutsch, oso. = obersorbisch, poln. = polnisch, s. = slowenisch, tsch. = tschechisch, uso. = untersorbisch, westfäl. = westfälisch. – FN = Flurname, ON = Ortsname.
Begriffe wie „Bauer, Hof, Hube, Keusche, Keuschler“ entfallen, außer bei Grabenkeuschler, Krottenhofer und Steinbauer.
Angaben wie „Wohnende/r, Lebende/r, Wirtschaftende/r, ...“ werden einfach alternativ angegeben.

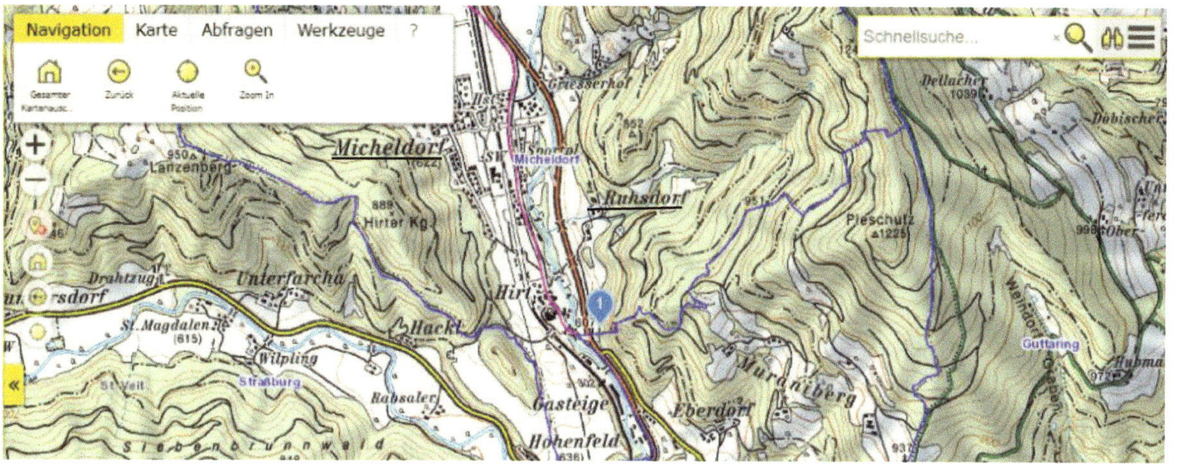

Land Kärnten: Pöckstein-Zwischenwässern, Hirt, Micheldorf > Ruhsdorf.
https://gis.ktn.gv.at/webgisviewer/atlas-mobile/map/KAGIS-Projekte,
Zugriff 29.03.2023, 23:15 Uhr.

Ansichtskarte Schloss Böckstein, vor 1964.
© Verlag Morawa & Co, Wien I. A. Grünert.

Micheldorf, ehemaliger Hochofen.
https://de.wikipedia.org/wiki/Micheldorf#/media/Datei:Hirt_ehemaliger-Hochofen.JPG.
Von JJ55 – Eigenes Werk, Gemeinfrei.
Zugriff 23.03.2023, 23:35 Uhr.

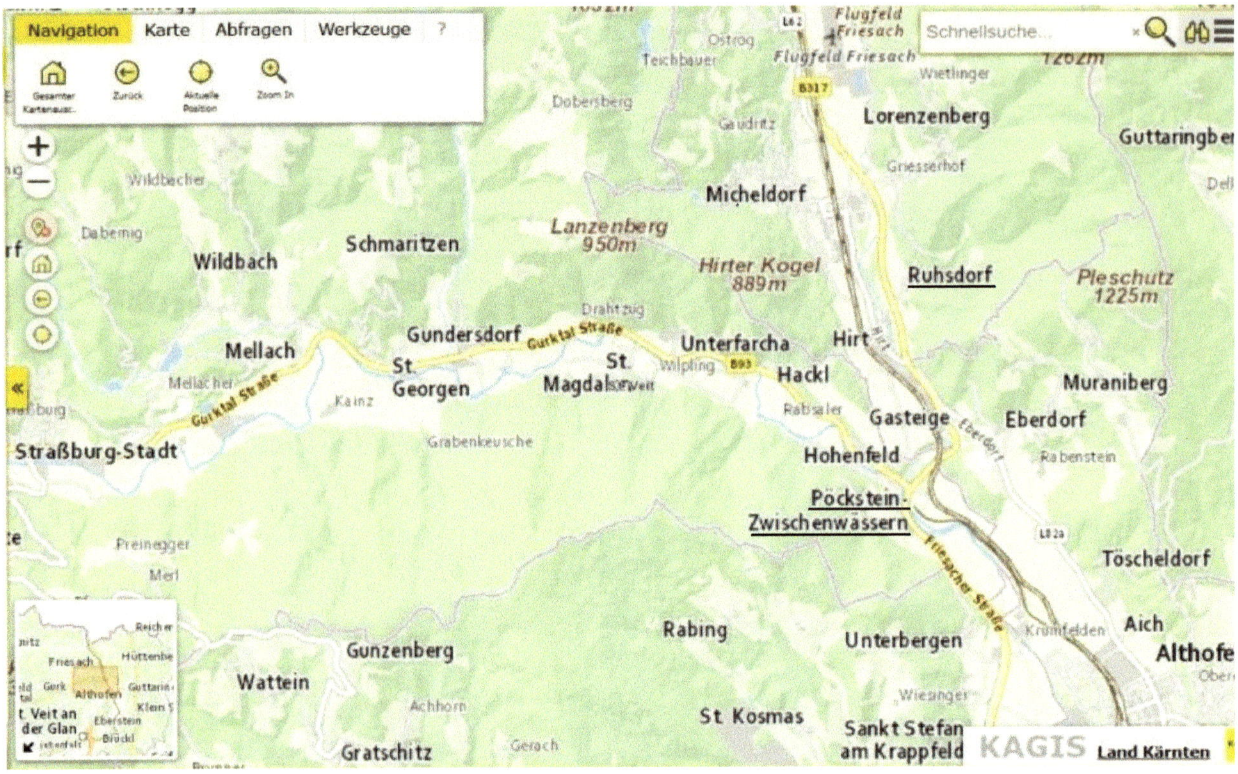

Land Kärnten: Pöckstein-Zwischenwässern, Hirt, Micheldorf > Ruhsdorf.
https://gis.ktn.gv.at/webgisviewer/atlas-mobile/map/KAGIS-Projekte/,
Zugriff 29.03.2023, 23:15 Uhr.

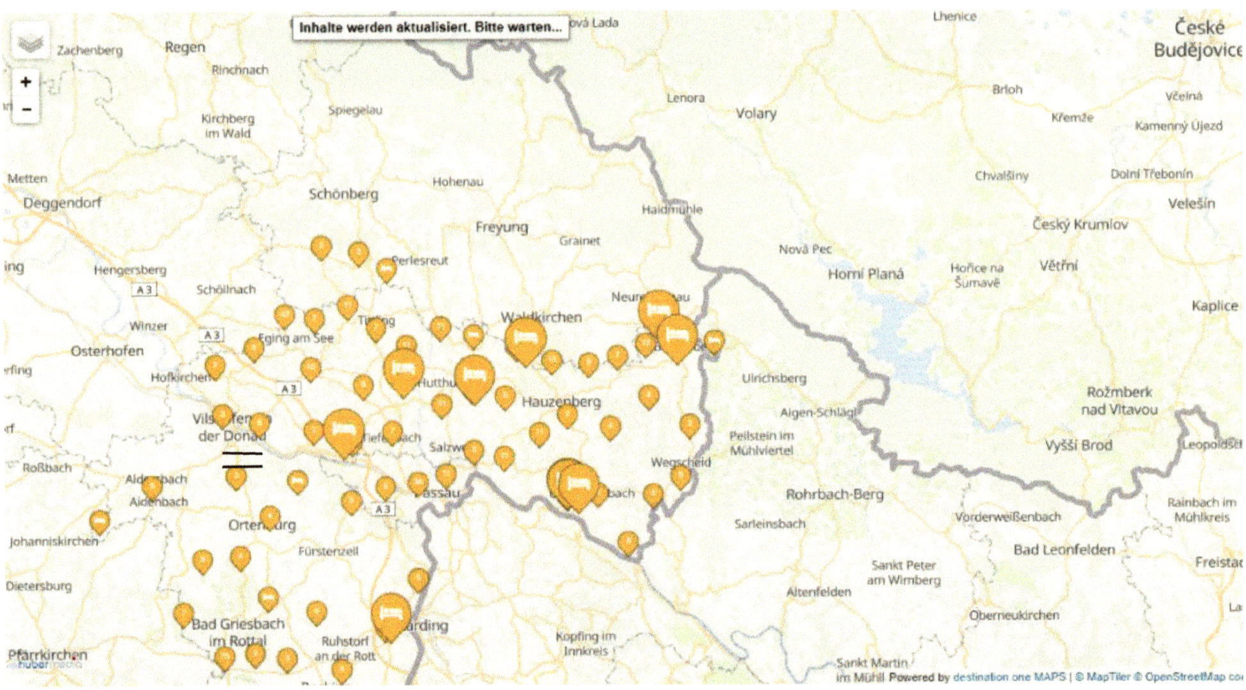

Markt Ruhstorf a.d. Rott, Am Schulplatz 8 und 10,
D-94099 Ruhstorf a.d. Rott im Passauer Land.
Quelle: https://www.maps.passauerland-de/#lat=48.702743994383458&lon=13.739776611328125&z=r.
Zugriff 23.03.2023, 23:55 Uhr. (Auch auf S. 49 unten.)

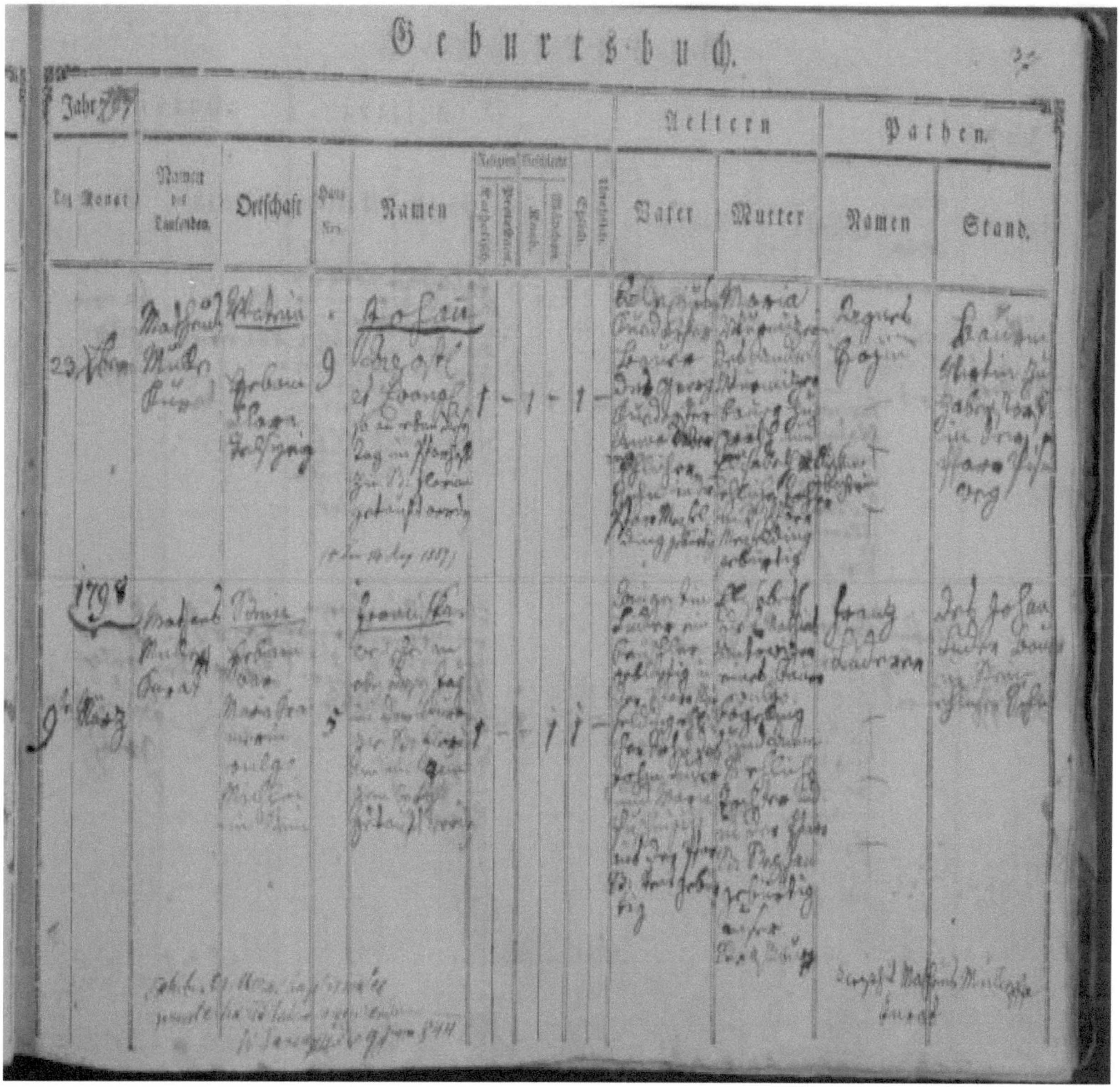

Johann Ruedorfer, *23.12.1797, in Wattein, Pfarre Gunzenberg,
Geburtsbuch I, Blatt 040, Nr. 1, (ganz oben).

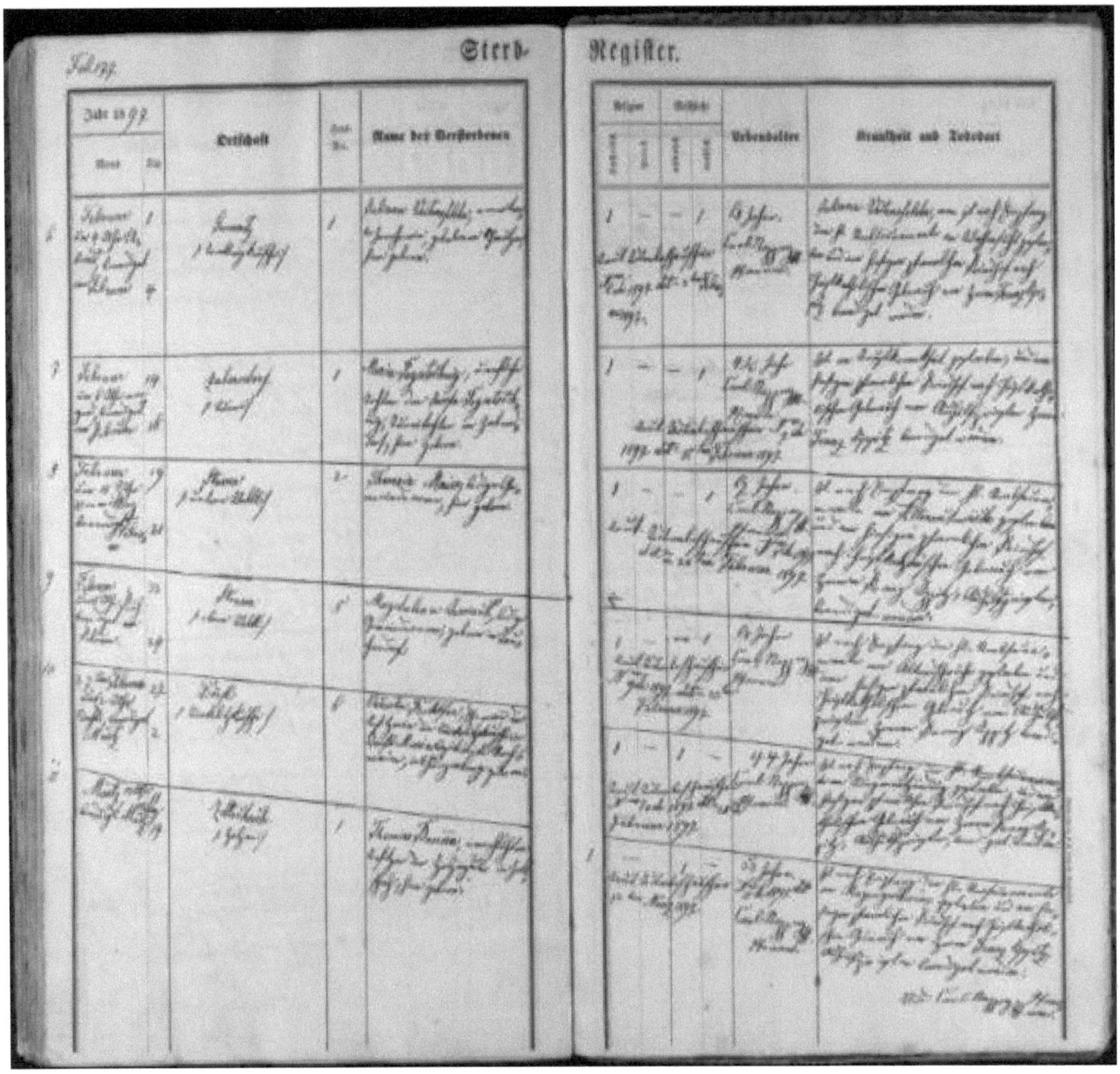

Sterb- Register.

Valentin Ruhdolfer, †27.02.1897, Pfarre Pisweg,
Sterbbuch VI, Blatt 179, Nr. 10, (vorletzte Eintragung).

Stammbaum
TSCHERNE

TSCHERNE Jakob
20.07.1914 – 11.08.1914
Gurk

Tscherne Victoria
*21.12.1910
Gurk

TSCHERNE Franz
09.10.1912 – 19.10.1979, x 05.06.1938
Erschen Mathilde
12.03.1908 – 27.05.1987
Gurk

Tscherne Maria
22.11.1906 – 04.01.1986
ROTTENSTEINER Max
12.10.1892 – 24.04.1979, x 18.04.1926
Stadl an der Mur

Tscherne Christine
11.12.1908 – 06.01.1909
Gurk

Tscherne Anna
20.02.1904 – 03.06.1963
KRIVITSCH Franz
18.11.1874 – 12.06.1952, x 10.06.1931
Friesach

Tscherne Alfreda
15.12.1905 – 21.09.1977
RUHDORFER Karl
09.01.1903 – 14.10.1969, x 15.08.1931
Gurk

Dorner/Donner Ignatius
01.02.1901 – 16.06.1901
Gurk

Donner/Dorner Mädchen
*/† 21.07.1902
Gurk

TSCHERNE Michael
25.09.1875 – 1917, x 19.09.1914
Dorner/Donner Anna
18.07.1881 – 1920/21
Einwohner beim Tandler, Gurk

HOHENWARTER Ferdinand, Tandler, Gurk;
Anna, Johann, Kunigunde, Paula, Josefa,
Maria, Antonia, Aloisia, Roman

Tscherne/SCHWARZ Maria
03.07.1858 – 11.05.1941
Gurk 68

Tscherne/Schwarz Maria
03.07.1858 – 11.05.1941
HOHENWARTER Ferdinand
12.01.1840 – 12.04.1909, x 20.11.1900
Tandler, Gurk

SCHWARZ/Tscherne Klothilde
*02.06.1834
Machortsch Adam
Innere Wimitz

Chronik der Familie
Michael TSCHERNE
in Gurk

Großmutter Klothilde Schwarz/TSCHERNE, *02.06.1834,

„geboren am 2. Juni 1834 in Innere Wimitz Nr. 6 und am selben Tag in der Pfarre Kraig getauft, Clotildis; katholisch, Mädchen, ehelich geboren; Hebamme Barbara Schernagel. Vater Schwarz Matheus, Hammermeister an der Obersteinerschen Gewerkschaft …, von Weißenfels gebürtig, katholischer Religion. Mutter Agatha, geborene Somberger, sein Eheweib, von Wimitz gebürtig, katholischer Religion. Patin Pokluken Katharina, Eheweib des Josef Pokluken, Stallmeister an dem oben stehenden Kragginger Hammer. Karl Wittling e. h., Ortskaplan.“[87] – (Clotildis = Klothilde, Matheus = Mathäus, Somberger = Sonnberger, Kragginger = Kraiger.)

Mutter Maria TSCHERNE/Schwarz, 03.07.1858 – 11.05.1941,

„geboren am 3. 7. 1858 in Markt Gurk Nr. 68 und getauft am selben Tag in Gurk, Maria; katholisch, Mädchen, unehelich geboren; Patin Grantner Maria, Besitzerin der Lenhartkeusche im Markt Gurk; G. Schellander e.h. als Namensfertiger; Hebamme Lucia Siener, ungeprüfte Nothhelferin. Vater Machortsch Adam, Hammerheizer aus der Pfarre Vigaun in Krain gebürtig, [heute Begunje, Slowenien], katholisch, ledig, ehelicher Sohn des Joseph Machortsch und der Ursula, geb. N. Mutter Klotildis Schwarz, recte Tscherne, ledige Magd, eheliche Tochter des Mathies Schwarz, Hammermeister, und der Agatha, geb. Sonnberger, in der Pfarre Wimitz [Innere Wimitz > Pfarre Pisweg] geboren. … – Laut Protokoll der k. u. k. Landesregierung für Kärnten vom 26. 9. 1906, Zl. 17.255, hat der Familienname der hier verzeichneten Kindesmutter richtig „Schwarz“ zu lauten. Dieselbe wurde am 2. Juni 1834 als eheliche Tochter des Mathäus Schwarz und der Agatha, geborene Somberger, zu Wimitz, geboren.“[88] Adam Machortsch, Vaterschaftserklärung abgegeben am 04.07.1858. – (Klotildis = Klothilde, recte = genannt/sprich, Mathies = Mathäus = Mathias, Somberger = Sonnberger.)

Maria Tscherne war Magd beim vulgo Tandler in Gurk und später Gästin beim Unteren Breiternig in Gurk und gebar da ihren unehelichen Sohn Michael (1875-1917). Maria Tscherne hatte dann mit ihrem späteren Ehemann Ferdinand Hohenwarter (12.01.1840 – 12. 04.1909, Heirat am 20.11.1900) zwischen 1880 und 1900 neun uneheliche Kinder und 1902 den ehelichen Sohn Ferdinand (1902-1979). Die unehelichen Hohenwarter-Kinder sind: Anna, Johann, Kunigunde und Paula, Josefa, Maria, Antonia, Aloisia, Roman. (Siehe unten „Familie HOHENWARTER in Gurk“.)

Maria Hohenwarter, geborene Tscherne/Schwarz, ist am 11.05.1941 in Gurk gestorben (Nr. 9/41).[89]

Sohn Michael TSCHERNE, 25.09.1875 – 1917,

„geboren am 25. September 1875 um 3 Uhr morgens in Kreutzberg Nr. 1, getauft am selben Tag von V[altin] Primaschitz e.h., Kaplan, Michael; katholisch, Knabe, unehelich geboren; Pate Ferdinand Hohenwarter, vulgo Tandlerkeuschler, [sein späterer Stiefvater], hier; ungeprüfte Hebamme Josefa Winkler. [Kein Vater eingetragen.] Mutter Maria Tscherne, Dienstmagd beim vulgo Tandler hier, nun aber Gästin beim Untere[n] Breiternig, eine uneheliche katholische Tochter der gleichfalls katholischen Clothilde Tscherne, einer Hammermeisterstochter.“[90]

[87] Pfarre Kraig: K35_005-1, Geburtsbuch V, 1. August 1808 – 30. Dezember 1837, Blatt 196.

[88] Pfarre Gurk: G24_010-1, Geburtsbuch IX, 12. Januar 1854 – 16. Juli 1882, Blatt 033. – Nachfolgende Aussage vgl. ebenda.

[89] Vgl. Pfarre Gurk: G24_010-1, Geburtsbuch IX, 12. Januar 1854 – 16. Juli 1882, Blatt 033.

[90] Pfarre Gurk: G24_010-1, Geburtsbuch IX, 12. Januar 1854 – 16. Juli 1882, Blatt 219.

Michael Tscherne (25.09.1875 – 1917) heiratete am 19.09. 1914 Anna, geborene Dorner (18.07.1881 – 1920/21) in Gurk. „Bräutigam: Michael Tscherne, Sägler, gegenwärtig im Landsturm, geboren in Gurk, am 25. September 1875; katholisch, 39 Jahre alt, unverheiratet; wohnhaft u. zuständig in Gurk, ein unehelicher Sohn der Maria Tscherne, nun verehelichte Hohenwarter, kath. Relig. Braut: Anna Dorner, Inwohnerin, katholisch, geboren in Waitschach, am 18. Juli 1881; katholisch, 33 Jahre alt, unverheiratet; als uneheliche Tochter der Katharina Dorner, später verehel. Stromberger, kath. Relig. Zeugen: Vinzenz Müller e.h., Witzelnig Davi[d] e.h., Sägler. – Obiges Brautpaar wurde mit Dispens von allen drei Aufgeboten nach Ablegung des Manifestationseides am 19. September kirchlich getraut von P. Bernard Klammer e.h., Pf[arrer]. – Eheakte: 1. Eheaufnahmeprotokoll ddo. 18. 9. 1914, Z. 257. 2. Taufschein der Braut vom Pfarramt Maria Waitschach, ddo. 18. Sept. 1914, Z. 133. 3. Telegraf. Dispens von der k. k. Landesregierung und vom FB. Kap. Consistorium. 4. Manifestationseid ddo. 19. 9. 1914, Zahl 168. – Vidi: Bernard Klammer e.h., Pf[arrer].“[91] – (ddo. = detto = vom, k. k. = kaiserlich-königliche, FB. Kap. Consistorium = Fürstbischöfliches Kapitel-Consistorium. Vidi = Gesehen/Kontrolliert.)

Michael Tscherne ist im Ersten Weltkrieg im Jahre 1917 in Russland gefallen. Er gilt seither als vermisst und wurde irgendwann nach 1917 für tot erklärt.

„Anna Dorner, geboren am 18. Juli 1881 um 3 Uhr morgens in der Sauperkeusche im Rotteingraben, getauft am 19. um 5 Uhr abends; katholisch, Mädchen, unehelich geboren; getraut am 19. 9. 1914 mit Michael Tscherne in Gurk, laut Z. 21. 9. 1914. Ferdinand Moser e.h., Provisor. Hebamme: Maria Dorner, ungeprüft. [Kein Vater eingetragen.] Mutter: Katharina Dorner, uneheliche, ledige, kath. Tochter der Theresia Sauper, Rueppin, Inwohnerin in der Sauperkeusche im Rotteingraben. Patin: Susanna Kraßnitzer, kath. Relig., Steinmüller-Tochter im Rotteingraben, ledig. Ferdinand Moser e.h., als Namensfertiger. – Vidi: 6. Sept. 1881, Jos. Rainer e.h.“[92]

Michael Tscherne lebte mit seiner Familie, Ehefrau Anna, geb. Dorner/Donner, und sieben Kindern, wovon drei bereits als Babys verstarben, als Einwohner beim vulgo Tandler in Gurk, Hauptstraße 36, also bei seinem Stiefvater Ferdinand Hohenwarter (1840-1909). – Anna Dorner/Donner hatte vor ihrer Verheiratung mit Michael Tscherne zwei uneheliche Kinder, wovon Ignatius am 01.02.1901 geboren wurde und am 16.06.1901 verstarb, (also als Baby im Alter von 4 ½ Monaten), und ein Mädchen am 21.07.1902 totgeboren wurde. – Das Paar hatte dann sieben uneheliche Kinder, die allesamt durch die Eheschließung am 19.09.1914 legitimiert wurden: Anna, *20.02.1904, verh. mit Franz Krivitsch, Friesach; Alfreda, *15.12.1905, verh. mit Karl Ruhdorfer, Gurk; Maria, *22.11.1906, verh. mit Max Rottensteiner, Stadl/Mur; Christine, (11.12.1908 – 06.01.1909, gest. als Baby); Victoria, *21.12.1910, (gest. als Baby); Franz, *09.10.1912, verh. mit Mathilde Erschen, Gurk; Jakob,)20.07.1914 – 11.08.1914, gest. als Baby).

Michael Tscherne (1875-1917) war der uneheliche Sohn der Maria Tscherne/Schwarz (1858-1941). Er wuchs jedoch bei seinem Stiefvater Ferdinand Hohenwarter beim vulgo Tandler in Gurk auf und hatte viele Halbgeschwister. Michael Tscherne hatte etwas Geld erspart, mit dem er nach dem Ende des Ersten Weltkrieges eine ganz bestimmte Keusche kaufen wollte. Er kam jedoch vom Russlandfeldzug nicht mehr zurück. Er gilt deshalb seit 1917 als vermisst. Er wurde dann irgendwann nach dem Krieg für tot erklärt. Seine Frau Anna, geb. Dorner (1881-1920/21) ging nach Kriegsende täglich zweimal in Gurk zum Bahnhof, um nachzuschauen, ob ihr Ehemann Michael nicht doch noch aus Russland zurückkehrt. Zweimal pro Tag kam nämlich in Gurk ein Zug aus Richtung St. Veit/Glan an. Da die Vermisstener-

[91] Pfarre Gurk: G24_021-1, Trauungsbuch (Kopie), 30. März 1913 – 31. Dezember 1939, Blatt 011. – Vorhergehende Aussage vgl. ebenda.

[92] Pfarramt Maria Waitschach: M11_003-1, Geburtsbuch III, 29. Januar 1853 – 22. November 1891, Blatt 132.

klärung aber sehr lange auf sich warten ließ, verlor das ersparte Geld seinen Wert. Anna Tscherne hatte auch keinen Zugriff auf die Ersparnisse, weil danaks alle Kinder noch minderjährig waren. Und sie hätte die von ihrem vermissten Ehemann Michael schon vor dem Krieg ausgesuchte Keusche in Form einer Mühle, Schmiede oder einer anderen gewerblichen Betriebsstätte, als (nicht dafür ausgebildete) Frau ja auch gar nicht betreiben können.

Enkel Ignatius Dorner/Donner, 01.02.1901 – 16.06.1901,

„geboren am 1. Februar 1901 um ½ 4 Uhr früh in Gurk 42 in der Klockerkeusche, getauft am 3. Februar um 2 Uhr Nachmittag, Ignatius Dorner/Donner; katholisch, Knabe, unehelich geboren; geprüfte Hebamme Gertraud Kronawetter; P. Meinrad Reschreiter O.S.B. e.h. [Es wurde bei Ignatius Dorner/Donner nie ein Vater eingetragen.] Mutter Anna Dorner, (richtig Donner), katholisch, ledige Dienstmagd, geb. 18. 7. 1881, aus der Pf(arre] Maria Waitschach, zuständig nach Guttaring, eine uneheliche Tochter der Katharina Dorner, (recte Donner), nun verehelichten Stromberger, katholischer Religion. Patin Theresia Dutscher, Holzmeisterin in Lorenzenberg (Friesach). – Ignatius Dorner/Donner ist am 10. 6. 1901 verstorben."[93] – Ignatius Dorner/Donner starb also als Baby bereits im Alter von 4 ½ Monaten.

Enkelin Mädchen Donner/Dorner, */† 21.07.1902,

„geboren am 21. Juli 1901 im Markt Gurk in der Pseinerkeusche, totgeborenes Mädchen Donner/Dorner, Anonymus. [Kein Pfarrer, keine Hebamme, keine Patin, kein Vater eingetragen.] Mutter Anna Donner, recte Dorner, ledige Dienstmagd, von Waitschach gebürtig, zuständig nach Guttaring, katholisch, geb. 18. 7. ~~1831~~ [1881], unehel. Tochter der Katharina Dorner, nun verehelichte Stromberger, kath. Relig. – Vide pag. 186."[94] – (Vide pag. = Siehe Seite.)

Enkelin Anna Tscherne, 20.02.1904 – 03.06.1963,

„geboren am 20. Februar 1904 um 9 Uhr abends beim Schuler in Gurk 33, getauft am 21. um 2 Uhr am Nachmittag, Anna Dorner, später legitimierte Tscherne; katholisch, Mädchen, unehelich geboren; geprüfte Hebamme Gertraud Kronawetter; Pater Rafael Baldi OSB e.h., Pfarrvicar. [Vorerst kein Vater eingetragen.] Mutter: Anna Dorner, ledige Inwohnerin, katholisch, gebürtig von [Maria] Waitschach, polit. Gemeinde Guttaring, geboren am 18. 7. 1881, zuständig nach Guttaring, pol. Bezirk St. Veit, eine uneheliche Tochter der verstorbenen Katharina Dorner, später verehelichte Stromberger, katholisch. Patin Sabine Lager, Schmiedmeistersgattin. – Vidi P. Rafael Baldi O.S.B. e.h., Pfarrvicar. – Vide pag. 186 et 199. – Vater Michael Tscherne, [nachträglich eingetragen am 19.09.1914], Sägler, gegenwärtig beim Landsturm, kath., geboren in Gurk am 25. Sept. 1875, wohnhaft und zuständig in Gurk, ein unehelicher Sohn der Maria Tscherne, nun verehelichte Hohenwarter, katholisch. – [Vaterschaftserklärung:] Michael Tscherne, Sägler, hier, kath. Relig., von dem die unterschriebenen, glaubwürdigen Zeugen eidesstättig aussagen, daß sie ihn der Person u. dem Namen nach kennen, war zugegen u. hat sich als der von Anna Dorner angegebene Vater des Kindes Anna bekannt u. die Einschreibung als Vater dieses Kindes verlangt. Michael Tscherne e.h., Vatter; Anna Dorner e.h., Mutter; Vinzenz Müller e.h., Zeige; Witzelnig David e.h., Zeuge; Stiftspfarramt Gurk, den 19. Sept. 1914. P. Bernard Klammer e.h., Pf[arrer]. – Legitimiert [durch die später folgende Eheschließung ihrer Eltern am] 19. Sept. 1914."[95] – (Vidi = Gesehen/Kontrolliert, Vide pag. … et … = Siehe Seite … und …, Zeige = Zeuge.)

---

[93] Pfarre Gurk: G24_011-1, Geburtsbuch X, 26. Juli 1882 – 9. April 1901, Blatt 210.

[94] Pfarre Gurk: G24_011-1, Geburtsbuch X, 26. Juli 1892 – 9. April 1901, Blatt 199.

[95] Pfarre Gurk: G24_012-1, Geburtsbuch (Kopie), 14. April 1901 – 3. Dezember 1918, Blatt 212.

Anna Tscherne heiratete Franz Krivitsch, (28.11.1874 – 12.06.1952), Post-Oberadjunkt in Friesach 86, am 10.06.1931 in der Stadtpfarre Friesach. Der Bräutigam war gebürtig aus St. Georgen am Längsee, Sohn der verwitweten Ursula Krivitsch. Die Braut war Schneiderin in Friesach 101, Tochter des Michael Tscherne und der Anna, geb. Dorner, aus Gurk und dorthin zuständig.[96] Dieses Paar hatte drei eheliche Kinder: Sepp, Annemarie und Adolf.

Anna Krivitsch, geborene Dorner, legitimierte Tscherne, ist am 3. Juni 1963 gestorben und in Friesach begraben.

Franz Krivitsch hatte mit seiner ersten Ehefrau Ludmilla, geb. Sonnegger, (13.09.1882 – 21.02.1930), 4 eheliche Kinder: Ludmilla, Franz, ein früh verstorbenes Kind und Winfried.

Enkelin Alfreda Tscherne, 15.12.1905 – 21.09.1977,

„geboren am 15. Dez. 1905 um halb 7 Uhr in der Früh beim Schuler in Gurk 33, am selben Tag um 3 Uhr am Nachmittag getauft, Alfreda Dorner, später legitimierte Tscherne; katholisch, Mädchen, unehelich geboren; P. Rafael Baldi e.h., Patin Josefa Kogler, Keuschlersgattin; geprüfte Hebamme Gertraud Kronawetter. – Legitimiert per subseq. matr. am 19. Sept. 1914. – Vidi 186, 199, 212."[97] – (… per subseq. matr. = Legitimiert durch die später folgende Eheschließung ihrer Eltern ... – Siehe weitere Angaben oben zu ihrer ältesten Schwester Anna Tscherne.) – Alfreda Tscherne heiratete am 15.08.1931 Karl Ruhdorfer (1903-1969) in Gurk. – Alfreda Ruhdorfer, geborene Tscherne, ist am 21.09.1977 in Gurk gestorben (Nr. 1293/ 77)[98] [und auch dort begraben.]

Die Familiengrabstätte wurde im Jänner 2011 aufgelassen, weil keines der vier Kinder mehr in Gurk lebte. Dieses Paar hatte die folgenden drei unehelichen Kinder: Wilhelm, Karl und Anna, die durch die Eheschließung am 15.08.1931 legitimiert wurden und den ehelich geborenen Sohn Herfried, mein verstorbener Ehemann. (Siehe oben „Chronik der Familie Karl RUHDORFEr in Gurk".)

Enkelin Maria Tscherne, 22.11.1906 – 04.01.1986,

„geboren am 22. Novemb. 1906 um 11 Uhr nachts beim Schuler in Gurk 33, Maria Dorner, später legitimierte Tscherne, getauft am 24. Novemb. um 4 Uhr am Nachmittag von P. Karl Jungwirth O.S.B. e.h., Spiritual; katholisch, Mädchen, unehelich geboren; Patin Josefa Kogler, Bahnarbeitersgattin; geprüfte Hebamme Gertraud Kronawetter. – Vide 186, 199, 212, 234. P. Bernard Klammer O.S.B. e.h., Zeuge. – Legitimiert per subseq. matrim. am 19. Sept. 1914. – Confirm. 29. VI. 1920 in Gurk. – Maria Tscherne heiratete am 18. IV. 1926 in Stadl an der Mur (Zl. 70/1926). – Maria Rottensteiner ist am 4. Jänner 1986 in Stadl an der Mur gestorben. Nr. 1/1986."[99] – [Der Vikar schrieb bei der Vaterschaftserklärung zuerst „Anna" und besserte diesen Vornamen dann auf „Maria" aus.] – (Legitimiert durch später folgende Heirat ihrer Eltern am 19.09.1914. Vide = Siehe, Confirm. = Gefirmt. – Siehe weitere Angaben oben zu ihrer ältesten Schwester Anna Tscherne.)

Maria Tscherne heiratete am 18.04.1926 in Stadl an der Mur den damals in Steindorf 8 lebenden Maximilian Rottensteiner, Sägearbeiter, ehelicher Sohn des Roman Rottensteiner, gew. fürstlichen Bergknappen in Stadl an der Mur 50, und der Maria, geb. Pirker, beide kathol. und am Leben. Der Bräutigam stammte aus der Pfarre Turrach, Bezirk Murau, war 33 Jahre alt, geb. am 12.10.1892. Die Braut war Wirtschäfterin, eheliche Tochter des Michael

---

[96] Vgl. Pfarre Friesach: F11_025-1, Trauungsbuch tom. IX, Kopie, 25. Oktober 1908 – 6. Januar 1940, Blatt 190.
[97] Pfarre Gurk: G24_012-1, Geburtsbuch (Kopie), 14. April 1901 – 3. Dezember 1918, Blatt 234.
[98] Vgl. Pfarre Gurk: G24_012-1, Geburtsbuch (Kopie), 14. April 1901 – 3. Dezember 1918, Blatt 234.
[99] Pfarre Gurk: G24_012-1, Geburtsbuch (Kopie), 14. April 1901 – 3. Dezember 1918, Blatt 245. – Nachfolgende Aussage vgl. ebenda.

Tscherne, Säglers, im Kriege vermisst, und der Anna, geb. Dorner, verstorben, beide kathol. Die Braut war geboren in Gurk 33, 19 Jahre alt, geb. am 22.11.1906. Beistände: Lorenz Ortner e.h., Gastwirt in Stadl; Sebastian … e.h., Schuhmachermeister in Stadl. Friedrich Goriupp e.h., Pfarrer. – „Ehedokumente: 1. Taufschein des Bräutigams vom Pfarramte Turrach, ddo. 22. 3. 1926, Zl. 31. 2. Taufschein der Braut vom Pfarramte Gurk in Kärnten, ddo. 9. 3. 1926, Nr. 34. 3. Volljährigkeitserklärung der Braut vom Bezirksgerichte Gurk, ddo. 23. 3. 1926, Zl. P54/25/10."[100] – (ddo. = detto/vom, Zl. = Zahl.)

Maximilian Rottensteiner ist am 24.04.1979 gestorben. Beide sind in Stadl an der Mur begraben. Das Paar lebte in Stadl Nr. 90 und hatte zwei Töchter, Emmi und Trude.

Enkelin Christine Tscherne, 11.12.1908 – 06.01.1909,

„geboren am 11. Dez. 1908 um 9 Uhr abends, getauft am 13. Dez. um 2 Uhr am Nachmittag von P. Bernard O.S.B. e.h., Christine Dorner, später legitimierte Tscherne; katholisch, Mädchen, unehelich geboren; Patin Maria Hohenwarter, Hausbesitzerin, Gurk 31, [also ihre Tandler Großmutter;] geprüfte Hebamme Gertraud Kronawetter. Mutter, Sägearbeiterin, wohnhaft in Gurk 31. – Christine Dorner ist am 6. 1. 1909 gestorben, [also als Baby im Alter von 4 Wochen.] – [Sie wurde also erst nach ihrem Tod durch die Heirat ihrer Eltern am 19. Sept. 1914 legitimiert.] – Vide pag. 186, 199, 212, 234, 245."[101] – (Vide pag. = Siehe Seiten … – Siehe weitere Angaben oben zu ihrer ältesten Schwester Anna Tscherne.)

Enkelin Victoria Tscherne, *21.12.1910,

„geboren am 21. 12. 1910 um 6 Uhr in der Früh in Gurk 31, getauft am 22. 12. um 2 Uhr am Nachmittag von P. Corbinian Jungwirth e.h., Caplan, Victoria Dorner, später legitimierte Tscherne; katholisch, Mädchen, unehelich geboren; Patin Maria Hohenwarter, Besitzerin der Tandlerkeusche in Gurk, [ihre Großmutter;] geprüfte Hebamme Gertraud Kronawetter. – Legitimiert durch die später folgende Eheschließung ihrer Eltern am 19. Sept. 1914. – Vide pag. 186, 199, 212, 234, 245, 274."[102] – (… per subseq. matr. = Legitimiert durch die später folgende Eheschließung ihrer Eltern. Vide pag. = Siehe Seite. – Siehe weitere Angaben oben zu ihrer ältesten Schwester Anna Tscherne.)

Enkel Franz TSCHERNE, 09.10.1912 – 19.10.1979,

„geboren am 9. 10. 1912 um 8 Uhr am Vormittag in Gurk 31, getauft am 10. Okt. um ½ 2 Uhr am Nachmittag von P. Corbinian Jungwirth e.h., Caplan, Franz Dorner, später legitimierter Tscherne; [Namenstag nach] Franz de Borja y Aragon [am 30. Sept.]; katholisch, Knabe, unehelich geboren; Patin Aloisia Hohenwarter, Besitzerstochter in Gurk, [eine der Halbschwestern seines Vaters;] geprüfte Hebamme Gertraud Kronawetter. – Confirm. 17. VI. 1924 in Krasenitz ([Fürstbischof] Adam). – Legitimiert durch Heirat seiner Eltern am 19. Sept. 1914. P. Bernard Klammer e.h., Pf[arrer]. – Vidi pag. 186, 199, 212, 234, 245, 274, 303. – Franz Tscherne heiratete am 5. Juni 1938 Mathilde, geborene Erschen, [Tilla genannt, 12.03.1908 – 27.05.1987], in Gurk. Franz Tscherne ist am 19. 10. 1979 in Friesach (Nr. 160/1979) gestorben"[103] und ist, wie auch seine Ehefrau Mathilde, in Gurk begraben. – (Confirm. = Gefirmt. Vidi pag. … = Siehe Seite … – Siehe weitere Angaben oben zu seiner ältesten Schwester Anna Tscherne.)

---

[100] Pfarre Stadl an der Mur: 11682, Trauungsbuch 4 1880-1927, 1. Januar 1880 – 31. Dezember 1927, Blatt 134. – Vorhergehende Aussagen vgl. ebenda.

[101] Pfarre Gurk: G24_012-1, Geburtsbuch (Kopie), 14. April 1901 – 3. Dezember 1918, Blatt 274.

[102] Pfarre Gurk: G24_012-1, Geburtsbuch (Kopie), 14. April 1901 – 3. Dezember 1918, Blatt 303.

[103] Pfarre Gurk: G24_012-1, Geburtsbuch (Kopie), 14. April 1901 – 3. Dezember 1918, Blatt 330.

Das Paar hatte einen Sohn, Michael. Franz Tscherne hatte vor seiner Eheschließung mit Mathilde Erschen mit einer anderen Frau zwei uneheliche Kinder: Max und Maria.

Enkel Jakob Tscherne, 20.07.1914 – 11.08.1914,

„geboren am 20. 7. 1914 um 11 Uhr in der Nacht in Gurk 31, getauft am 21. Juli um 3 Uhr am Nachmittag von P. Bernard Klammer e.h., Pfarrer, Jakob Dorner, später legitimierter Tscherne; katholisch, Knabe, unehelich geboren; Pate Jakob Kernreich, Besitzer in Zweinitz; geprüfte Hebamme Gertraud Kronawetter. Mutter Anna Dorner, Inwohnerin. [Weitere Angaben zu seiner Mutter siehe oben bei Franz Tscherne.] – Jakob Tscherne ist am 11. 8. 1914 gestorben, [also auch bereits als Baby, und zwar im Alter von 3 Wochen.] Er wurde erst nach seinem Tod durch die Heirat seiner Eltern am 19. Sept. 1914 legitimiert. – Vidi pag. 186, 199, 212, 234, 245, 274, 303, 330, 356. – /: 8. Kind :/“[104] – (Vidi pag. ... = Siehe Seite ... [Jakob Tscherne war das 9. Kind seiner Mutter Anna, geb. Dorner/Donner. Das totgeborene Mädchen als Anonymus vom 21.07.1902 wurde also vom Pfarrer nicht mitgezählt, weil es ja nicht getauft wurde.] – Siehe weitere Angaben oben zu seiner ältesten Schwester Anna Tscherne.)

Der Familienname TSCHERNE

Der Familienname Tscherne leitet sich von slowenisch „črn“ [ˈtʃərn] für „schwarz“ ab.

Laut den Erzählungen meines verstorbenen Ehemannes Herfried kamen „die Tscherne“ beziehungsweise ihre slowenischen Vorfahren aus dem Herzogtum Krain irgendwann mit der sogenannten Krainer Wallfahrt nach Gurk ins Herzogtum Kärnten und blieben da. Diese Krainer Wallfahrt ist im Jahre 1607 erstmals bezeugt und wurde durch den Zweiten Weltkrieg unterbrochen, im Jahre 2003 aber vom Gurker Diözesanbischof Dr. Alois Schwarz wiederbelebt, und zwar führen jetzt acht Pilgerwege sternförmig zum Gurker Dom, in dessen Krypta sich das Grab der Hl. Hemma (*995-1000, †29.06.1045, Schutzpatronin von Kärnten) befindet. Zwei der Wege führen von Sveta Ana (in der Nähe von Begunje und Bled) ausgehend über den Loiblpass/Ljubelj beziehungsweise von Črna na Koroškem [ˈtʃərna na kɔˈrɔʃkæm] über Bleiburg/Pliberk nach Gurk.

> Der ursprüngliche Anlass für die Wallfahrt nach Gurk findet sich in der Legendenschilderung: Hemma wollte, so wird berichtet, in Škofja Loka [Bischoflack] in Slowenien eine Kirche errichten, aber die Bewohner des Ortes vertrieben sie. Aufgrund der nun folgenden Missernten beschlossen die Menschen nach Gurk zu pilgern. Hemma sollte um Verzeihung gebeten und gnädig gestimmt werden. Diese Wallfahrt fand am Freitag vor Christi Himmelfahrt, also am 4. Freitag nach Ostern, statt, seither auch als „Krainer Freitag“ bekannt.
>
> Einer anderen Version zufolge soll Hemma, nachdem sie von den Krainern vertrieben worden war, an der Grenze des Landes stehen geblieben sein und ihnen zugerufen haben: „Wenn ihr Brot haben wollt, müsst ihr mir nach Kärnten nachkommen.“
>
> Im Jahre 1745 zum 700-jährigen Hemma-Jubiläum sollen 1000 Pilger zu Fuß aus Krain nach Gurk gekommen sein.[105]

Der Ort Črna na Koroškem / Schwarzenbach bei Bleiburg wurde 1109 erstmals als Črni potok [Schwarzbach] erwähnt, das ab 1368 im Besitz der Habsburger war, 1601 aber von den Grafen Thurn-Valsassina gekauft wurde. 1620 siedelte sich der erste Hammerschmied aus dem Lavanttal dort an. Damit begann der Bergbau (Blei, Zink, Eisen) im Mießtal. Zwischen 1792 und 1797 errichteten die Grafen Thurn dort eine Eisenhütte.[106]

---

[104] Pfarre Gurk: G24_012-1, Geburtsbuch (Kopie), 14. April 1901 – 3. Dezember 1918, Blatt 356.

[105] https://www.pilgerwege-kaernten.at/home/hemmapilgerweg, Zugriff 06.05.2023, 07:05 Uhr. – https://www.kath-kirche-kaernten.at/dioezese/detail/C2606/eine-virtuelle-pilgerreise-auf-den-spuren-der-hl-hemma, Zugriff 06.05.2023, 08:00 Uhr.

[106] Vgl. https://sl.wikipedia.org/wiki/Črna_na_Koroškem, Zugriff 07.05.2023, 23:30 Uhr. Übersetzung ins Deutsche und Zusammenfassung LMR.

Die Bedeutung anderer Familiennamen

Bald > Baldus > Baltzer – Balthasar (N); Vorname, einer der hl. drei Könige (R)
Donner – donnernder, polternder Mensch (F)
Dorner – Dorn(en) (R); nahe Dornengestrüpp Lebender (F)
Dutscher > Dut(z)schke, sorb. Dučk, Dučka, Dučko – der/die/das Deutsche (N)
Erschen – s. rž [ˈərʒ] (R) – Roggen, Roggenbauer (F)
Goriupp – s. gorjup – bitter, herb, gram; ein herber, verbitterter Mensch (F)
Grantner – s. Gradnica – Schlossbach (?) (F); s. dial. granica – Grenze, am Schlossbach oder Grenzbach Wohnender (R)
Hohenwarter – hohe Warte (F); hoch gelegener Aussichtspunkt, Beobachtungsposten, -platz (R); vom ON Hohe Warte abgeleiteter FN (R)
Jungwirth – jung + Wirt (R)
Kernreich > Kern – Kornhändler (F) + reich (R); ertragreiche Felder und Äcker Besitzender (R)
Klammer – bei einer Schlucht wohnend (F)
Kogler – Mann aus Kogl (R), auf einem Hügel/Kogel/Kofel Lebender (F)
Kraßnitzer > Krassnitzer – s. hrastnica – Bach aus dem Eichenwald (F); am Bach aus dem Eichenwald Wirtschaftender (R)
Krivitsch – s. krivec/krovec slamnatih streh – Strohdachdecker (F)
Kronawetter – ahd. kranawitu – Kranichgehölz = Wacholder (F)
Lager > Lagler, s. loka – Au, Moos (F); altslaw. lonka – Lache, Tümpel, Auwiese (F); ein sumpfiges Gelände Bewirtschaftender (R)
Machortsch – tsch. Macho – Matthias (F)
Moser – Moos (R); der am Moos Lebende, Wirtschaftende (R)
Müller – Berufsbezeichnung (R)
Ortner – altlav. Årt – Rand (R); der am Ortsrand Lebende (R)
Pirker – Birke (F); bei den Birken Wirtschaftender (R)
Pokluken – Bergname Pokljuka in den Julischen Alpen (F)
Primaschitz > Primoschitz – hl. Primus, s. sveti Primož (F)
Rainer – Rain, Gebietsgrenze, geneigtes Gelände, Flussrain, Berg (F); > Reiner – Reinhold (F)
Reschreiter > Reschetar, s. rešeto – s. sito – Sieb (F); Siebhersteller oder – verkäufer (F)
Rottensteiner – aus Rottenstein Stammender (F)
Ruhdorfer – Ruß und Dorf, der aus einem „verrußten Dorf stammt" (R)
Schellander – Bierbrauername (F); eigentlich Aufenthaltsraum der Braugesellen in der Brauerei (F)
Schernagel > Scher, Scherer, Bartscherer, Schafscherer, Tuchscherer (F) und Nagel – Schmied (F)
Schwarz/Tscherne, schwarz – s. črn [ˈtʃərn] (R); ON Črna na Koroškem (Schwarzenbach, Slowenien) (R); aus Schwarzenbach, Slowenien, Stammender (R)
Siener – s. seno – Heu (R); s. dial. Siəne – FN Heuboden, Heugegend (R)
Sonnberger/Somberger – Sonne + Berg (R); auf der Sonnseite gelegenes Anwesen (R)
Sonnegger – Sonne + Egg (R); > Egger – Winkler (F); der im sonnigen Winkel Wohnende (R)
Stromberger > Strohberger (F); > Strohberger > Stroan – s. stran – Seite (F)
Winkler – im [äußersten] Winkel Wohnender (F)
Witting > Witternig > Witte – der Weiße (N); Mensch mit sehr heller Haut oder weißen Haaren (R); ON Wittingen (N); aus Wittingen Stammender (R)
Witzelnig – s. vice – Fegefeuer (F); s. dial. vicati – quälen (F)
Wurmitzer – s. brdnice – kleine Hügel (F) – im Hügelland Wohnender (R)

Vulgonamen der Tscherne Vorfahren

Breiternig – s. praprot – Farnkraut (G 182); beim Farnkraut Wirtschaftender (R)
Klocker – altlav. klockn – klopfen, anklopfen (R); die Sense dengeln (R)
Kragginger Hammer > Ragginger Hammerwerk (R); s. rak – Krebs (F)
Lenhart – Leonhard (R)
Obersteinersche Gewerkschaft – Hammerwerk, vorindustrielle Eisenverarbeitungsstätte (oberhalb) in Stein (R)
Pseiner – aus Psein [Stammender], s. pes – Hund, Psein – Hundsdorf (F)
Ruepp – Ruprecht, Rupert (R)

Sauper – s. župan = Bürgermeister, Gemeindevorsteher (F), Ortsvertreter (R)
Schuler – (Kloster-)Schüler (F)
Steinmüller – Steinbruch, Kies-/Schottergewinnung (R)
Tandler – Krämer, Händler (R)
Unterer – unten weiter gelegen (R)

Literaturangaben, Abkürzungen und Anmerkungen:

F = Anton und Tatjana Feinig: Familiennamen in Kärnten und den benachbarten Regionen. Klagenfurt: Hermagoras, 2004/05.

N = Horst Naumann: Das große Buch der Familiennamen. Alter – Herkunft – Bedeutung. Augsburg: Weltbild, 2009.

R = Deutung LMR / Luise Maria Ruhdorfer.

ahd. = althochdeutsch, altlav. = altlavanttalerisch, altslav. = altslawisch, dial. = dialektal, s. = slowenisch, sorb. = sorbisch, tsch = tschechisch. – FN = Flurname, ON = Ortsname.

Begriffe wie „Bauer, Hof, Hube, Keusche, Keuschler“ entfallen.

Angaben wie „Wohnende/r, Lebende/r, Wirtschaftende/r, …“ werden einfach alternativ angegeben.

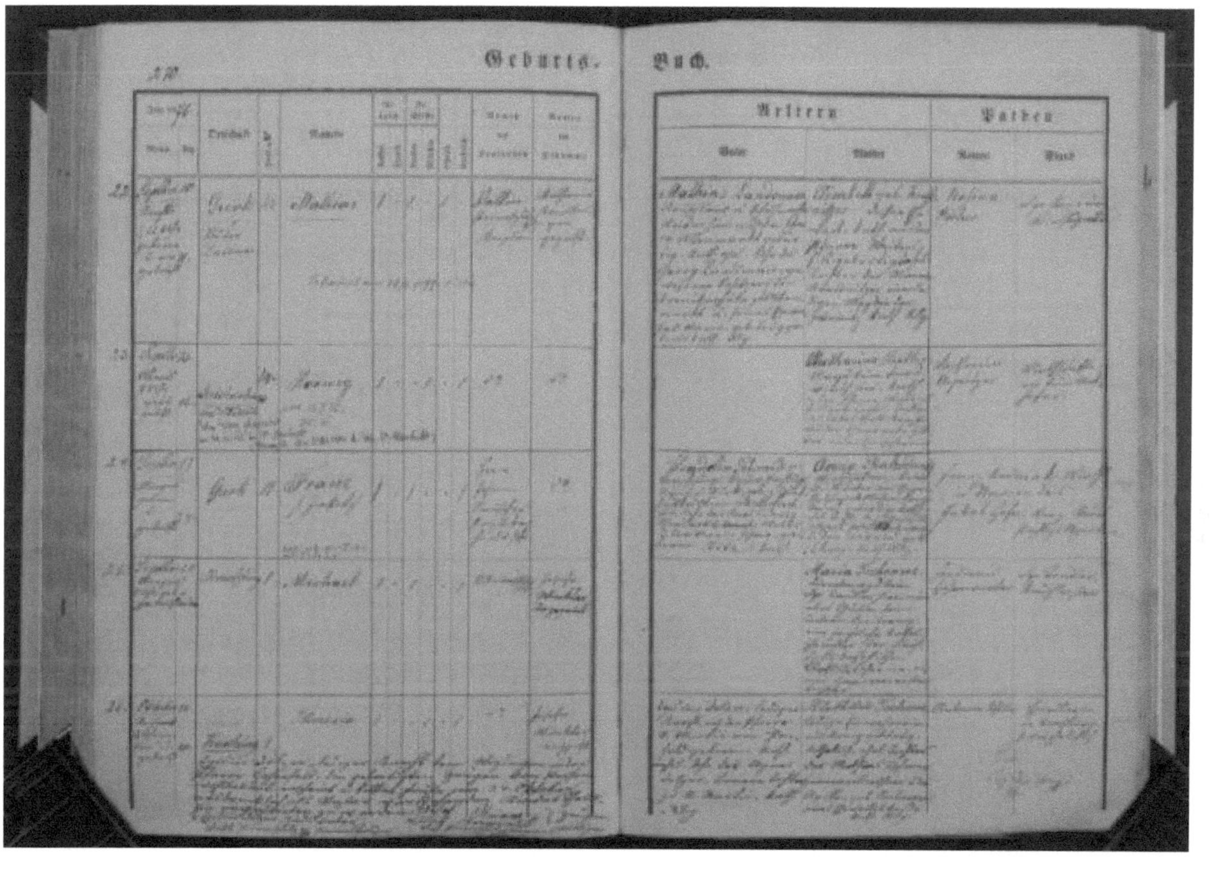

Michael Tscherne, *25.09.1875, Pfarre Gurk, Geburtsbuch IX, Blatt 219, (Nr. 4).

Anna Tscherne, geb. Dorner, 18.07.1881 – 1920/1921.

Tscherne Geschwister mit Mutter, von links nach rechts:
Anna (verh. Krivitsch, *1904), Franz Tscherne *1912, Anna Tscherne, (geb. Dorner/Donner, 1881-1920/21), Maria (verh. Rottensteiner, *1906), Alfreda (verh. Ruhdorfer, *1905).

Tscherne Schwestern mit Schwager und Kindern, von links nach rechts:
Emmi (verh. Steiner), Anna (verh. Hinteregger), Karl Ruhdorfer (*1925), Trude (verh. Taucher), Wilhelm Ruhdorfer (*1925), Alfreda (verh. Ruhdorfer, *1905), Herfried Ruhdorfer (*1933), Maria (verh. Rottensteiner, *1906), Karl Ruhdorfer (*1903), Anna (verh. Krivitsch, *1904).

Tscherne Geschwister mit Kindern, immer von links nach rechts, hinten: Karl Ruhdorfer (*1903), Alfreda *1905, Maria *1906, Franz (*1912), Mathilde (geb. Erschen, *1908).
vorne: Karl Ruhdorfer *1925, Herfried Ruhdorfer *1933, Anna (Hinteregger, *1930), Emmi (Steiner).

Kriegerdenkmal Gurk, Kärnten.
https://www.kriegerdenkmal.co.at/ krieger/kaernten/gurk.html.
Zugriff 24.10.2022, 01.00 Uhr.

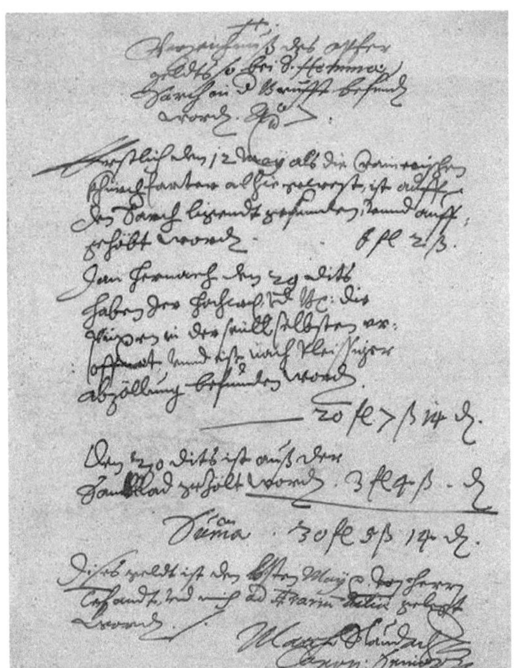

https://de.wikipedia.org/wiki/Hemma_von_Gurk,
Zugriff 06.05.2023, 7:10 Uhr.

Opfergeld-Verzeichnis Krainer Wallfahrt, 1607.
Klagenfurt: Archiv des GurkerDomkapitels, 11.06.2006.
https://commons.wikimedia.org/wiki/
File_Hemma_Krainer_Wallfahrt.jpg, Zugriff 06.05.2023, 06:20 Uhr.

Črna na Koroškem, Mießtal/Mežiška dolina, Slowenien/Slovenija.
https://sl.wikipedia.org/wiki/Črna_na_Koroškem, Zugriff 07.05.2023, 23:35 Uhr.
[Massive Überflutungen nach Starkregenfällen ab Freitag, 04.08.2023.]

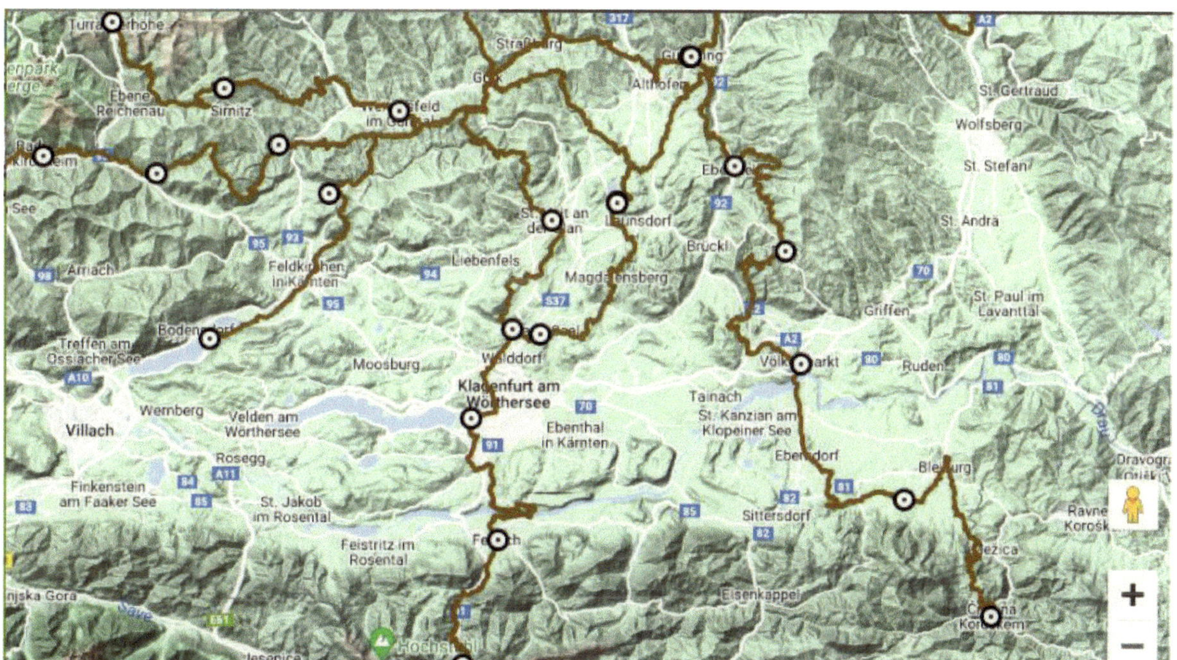

Hemmapilgerwege aus Sveta Ana bzw. Črna na Koroškem.
https://www.pilgerwege-kaernten.at/home/hemmapilgerwege,
Zugriff 06.05.2023, 06:45 Uhr.

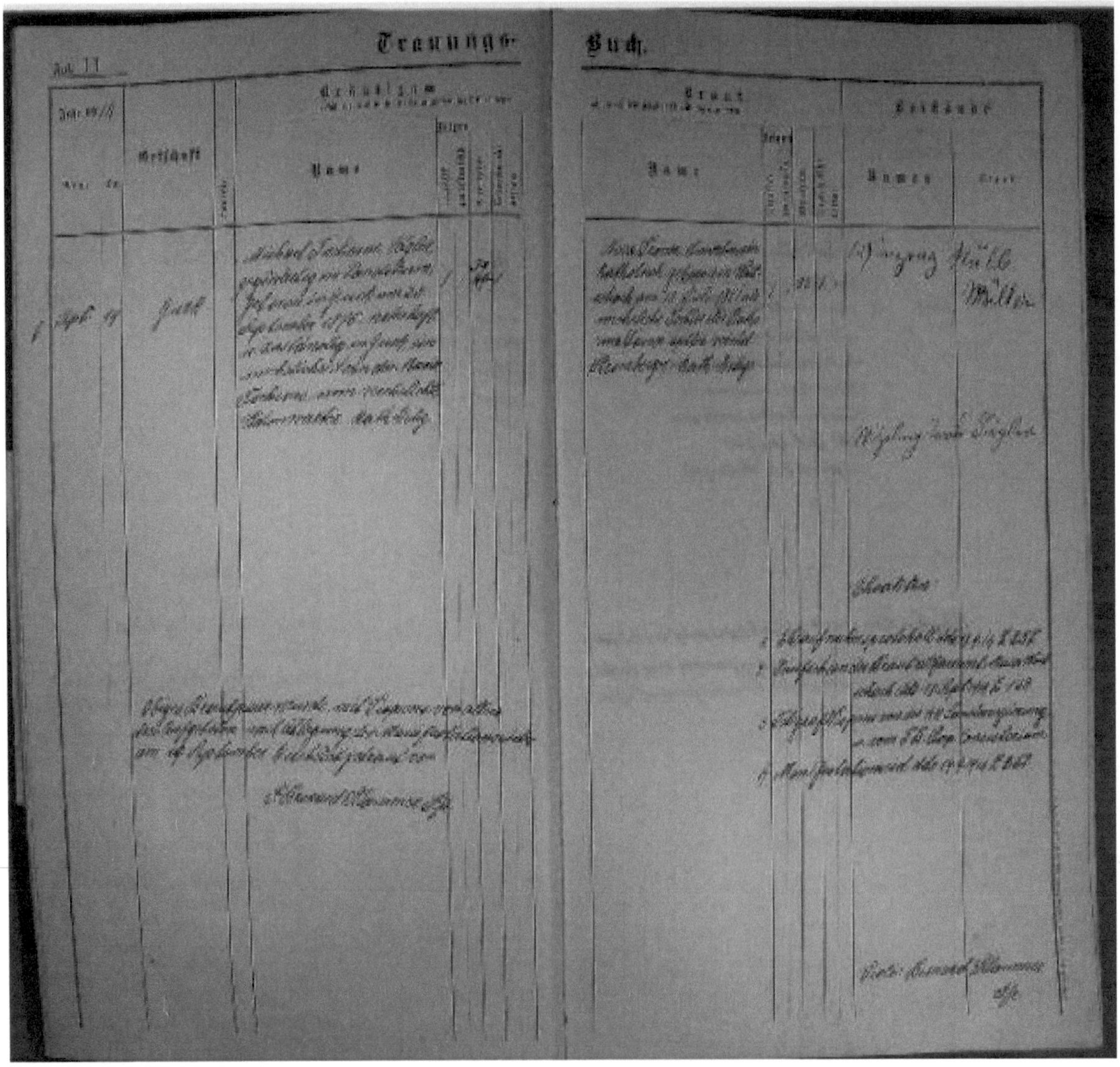
Trauungs- Buch.

Michael Tscherne und Anna Dorner, x 19.09.1914, Pfarre Gurk, Trauungsbuch (Kopie), Blatt 011.

Stammbaum
HOHENWARTER
vor 1900

HOHENWARTER Julius
14.02.1848 – 22.05.1922, x 03./04.05.1874
Glabitschnig Margarethe
1848/1849 – 22.01.1916
Förster, Hausmeister, Stift Gurk

Hohenwarter Maria
*15.09.1850 , x 02.07.1878

Hohenwarter Rudolf
09.08.1842 – 29.08.1843

HOHENWARTER Michael
*08.01.1845

HOHENWARTER Ferdinand
12.01.1840 – 12.04.1909,
1. x 03.03.1862; 2. x 20.11.1900
1. Auer Elisabeth
24.10.1828 – 03.05.1899, x 03.03.1862
2. Tscherne/Schwarz Maria
03.07.1858 – 11.05.1941, x 20.11.1900
Tandler, Gurk

TSCHERNE/Schwarz Maria
03.07.1858 – 11.05.1941

Hohenwarter Theresia
07.05.1836 – 08.04.1900

HOHENWARTER Mathias
*01.02.1838

Hohenwarter Anna
*25.08.1833

Hohenwarter Katharina
10.11.1834 – 08.12.1839

Hohenwarter Anna
1812/1813 – 12.03.1873
Feldkirchen 70

HOHENWARTER Michael
10.10.1810 – 23.06.1875, x 05.03.1832
Hirschmann Elisabeth
1811/1812 – 04.03.1888
Jäger, Hausmeister, Stift Gurk

SCHWARZ/Tscherne Clothilde
*02.06.1834
Machortsch Adam
Innere Wimitz

Hohenwarter Antonia
1770/1771 – 12.06.1841
Lendorf 9

HOHENWARTER Michael
1769/1770 – 24.03.1839
Brucker/Brugger Maria
1768/1769 – 28.08.1839
Luftbauer, Feldkirchen

HIRSCHMANN Johann
Herrwieser/Alberer Kunigunde
Tigring

Chronik der Familie Ferdinand HOHENWARTER in Gurk, vor 1900

Großvater Michael HOHENWARTER, 1769/1770 – 24.03.1839

Michael Hohenwarter starb am 24.03.1839; „gestorben am 24. März 1839 in Lendorf 9, Hohenwarter Michael, Auszügler an der Luftbauerkeusche, an Gedärmbrand; katholisch, männlich, 69 Jahre alt. Provisus. Nach Todtenbeschauzettel $N_{=}$ 37 den 26^{t} begraben, Vormittag um 10 Uhr, auf dem Pfarrgottesacker.“[107] – (Provisus = Versehen mit den heiligen Sterbesakramenten, Todten… = Toten…, $N_{=}$ = Nr., den 26^{t} = am 26.)

Nach seinen Sterbedaten zu schließen, wurde Michael Hohenwarter in den Jahren 1769 oder 1770 geboren.[108]

Seine Ehefrau Maria Hohenwarter, geb. Brucker, starb bald nach ihrem Ehemann, nämlich schon am 28.08.1839; „gestorben am 28. August 1839 in Lendorf 9, Hohenwarter Maria, eine verwitwete Keuschlerin, an Wassersucht; katholisch, weiblich, 70 Jahre alt. Provisa. Nach Todtenbeschauzettel $N_{=}$ 65 den 30^{t}, Vormittag um 9 Uhr, auf dem Pfarrgottesacker begraben.“[109] – (Brucker = Brugger, Provisa = Versehen mit den Sakramenten, Todten… = Toten…, $N_{=}$ = Nr., den 30^{t} = am 30.)

Maria Hohenwarter, geb. Brucker/Brugger, wurde also, nach ihren Sterbedaten zu schließen, in den Jahren 1768 oder 1769 in der Pfarre Tigring geboren.[110]

Wann und wo Michael Hohenwarter und Maria, geb. Brucker/Brugger, geheiratet haben, konnte auch nicht recherchiert werden.

Michael Hohenwarter (1769/70-1839) hatte eine Schwester, **Antonia Hohenwarter**, geb. ungefähr 1770/1771. Diese ist am 12.06.1841 in Lendorf 9 als eine eheliche Tochter des Michael Hohenwarter, vulgo Luftbauer, im Alter von 70 Jahren gestorben. Sie ist laut Totenbeschauzettel im Wasser ertrunken, und wurde daher nicht mit den hl. Sakramenten versehen. Sie wurde am 23. am Nachmittag, um 4 Uhr, auf dem Spitalkirchhof begraben.[111]

Vater Michael HOHENWARTER, 10.10.1810 – 23.06.1875

Michael Hohenwarter wurde am 10.10.1810 in Lendorf 10 in der Pfarre Feldkirchen geboren und von Kaplan Aloysius Nagele e.h. getauft; Hebamme Maria Wießenegger; katholisch, Knabe, ehelich geboren; Patin Katharina Erschenin im Namen ihres Vaters Peter Erschen, Bauer zu Frieschigg. Eltern: Michael Hohenwarter, vulgo Luftbauerkeuschler, und Maria, geborene Brucker.[112]

Michael Hohenwarter heiratete am 05.03.1832 Elisabeth, geborene Hirschmann, in Feldkirchen. „Bräutigam: wohnhaft in Lendorf 9, Michael Hohenwarter, Besitzer der Luftbauerkeusche zu Lendorf, ehl. Sohn des Michael Hohenwarter, vulgo Luftbauer, und der Maria, geborene Bruker, seines Eheweibes, beide katholisch, hier gebürtig; katholisch, ~~32~~ 22 Jahre alt, unverehlicht. Braut: Elisabeth Hirschmann, Dienstmagd bei der Kasinowirthin hier, ehl. Tochter des Johann Hirschmann, Besitzer der Steinbacher Hube zu Roßenau in Tigring, und

---

[107] Pfarre Feldkirchen: F04_046-1, Sterbbuch IX, 8. Mai 1833 – 23. Februar 1853, Blatt 090. – Vorhergehende Aussage vgl. ebenda.

[108] Vgl. Pfarre Feldkirchen: F04_003-1, Geburtsbuch II recte. III, 18. September 1758 – 28. April 1784, Blatt 082-122; Michael Hohenwarters Geburtseintrag wurde hier nicht gefunden.

[109] Pfarre Feldkirchen: F04_046-1, Sterbbuch IX, 8. Mai 1833 – 23. Februar 1853, Blatt 095. – Vorhergehende Aussage vgl. ebenda.

[110] Vgl. Pfarre Tigring: T06_004-1, Geburtsbuch III, 03. April 1766 – 30. Mai 1784, Blatt 001-013; in den Jahren 1766 bis 1772 konnte keine (ehelich geborene) Maria, geb. Brucker/Brugger, gefunden werden. Sie wurde weder in den Nachträgen zum Geburtsbuch III unter T06_004-2, 3. April 1747 – 18. April 1826, noch in den Nachträgen zum Geburtsbuch unter T06_005-2, 12. Oktober 1733 – 13. Juni 1770 gefunden. – Der Index zu Geburtsbüchern beginnt in der Pfarre Tigring jedoch erst am 1. Januar 1817.

[111] Vgl. Pfarre Feldkirchen: F04_046-1, Sterbbuch IX, 8. Mai 1833 – 23. Februar 1853, Blatt 127.

[112] Vgl. Pfarre Feldkirchen: F04_009-1, Geburtsbuch VII, 22. September 1802 – 30. Dezember 1810, Blatt 099.

der Kunigund, geborne Herweisin, /: Alberer :/, seines Eheweibes, gebürtig aus der Pfarre Tigring; katholisch, 20 Jahre alt, unverehlicht. Anton Metschnigg e.h., Provisor, als Zeuge. Zeugen: Mathias Simon Gartner e.h., vulgo Strußnigbauer zu Tigring, Zeuge und Pate der minderjährigen Braut; Johann Hirschmann, vulgo Steinbacher zu Rosenau in Tigring; Anton Metschnig e.h., als Namensfertiger. – Diese Ehe wurde nach 3 Aufgebothen, als am 19. und 26. Februar und am 4. März d. J., am obigen Datum, [demnach am 5. März 1832], um 12 Uhr, in hiesiger Pfarrkirche geschlossen und priesterlich eingesegnet, von mir Alois Zwischenberger e.h., Dechant der Pfarre. – Akten: a) Ehelizenz vom Bez. Gerichte Oßiach den 17. Feber 1822; b) Taufschein des Bräutigams u. der Braut; c) Verkündzettel. – Vide folio N= 4 de anno 1832."[113] – (ehl. = ehelich(er/e), Bruker = Brucker = Brugger, über die Zahl „32" wurde mit einer anderen Tinte die Zahl „22" hingeschrieben, unverehlicht = unverehelicht, geborne = geborene, Aufgebothen = Aufgeboten, als am = nämlich am, Bez. Gerichte = Bezirksgericht. Vide folio N= 4 de anno 1832. = Gesehen/Kontrolliert die bisherigen vier Eintragungen aus dem Jahre 1832.)

Michael Hohenwarter starb am 23.06.1875, am Nachmittag um ½ 5 Uhr, in Gurk 74, als pensionierter domstiftlicher Hausmeister und Jäger im Alter von 65 Jahren laut Totenbeschauzettel Nr. 25 an totaler Lähmung und Abzehrung. „Provisus fuit. – Sepultus per Dom. Joh. Rauscher e.h., Prap. Deos Parochum, die 26. Junii."[114] – (Provisus fuit. = Er wurde versehen. Sepultus est per Dom. ..., Praep. Deos Parochum, die 26. Junii. = Er wurde durch den Dompropst ... e.h. in Gurk am 26. Juni beerdigt.)

Elisabeth Hohenwarter, geb. Hirschmann, starb am 04.03.1888, als Forstwartswitwe im Stiftsgebäude in Gurk im Alter von 76 Jahren laut Totenschein Nr. 5 am Brand. Sie wurde mit den Sakramenten versehen und von Dr. Valentin Nemec e.h., Domkapitular und Pfarrer, in Gurk beerdigt.[115] – Dem Sterbedatum und ihrem Alter nach zu schließen, wurde Elisabeth Hirschmann 1811 oder 1812 geboren.

Michael Hohenwarter (*10.10.1810) hatte eine Schwester, **Anna Hohenwarter**, geboren 1812 oder 1813. Diese ist am 12.03.1873 in Feldkirchen 70 als ledige Dienstmagd am Brand der Unterleibsorgane im Alter von 60 Jahren gestorben. Sie wurde mit den Sakramenten versehen und am 14., am Vormittag, um 8 Uhr, im Pfarrfriedhof Feldkirchen von Kaplan Franz Aichholzer e.h. begraben.[116]

Tochter Anna Hohenwarter, *25.08.1833,

geboren am 25.08.1833, um 2 Uhr, in Lendorf 10, Anna Hochenwarter, und getauft am 26.08. von Johann Rabitsch e.h.; katholisch, Mädchen, ehelich geboren; Patin Anna Hirschmann, Casino-Wirtin; geprüfte Hebamme Theresia Wieser. Vater Michael Hohenwarter, Weber und Besitzer der Luftbauerkeusche in Lendorf 10, von hier gebürtig, katholisch. Mutter Elisabeth, geb. Hirschmann, aus der Pfarre Tigring gebürtig, katholisch, eheliche Tochter des Johann Hirschmann, Bauer zu Tigring, und seiner Ehefrau Kunigunde.[117]

Tochter Katharina Hohenwarter, 10.11.1834 – 08.12.1839,

geboren am 10.11.1834, um 4 Uhr in der Früh, in Lendorf 10, Katharina, und getauft auch am 10.11. von Johann Sommeregger e.h., Coop.; katholisch, Mädchen, ehelich geboren; Patin

---

113 Pfarre Feldkirchen: F04_029-2, Trauungsbuch, 6. Februar 1820 – 11. Januar 1835, Blatt 054. – Vorhergehende Aussage vgl. ebenda.

114 Pfarre Gurk: G24_029-1, Sterbbuch IX, 9. Januar 1856 – 13. Dezember 1887, Blatt 087. – Vorhergehende Aussage vgl. ebenda.

115 Vgl. Pfarre Gurk: G24_031-1, Sterbbuch X, 3. Januar 1888 – 8. September 1941, Blatt 003.

116 Vgl. Pfarre Feldkirchen: F04_049-1, Sterbbuch XII, 3. Juli 1868 – 16. August 1887, Blatt 084.

117 Vgl. Pfarre Feldkirchen: F04_012-1, Geburtsbuch X, 16. November 1820 – 31. Januar 1833, Blatt 222.

Katharina Hindler, Hyrunger-Tochter zu Paternion; geprüfte Hebamme Theresia Wießer. Vater Michael Hohenwarter, Besitzer der Luftbauerkeusche in Lendorf 10, von hier gebürtig, katholisch. Mutter Elisabeth, geb. Hirschmann, aus der Pfarre Tigring gebürtig, katholisch, eheliche Tochter des Johann Hirschmann, Besitzer der Steinbachler-Hube zu Tigring, und seiner Ehefrau Kunigunde, geb. Herrweißer, /: Alberer :/.[118] – Katharina Hohenwarter ist am 08.12. 1839 in Feldkirchen gestorben.[119]

Tochter Theresia Hohenwarter, 07.05.1836 – 08.04.1900,

geboren am 07.05.1836, um 11 Uhr am Vormittag, in Lendorf 10, Thereßia, und getauft am selben Tag von Johann Sommeregger e.h.; katholisch, Mädchen, ehelich geboren; Pate Mathias Matschnig, Gewerkensohn; geprüfte Hebamme Theresia Wisser. Vater Michael Hohenwarter, Besitzer der Luftbauerkeusche in Lendorf 10, von hier gebürtig, katholisch, ehelicher Sohn des Michael Hohenwarter und seiner Ehefrau Maria, geb. Bruckner. Mutter Elisabeth, geb. Hirschmann, aus der Pfarre Tigring gebürtig, katholisch, eheliche Tochter des Johann Hirschmann, Besitzer der Steinbachler-Hube zu Tigring, und seiner Ehefrau Kunigunde, geb. Herrwiesin, /: Alberin :/.[120] – (Thereßia = Theresia.)

Theresia Hohenwarter starb am 08.04.1900, um 8 Uhr am Abend, als ledige Näherin und Inwohnerin in Gurk 11, im 64. Lebensjahr, laut Totenbeschauschein vom 09.04., Nr. 10, an einer Entzündung ihrer Unterleibsorgane. Sie war am 07.05.1836 in Feldkirchen geboren und dorthin zuständig. Sie wurde mit den Sakramenten versehen und am 10.04. durch P. Isidor Größlhuber O.S.B. e.h., Provisor, in Gurk beerdigt.[121]

Sohn Mathias Hohenwarter, *01.02.1838,

geboren am 01.02.1838, um 11 Uhr am Abend, in Lendorf 10, Mathias, und getauft am 02.02. von Kaplan Ed. Allesch e.h.; katholisch, Knabe, ehelich geboren; Patin Katharina Allegitsch, Wallascherin zu Altendorf, statt Mathias Matschnigg, Gewerkensohn in Feldkirchen; geprüfte Hebamme Josepha Laber. Vater Michael Hohenwarter, Besitzer der Luftbauerkeusche alldort, ehelicher Sohn des Michael Hohenwarter, und der Maria, geb. Brugger, hier gebürtig; katholisch. Mutter Elisabeth Hirschmann, dessen Ehefrau, eheliche Tochter des Johann Hirschmann, Bauer zu Tigring, und der Kunigunde, geb. Herrwieser, gebürtig zu Tigring, katholisch. Ehe [der Eltern] am 05.03.1832 in Feldkirchen.[122]

Sohn Ferdinand HOHENWARTER, 12.01.1840 – 12.04.1909,

geboren am 12.01.1840 beim vulgo Luftbauer in Lendorf 9, Ferdinand Hohenwarter, und getauft in der Pfarre Feldkirchen von Simon Mairitsch e.h., Kaplan; kath., Knabe, ehelich geboren; Pate Mathias Matschnigg, Gewerkensohn allhier; geprüfte Hebamme Josepha Lorber. Eltern: Michael Hohenwarter, Besitzer der Luftbauerkeusche, und seine Ehefrau Elisabeth, geb. Hirschmann. Eheschließung der Eltern am 05.03.1832 in Feldkirchen. Siehe S. 127.[123]

[118] Vgl. Pfarre Feldkirchen: F04_013-1, Geburtsbuch XI, 1. Januar 1834 – 31. Dezember 1843, Blatt 032.

[119] Vgl. Pfarre Feldkirchen: F04_053-1, Index zu Sterbbüchern, Kopie, 1. Januar 1800 – 31. Dezember 2000, > Sterbbuch IX/045. – Eine entsprechende Sterbeeintragung konnte aber nirgends gefunden werden, weder im zitierten Sterbbuch IX, F04_046-1, 8. Mai 1833 – 23. Februar 1853, auf Blatt 012-030 und 086-098, weder in den Jahren 1834-1836 noch im Jahre 1839, und auch nicht im oben zitierten Geburtsbuch bei ihrer Taufe. – Nicht alle verstorbenen Kinder bekamen damals in der Pfarre Feldkirchen also einen eigenen Eintrag in einem Sterbbuch.

[120] Vgl. Pfarre Feldkirchen: F04_013-1, Geburtsbuch XI, 1. Januar 1834 – 31. Dezember 1843, Blatt 068.

[121] Vgl. Pfarre Gurk: G24_031-1, Sterbbuch X, 3. Januar 1888 – 8. September 1941, Blatt 057.

[122] Vgl. Pfarre Feldkirchen: F04_013-1, Geburtsbuch XI, 1. Januar 1834 – 31. Dezember 1843, Blatt 126.

[123] Vgl. Pfarre Feldkirchen: F04_013-1, Geburtsbuch XI, 1. Januar 1834 – 31. Dezember 1843, Blatt 171.

Ferdinand Hohenwarter heiratete in erster Ehe am 03.03.1862 im Alter von 22 Jahren die 34 Jahre alte Elisabeth Auer, eine ledige Einwohnerin, in Gurk gebürtig, uneheliche Tochter der Regina Auer und des Mathäus Reinsberger, geb. am 24.10.1828 in Gurk. Als Zeuge des Bräutigams fungierte Joseph Reinner e.h., als Zeuge der Braut Simon Schaller e.h. – Das Brautpaar wurde am 9., 16. und 23. Februar 1862 in der Pfarrkirche Gurk verkündet, und da kein Ehehindernis vorlag, nach katholischem Ritus am 03.03.1862 von Pfarrer G. Schellander e.h. getraut. – Ehedokumente: 1. Informationsprotokoll vom 08.02.1862, Zahl 19. 2. Ehemeldezettel des Standesamtes Feldkirchen vom 29.01.1862, Zahl 15. 3. Zertifikat über Militäramtszugehörigkeit des Bräutigams laut Bezirksamt Feldkirchen vom 11.02.1862. 4. Taufschein des Bräutigams vom Pfarramt Feldkirchen vom 30.12.1861. – „Anmerkung: Die väterliche Einwilligung des minderjährigen Bräutigams wird durch die Unterschrift des ehlichen Vaters, welcher der Ehschließung beiwohnte, sichergestellt. Gurk, am 3. März 1862. Michael Hohenwarter e.h., Vater des Bräutigams; Karl Fekam e.h., Zeuge; Simon Schmölzer e.h., „Zeug".[124] – (ehlich = ehelich, Ehschließung = Eheschließung, Zeug = Zeuge.)

Elisabeth Auer wurde am 24.10.1828 in Grapfelbach 5 geboren und am 25.10. in Gurk getauft; katholisch, Mädchen, unehelich geboren; Hebamme Elis. Lakner. [Vater] „Blasius Rainsperger hat sich heute in Gegenwart der unterfertigten Zeugen als Vater dieses Kindes erklärt, und als solcher eingeschrieben zu werden verlanget, aus hiesiger Pfarre gebürtig, ledig, Tammegger-Sohn, wohl bekannt. Mutter Regina Auer, Gästin beim Tonner, hier gebürtig. Jakob Purgitzer, als Zeuge; Johann Walenta e.h., als Zeuge und Namensfertiger; Blasius Rainsperger, Kindes Vater; Theresia Fuazitzer e.h., Amtshoferin. Johann Walenta e.h., Kaplan."[125] – (verlanget = verlangt.)

Elisabeth Auer hatte eine unehelich geborene Tochter, geb. am 25.08.1857, im Markt Gurk 18, Rosalia Auer. Es ist kein Vater eingetragen. Sie wurde um 9 Uhr am Abend geboren und am 26.08. getauft von Pfarrer G. Schellander e.h.; geprüfte Hebamme Katharina Reinsberger. Elisabeth Auer war damals eine ledige Magd, eine uneheliche Tochter der ledigen Magd Regina Auer.[126] – Ob Rosalia Auer geheiratet hat und wann sie wo gestorben ist, konnte nicht ermittelt werden.

Elisabeth Auer gebar am 16.02.1862 in Gurk 31 einen Knaben, der von der geprüften Hebamme Katharina Reinsberger notgetauft wurde. Vater Ferdinand Hohenwarter, Besitzer der Tandlerkeusche zu Gurk, ehelicher Sohn des Michael Hohenwarter, domstiftlicher Jäger und Hausmeister, und der Elisabeth, geb. Hirschmann; in der Pfarre Feldkirchen gebürtig, katholisch. Mutter Elisabeth Auer, ledige Einwohnerin in der Tandlerkeusche in Gurk; uneheliche Tochter des Blasius Reinsberger, Fänzersohn, und der Regina Auer, ledige Einwohnerin; hier gebürtig, katholisch. – „Ferdinand Hohenwarter hat sich freiwillig als Vater dieses Kindes erklärt und gebeten, als solcher eingeschrieben zu werden; den gefertigten Zeugen wohlbekannt. Gurk, am 3. März 1862. Joseph Reinner e.h., Zeig; Simon Walhoznig e.h.; Ferdinand Hohenwarter e.h., Kindsvater."[127] – (Zeig = Zeuge.) – (Rosalia Auer und notgetaufter Knabe Auer siehe unten „Stammbaum Ferdinand HOHENWARTER in Gurk, nach 1900".)

Elisabeth Hohenwarter, geb. Auer, starb am 03.05.1899, um 3 Uhr in der Früh, in Markt Gurk Nr. 31, in der Tandlerkeusche, als Ehegattin des Ferdinand Hohenwarter, Besitzer der Tandlerkeusche in Gurk 31, im Alter von 71 Jahren laut ärztlich beglaubigtem Toten-

---

[124] Vgl. Pfarre Gurk: G24_019-1, Trauungsbuch VI, 9. Januar 1826 – 6. Juni 1887, Blatt 073. – Direktzitat siehe ebenda.

[125] Vgl. Pfarre Gurk: G24_008-1, Geburtsbuch VII, 16. April 1810 – 30. Dezember 1829, Blatt 131. – Nachfolgendes Direktzitat siehe ebenda.

[126] Vgl. Pfarre Gurk: G24_010-1, Geburtsbuch IX, 12. Januar 1854 – 16. Juli 1882, Blatt 025.

[127] Vgl. Pfarre Gurk: G24_010-1, Geburtsbuch IX, 12. Januar 1854 – 16. Juli 1882, Blatt 059. – Nachfolgendes Direktzitat siehe ebenda.

beschauschein vom 03.05.1899, Nr. 15, an Wassersucht. Elisabeth Auer war am 24.10.1828 in Gurk geboren und seit 03.03.1862 mit Ferdinand Hohenwarter verheiratet. Sie wurde mit den Sakramenten versehen und am 05.05., um 10 Uhr am Vormittag, von P. Isidor Größlhuber e.h., Provisor, in Gurk beerdigt.[128]

Nach meinen Recherchen zu schließen, heiratete Ferdinand Hohenwarter im Alter von 22 Jahren die 12 Jahre ältere Elisabeth Auer, die ihm kurz vor der Hochzeit einen notgetauften Knaben gebar. Ferdinands Vater musste mit der Eheschließung einverstanden sein, weil man damals erst mit 24 großjährig wurde. Während ihrer Ehe gebar die Hausfrau beim Tandler in den folgenden 37 Jahren keine Kinder mehr, während ihr Ehemann mit der jungen Magd Maria Tscherne/Schwarz einige Kinder zeugte. Auch die Mutter der Maria Tscherne, Klothilde Schwarz/Tscherne, lebte als Einwohnerin beim vulgo Tandler.

Ferdinand Hohenwarter heiratete in zweiter Ehe am 20.11.1900 Maria, geborene Tscherne/Schwarz, (03.07.1858 – 11.05.1941), in Gurk. Ferdinand Hohenwarter war also zum Zeitpunkt seiner zweiten Eheschließung bereits 60 und seine Frau Maria, geborene Tscherne/Schwarz, 42 Jahre alt.[129]

Maria Tscherne war zuerst Magd beim vulgo Tandler in Gurk und dann Gästin beim Unteren Breiternig in Gurk und gebar da ihren unehelichen Sohn Michael (1875-1917). Sie heiratete Ferdinand Hohenwarter, den Besitzer beim vulgo Tandler, am 20.11.1900, mit dem sie aber vorher zwischen 1880 und 1900 folgende neun unehelichen Kinder hatte: Josefa, (1880-1939); Maria, (1881-1929); Antonia, *1883; Aloisia, (1885-1966); Roman, (1889-1967); Anna, (1892-1975); Johann, (1895-1972); Kunigunde, (1898-1975) und Paula, (1900-1902), die nach der Eheschließung ihrer Eltern am 20.11.1900, von ihrem Vater aber erst am 26. April 1906, legitimiert wurden. Nur der jüngste Sohn Ferdinand Hohenwarter (1902-1979) wurde ehelich geboren, der spätere Besitzer der vulgo Tandler-Keusche in Gurk, Hauptstraße 36. – (Siehe oben „Chronik der Familie Michael TSCHERNE in Gurk“ und unten „Chronik der Familie Ferdinand HOHENWARTER in Gurk, nach 1900“.)

Ferdinand Hohenwarter ist am 12.04.1909, um 8 Uhr am Morgen, als Hausbesitzer in Gurk 31, im Alter von 69 Jahren laut Totenbeschauschein vom 13.04. an Lungentuberkulose gestorben, wurde von P. A. Benker nach katholischem Ritus versehen und am 14.04., um 10 Uhr am Vormittag, von P. Sallager e.h. in Gurk begraben.[130]

Wie bereits erwähnt, lebte auch Michael Tscherne (1875-1917) als unehelicher Sohn der Maria Tscherne (1858-1941) mit seiner Familie (Ehefrau Anna, 1881-1920/21 und sieben unehelichen Kindern, wobei drei schon als Babys verstarben) bei seinem Stiefvater Ferdinand Hohenwarter (1840-1909) beim vulgo Tandler in Gurk 31. Seine Frau Anna Hohenwarter, geb. Dorner, hatte schon früher zwei uneheliche Kinder, die auch als Babys starben. – (Siehe oben.) – Michaels Mutter Maria Tscherne war bei seiner Geburt erst 17 und bei der Geburt ihres letzten Hohenwarter Kindes schon fast 44 Jahre alt.[131]

Sohn Rudolf Hohenwarter, 09.08.1842 – 29.08.1843,

geboren am 09.08.1842 in Lendorf 9, Rudolf Hochenwarter; katholisch, Knabe, ehelich geboren; Pate Rudolph Liebenwein, Realitätenbesitzer in Lendorf; Johann Szabo e.h., Kaplan. Vater Hochenwarter Michael, Besitzer der Luftbauerkeusche. Mutter Elisabeth, geb. Hirsch-

---

[128] Vgl. Pfarre Gurk: G24_031-1, Sterbbuch X, 3. Januar 1888 – 8. September 1941, Blatt 051.

[129] Vgl. Pfarre Gurk: G24_020-1, Trauungsbuch, 22. August 1887 – 19. August 1912, Blatt 050.

[130] Vgl. Pfarre Gurk: G24_030-1, Sterbbuch (Kopie), 3. Januar 1888 – 20. November 1939, Blatt 104.

[131] Bei Daten, die sich auf die Zeit vor 1900 beziehen, erhebe ich keinen Anspruch auf Vollständigkeit. – Vgl. Pfarre Gurk: G24_016-1, Index zu den Geburtsbüchern, Kopie, 1. Januar 1800 – 31. Dezember 1991.

mann, Ehefrau.[132] – „Gesehen am 16. August 1842, Hartnagel e.h., Dekanats-Administrator.“ – (Hochenwarter = Hohenwarter.)

Rudolf Hohenwarter ist am 29.08.1843 in Tschwarzen 9 als ein ehelicher Sohn des Michael Hochenwarter, Luftbauer zu Lensdorf, an der Ruhr, im Alter von einem Jahr, laut Totenbeschauschein Nr. 48, gestorben und wurde am 30.08., um 9 Uhr am Vormittag, im Pfarrgottesacker in Gurk eingesegnet.[133] – (Hochenwarter = Hohenwarter.)

Sohn Michael Hohenwarter, *08.01.1845,

geboren am 08.01.1845 in Lendorf 9 und am selben Tag getauft, Michael, von Johann Umfahrer e.h, Kaplan; katholisch, Knabe, ehelich geboren; Hebamme Maria Grocher. Vater Michael Hochenwarter, Besitzer der Luftbauerkeusche in Lendorf, katholisch. Mutter Elisabeth, geb. Hirschmann, Eheweib. Pate Rudolf Liebenwein, gewesener Besitzer des Lendorf-Gutes.[134] – (Hochenwarter = Hohenwarter.)

Sohn Julius HOHENWARTER, 14.02.1848 – 22.05.1922

geboren am 14.02.1848 in Lendorf 9, Julius Hochenwarter, und getauft am 15.02. von Franz Koreker e.h, Kaplan; katholisch, Knabe, ehelich geboren; geprüfte Hebamme Maria Grocher. Vater Michael Hochenwarter, Luftbauer, ehelicher Sohn des Michael Hohenwarter, auch gewesener Luftbauer, und der Maria, geb. Brucker, katholisch. Mutter Elisabeth, geb. Hirschmann, eheliche Tochter des Johann Hirschmann, Müllner zu Tigring, und der Kunigunde, geb. Reiner, katholisch. Patin Rosalia Liebenwein, Pächtersfrau des Rabitsch-Wirtshauses. – Vide Trauungsbuch V 137.[135] – (Hochenwarter = Hohenwarter, Brucker = Brugger, Vide … = Siehe ... – Hier ist als Mutter der Kindesmutter Kunigunde Reiner angeführt, nicht wie bei den vorigen Kindern Kunigunde Herrwieser /: Alberer :/. Dabei könnte es sich um ein Versehen des Matrikenführers handeln.)

Julius Hohenwarter heiratete am 03.05.1874 im Alter von 25 Jahren als domstiftlicher Hausmeister und Förster in Gurk die 24 Jahre alte Margarethe Glabitschnig, eine uneheliche Tochter der Maria Glabitschnig, einer ledigen Einwohnerin in Gurk. Johann Rauscher e.h., Pfarrer; Johann Moßer e.h., Wirt in Gurk; Ferdinand Hohenwarter e.h. für den Besitzer der Tandlerkeusche Ferdinand Hohenwarter. – „Diese Brautleute wurden nach Verlautbarung ihrer Ehe in hiesiger Pfarrkirche am 19. u. 26. April u. 3. Mai, u. da kein Hindernis demselben entgegen stand, am 3. Mai von Herrn Kaplan Heinrich Angerer e.h. allhier kirchlich getraut. – Ehe-Documente sind a) die Taufscheine der Brautleute; b) das Protocoll über das Trauungs-Inform.-Examen; c) Beichtzeugnis für die Brautleute vom Herrn Pfarrer zu Lieding.“[136] – (Documente = Dokumente, Trauungs-Inform.-Examen = Trauungs-Informations-Prüfung.)

Julius Hohenwarter sen. starb am 22.05.1922 in Gurk 80 als Hausbesitzer und Förster laut Totenbeschau vom 24.05. an Magenkrebs. Er war 1848 geboren, verheiratet seit 1874, damals Witwer. Er wurde nach katholischem Ritus versehen und am 25.05. von Dr. Bede e.h., Pfarrer, in Gurk beerdigt.[137]

---

[132] Vgl. Pfarre Feldkirchen: F04_013-1, Geburtsbuch XI, 1. Januar 1834 – 31. Dezember 1843, Blatt 220. – Nachfolgende Aussage siehe ebenda.

[133] Vgl. Pfarre Feldkirchen: F04_046-1, Sterbbuch IX, 8. Mai 1833 – 23. Februar 1853, Blatt 148.

[134] Vgl. Pfarre Feldkirchen: F04_014-1, Geburtsbuch XII, 1. Januar 1844 – 27. Juli 1852, Blatt 023.

[135] Vgl. Pfarre Feldkirchen: F04_014-1, Geburtsbuch XII, 1. Januar 1844 – 27. Juli 1852, Blatt 089.

[136] Vgl. Pfarre Gurk: G24_019-1, Trauungsbuch VI, 9. Januar 1826 – 6. Juni 1887, Blatt 108. – Nachfolgendes Direktzitat siehe ebenda.

[137] Vgl. Pfarre Gurk: G24_031-1, Sterbbuch X, 3. Januar 1888 – 8. September 1941, Blatt 160.

Margaretha Hohenwarter, geb. Glabitschnig, starb am 22. 01.1916 in Gurk 80 als Förstersgattin im Alter von 67 Jahren lt. Totenbeschau vom 24.01. an einem Herzfehler. Sie war [also 1848/1949] in Lieding geboren, zuständig in Gurk, seit 04.05.1874 verheiratet, wurde nach kath. Ritus versehen und am 25.01. von Pf. P. Bernard Klammer e.h. in Gurk beerdigt.[138]

Julius Hohenwarter und Margarethe, geb. Glabitschnig, hatten 8 Kinder: Julius, *09.01. 1874; Hugo, *25.03.1875; Josef, (02.07.1876 – 27.06.1928); Michael, (13.01.1878 – 12.05. 1878); Johann, *23.06.1880; Josefa, *18.03.1883; Michael, 07.05.1885, Hausmeister und Jäger in Gurk, und Mathilde, *12.03.1888.[139]

Sohn Josef starb am 27.06.1928 als Kaufmann im Alter von 51 Jahren im Landeskrankenhaus Klagenfurt laut Totenbeschauschein an Mittelohr- und Gehirnhautentzündung. Er war am 02.07.1876 in Gurk geboren und seit 25.05.1904 mit Ida, geb. Unterwieser, verheiratet. Er wurde trotz seiner schweren Erkrankung, [er konnte ja den Priester vermutlich nicht hören], mit den Sakramenten versehen und am 30.06. von Theodor Stufka e.h., Pfarrer in Glödnitz, in Gurk beerdigt.[140]

Josef Hohenwarter (1876-1928) und Ida, geb. Unterwieser, hatten vier Kinder: ein totgeborener Knabe, */†04.11.1904; Eduard, *22.11.1906; Josef, *26.04.1909 und Elfriede Huberta, *09.11.1912.[141]

Tochter Maria Hohenwarter, *15.09.1850,

geboren am 15.09.1850, um 9 Uhr am Abend, in Lendorf 9, Maria, und getauft am 16. von Peter Fundner e.h., Kaplan; katholisch, Mädchen, ehelich geboren; geprüfte Hebamme Maria Grocher. Vater Michael Hohenwarter, … [Siehe oben bei Bruder Julius.] Mutter Elisabeth Hirschmann, eheliche Tochter des Johann Hirschmann, Steinbacher-Bauer in der Pfarre Tigring, und seiner Ehefrau Kunigunde, geb. Herrweisin, /: Alberer :/. Patin Anna Bolde, geb. Hirschmann, Casino-Wirtin.[142] – „Trauschein erhalten vom 2. Juli 1878."

Die noch fehlenden Daten konnten zu den hier behandelten Hohenwarter Generationen leider nicht ermittelt werden.

Der Familienname HOHENWARTER

Der Familienname Hohenwarter leitet sich vom Begriff „hohe Warte" (F) ab. Das bedeutet einen hoch gelegenen Aussichtspunkt, Beobachtungsposten, einen Turm mit einer Plattform oder eine bestimmte Position in einer Befestigungsanlage, von wo aus man herannahende Feinde gut sichten und bekämpfen kann. Es gibt viele solcher Beobachtungsplätze in Österreich, Deutschland und in der Schweiz; natürliche, wie etwa Berggipfel, und künstliche, von Menschenhand erschaffene.

> Aus althochdeutsch „**warta**" wurde „**warten**". Mit diesem Zeitwort/Verb verwandt sind auch die Begriffe „warnen" und „wahren".[143]

---

[138] Vgl. Pfarre Gurk: G24_031-1, Sterbbuch X, 3. Januar 1888 – 8. September 1941, Blatt 134.

[139] Vgl. Pfarre Gurk: G24_010-1, Geburtsbuch IX, 12. Januar 1854 – 16. Juli 1882, Blatt 191, 207, 216, 226 und 283. Vgl. auch Pfarre Gurk: G24_011-1, Geburtsbuch X, 26. Juli 1882 – 9. April 1901, Blatt 008, 021 und 063.

[140] Vgl. Pfarre Gurk: G24_031-1, Sterbbuch X, 3. Januar 1888 – 8. September 1941, Blatt 171.

[141] Vgl. Pfarre Gurk: G24_012-1, Geburtsbuch (Kopie), 14. April 1901 – 3. Dezember 1918, Blatt 223, 246, 280 und 330.

[142] Vgl. Pfarre Feldkirchen: F04_014-1, Geburtsbuch XII, 1. Januar 1844 – 27. Juli 1852, Blatt 153. – Anschließende Aussage siehe ebenda.

[143] Alle Erklärungen, ob direkt zitiert oder von LMR zusammengefasst, zu „Hohe Warte" bzw. „Hohenwart" wurden entnommen aus https://de.wikipedia.org/, Zugriff 19.05.2023, vor 13:15 Uhr.

Von den Berggipfeln „Hohe Warte", z. B. in den Karnischen Alpen, leiten sich auch viele Ortsnamen ab, wie z. B. „Hohenwart" in den Seetaler Alpen oder in den Wölzer Tauern. Daraus wiederum entstand der Familienname „Hohenwarter".

Es gab einen Norbert von Hohenwart als Bischof von Chur, †1087/88, im Hochmittelalter das Geschlecht der „Grafen von Hohenwart" sowie Sigismund Anton Graf von Hohenwart SJ (1730-1820) als österreichischen Geistlichen und Fürsterzbischof von Wien (1803-1820).

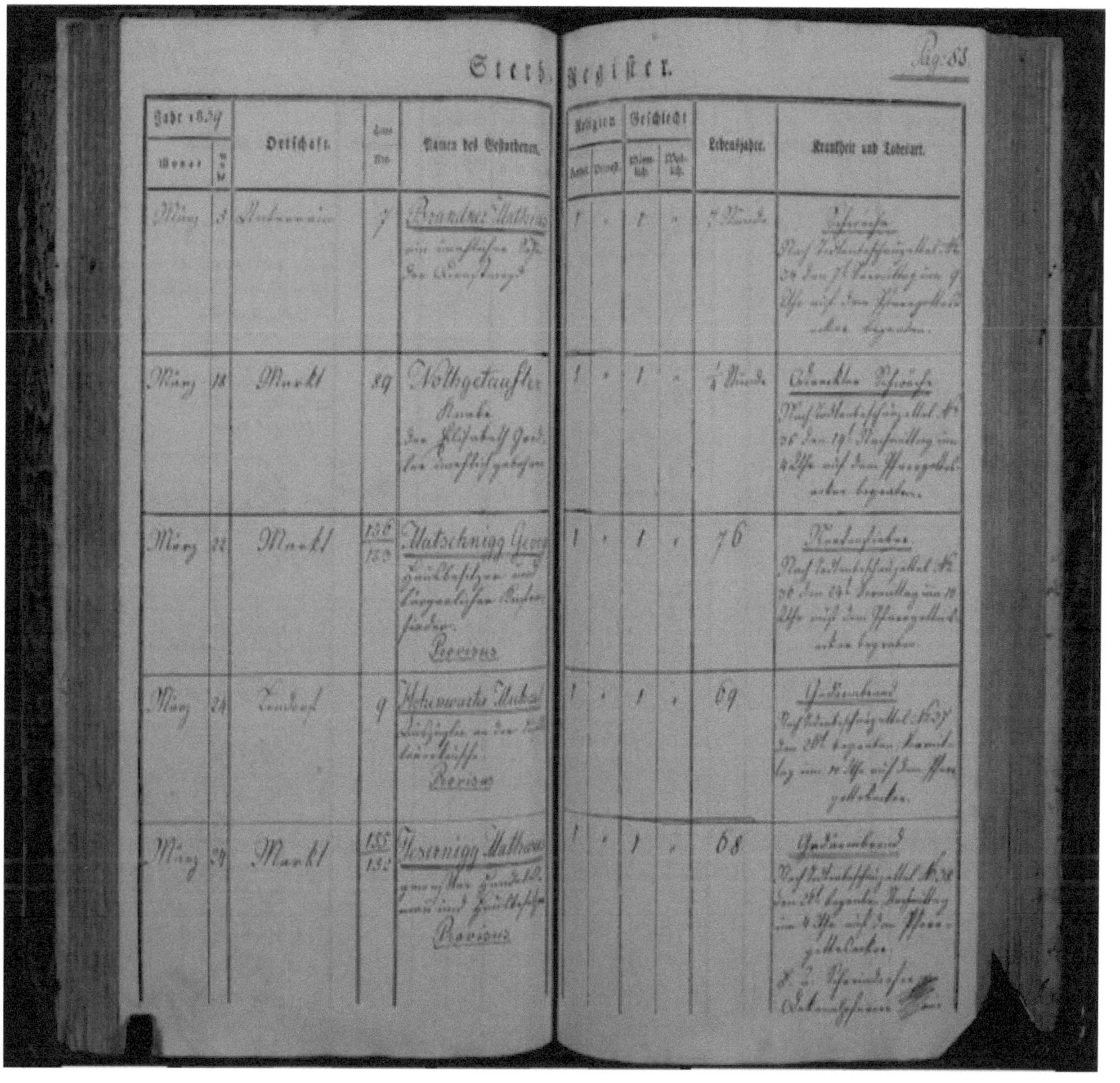

Michael Hohenwarter, †24.03.1839, Pfarre Feldkirchen, Sterbbuch IX, Blatt 090, (Nr. 4).

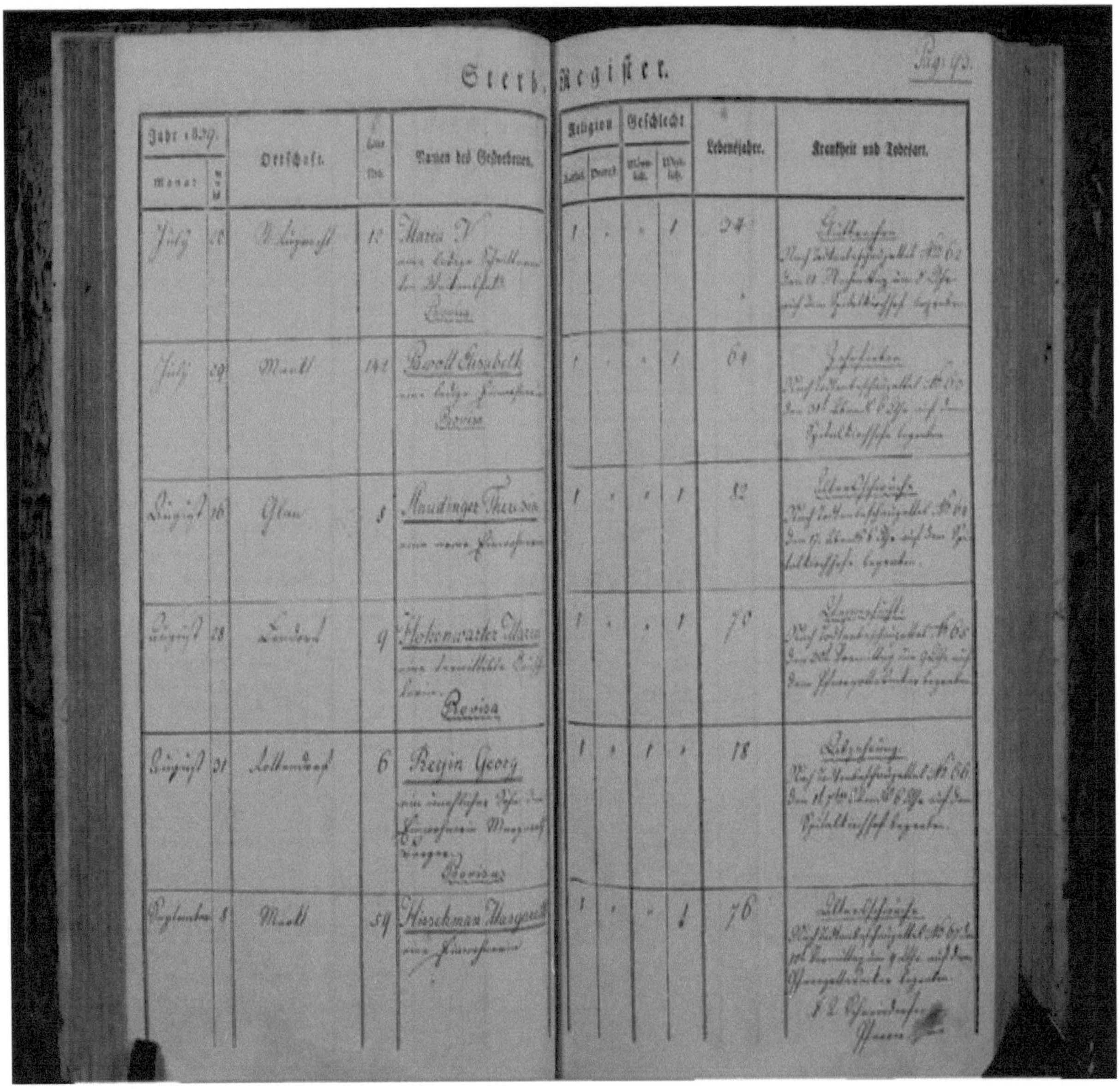

Maria Hohenwarter, geb. Brucker, †28.08.1839, Pfarre Feldkirchen, Sterbbuch IX, Blatt 095, (Nr. 4).

Stammbaum
Ferdinand HOHENWARTER
nach 1900

HOHENWARTER Ferdinand
02.10.1902 – 30.01.1979, x 06.11.1935
Felsberger Susanna
14.04.1910 – 05.03.1991
Tandler, Gurk

FELSBERGER Johann
07.03.1871 – 27.02.1910, x 11.02.1900
Winkler Anna
*30.10.1875
Pächter beim Ragoßner, Wimitz

Hohenwarter Kunigunde
25.01.1898 – 20.04.1975

Hohenwarter Paula
21.01.1900 – 01.10.1902

HOHENWARTER Roman
27.02.1889 – 30.03.1967, x 27.10.1924
Mayer Katharina
*28.04.1900
Pisweg

HOHENWARTER Johann
08.06.1895 – 26.01.1972, x 26.09.1920
Payer Kunigund
03.03.1900 – 07.10.1958
Maria Lankowitz

Hohenwarter Aloisia
11.09.1885 – 30.08.1966

Hohenwarter Anna
13.07.1892 – 05.01.1975

Hohenwarter Maria
28.07.1881 – 03.11.1929

Hohenwarter Antonia
*29.07.1883

Hohenwarter Josefa
05.03.1880 – 19.07.1939

TSCHERNE Michael
25.09.1875 – 1917, x 19.09.1914
Dorner Anna
18.07.1881 – 1920/21
Halbbruder beim Tandler, Gurk

Auer Rosalia
*25.08.1857

Auer/Hohenwarter Knabe
*/†16.02.1862

HOHENWARTER Ferdinand
12.01.1840 – 12.04.1909,
1. x 03.03.1862; 2. x 20.11.1900
1. Auer Elisabeth
24.10.1828 – 03.05.1899, x 03.03.1862
2. Tscherne/Schwarz Maria
03.07.1858 – 11.05.1941, x 20.11.1900
Tandler, Gurk

TSCHERNE/Schwarz Maria
03.07.1858 – 11.05.1941

Chronik der Familie
Ferdinand HOHENWARTER
in Gurk, nach 1900

Stiefsohn Michael TSCHERNE, 25.09.1875 – 1917

(Siehe oben „Chronik der Familie Michael TSCHERNE“ in Gurk.)

Vater Ferdinand HOHENWARTER, 12.01.1840 – 12.04.1909

(Siehe oben „Chronik der Familie Ferdinand HOHENWARTER in Gurk, vor 1900“. Dort siehe auch seine erste Ehe mit Elisabeth Auer und ihre zwei unehelich geborenen Kinder, Rosalia Auer und ein Auer/Hohenwarter notgetaufter Knabe. Ebenso dort siehe auch Ferdinands zweite Ehe mit Tscherne/Schwarz Maria. Stammbaum der Kinder von beiden Frauen siehe aber hier in diesem Kapitel oben.)

Tochter Josefa Hohenwarter, 05.03.1880 – 19.07.1939,

geboren am 05.03.1880 um 6 Uhr in der Früh in Gurk 31, Josefa Tscherne, legitimierte Hohenwarter, getauft am 6. um ½ 9 Uhr am Vormittag von P. Johann Grießer e.h., Kaplan; katholisch, Mädchen, unehelich geboren; Patin Theresia Wurzer, Näherin in Gurk; geprüfte Hebamme Pauline Grießer. Vater Ferdinand Hohenwarter, Besitzer der vulgo Tandlerkeusche in Gurk, in Feldkirchen gebürtig, geboren am 12.01.1840, katholisch, ehelicher Sohn des Michael Hohenwarter, Luftbauerkeuschlers in Feldkirchen, und der Elisabeth, geborene Hirschmann; beide katholischer Religion. Mutter Maria Tscherne, Dienstmagd beim vulgo Tandler hier, in Gurk geboren, katholisch, eine uneheliche Tochter der Clothilde Tscherne, Hausmeisterstochter, katholischer Religion. – „Von dem [Ferdinand Hohenwarter] die unterzeichneten Zeugen an Eidesstatt erklären, daß sie ihn der Person u. dem Namen nach voll kennen, war zugegen und hat sich als den von der gleichfalls anwesenden Kindesmutter Maria Tscherne angegebenen Vater des Kindes Josefa bekannt u. die Einschreibung als Vater des Kindes verlangt. Stiftspfarramt Gurk, 26. IV. 1906. P. Karl Jungwirth e.h., Spiritual, für den Pfarrer; Peter Germ e.h., als Zeuge; Ferdinand Hohenwarter e.h., als Vater; Peter Lager e.h., als Zeuge; Maria Tscherne e.h., als Kindesmutter.“ – [Eheschließung der Eltern am 20.11.1900, legitimiert aber erst am 26.04.1906.] – „Josefa Hohenwarter ist am 19.07.1939 in Landskron gestorben, laut Standesamtes Landskron“.[144]

Tochter Maria Hohenwarter, 28.07.1881 – 03.11.1929,

geboren am 28.07.1881 um 9 Uhr am Vormittag in Gurk 24, Maria Tscherne, legitimierte Hohenwarter, und am selben Tag getauft von Johann Grießer e.h., Kaplan; katholisch, Mädchen, unehelich geboren; Patin Theresia Wurzer, ledige Näherin allda; geprüfte Hebamme Katharina Reinsperger. – Maria Hohenwarter ist am 03.11.1929 gestorben. – [Eheschließung der Eltern Ferdinand Hohenwarter und Maria Tscherne am 20.11.1900, legitimiert durch den Vater aber erst am 26.04. 1906.] – Auszug angefertigt am 03.11.1929, Zahl 224. – Rev. Ant. Ehrlich e.h., [Pfarrer].[145] – ((Rev. = Überprüft. – Eltern siehe oben Angaben zu ihrer ältesten Schwester Josefa).

Tochter Antonia Hohenwarter, *29.07.1883,

geboren am 29.07.1883 um 4 Uhr in der Früh in Gurk Markt Nr. 33, Antonia Tscherne, legitimierte Hohenwarter, am 30. Juli getauft von P. Konstantin Viktor von Steinberg e.h., Pfarrerskaplan; katholisch, Mädchen, unehelich geboren; Patin Antonia Schuller, Hausbesitzerin in Gurk; geprüfte Hebamme Katharina Reinsperger. – [Eheschließung der Eltern Fer-

[144] Vgl. Pfarre Gurk: G24_010-1, Geburtsbuch IX, 12. Januar 1854 – 16. Juli 1882, Blatt 260. – Nachfolgendes Direktzitat siehe ebenda.

[145] Vgl. Pfarre Gurk: G24_010-1, Geburtsbuch IX, 12. Januar 1854 – 16. Juli 1882, Blatt 277.

dinand Hohenwarter und Maria Tscherne am 20.11.1900, legitimiert durch den Vater aber erst am 26.04.1906.] P. Lucian Egger e.h., Auxiliar, für den Pfarrer.[146] – (Eltern siehe oben Angaben zu ihrer ältesten Schwester Josefa).

Tochter Aloisia Hohenwarter, 11.09.1885 – 30.08.1966,

geboren am 11.09.1885 um 8 Uhr in der Früh in Gurk 31, Aloisia Tscherne, legitimierte Hohenwarter, getauft am 12.09. von Fr. Kindlmann e.h., Kaplan; katholisch, Mädchen, unehelich geboren; Pate Josef Zedroser, Brauführer in Gurk; geprüfte Hebamme Theresia Konrad. – Aloisia Hohenwarter ist am 30.08.1966 in Gurk, Domplatz 4, gestorben, (laut Standesamt Gurk vom 01.09.1966). – [Eheschließung der Eltern Ferdinand Hohenwarter und Maria Tscherne am 20.11.1900, legitimiert durch den Vater aber erst am 26.04.1906.] P. Albert Menneweger O.S.B. e.h., Kaplan.[147] – (Eltern siehe oben Angaben zu ihrer ältesten Schwester Josefa).

Sohn Roman HOHENWARTER, 27.02.1889 – 30.03.1967,

geboren am 27.02.1889 in Gurk 31, Roman Tscherne, legitimierter Hohenwarter, und am selben Tag getauft von Dr. Valentin Nemec e.h., Domherr und Dechant; katholisch, Knabe, unehelich geboren; Patin Caroline Schwarz, Magd beim vulgo Ettinger in Gurk; geprüfte Hebamme Josefine Pirker. Mutter Maria Schwarz, recte Tscherne, Magd, hier gebürtig, uneheliche Tochter der hier als Inwohnerin lebenden Ottilia Tscherne oder Schwarz, alle katholisch. – Laut Zuschrift des Pfarramtes Pisweg vom 27.02.1925, Zahl 6, am 27.10.1924 verehelicht. P. Joh. Ranesch O.S.B. e.h. Auszug für denselben angefertigt. – Roman Hohenwarter ist am 30.03.1967 im Krankenhaus St. Veit an der Glan gestorben (Nr. 46/67). – [Eheschließung der Eltern Ferdinand Hohenwarter und Maria Tscherne am 20.11.1900, legitimiert durch den Vater aber erst am 26.04.1906.][148] – (recte = genannt, Ottilia = Clothilde. – Eltern siehe oben Angaben zu seiner ältesten Schwester Josefa).

Roman Hohenwarter heiratete am 27.10.1924 in Pisweg. „Braut: Mayer Katharina, in Pisweg gebürtig, eheliche Tochter des Mayer Georg und der Maria, geb. Weitensfelder, vulgo Mar-Besitzer in Niederdorf; die Braut ist in Niederdorf 2, vlg. Mar wohnhaft; geb. am 28. 4. 1900. Zeugen: Josef Hohenwarter e.h., Kaufmann, Gurk; Franz Isopp e.h., Bes. vlg. Solinger; Joh. Safran e.h., Pfarrer. – Obige Brautleute wurden am 12., 19. u. 26. Okt. 1924 in den Pfarrkirchen Gurk und Pisweg ohne Entdeckung eines Ehehindernisses aufgeboten u. am 27. X. 1924 kirchlich getraut von Joh. Safran e.h., Pfarrer. – Ehedokumente: 1. Trauungsaufnahmen-Prot. Pf. Pisweg, am 11. X. 1924. 2. Taufschein des Brtgs. v. Pf. Gurk, Z. 106, v. 14. X. 1924. 3. Verkündsch. v. Pf. Gurk, dto. 26. X. 1924. – Vidi Joh. Safran e.h., Pfarrer.“[149] – (Prot. = Protokoll, Pf. = Pfarre, Brtgs = Bräutigams, v. = von, Z. = Zahl, dto. = detto = vom. Vidi = Gesehen/Kontrolliert.)

Tochter Anna Hohenwarter, 13.07.1892 – 05.01.1975,

geboren am 13.07.1892, Anna Tscherne, legitimierte Hohenwarter; katholisch, Mädchen, unehelich geboren.[150] – [Eheschließung der Eltern Ferdinand Hohenwarter und Maria Tscher-

[146] Vgl. Pfarre Gurk: G24_011-1, Geburtsbuch X, 26. Juli 1882 – 9. April 1901, Blatt 014.
[147] Vgl. Pfarre Gurk: G24_011-1, Geburtsbuch X, 26. Juli 1882 – 9. April 1901, Blatt 040.
[148] Vgl. Pfarre Gurk: G24_011-1, Geburtsbuch X, 26. Juli 1882 – 9. April 1901, Blatt 081.
[149] Vgl. Pfarre Pisweg: P04_015-1, Trauungsbuch tom. V, Kopie, 24. November 1890 – 22. Juni 1931, Blatt 085. – Vorhergehende Aussage vgl. ebenda.
[150] Vgl. Pfarre Gurk: G24_011-1, Geburtsbuch X, 26. Juli 1882 – 9. April 1901; Annas Geburts- und Taufeintrag wurde hier von 1891-1894, Blatt 101-139, nicht gefunden. – Annas Geburts- und Taufeintrag wurde auch weder in Feldkirchen noch in Pisweg gefunden. – Nachfolgende Aussage vgl. ebenda.

ne am 20.11.1900, legitimiert durch den Vater aber erst am 26.04.1906.] – (Eltern siehe oben Angaben zu ihrer ältesten Schwester Josefa). – Anna Hohenwarter ist am 05.01.1975 gestorben.[151]

Sohn Johann HOHENWARTER, 08.06.1895 – 26.01.1972,

geboren am 08.06.1895 in Gurk 33, Johann Tscherne, legitimierter Hohenwarter, Namenstag Johannes der Täufer, [24. Juni], und am selben Tag getauft von L[udwig] G. Pirker e.h., [Provisor]; katholisch, Knabe, unehelich geboren; Patin Kunigunde Landsmann, Wirtstochter in Gurk; geprüfte Hebamme Josefine Pirker. Mutter Maria Tscherne, ledige Magd, derzeit Inwohnerin beim Schuller in Gurk, von hier gebürtig, [44 Jahre alt], uneheliche Tochter der hier als Inwohnerin lebenden Ottilie Tscherne, auch katholisch. – Johann Hohenwarter wurde in Maria Lankowitz mit Kunigunde Payer am 26.09.1920 getraut (laut Anzeige des dortigen Pfarramtes vom 26.09.1920, Blatt 177). – Johann Hohenwarter ist am 26.12.1972 in Maria Lankowitz gestorben (laut Standesamt Maria Lankowitz vom 25.01.1973, Nr. 14/72). [Falsche Daten. Siehe unten.] – [Eheschließung der Eltern Ferdinand Hohenwarter und Maria Tscherne am 20.11.1900, legitimiert durch den Vater aber erst am 26.04.1906.] – Vidi Pirker e.h., Vicar.[152] – (Ottilie = Klothilde, Vidi = Gesehen. – Eltern siehe oben Angaben zu seiner ältesten Schwester Josefa).

Johann Hohenwarter heiratete am 26.09.1920 in Maria Lankowitz, Diözese Graz Seckau. [Siehe oben.] „Bräutigam Johann Hohenwarter, wohnhaft in Lankowitz 86, Kemetberg 3, Werkschlosser, geb. in Gurk in Kärnten u. dahin zuständig; ehel[icher] Sohn der kath[olischen] Eltern: des verstorb[enen] Ferdinand Hohenwarter, Bes[itzer] daselbst, u. der lebenden Maria, geb. Tscherne: katholisch, 25 Jahre alt, geb. 8. 6. 1895, unverehelicht; verstorben am 26. 1. 1972 in Puchbach 183, St. A. Ma. Lankowitz, Nr. 14. [Richtige Daten zu oben.] Braut Kunigund Payer, Näherin, geb. in Gurk in Kärnten, unehel[iche] Tochter der kathol[ischen, noch] lebenden Susanna Payer, ledige Inwohnerin in Gurk; katholisch, 20 Jahre alt, geb. 3. 3. 1900, unverehelicht; verstorben am 7. 10. 1958, in Voitsberg, LKH, [Standesamt] Voitsberg, Nr. 149/58. Volljährigkeitserklärung Bezirks-Gericht Gurk, [vom] 28. 8. 1920, Z[ahl] 155/ 00/10. Zeugen: Tarmann Karl e.h., Schlosser; Egidius Jessernik, Schmied; P. Ivo Krenn e.h., Pfarrer u. Namensfertiger. – Taufscheine des Bräutigams, Pf[arre] Gurk, [vom] 2. 9. 1920, Z. 188, und der Braut, Pf. Gurk, [vom] 1. 8. 1920, Z. 169."[153]

Tochter Kunigunde Hohenwarter, 25.01.1898 – 20.04.1975,

geboren am 25.01.1898 um 12 Uhr in der Nacht beim vulgo Tandler in Gurk 31, Kunigunde Tscherne, legitimierte Hohenwarter, getauft am 26. Jänner, um 3 Uhr am Nachmittag, von Ludwig G. Pirker e.h., Vicar; katholisch, Mädchen, unehelich geboren; Patin Kunigunde Landsmann, Wirtstochter in Gurk; geprüfte Hebamme Maria Felsberger. Mutter Maria Tscherne, ledige Magd beim Tandler in Gurk, von hier gebürtig, katholisch, eine uneheliche Tochter der hier als Inwohnerin lebenden katholischen Ottilie Tscherne. – Eltern der Kunigunde am 20.11.1900 getraut. – Kunigunde Hohenwarter ist am 20.04.1975 im LKH Friesach gestorben (laut Standesamt Friesach Nr. 84/75). – [Legitimiert durch den Vater erst am 26.04. 1906.[154] – (Ottilie = Clothilde/Klothilde. – Eltern siehe oben Angaben zu ihrer ältesten Schwester Josefa).

---

[151] Vgl. Pfarre Gurk: G24_033-2, Index zu Sterbbüchern, Kopie, 1. Januar 1973 – 31. Dezember 1993. – Das entsprechende Sterbbuch XII wegen EU-Datenschutzgründen gesperrt. (Stand 17.05. 2023.)

[152] Vgl. Pfarre Gurk: G24_011-1, Geburtsbuch X, 26. Juli 1882 – 9. April 1901, Blatt 143.

[153] Pfarre Maria Lankowitz: 8666, Trauuungsbuch 4 1901-1938, 1. Januar 1901 – 31. Dezember 1938, Seite 103. – Vorhergehende Aussage vgl. ebenda.

[154] Vgl. Pfarre Gurk: G24_011-1, Geburtsbuch X, 26. Juli 1882 – 9. April 1901, Blatt 175.

Herfrieds „Tante Kundl“ (Kunigunde Tscherne, legitimierte Hohenwarter, 1898-1975) war in Rom an der österreichischen Botschaft beschäftigt und lernte dort vorzüglich zu kochen. Herfrieds Schwester Anna (geb. Tscherne, legitimierte Ruhdorfer, verehelichte Hinteregger, 1930-1989) war einmal bei „Tante Kundl“ in Rom zu Besuch. Damals zeigte ihr ihre Großtante viele römische Sehenswürdigkeiten.

An „Tante Nani“ (Anna Tscherne, legitimierte Hohenwarter, 1892-1975) und „Tante Kundl“ kann ich mich noch ganz genau erinnern. Mein Mann und ich haben die beiden in der „Försterklause“ in Gurk Nr. 4 einige Male besucht, und ich habe „Tante Kundl“ kurz vor ihrem Tod im Jahre 1975 einen Strauß Maiglöckchen von unseren beiden ältesten Töchtern ins Krankenhaus nach Friesach gebracht, obwohl meine Schwiegermutter mich vom Besuch abhalten wollte, weil die alte „Tante“ da schon um Luft rang und röchelte. Sie hatte eine schwere Lungenentzündung, und es gab keine Hilfe mehr. Niemand war bei ihr in diesem riesigen Zimmer, aber ich habe sie bei meinem letzten Besuch angeredet und ihr erzählt, dass diese selbstgepflückten Blumen von meinen beiden ältesten Töchtern sind, und dass ich ihr alles Gute für ihre letzte Reise wünsche. Sie hat mich sicherlich verstanden. Obwohl ich wegen der Anordnungen meiner Schwiegermutter ein schlechtes Gewissen hatte, bin ich in diesem Krankenraum bis zu ihrem am Kopfteil hochgestellten Bett vor gegangen, habe sie angeschaut und ganz ruhig mit ihr gesprochen. Meine Schwiegermutter war aber der Meinung, dass ich „Tante Kundl“ so in Erinnerung behalten sollte, wie ich sie aus ihren gesunden Tagen kannte. Mir war es jedoch ein Bedürfnis, den ausdrücklichen Auftrag meiner ältesten Tochter, die damals im Volksschulalter war, auszuführen und die Blumen hinzubringen.

Die Geschwister von „Tante Nani“ und „Tante Kundl“ habe ich nie persönlich kennengelernt, wohl aber haben die beiden viel über sie erzählt.

Tochter Paula Hohenwarter, 21.01.1900 – 01.10.1902,

geboren am 21.01.1900, um 1 Uhr am Nachmittag, beim vulgo Tandler in Gurk 31, Paula Tscherne, legitimierte Hohenwarter, getauft am 22. Jänner, um 10 Uhr am Vormittag, von P. Isidor Größlhuber OSB e.h., Provisor; katholisch, Mädchen, unehelich geboren; geprüfte Hebamme Gertraud Kronabeter. – Paula Hohenwarter ist im Oktober 1902, [als Baby,] in Gurk gestorben. [Das genaue Datum ist hier unleserlich, vermutlich am 01. oder 02.10. – Die weiteren Angaben zu Paulas Eltern und Paten sind hier durch ein eingeklebtes Blatt verdeckt, nur die Vaterschaftserklärung vom 10.11.1900 ist deutlich lesbar.] „Pfarramt Gurk, am 10. Nov. 1900. P. Placidus Gratia dei O.S.B. e.h., Provisor; Ferdinand Hohenwarter e.h., Vater; Julius Hohenwarter e.h., Zeuge; Peter Goas e.h., Zeuge.“[155] – [Eheschließung der Eltern Ferdinand Hohenwarter und Maria Tscherne am 20.11.1900, legitimiert durch den Vater aber erst am 26.04.1906. – Der Vater wurde hier eigenartigerweise als Witwer bezeichnet. – Die einzelnen Vaterschaftserklärungen bei den Tscherne- bzw. Hohenwarter Geschwistern variieren also. – (Eltern siehe oben Angaben zu ihrer ältesten Schwester Josefa).

Laut Eintragung im Sterbbuch X von Gurk ist Paula Hohenwarter am 01.10.1902, um 11 Uhr am Vormittag, beim Tandler in Gurk 31, im Alter von 2 8/12 Jahren laut ärztlich beglaubigtem Totenbeschauschein vom 01.10.1902, Zahl 29, an Dysenterie gestorben. [Vollständiges Sterbedatum zu oben.] Sie war am 21.01.1900 als legitimierte Tochter des Ferdinand Hohenwarter und der Maria, geb. Tscherne, geboren. Paula Hohenwarter wurde am 02.10., um 7 Uhr in der Früh, von Pater Lucian Egger O.S.B. e.h. in Gurk beerdigt.[156] – (Dysenterie bedeutet Durchfall oder Ruhr.)

---

[155] Pfarre Gurk: G24_011-1, Geburtsbuch X, 26. Juli 1882 – 9. April 1901, Blatt 198. – Vorhergehende Aussagen vgl. ebenda.

[156] Vgl. Pfarre Gurk: G24_031-1, Sterbbuch X, 3. Januar 1888 – 8. September 1941, Blatt 066. – Damals sind in Gurk mehrere Personen verschiedensten Alters hintereinander an Dysenterie verstorben.

Sohn Ferdinand HOHENWARTER, 02.10.1902 – 30.01.1979,

geboren am 02.10.1902 um 3 Uhr am Nachmittag beim vulgo Tandler in Gurk 31, Ferdinand, getauft am 3. Oktober um 3/4 4 Uhr am Nachmittag von P. Lucian Egger O.S.B. e.h.; katholisch, Knabe, ehelich geboren; Patin Anna Landsmann, Wirtstochter, als Amtsvertreterin ihrer Mutter Rosalia Landsmann, Gastwirtin; geprüfte Hebamme Gertraud Kronabetter. Vater Ferdinand Hohenwarter, Besitzer der Tandlerkeusche in Gurk, aus Feldkirchen gebürtig, geboren am 12.01.1840, katholisch, ehelicher Sohn des Michael Hohenwarter, Luftbauerkeuschler in Feldkirchen, und der Elisabeth, geborene Hirschmann, beide katholischer Religion. Mutter Maria Tscherne (Schwarz), geboren am 13.07.1858, katholisch, uneheliche Tochter der Klothilde Tscherne/Schwarz, ledige Inwohnerin, katholischer Religion. – Eltern des Ferdinand getraut am 20.11.1900. – Ferdinand Hohenwarter heiratete am 06.11.1935 in Gurk Susanne, geborene Felsberger. – Ferdinand Hohenwarter ist aus der römisch-katholischen Kirche im Dezember 1941 ausgetreten (laut …protokoll 1941/20-8) und am 04.06.1976 wieder in die katholische Kirche eingetreten (Konversionsbuch Gurk 1976/1). – Ferdinand Hohenwarter ist am 30.01.1979 im LKH Friesach gestorben (Nr. 19/79). – Vidi P. Lucian Egger e.h.[157] – (Vidi = Gesehen.) – Ferdinand Hohenwarter wurde als zehntes und letztes Kind sowie als einziges Kind des obigen Paares Ferdinand Hohenwarter und Maria, geb. Tscherne, ehelich geboren.

Wie bereits oben festgehalten, heiratete Ferdinand Hohenwarter am 06.11.1935 Susanna Felsberger in Gurk. „Bräutigam: Hohenwarter Ferdinand, wohnhaft beim vulgo Tandler in Gurk 31, Besitzer beim vulgo Tandler in Gurk 31, geb. am 2. Okt. 1902 in Gurk, dorthin zuständig; katholisch, 33 Jahre alt, unverehelicht; ehelicher Sohn des verstorbenen Hohenwarter Ferdinand, gewesenen Besitzers, und der Maria, geb. Tscherne, beide r. kath. Braut: Felsberger Susanna, Wirtschafterin, wohnhaft in Gurk 31, geb. 14. April 1910 in Pisweg und dorthin zuständig; katholisch, 25 Jahre alt, unverehelicht; eheliche Tochter des Felsberger Johann, gew. Pächters, und der Anna, geb. Winkler, beide r. kath. Zeugen: Karl Ruhdorfer e.h., Schuhmachermeister; M. Rottensteiner e.h., Gatterist. – Obiges Brautpaar wurde in der Stiftspfarrkirche zu Gurk am 2. Nov. 1935 verkündet (Dispens v. 2 Aufgeboten) und daselbst getraut von P. Ulrich Berchtold O.S.B. e.h.“ – Eheakten: 1. Heimatschein des Bräutigams aus Gurk vom 31.05.1935, Nr. 3099. 2. Heimatschein der Braut aus Pisweg vom 05.01.1929, Nr. 688. 3. Taufschein der Braut aus Pisweg vom 05.01.1929, Zahl 4. 4. Aufgebotsdispens vom hochwürdigen Dekanatsamt Gurk vom 04.10.1935, Zahl 625. – Revidi: P. Ulrich Berchtold e.h., Pfarrer.[158] – (r. kath. = römisch katholisch, gew. = gewesenen, M. = Max, v. = von. Revidi = Überprüft.)

Susanna Felsberger wurde am 14.04.1910 in Wimitz 14 /: Kraig :/, Pfarre Pisweg, geboren und am selben Tag getauft; geprüfte Hebamme Afra Eppich. Vater Johann Felsberger, geb. am 07.03.1871, gestorben am 27.02.1910; Pächter beim vulgo Ragoßner in Wimitz 1; ehelicher Sohn der verstorbenen Eheleute, des Stefan Felsberger, gew. Ule in Zedl, und der Margaretha, geb. Wagner. Alle katholisch. Mutter Anna, geb. Winkler, geb. am 30.10.1875; eheliche Tochter der verstorbenen Eheleute, des Matth. Winkler, gew. Kremser in Zabersdorf, und der Anna, geb. Leitgeb. Alle katholisch. Susannas Eltern wurden am 11.02.1900 in Pisweg getraut. Pate Josef Wagner, vulgo Steinbauersohn. – Susanna Felsberger wurde am 29. 06.1920 in Gurk gefirmt. – Sie ist am 05.01.1929 aus der katholischen Kirche ausgetreten, laut Apostatenmatrikel Nr. 70, 12.12.1941, Joh. Safran e.h., Pfarrer. – Am 12.09.1972 in die kath. Kirche aufgenommen. Konversionsbuch Gurk 1972/3. J. Neubauer e.h., Kaplan.[159]

---

[157] Vgl. Pfarre Gurk: G24_012-1, Geburtsbuch (Kopie), 14. April 1901 – 3. Dezember 1918, Blatt 200.

[158] Vgl. Pfarre Gurk: G24_021-1, Trauungsbuch (Kopie), 30. März 1913 – 31. Dezember 1939, Blatt 148. – Vorhergehendes Direktzitat siehe ebenda und nicht direkt zitierte Aussage am Anfang vgl. ebenda.

[159] Vgl. Pfarre Pisweg: P04_010-1, Geburtsbuch tom. XI, Kopie, 2. Januar 1899 – 19. April 1913, Blatt 157.

Ferdinand Hohenwarter war Bauer und Susanna, geborene Felsberger, war Hausfrau beim vulgo Tandler in 9342 Gurk, Hauptstraße 36. Das Paar hatte 3 Söhne: Ferdinand, Erich und Helmut. Auch diese beiden, „Onkel Nante“ und „Tante Susl“, habe ich persönlich gekannt.

Weitere Angaben zu diesen Tscherne beziehungsweise Hohenwarter Kindern konnten nicht ermittelt werden.

Die Bedeutung anderer Familiennamen

Aichholzer > Aich – Eiche (F); Aich + Holz – Wald (R); nahe einem Eichenwald Lebender (R)
Alberer – unter der Albel/Pappel mhd./schwäb. (F)
Allesch > Lex > Leksch – hl. Alexius (F); > Lesch > Oleschko > Alex, Aleš (F); > Alesch – Albrecht (N)
Allegitsch > Lex, Alexander (R); > Alesch – Albrecht (N)
Angerer – Anger, der am Anger Wohnende (F)
Auer – bei der Au Wohnender (F); s. javor – Ahorn (F)
Bede > Bodo (N); asä. bodo – Gebieter (N)
Bolde > Bald > Baldus > Baltzer – Balthasar (N); Vorname, einer der hl. drei Könige (R)
Brucker/Brugger/Bruckner/Bruker, – an der Brücke Lebender (R)
Dorner – Dorn(en) (R); nahe Dornengestrüpp Lebender (R)
Erschen – s. rž [‘ərʒ] (R) – Roggen, Roggenbauer (F)
Fekam – vielleicht s. vak – Rinne, Riese zur Holzbringung (R 2016)
Felsberger – Fels + Berg (R)
Fuazitzer – Vorsitzer, Aufseher, Leiter (R)
Fundner – Pfründe, Pfründner, Verleiher von Grundstücken, Häusern und Anwesen (R)
Gartner – Garten, Obstgarten (R)
Glabitschnig – s. hlevišče – Stall (F); s. globoko – tief (F); Stallung (R)
Grocher – s. grah – Erbse, Erbsenbauer (F)
Größlhuber – Gräßl + Huber (F); > Gräßl – Gräser (F); den Gräsern oblag das Mähen der städtischen Wiesen (F); auch Bauern mit viel Wiesenwirtschaft (F); > Huber – mhd. huober = Bauer, Besitzer einer Hube, Vollbauer (F); ndt. Hufe – Ackerland von 60 Morgen (F)
Hartnagel – Hart + Nagel (R); > Hart… – Hartwig, Hartlieb, Hartmann, Hartung (F); > Nagel – Schmied (F)
Herrwieser/Herweis/Herrweis/Herrweißer/Herrwies – Herr(schaft) + Wiese (R)
Hindler – vielleicht Händler (R)
Hirschmann – Hirsch + Mann (R); Hirsch – jähzorniger Mensch (N)
Hohenwarter/Hochenwarter – hohe Warte (F); hoch gelegener Aussichtspunkt, Beobachtungsposten, -platz (R); vom ON Hohe Warte abgeleiteter FN (R)
Klammer – bei einer Schlucht wohnend (F)
Koreker – vielleicht Korn + Egger (R); Getreidebauer in einem Winkel (R)
Laber/Lorber – dial. Laberl – kleiner Brotlaib (F); s. hruška – Birnbaum, Birne (F); Bauer mit Birnbäumen im Obstgarten (R)
Lakner > Lackner – Lacke – Aue, Moos (R); der am Moos Wirtschaftende (R)
Leitgeb – mhd. litgebe – Schenkenwirt, Wirt (F); mhd. lit – Most > der Most Ausschenkende (F)
Liebenwein – lieben + Wein (R); Weinliebhaber (R)
Machortsch – tsch. Macho – Matthias (F)
Mairitsch > Mayer – l. major domus – Verwalter, Meierei (F); Marhof, Herrschaftshof (R); besitzweichender Sohn vom Marhof (R)
Mayer – l. major domus – Verwalter, Meierei (F); Marhof, Herrschaftshof (R)
Matschnig/Matschnigg/Metschnigg/Metschnig > Močnik – s. močiti – feuchte Stelle, Sumpf, Morast (F); nahe eines Sumpfes Wohnender (R)
Moßer – Moos (R); der am Moos Lebende, Wirtschaftende (R)
Nagele > Nagel – Schmied (F)
Nemec – der Deutsche (R)
Payer – Bayer, aus Bayern [Stammender] (F)
Purgitzer – ON Birgitz, früher Purgitz; vorröm. burguciu – hochgelegene Örtlichkeit (W)

Rabitsch – s. rob – steiler Abhang, Felskante (F); der am Steilhang Lebende (R)
Rauscher – ein geräuschmachender, lärmender, ungestümer Mensch (F)
Reiner/Reinner – Reinhold (F); Rain – Gebietsgrenze, geneigtes Gelände, Flussrain, Berg (F)
Reinsberger/Rainsperger – Reinhold (F) + Berg; Grenzberg (F)
Sallager – ON Salla, Gemeinde Maria Lankowitz, ON Sallach (Rain) von Salla – Herrenhof (Saal) oder Siedlung bei den (Sal-)Weiden (W)
Schaller – s. dial. žalar > Schallar – Seiler (F)
Schellander – Biebrauername (F); eigentlich Aufenthaltsraum der Braugesellen in der Brauerei (F)
Schmölzer – Metallschmelzer, Erzgießer (F)
Schwarz/Tscherne, schwarz – s. črn [ˈtʃərn] (R); ON Črna na Koroškem (Schwarzenbach, Slowenien) (R); aus Schwarzenbach, Slowenien, Stammender (R)
Simon – Vorname (R)
Sommeregger – Sommer + Egg (R); > Egger – Winkler (F); im sonnseitigen Winkel Wohnender (R)
Stufka > Stüve, Stüwe – mnd. stuve – Stumpf (R); mnd. stubbe – Baumstumpf, für einen kleinen, untersetzten Menschen (N)
Szabo – ungar. FN – Schneider (W)
Umfahrer – städtischer Polizeidiener (F)
Unterwieser – der an der unteren Wiese Wohnende (F)
Wagner – Berufsname (F); Hersteller von Wagen und Rädern (R)
Walenta – Valentin (R)
Walhoznig > Walkhoff – mhd. walc, walke – Walkmühle und hof – Hof (N); Inbegriff des Besitzes (N)
Weitensfelder – aus Weitensfeld [Stammender] (F); ein dicht bewaldetes Gebiet wurde gerodet zu einem sich unheimlich weit erstreckenden Feld (R)
Wieser/Wießer/Wisser – Wohnstätte an der Wiese (F)
Wießenegger – Wiese + Egger (R); an einer Wiese in einem Winkel Wohnender (R)
Winkler – im [äußersten] Winkel Wohnender (F)
Zwischenberger – zwischen + Berg (R); zwischen Bergen Wohnender (R)

Vulgonamen der Hohenwarter Vorfahren

Amtshofer – Gemeindevorsteher mit einem größeren Hof (R)
Breiternig – s. praprot – Farnkraut (G 182); beim Farnkraut Wirtschaftender (R)
Ettinger – Etto/Atto, fränkisch-alemannischer Führer in Ettige/Ettingen, CH, im 6./7. Jahrhundert, einem Dorf, bestehend aus 3 Höfen: Oberhof, Mittelhof, Niederhof. (https://de.wikipedia.org/, Zugriff 16.05.2023, 21:45 Uhr.)
Fänzer > Ventz – Vincens (N); Vinzenz (R)
Försterklause – Förster + Klause (R), Förster + Einsiedelei (F)
Hyrunger > Hornung – mhd. hornunc – Februar (N); > Hornung – ahd. horn – Horn, Macht, Ende (N); > Hornig – oso. hórnik, tsch. horník – Bergarbeiter (N)
Kasinowirth/Casino-Wirt – Casino + Wirt (R); Wirtshaus, in dem auch Glücksspiele stattfinden (R)
Kremser – aus Krems [Stammender] (F); slaw. kremen, krem – Kiesel (NÖ), kelt. krem – Abhang (NÖ); der am Abhang Wohnende (R)
Lendorf (Gut) – ON für den Gutshof (R)
Luftbauer – kein Zufahrtsweg zum Hof und/oder Gebäude nicht im Eigentum des Bauern/Keuschlers (R); Luft/Wind – leichtsinniger Mensch (N)
Mar – l. major domus – Verwalter, Meierei (F); Marhof, Herrschaftshof (R)
Müllner – Müller, Berufsbezeichnung (R)
Rabitsch-Wirt – Rabitsch + Wirt (R); s. rob – steiler Abhang, Felskante (F); der am Steilhang Lebende (R); Wirt – Gastwirt (R)
Ragoßner – s. ragoza – Schilfrohr, Ried > Rieder (F); beim Schilf Wirtschaftender (R)
Steinbacher/Steinbachler – Stein/Fels + Bach (R); Edelstein (N)
Steinbauer – Stein/Fels(en) (F) und Bauer (R); Edelstein (N)
Strußnig > Strauß, nd. Struß, mhd. strūȝ(e) – Vogel Strauß (N); mhd. strūȝ – Widerstand, Zwist, Streit, Gefecht für den Streitbaren (N)
Tammegger – Damm + Egger (R); > Damm(e), Tamm – mhd. tam – Damm, Teich (N); der an einem

Damm oder Teich im Winkel Wohnende (R)
Tandler – Krämer, Händler (R)
Tonner > Tanner(t) – ON Thann(e), Tann(e), Tanna (N); mhd. tanne – Tanne (N); nahe einem Tannenwald Wirtschaftender (R)
Ule > Uhle – Uli, Ulrich (G 203)
Unterer – unten weiter gelegen (R)
Wallascher > Balos/Wallas – Hochofen, Hammerhaus, Hammerwerk (R 2016)

Literaturangaben, Abkürzungen und Anmerkungen:

F = Anton und Tatjana Feinig: Familiennamen in Kärnten und den benachbarten Regionen. Klagenfurt: Hermagoras, 2004/05.
G = Das goldene Buch von Gurk. Hrsg. Marktgemeinde Gurk. Klagenfurt: Kä. Druck- und Verlagsges. m. b. H., 1998. Red. Hartmut Brachmaier. Mit Erklärung vieler Orts- und Vulgonamen.
N = Horst Naumann: Das große Buch der Familiennamen. Alter – Herkunft – Bedeutung. Augsburg: Weltbild, 2009.
NÖ = https://www. zobodat.at/pdf/Jb-Landeskde-Niederoesterreich_10_0109-0143.pdf, > Die Bedeutung des Namens Krems. Zugriff 21.05.2023, 00:50 Uhr. Seit 995 n. Chr. lat. „Cremisa" = Stadt Krems („die Cremige"); zuerst Fluss-, dann Ortsname.
R = Deutung LMR / Luise Maria Ruhdorfer. – LMR: Die Finkensteiner Vulgonamen und der Barbara-Zyklus in St. Martin am Techelsberg. Remscheid (D): Rediroma Verlag, 2016, > Fekam, S. 90; > Wallascher > Balos/Wallas, S. 48.
W = Wikipedia > https://de.wikipedia.org/wiki/..., Zugriff 19.11.2023, 13:00 Uhr bis 13:10 Uhr.
ahd. = althochdeutsch, dial. = dialektal, kelt. = keltisch, l. = Latein/lateinisch, mhd. = mittelhochdeutsch, mnd. = mittelniederdeutsch, nd. = niederdeutsch, ndt. = norddeutsch, oso. = obersorbisch, s. = slowenisch, slaw. = slawisch, schwäb. = schwäbisch, tsch. = tschechisch, ungar. = ungarisch. – ON = Ortsname.
Begriffe wie „Bauer, Hof, Hube, Keusche, Keuschler" entfallen, ausgenommen Lendorf (Gut).
Angaben wie „Wohnende/r, Lebende/r, Wirtschaftende/r, …" werden einfach alternativ angegeben.

Orts- und andere geographische Namen

Die Orts- und sonstigen geographischen Namen werden nach Familienverbänden zusammengefasst, und zwar zum Familienverband I. die Stammbäume der Familie Ruhdorfer nach und vor 1850, der Stammbaum der Familie Tscherne und die Stammbäume der Familien Hohenwarter vor und nach 1900, zumal die diesbezüglichen Ortsnamen hauptsächlich aus dem Gurktal stammen. – Der Familienverband II umfasst die Stammbäume der Familien Hasenbichler, Böhm, Taupe und Köffer/Käfer, denn diese Familien siedelten vorwiegend im Lavanttal. – Straßenbezeichnungen werden hier nicht erfasst. Wegen des ungeheuren Umfanges werden die Kärntner Orts- und sonstigen geographischen Namen hier nur aufgezählt, nicht aber ihre Bedeutung erklärt. Diese kann man in den Werken von Heinz-Dieter Pohl nachschlagen. Andere österreichische oder ausländische Orts- und geographische Namen entfallen hier.

Altendorf, Altenmarkt, Äußere Wimitz, Bergwerk, Bergwerksgraben, Brugga, Buch, Dörfl, Eberstein, Eggen, Feldkirchen, Friesach, Frieschigg, Glantal, Glödnitz, Grapfelbach, Graschitz, Grätsch/Gratsch, Gruschka/Gruska, Gunzenberg, Gurk, Guttaring, Gwadnitz/Gwanitz, Innere Wimitz, Kadöll, Kappel an der Drau, Kärnten, Klagenfurt, Kogl/Kogel, Kraig, Kraigerberg, Krasenitz, Kreutzberg, Lendorf/Lensdorf (Feldkirchen), Lieding, Loiblpass, Lorenzenberg (Friesach), Maria Waitschach, Meiselding, Moschitzberg, Mühldorf, Niederdorf, Oberdorf (St. Urban bei Feldkirchen), Obermühlbach, Ölschnitz, Oßiach, Paternion, Pisweg, Psein, Räbing, Roßenau/Rosenau (Tigring), Rotteingraben, Schamboden, Schattseite, Sonnrain (Feldkirchen), St. Georgen am Längsee, St. Peter, St. Stefan am Krappfeld, St. Urban (Feldkirchen), St. Veit an der Glan, Stein, Strassa, Strassburg/Straßburg, Stroßa/Stroßach, Tigring, Tschatschk, Tschriett, Tschwarzen, Unterdegga/Unterdeka, Waiern, Wattein/Watein, Weitensfeld, Wimitz, Zabersdorf, Zammelsberg, Zedl.

Literatur: Speziell zu den Ortsnamen erschien von Heinz-Dieter Pohl: „Kärnten/Koroška. 1000 Jahre gemeinsames slowenisches und deutsches Namengut. Interreg-Projekt „SMART Tourist – Spread the Karawanks“ anlässlich von 100 Jahre Kärntner Volksabstimmung. Klagenfurt/Celovec: Hermagoras/ Mohorjeva, 2020.“ Im Internet abrufbar. – Prof. Heinz-Dieter Pohl beschäftigt sich auch mit den Vor- und Familiennamen sowie mit den Kärntner deutschen und slowenischen Dialekten.

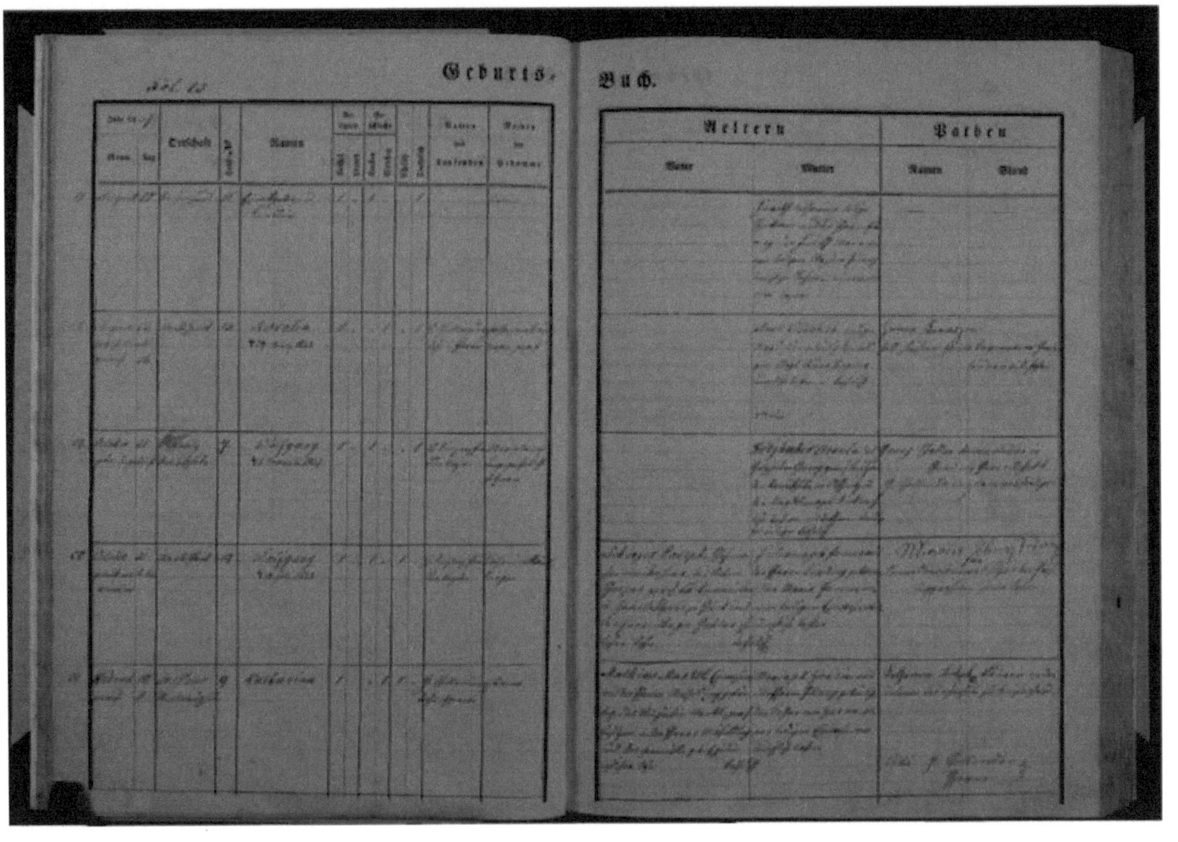

Rosalia Auer, geb. 25.08.1857, Pfarre Gurk, Geburtsbuch IX, Blatt 025, Nr. 18, (2. Eintragung von oben).

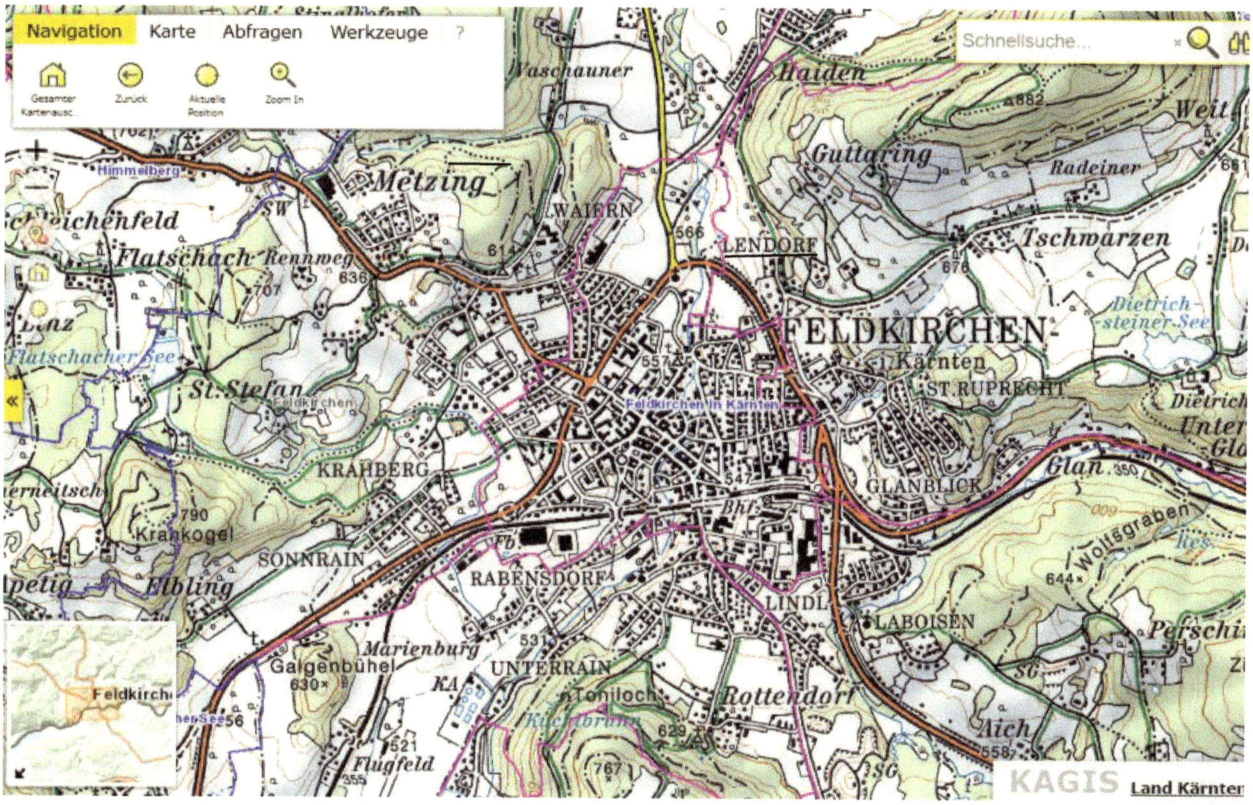

Feldkirchen in Kärnten, Stadtteil LENDORF im Norden.
https://gis.ktn.gv.at/webgisviewer/atlas-mobile/map/Basiskarten/,
Zugriff 19.05.2023, 13:50 Uhr.

Gurk in Kärnten, Hauptstraße 36 = vulgo Tandler.
https://gis.ktn.gv.at/webgisviewer/atlas-mobile/map/Basiskarten/,
Zugriff 19.05.2023, 13:50 Uhr.

Westgipfel der Kellerspitzen (links) und Hohe Warte (rechts) von Nordwesten.
https://de.wikipedia.org/wiki/Hohe_Warte_(Karnische_Alpen),
Zugriff 19.05.2023, 12:45 Uhr.

Ettige/Ettingen, Kanton Basel-Landschaft, CH.
Historisches Luftbild von Ettige, © Werner Friedli, 1950.
https://de.wikipedia.org/wiki/Ettingen, Zugriff 19.05.2023, 12:35 Uhr.

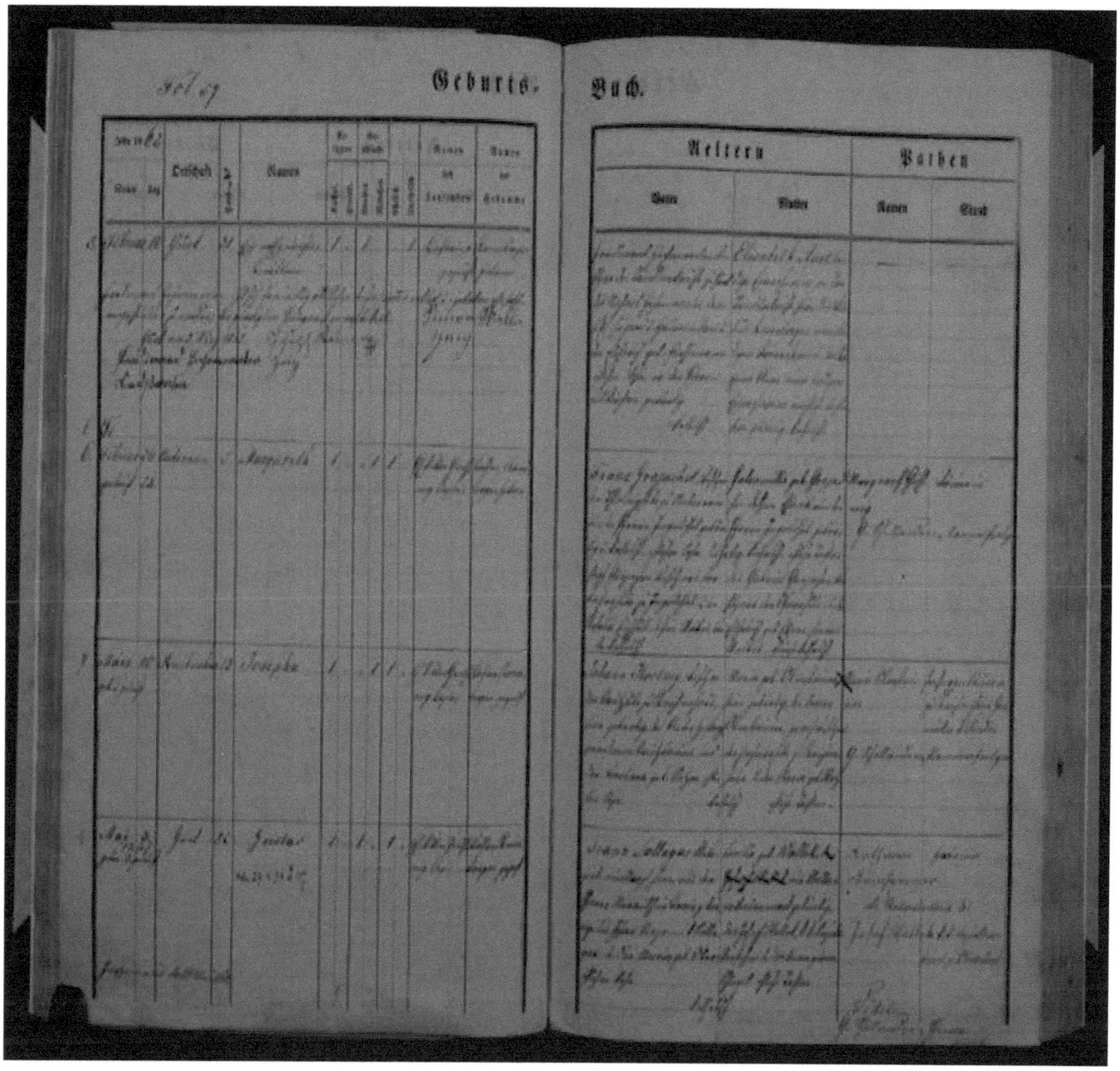

Auer/Hohenwarter Knabe, */†16.02.1862, Pfarre Gurk, Geburtsbuch IX, Blatt 059, Nr. 5 (ganz oben).

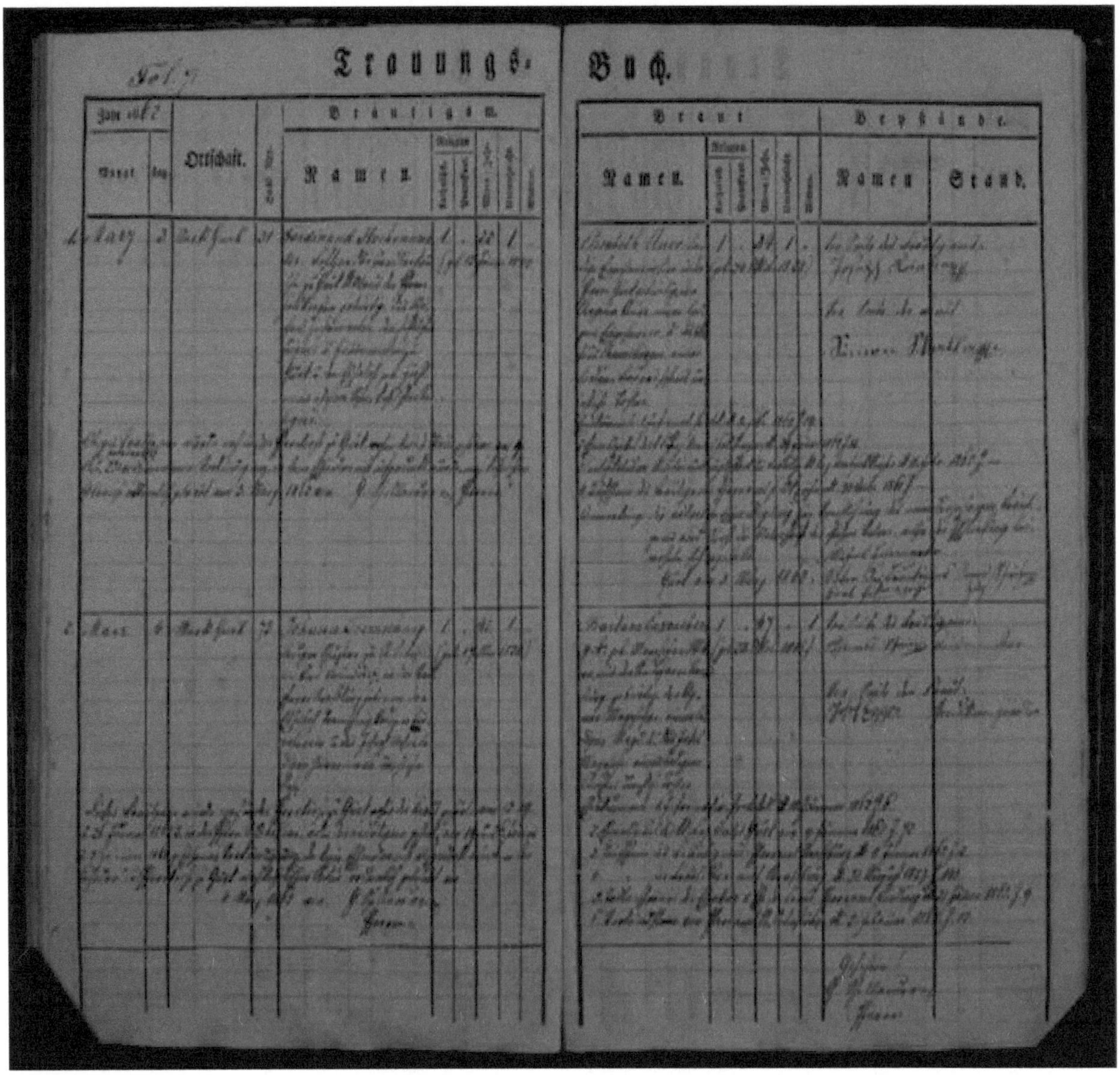

Trauungs- Buch.

Ortschaft	Bräutigam – Namen	Braut – Namen	Beystände – Namen	Beystände – Stand

Hohenwarter Ferdinand und Auer Elisabeth, x 03.03.1862, Pfarre Gurk, Trauungsbuch VI, Blatt 073, (Nr. 1).

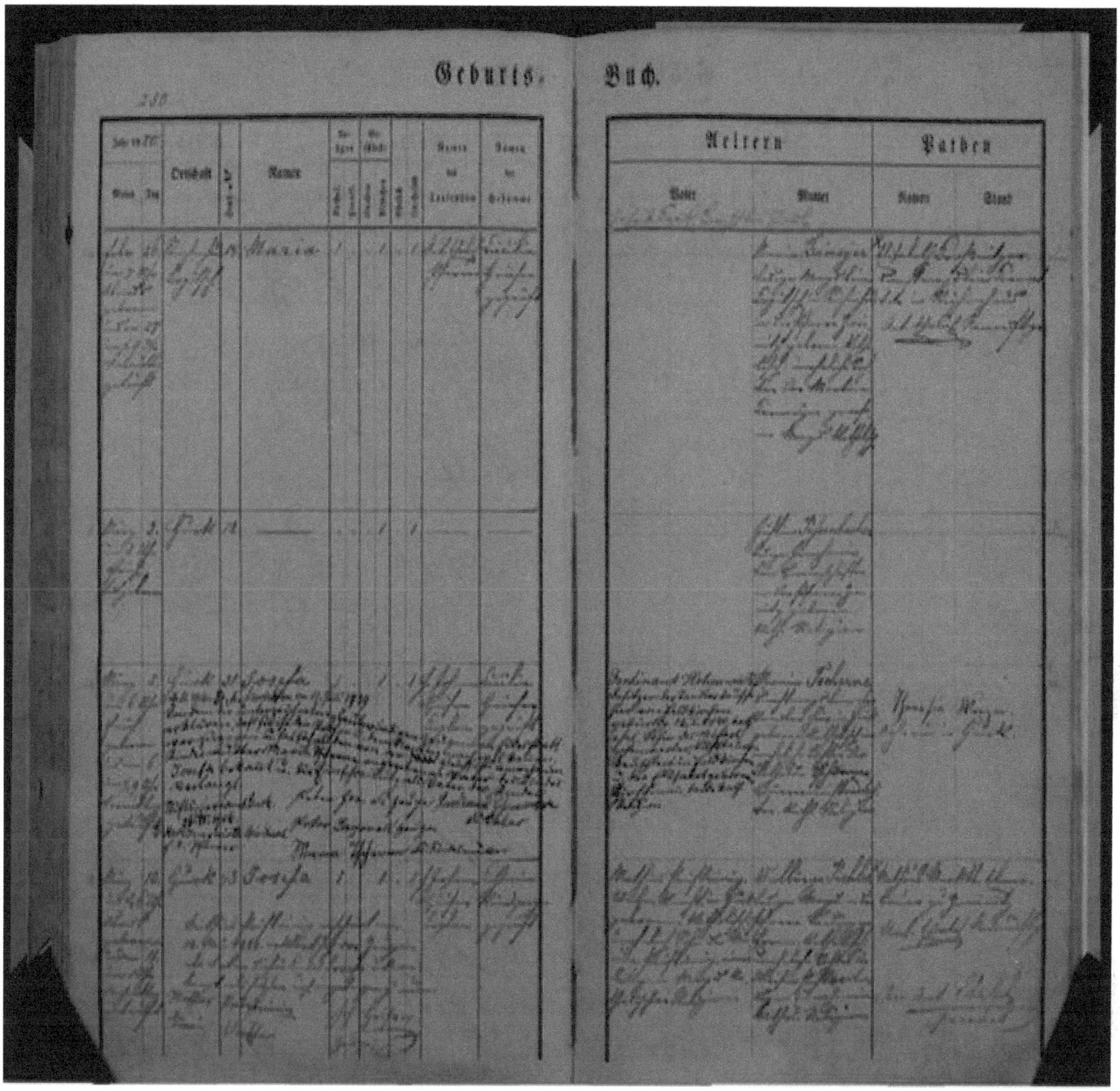

Geburts- Buch.

Aeltern | Pathen

Josefa Tscherne, legitimierte Hohenwarter, *05.03.1880, Pfarre Gurk, Geburtsbuch IX, Blatt 260, Nr. 3.

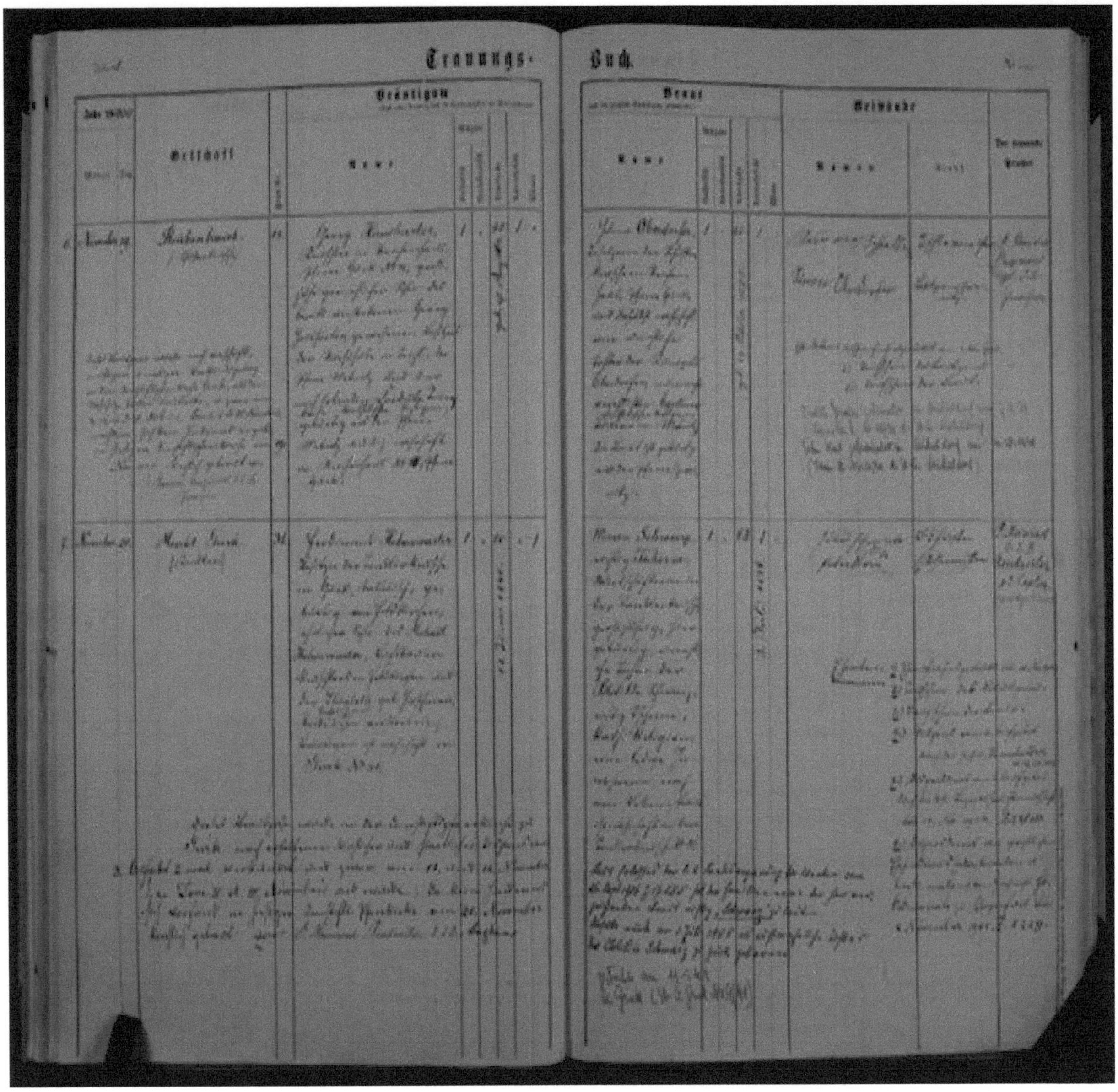

Hohenwarter Ferdinand und Schwarz/Tscherne Maria, x 20.11.1900, Pfarre Gurk, Trauungsbuch, 1887-1912, Blatt 050, Nr. 7 (unten).

Stammbaum
Michael HASENBICHLER

HASENBICHLER Emmerich
18.01.1908 – 30.07.1971, x 04./05.01.1956
Schedenig Anna
14.06.1925 – 24.08.1983
St. Jakob an der Straße 6

HASENBICHLER Albin
13.03.1915 – 31.10.1999
1. x 03.06.1944; 2. x 11.06./01.07.1950
1. Gastl Aloisia Angela
31.05.1917 – 24.12.1949, x 03.06.1944
Goritschach 8
2. Böhm Anna, x 11.06./01.07.1950
13.02.1923 – 15.02.2008,
Goritschach 8; Fransdorf 11

HASENBICHLER Michael
05.07.1904 – 22.06.1979, x 01.07.1930
Konetschnig Gisela
05.04.1906 – 03.09.1981
Gastl, Loschental 4

Hasenbichler Bibiana
25.12.1905 – 15.02.1983;
1. x 05.07.1932; 2. x Anfang 1950-er Jahre
1. x RUDL Matthäus
16.09.1893 – 12.07.1951, x 05.07.1932
2. x Mayerhofer …, x Anfang 1950-er Jahre
Juri, Fransdorf 1

Hasenbichler Michael
+/†07.07.1901

Hasenbichler Josefa
02.03.1903 – 06.09.1903

HASENBICHLER Michael
24.09.1864 – 21.01.1934, x 11.06.1900
Skubl Maria
07.08.1875 – Herbst 1959
Gastl, Loschental/Legerbuch 9

BÖHM Martha
18.10.1903 – 14.10.1972
KLEIBNER Josef
16.10.1906 – 19.02.1968, x 17.02.1936
St. Jakob im Rosental 33

HASENBICHLER Josef
15.07.1837 – 13.07.1907, x 10.02.1863
Renner Maria
02.02.1844 – 14.06.1917
Gastl, Loschental/Legerbuch 9

SKUBL Maria
17.04.1841 – 04.04.1906
Kaz Primus
Tratnig-Tochter, Oberdorf 9; Klagenfurt

HASENBICHLER Johann
26.05.1809 – 03.02.1885, x 29.04.1834
Käfer Maria
30.08.1803 – 01.01.1863
Gastlin, Loschental/Legerbuch 9

RENNER Gregor
Hansl Magdalena
Lorenzemonter, Plestätten

HASENBICHLER Mathias
15.02.1763 – 13.10.1837
(siehe unten Stammbaum KÄFER Johann)

KÖFFER Johannes
13.05.1742 – 18.04.1813
1. x Schwagerin Elisabeth
1739/1740 – 22.05.1786
2. x Pongratzin/Pumin Theresia
Mayr am Hoff, Legerbuch 21

Chronik der Familie
Michael HASENBICHLER
in Loschental

Vorbemerkungen

Als ich den Beitrag über meinen Ururgroßvater Mathias Hasenbichler (1763-1837) fertig zusammengestellt hatte, war ich sehr traurig darüber, dass ich bei meinen Recherchen zur diesbezüglichen Familienchronik wohl nicht weiter in die Vergangenheit zurückkommen würde, weil die Angaben in den Matriken damals keinesfalls vernetzt wurden. Ich wusste aus Erzählungen meines Vaters, dass „sein Großvater Käfer vom Gut Meier am Hof für seine Tochter Maria die kleine Landwirtschaft beim vulgo Gastl in Loschental/Legerbuch gekauft hat, damit sie ihren Geliebten heiraten durfte, der ja vorher nur ein Knecht gewesen ist." Ich konstatierte viele verschiedene Hasenbichler-Linien, konnte aber weder die Daten des Josef Hasenbichler, Hanselbauer in Greuth, noch die seiner Ehefrau Gertrude, und auch nicht die seiner Vorfahren eruieren. Als ich die weitere Suche schon aufgeben wollte, gab ich mir doch noch einen Ruck, sodass ich mir auch das St. Pauler Geburtsbuch I noch anschaute, ohne viel Hoffnung auf eine Aufklärung, denn die Aufzeichnungen im Geburtsbuch II und III sind zum Teil sehr schlecht leserlich beziehungsweise überhaupt beschädigt und daher zumindest teilweise nicht entzifferbar.

Ich öffnete das St. Pauler Geburtsbuch I[160] zuerst hinten und war sehr überrascht. Da befindet sich je ein Personenstandsregister aus dem Jahre 1699 beziehungsweise 1747, Blatt 182-278, für das Kloster St. Paul auf Blatt 182-185, für den Markt St. Paul auf Blatt 186-211 und nach den einzelnen Ortschaften gegliedert für die damaligen Guts- und Bauernhöfe sowie Keuschen mach den jeweiligen Vulgonamen auf Blatt 211-273. Danach folgt eine Gesamtaufstellung der „Vogtbaren und Unvogtbaren"[161] [/Personen] auf Blatt 273-278. Und ganz vorne findet man die Taufeinträge von 1698 bis 1748 auf Blatt 001-046, Seite 1-91, in spezieller Tabellenform; dann von Blatt 047-182, Seite 92-362, in der für diese frühe Zeit üblichen Textform. Ab Blatt 025, Seite 49, befindet sich das „Liber Baptizatorum / Sub P. Anselmo Nünnhart / Priore / A Decima quarta Novembris 1702 et Princeps per triennium Suum." Dieses Buch enthält außerdem auf Blatt 179, auf den Seiten 356 und 357, eine ausführliche Arbeitsbeschreibung in Latein sowie eine Taufe, dann auf Blatt 180, S. 358, die restlichen Taufen vom Oktober, November und Dezember 1747.[162]

Ich entnehme aus dieser sehr wertvollen Matrike mit dem Titel „STATUS / ANIMA= / RUM / Parochiæ / S. Erhardi / Sub / R^mo^ DD^no^ ALBERTO / Abbate S. Pauli. / Conscriptus / a P. Erenberto Priore & Parocho / A. C. 1699" jene Angaben, die die Familiennamen Hasenbichler und Käfer, auch in ihren zahlreichen Varianten, betreffen. Ich bin immer wieder erstaunt, wie phantasievoll man meinen Geburtsnamen „Hasenbichler" verschriften kann. (Titel Geburtsbuch I, [frei interpretiert]: Stand der Personen der Pfarre S. Erhard unter dem ehrwürdigen P. Albert, Abt von St. Paul. Aufgeschrieben von P. Ehrenbert, Prior und Pfarrer. Im Jahr des Herrn 1699.)

Das Geburtsbuch I der Pfarre St. Paul im Lavanttal enthält folgende Ortschaften beziehungsweise Örtlichkeiten: „das Kloster, den Markt St. Paul, Allerstorff, Raggonig, Forst, Ober Reinz, Unter Reinz, Weinberg, Nüderhoff, S. Margarethen, Anderstorff, Mätschenbloch, Fränstorff, Legerbuch, Loschenthall, Gränzbach, Hundsdorff".[163]

---

160 Vgl. Pfarre St. Paul im Lavanttal: S59_001-1, Geburtsbuch tom. I, 13. Januar 1698 – 25. Februar 1748.

161 Vogtbare [/Personen] sind Erwachsene, die abgaben- und zehentpflichtig sind; Unvogtbare [/Personen] sind z. B. Kinder, also Personen, die keinen Zehent abliefern und keine Robot leisten müssen.

162 Die lateinische Arbeitsbeschreibung wird aus Mangel an Lateinkenntnissen nicht ins Deutsche übersetzt. – Durchgestrichene Eintragungen in den Matriken werden bei meiner Nummerierung nicht mitgezählt. – Es besteht ein Unterschied in der Zählung zwischen „Blatt" und „Seite".

163 Pfarre St. Paul im Lavanttal: S59_001-1, Geburtsbuch tom. I, 13. Januar 1698 – 25. Februar 1748, Blatt 273-278. – Die Orte wurden hier absichtlich nicht in der heutigen Verschriftungsform angeführt, weil sich die Ortsgrenzen ganz sicher nicht mehr mit den ursprünglichen decken.

Nun führe ich die Vulgonamen aus dem Geburtsbuch I aus jenen Ortschaften an, in denen meine Vorfahren gewohnt, gelebt und gearbeitet haben. Das waren in Ober Reinz: „Valtin, Stiebl, Oßmann, Kürschner". In Unter Reinz: „Sigl Bauer, Offenhaizer [275], Käferle, Pulverer, Semblroks, Michelbauer, Suppe, Kramitsch, Reschnigg, Puggl, Jangg". Am Weinberg: „Weinberger, Weinzerl, Mößßner, Puggl Keuschen, Schwäger Keuschen". In Fränstorff: „Jueggisch, Neubauer Keuschen". In Legerbuch: „Mayr am Hoff, Monde [276], Pumb, Fischer Keuschen, Hanns an Bach, Koch Bauer, Doberer, Paul Schneider, Krabath, Gräze, Galle, Altacher, Gästl". In Loschenthall: „Klockher, Troller, Pürner, Rettlstainer, Merthstainer, Merth Räßß, Kogler Keuschen, Kogl, Merth Müller [277], Tüeffenbacher, Haßenbichler, Kribernigg, Praithhueber, Sterniz, Kaßßbauer, Schwärzl Keuschen, Eden Bauer" [278]. Die Vulgonamen meiner Hasenbichler- beziehungsweise Käfer-Vorfahren werden im Anschluss an die Chronik der beiden Familien erklärt.

Die Pfarre St. Paul im Lavanttal umfasste im Jahre 1933 die politischen Gemeinden St. Paul, Legerbuch, Kollnitz, Granitztal, Ettendorf, St. Georgen und Lavamünd. Zur Pfarre St. Paul im Lavanttal gehören jetzt folgende Orte: St. Paul, Rabenhof, Hundsdorf, Kampach, Stadling, Allersdorf, Raggane, Herzogberg, Ober- und Unterrainz, Altach, Legerbuch, Loschental, Johannesberg, Rabensteingreut, Weinberg, Wunderstätten und Kollnitzgreuth.[164]

In der Pfarre St. Paul im Lavanttal beginnen die Aufzeichnungen im Geburtsbuch ab 1698, im Trauungsbuch ab 1784 und im Sterbbuch ab 1749. Es gibt ein teilweises alphabetisches Verzeichnis zum Geburtsbuch ab 1698, einen aus einer Seite bestehenden Index zum Sterbbuch ab 1755 für die Buchstaben A bis F und Z und ein erstes Inhaltsverzeichnis zum Trauungsbuch I ab 1784. Ein vollständiger alphabetischer Index zum Geburtsbuch II ist ab 1748 vorhanden, es gibt auch einen alphabetischen Index zu den Geburtsbüchern ab 1698, der erste vollständige Index zum Sterbbuch II ist erst ab 1801 belegt.

Da das Geburtsbuch I ein umfassendes Personenstandsregister aus den Jahren 1699 und 1747 enthält, konnte ich meine frühesten Vorfahren in der Pfarre St. Paul im Lavanttal ab 1699 herausfinden. Als älteste direkte Linie konnte die Familie des Thomas Hasenbichler, vulgo Hanslbauer in Greuth, identifiziert werden, wobei aber auf Grund mangelnder Trauungs- und Sterbedaten keine durchgehende Vorfahrenlinie rekonstruiert werden konnte. Alle dabei gefundenen Nebenlinien werden hier jedoch ob ihrer großen Anzahl weggelassen.

Vereinzelte Hasenbichler Vorfahren

Laut Personenstandsverzeichnis aus dem Jahre 1699 war **Thomas Haßßenpichler** verheiratet mit **Agnes Bräthueberin** beim vulgo Hanslbauer in Greuth. Dieses Paar hatte die Söhne **Laurentius**, 23 Jahre alt, und **Mathias**, 17 Jahre alt, sowie die Töchter **Maria**, 12 Jahre alt, und die zur Familie gehörende **Magdalena**.[165] Nach den Altersangaben in obigem Verzeichnis zu schließen, wurden Laurentius 1675 oder 1676, Mathias 1681 oder 1682 und Maria 1686 oder 1687 geboren.

Das Personenstandsregister 1747 führt beim vulgo Hanslbauer in Greuth folgende Personen an: Sohn **Haßenbichler Matthias**, [geb. 1718], und Tochter **Maria**, weiterer Sohn: **Joannes**, 28 Jahre alt, [geb. 1719]; **Joseph**, 22 Jahre alt, [geb. 1725]; zur Familie gehörend: **Josephus** (25 Jahre alt), **Valentinus** (18 Jahre alt); weitere Tochter: **Catharina**, 26 Jahre alt, [geb. 1721]; **Maria**, 14 Jahre alt; **Magdalen**a, 16 Jahre alt; **Maria**, 2 Jahre alt; **Catharina**; ergibt 9 Vogtbare und 1 Unvogtbares.[166] – (Richtig wäre: 10 Abgabenpflichtige, 2 nicht-Abgaben-

[164] Vgl. Pfarre St. Paul im Lavanttal aus https://data.matricula-online.eu/de/oesterreich/gurk/, Stand 06.06.2023.

[165] Vgl. Pfarre St. Paul im Lavanttal: S59_001-1, Geburtsbuch tom. I, 13. Januar 1698 – 25. Februar 1748, Blatt 265, rechte Seite, oberer Teil, betrifft Stand von 1699. – Ergibt samt 3 Mägden 10 vogtbare Personen.

[166] Vgl. Pfarre St. Paul im Lavanttal: S59_001-1, Geburtsbuch tom. I, 13. Januar 1698 – 25. Februar 1748, Blatt 265, rechte Seite, unterer Teil, betrifft Stand von 1747.

pflichtige.) – Die zuletzt erwähnte Catharina Haßenbüchlerin starb am 01.09.1750 im Alter von 51 Jahren, beerdigt von P. Engelbert e.h.[167] – Sie wurde also 1698 oder 1699 geboren.

Die genauen Lebensdaten des Thomas Hasenbichler, vulgo Hanslbauer in Greuth, und seiner Ehefrau Agnes, geborene Bräthueberin, wurden nicht gefunden.

Der 1681 oder 1682 geborene **Mathias Hasenbichler** könnte der Besitznachfolger des Thomas HAßßENPICHLER beim Hanslbauer in Greuth gewesen sein. Mathias Hasenbichler hatte mit **Ehefrau Magdalena** die ehelich geborene

Tochter **Agnete/Agnes**, getauft am 13.01.1716 von P. Edmundus e.h., Patin Clara Fangzerlin. – (Vgl. I 084, Seite 167, Nr. 2.)[168]

Dann muss Magdalena gestorben sein, sodass Mathias noch einmal heiratete, denn er hatte mit seiner **Ehefrau Maria** beim **vulgo Hanslbauer in Greuth** folgende eheliche Kinder:

Sohn **Johann Hasenbichler**, getauft am 11.08.1718 von P. Maurus e.h., Pate Oswald Tonhauser. – (Vgl. I 095, Seite 188, Nr. 3.)

Tochter **Catharina Hasenbichler**, getauft am 24.11.1721 von P. Thiemus e.h., Patin Clara Tonhauserin. – (Vgl.I 106, Seite 280, Nr. 8.)

>>> Catharina Hasenbichler gebar die unehelich geborene Tochter **Maria**, getauft am 03.01. 1745 von P. Sigismundus e.h.; Vater Joseph Thonhauser; Patin Maria Rabensteinerin.[169]

Sohn **Joseph Hasenbichler**, getauft am 26.06.1724 von P. Cœlestinus e.h., Pate Oswald Tonhauser. – (Vgl. I 116, Seite 230, Nr. 1.) – (Siehe unten Besitznachfolger beim vulgo Hanslbauer in Greuth.)

Tochter **Maria Haßsenbichlerin**, getauft am 13.08.1727 von P. Vitalis e.h., Patin Helena Tonhauserin „am Seeberl grund"; Vater Mathias Haßsenbichler, „Hänslbaur in Gereith" [vulgo Hanslbauer in Greuth], Mutter Maria. – (Vgl. I 127, Seite 252, Nr. 3.) – Maria Haßenbichlerin starb am 25.11.1794 in Legerbuch 14 im Alter von 67 Jahren an Wassersucht und wurde von P. Aegidius Mosser e.h. versehen und in St. Paul im Lavanttal beerdigt.[170]

Tochter **Helene Hasenbichlerin**, getauft am 11.07.1734 von P. Leonardus e.h., Patin Helena Tonhauserin „am Seeberl grund". – (Vgl. I 146, Seite 290, Nr. 6.)

Wann der 1681/1682 geborene Mathias Hasenbichler seine erste Ehefrau Magdalena und seine zweite Ehefrau Maria geheiratet hat, wurde nicht herausgefunden. Ebenso bleiben der Sterbetag des Mathias und die Lebensdaten seiner beiden Ehefrauen im Dunkeln.[171]

Ururgroßvater Josef HASENBICHLER, 26.06.1724 – 05.02.1791

Obengenannter Josef Hasenbichler, getauft am 26.06.1724, [Taufeintrag siehe oben,] und seine Ehefrau Gertrude, vulgo Hanslbauer in Greuth, hatten folgende eheliche Kinder:

Catharina Haßenbüchlerin wurde am 22.01.1759 im Alter von 10 Jahren, versehen mit den

---

[167] Vgl. Pfarre St. Paul im Lavanttal: S59_002-2, Sterbbuch tom. I, Kopie, 1, Januar 1749 – 27. August 1770, Blatt 068, S. 198, Nr. 13, (letzte Eintragung).

[168] Vgl. Pfarre St. Paul im Lavanttal: S59_001-1, Geburtsbuch tom. I, 13. Januar 1698 – 25. Februar 1748, Blatt 084, Seite 167, Nr. 2. – Diese Art des Zitierens gilt auch für die folgenden ehelichen Kinder des Mathias Hasenbichler und seiner Ehefrau Maria: Johann, Catharina, Joseph, Maria und Helene.

[169] Vgl. Pfarre St. Paul im Lavanttal: S59_001-1, Geburtsbuch tom I, 13. Januar 1698 – 25. Februar 1748, Blatt 172, Seite 342, Nr. 12.

[170] Vgl. Pfarre St. Paul im Lavanttal: S59_017-1, Sterbbuch tom. I, Kopie, 2. Oktober 1770 – 30. Dezember 1800, Blatt 074, fol. 139, Nr. 9.

[171] Es wurde das gesamte Geburtsbuch I durchsucht; dieses reicht bis 1748. – Das Trauungsbuch I beginnt erst mit 10.02.1784 und das Sterbbuch I gar erst ab 02.10.1770. – Die Geburtsdaten der Ehefrauen Magdalena und Maria können nicht ermittelt werden, weil ich weder ihren Ledigennamen noch die Geburtspfarre kenne.

Sakramenten, von P. Wilhelm e.h. in St. Paul im Lavanttal begraben.[172] – Nach ihrem Sterbedatum zu schließen, wurde sie Anfang 1749 oder Ende 1748 geboren.[173]

Gregorius Haßenpichler, getauft am 02.10.1749 von P. Antonius Ebner e.h., Pate Gregor Pumb, ehelicher Sohn des Joseph Haßenpichler und seiner Ehefrau Gertrudis.[174]

Margaretha Haßenpichler, getauft am 26.02.1753 von P. Edmundus e.h., Patin Margaretha Pumin; eheliche Tochter des Joseph haßenpichler und seiner Ehefrau Gertrudis, vulgo Hänßlbauer in Greuth.[175] – Margaretha, Tochter des Hänßlbauer in Greuth, wurde am 06.01.1758 von P. Antonius e.h. in St. Paul im Lav. begraben.[176]

Blasius Haßßenbichler, getauft am 01.02.1758 von P. Bernardus Wunder e.h., Pate Gregor Pumb aus Legerbuch; ehelicher Sohn des Joseph Haßßenbichler, vulgo Hänselbauerhube in Greuth, und seiner Ehefrau Gertrudis.[177]

Mathias[/Mathäus] Hahsenpichler, getauft am 21.09.1760 von P. Nepomuc e.h., Pate Gregor Pumm aus Legerbuch; ehelicher Sohn des Joseph Hahsenpichler und seiner Ehefrau Gertrudis.[178]

Mathias Hasenpichler, getauft am 15.02.1763 von P. Hieronymus e.h., Pate Gregor Pumb; ehelicher Sohn des Joseph Hasenpichler, vulgo Hanslpauer in Greuth, und seiner Ehefrau Gertrudis.[179] – (Mathias wurde Besitznachfolger beim vulgo Gastl in Loschental/Legerbuch 9. Siehe unten.) – Besitznachfolger beim vulgo Hanslbauer in Greuth (12) wurde aber ein **Franz Hasenbichler**, dessen Ahnenlinie hier nicht beleuchtet wird, zumal er auch in der Pfarre St. Paul im Lavanttal nicht aufgefunden wurde, und zwar weder seine Geburt noch seine Trauung oder sein Sterbedatum. Auch seine Nachkommen interessieren hier als Nebenlinie meiner Hasenbichler Verwandtschaft nicht.

Maria Hasenpichler, getauft am 01.08.1765 von P. Anselmus, Patin Margaritha Pumin; eheliche Tochter des Joseph Hasenpichler, vulgo Hanßlbauer in Greuth, und seiner Ehefrau Gertrudis.[180] – Maria Hasenbichler starb am 25.01.1842 als Inwohnerin in Rabenstein-Greuth 12 im Alter von 78 Jahren an Wassersucht.[181] – Nach ihrem Alter an ihrem Sterbetag zu schließen, wurde sie 1763 oder 1764 geboren.

Agnete/Agnes Haßßenpichler, getauft am 19.01.1769 von P. Hieronymus e.h., Patin Gertrudis Pumin aus Legerbuch;[182] eheliche Tochter des Joseph Haßßenpichler, vulgo „Hänslbauer

---

[172] Vgl. Pfarre St. Paul im Lavanttal: S59_002-2, Sterbbuch tom. Ia, 1. Januar 1749 – 27. August 1770, Blatt 081, Seite 145, Nr. 5. – In diesem Sterbbuch konnten für die Jahre 1759 (ab 23. Januar) bis 1770 (27. August), Blatt 082-097, keine weiteren Hasenbichler Verstorbenen gefunden werden

[173] Ihr Taufeintrag wurde nirgends gefunden.

[174] Vgl. Pfarre St. Paul im Lavanttal: S59_002-1, Geburtsbuch tom. II, Kopie, 12. März 1748 – 22. Dezember 1770, Blatt 006, Seite 11, Nr.1.

[175] Vgl. Pfarre St. Paul im Lavanttal: S59_002-1, Geburtsbuch tom. II, Kopie, 12. März 1748 – 22. Dezember 1770, Blatt 015, Seite 29, Nr. 9.

[176] Vgl. Pfarre St. Paul im Lavanttal: S59_002-2, Sterbbuch tom. Ia, Kopie, 1. Januar 1749 – 27. August 1770, Blatt 080, Seite 142, Nr. 1. – Dieses Sterbbuch beginnt bei Blatt 066, auf Seite 114, am 1. Juni 1748.

[177] Vgl. Pfarre St. Paul im Lavanttal: S59_002-1, Geburtsbuch tom. II, Kopie, 12. März 1748 – 22. Dezember 1770, Blatt 031, Seite 60, Nr. 1.

[178] Vgl. Pfarre St. Paul im Lavanttal: S59_002-1, Geburtsbuch tom. II, Kopie, 12. März 1748 – 22. Dezember 1770, Blatt 038, Seite 74, Nr.1.

[179] Vgl. Pfarre St. Paul im Lavanttal: S59_002-1, Geburtsbuch tom. II, Kopie, 12. März 1748 – 22. Dezember 1770, Blatt 045, Seite 89, Nr. 1.

[180] Vgl. Pfarre St. Paul im Lavanttal: S59_002-1, Geburtsbuch tom. II, Kopie, 12. März 1748 – 22. Dezember 1770, Blatt 053, Seite 105, Nr. 3.

[181] Vgl. Pfarre St. Paul im Lavanttal: S59_019-1, Sterbbuch tom. III, Kopie, 16. Januar 1826 – 31. Dezember 1869, Blatt 033, Nr. 6. – Das divergierende Taufdatum konnte nicht aufgeklärt werden.

[182] Vgl. Pfarre St. Paul im Lavanttal: S59_002,1, Geburtsbuch tom. II, Kopie, 12. März 1748 – 22. Dezember 1770, Blatt 063, S. 124, Nr. 3. – Nachfolgende Aussage vlg. ebenda und Direktzitat siehe ebenda.

in Kreuth“, und seiner Ehefrau Gertrudis. – Agnes Haßenbichler starb am 08.06.1842 als Inwohnerin in Rabenstein-Greuth 12 im Alter von 73 Jahren an „Schlagfluß“ und wurde am 10. 06. in St. Paul im Lavanttal begraben.[183]

Gertrudis Haßsenbichlerin, Ehefrau des Joseph Haßsenbichler, verstarb am 15.07.1770 im Alter von 41 Jahren beim vulgo Hanslbauer in Greuth plötzlich, wurde versehen und in St. Paul im Lavanttal beerdigt.[184] – Nach ihrem Alter an ihrem Sterbetag zu schließen, wurde sie 1728 oder 1729 geboren.

Danach heiratete Josef Hasenbichler noch einmal und hatte mit seiner zweiten Ehefrau Elisabeth folgende eheliche Kinder:

Margaretha Haßenbichlerin, getauft am 04.01.1773 von P. Bertholdus Vogl e.h. in der Pfarrkirche St. Erhard in St. Paul im Lavanttal, ehelich geborene Tochter des Joseph Hahsenbihler und seiner Ehefrau Elisabetha, geboren in Greith im Burgfried Rabenstein. Patin Margaretha Pongrazin, Tochter des Georgy Junegger und der Margareth N., Einwohner in Legerbuch.[185] – Margareth Hasenbichler heiratete am 08.02.1791 Mathias Konzi aus Greuth. Der Bräutigam war katholisch, 22 Jahre alt, unverehelicht, wohnte in Greuth 12. Die Braut Margarita war katholisch, 18 Jahre alt, unverehelicht. Zeugen: Georg Haßenbichler, Schwaigerhube in Greuth; Joseph Gobarc, Primusgregorhube. Getraut von P. Vincentius Mayr e.h.[186]

Gregorius Haßenbichler, Sohn des vulgo Hanslbauer in Greuth, starb am 11.05.1774 im Alter von 3 Tagen und wurde am 13.05. in St. Paul im Lavanttal beerdigt.[187] – Er wurde demnach am 08.05.1774 geboren.

Johann Haßenbichler starb am 04.12.1842 als Besitzer vulgo Hanßlbaur in Rabenstein-Greuth 12 im Alter von 67 Jahren an der Wassersucht und wurde am 06.12. in St. Paul im Lavanttal begraben.[188] – Nach seinem Alter an seinem Todestag zu schließen, wurde er 1774 oder 1775 geboren. – Johann Haßenbichler war vermutlich nach dem Tod seines Halbbruders Mathias Hasenbichler am 13.10.1837 kurzzeitig Besitzer beim vulgo Hanslbauer in Rabenstein-Greuth 12, nämlich vom 14.10.1837 bis zu seinem Tod am 04.12.1842, wahrscheinlich als Vorhauser für seine noch minderjährigen Kinder. Sein Neffe Johann Hasenbichler war am 25.05.1809 geboren und wirtschaftete damals bereits beim vulgo Gastl in Legerbuch 9. Mein Ururgroßvater Mathias Hasenbichler war also der letzte, der als „mein direkter Hasenbichler Vorfahre“ beim vulgo Hanslbauer wirtschaftete.

Jakob Haßenbichler, †03.03.1801 in Greuth 12 beim vulgo Hanslbauer im Alter von 25 Jahren an Auszehrung. Er wurde von P. Aegid Moßer e.h. versehen und in St. Paul im Lavanttal begraben.[189] – Nach seinem Sterbedatum zu schließen, wurde er 1775/76 geboren.[190]

Joseph Haßenbichler, vulgo Hanslbauer, starb am 05. „Hornung“/Taumond/Februar 1791 in Rabenstein 12 im Alter von 70 Jahren an Altersentkräftung. Er wurde von P. Johann Pich-

---

[183] Vgl. Pfarre St. Paul im Lavanttal: S59_019-1, Sterbbuch tom. III, Kopie, 16. Januar 1826 – 31. Dezember 1869, Blatt 034, Nr. 9. – Enthaltenes Direktzitat siehe ebenda.

[184] Vgl. Pfarre St. Paul im Lavanttal: S59_017-1, Sterbbuch tom. I, Kopie, 2. Oktober 1770 – 30. Dezember 1800, Blatt 097, S. 177, fol. 48, Nr. 10.

[185] Vgl. Pfarre St. Paul im Lavanttal: S59_002-1, Geburtsbuch tom. II, Kopie, 12. März 1748 – 22. Dezember 1770, Blatt 009, linke Seite, laufende Nr. 13, Nr. 1 von 1773.

[186] Vgl. Pfarre St. Paul im Lavanttal: S59_012-1, Trauungsbuch tom. I, Kopie, 10. Februar 1784 – 27. Mai 1827, Blatt 025, Nr. 1.

[187] Vgl. Pfarre St. Paul im Lavanttal: S59_017-1, Sterbbuch tom. I, Kopie, 2. Oktober 1770 – 30. Dezember 1800, Blatt 017, fol. 33, Nr. 4.

[188] Vgl. Pfarre St. Paul im Lavanttal: S59_019-1, Sterbbuch tom. III, Kopie, 16. Januar 1826 – 31. Dezember 1869, Blatt 035, Nr. 7.

[189] Vgl. Pfarre St. Paul im Lavanttal: S59_018-1, Sterbbuch tom. II, Kopie, 8. Januar 1801 – 11. März 1826, Blatt 001, Nr. 16.

[190] Die Taufe von Jakob Haßenbichler wurde im alphabetischen Index zum Geburtsbuch tom. II nicht gefunden.

ler versehen und von P. Aegid Mosser e.h. in St. Paul im Lavanttal beerdigt.[191] – [Richtig: Gestorben im Alter von 66 Jahren.]

Von Josephs erster Ehefrau Gertrudis konnte nur das Sterbedatum ermittelt werden, ihr tatsächliches Geburtsdatum und das Trauungsdatum von Joseph und Gertrudis Haßenbichler wurden nicht gefunden. Von Josephs zweiter Ehefrau Elisabeth bleiben alle Lebensdaten im Verborgenen.[192]

Ururgroßvater Mathias HASENBICHLER, 15.02.1763 – 13.10.1837

„1763, Februarius, 15., R. P. Hieronymus Baptizavit Mathiam, filius legitimus Josephi Hasenpichler, Sen Hanslpauer in Greith, et Gertrudis conjugis. levante Gregorius Pumb."[193] – (R. P. Hieronymus e.h. taufte am 15.02.1763 Mathias Hasenbichler, geboren beim Hanslbauer in Greuth, ehelicher Sohn des Joseph Hasenbichler, Hanslbauer in Greuth, und seiner Ehefrau Gertrudis. Pate Gregorius Pumb.)

Eine **Margaretha Haßenbichler** starb am 23.09.1859 als vulgo Hanselbäuerin in Rabenstein-Greuth 12 im Alter von 72 Jahren an der Ruhr. Sie wurde am 25.09. in St. Paul im Lavanttal begraben.[194] – Nach ihrem Alter an ihrem Sterbetag zu schließen, wurde Margaretha Haßenbichler 1786 oder 1787 geboren. Ob und in welchem Verwandtschaftsverhältnis diese Margaretha Hasenbichler zu meinem Ururgroßvater Mathias Hasenbichler stand, konnte mangels weiterer Daten in den St. Pauler Matriken nicht geklärt werden. – Zwischen dem 29. August und dem 15. September 1859 starben in der Pfarre St. Paul im Lavanttal 6 Personen verschiedenen Alters an der Ruhr, nämlich 68 Jahre, 80 Jahre, 5 Monate, 2 Jahre, 72 Jahre und 6 Jahre alt.[195]

Eine weitere **Margaretha Hasenbichler** starb am 11.09.1862 als vulgo alte Gastlin in Legerbuch 9 im Alter von 80 Jahren an Altersschwäche, wurde versehen und am 13.09. in St. Paul im Lavanttal begraben.[196] – Nach ihrem Alter an ihrem Sterbetag zu schließen, wurde sie 1807 oder 1808 geboren. Ob und in welchem Verwandtschaftsverhältnis diese Margaretha Hasenbichler zu meinem Ururgroßvater Mathias Hasenbichler stand, konnte mangels weiterer Daten in den St. Pauler Matriken nicht geklärt werden.

Ein **Josef Hasenbichler** starb am 05.10.1865 in Oberaigen 3, Pfarre St. Andrä im Lavanttal, im Alter von 77 Jahren als verwitweter „vulgo alter Gastl" an Altersschwäche. Er wurde versehen und von Stadtpfarrer J[os.] Schweighardt e.h. am 07.10. in Fischering eingesegnet.[197] – Nach seinem Alter an seinem Sterbetag zu schließen, wurde er 1787 oder 1788 geboren. Ob und in welchem Verwandtschaftsverhältnis dieser Josef Hasenbichler zu meinem

[191] Vgl. Pfarre St. Paul im Lavanttal: S59_017-1, Sterbbuch tom. I, Kopie, 2. Oktober 1770 – 30. Dezember 1800, Blatt 082, fol. 147, Nr. 3. – Enthaltenes Direktzitat siehe ebenda.

[192] Es wurden sowohl das gesamte Geburtsbuch I (bis 1748) sowie II durchsucht; letzteres reicht bis 1770. – Das Trauungsbuch I beginnt erst mit 10.02.1784 und das Sterbbuch I gar erst ab 02.10.1770. – Auch die Sterbedaten von Josef, Gertrude und Elisabeth wurden nicht gefunden. – Die Geburtsdaten der Ehefrauen können nicht eruiert werden, weil ich weder ihre Geburts-/Ledigennamen noch ihre Heimatpfarre kenne.

[193] Pfarre St. Paul im Lavanttal: S59_002-1, Geburtsbuch tom. II, Kopie, 12. März 1748 – 22. Dezember 1770, Blatt 045, Seite 89, (rechts oben erste Eintragung). Eintragung zur Gänze in Latein. – Nachfolgende Übersetzung ins Deutsche von LMR vgl. ebenda.

[194] Vgl. Pfarre St. Paul im Lavanttal: S59_019-1, Sterbbuch tom. III, Kopie, 16. Januar 1826 – 31. Dezember 1869, Blatt 082, Nr. 16.

[195] Vgl. Pfarre St. Paul im Lavanttal: S59_019-1, Sterbbuch tom. III, Kopie, 16. Januar 1826 – 31. Dezember 1869, Blatt 082, Nr. 12-17.

[196] Vgl. Pfarre St. Paul im Lavanttal: S59_019-1, Sterbbuch tom. III, Kopie, 16. Januar 1826 – 31. Dezember 1869, Blatt 094, Nr. 1.

[197] Vgl. Pfarre St. Andrae im Lavanttal: S14_039-1, Sterbbuch VII, 19. Januar 1860 – 29. Dezember 1876, Blatt 101, Nr. 2. – Enthaltenes Direktzitat siehe ebenda.

Ururgroßvater Mathias Hasenbichler stand, konnte mangels weiterer Daten in den Matriken von St. Paul im Lavanttal und St. Andrä im Lavanttal nicht geklärt werden.

Mathias Hasenbichler heiratete in erster Ehe am 16.06.1789 in St. Paul im Lavanttal. „1789, 16. Sito [Juny]. Bräutigam: Mathias Haßßenbichler, Loschenthall 9, Bgfd.; katholisch, 26 Jahre alt, unverehelicht. Braut: Maria Muchitschin; katholisch, 22 Jahre alt, unverehelicht. Zeugen: Blasius Haßenbichler, Bauer an der Raderbrüschen; Oswaldus Stroißnig, Bauer an der Puggl Huben. Idem qui suprò." [Getraut von Carolomanus Collmann e.h., Parochus.][198] – (Sito = Siehe oben, Juny = Juni, Haßßenbichler = Hasenbichler, Loschenthall = Loschental/ Legerbuch, Bgfd. = Burgfried / Burggrafschaft Rabenstein, Muchitschin = Muschitsch, Raderbrüschen = Raderbrücke, Oswaldus = Oswald. Idem qui suprò = Derselbe wie oben. Parochus = Pfarrer. – Hier stimmen die Daten des Bräutigams mit seinem Geburtsdatum überein.)

Maria Muchitsch wurde am 24.09.1769 in der Pfarre St. Andrä im Lavanttal getauft. Sie war eine eheliche Tochter des Mathäus Muchitsch, „Luobl an burgstall", und seiner Ehefrau Elisabetha. Patin war „Agnete Sterzarin, Högglin an burgstall". Sie wurde von R. R. D. Georgius e.h. getauft.[199] – (burgstall = Burgstall, R. R. D. Georgius = P. Georg.) – Maria Muchitsch war also bei ihrer Verehelichung 19 Jahre alt.

Mathias Hasenbichler und seine Ehefrau Maria, geb. Muchitsch, hatten folgende ehelich geborene Kinder:

Theresia, †13.07.1807 in Legerbuch 9 im Alter von 16 Jahren an den Blattern. Sie wurde von P. Egid e.h. versehen und in St. Paul im Lavanttal begraben.[200] – Nach ihrem Alter an ihrem Sterbetag zu schließen, wurde sie 1790 oder 1791 geboren.[201]

Apolonia, getauft am 09.02.1793; Patin Theresia Käferin, Marhoferin; P. Aegidius Moßer e. h.[202] – Apollonia Hasenbichler starb am 29.12.1849 als Gästin beim vulgo Gastl in Legerbuch 9 im Alter von 60 Jahren an Lungenbrand und wurde am 31.12. in St. Paul im Lavanttal begraben.[203] – Nach ihrem Alter am Sterbetag zu schließen, wurde sie aber 1788/1789 geboren.

Georgius, getauft am 05.04.1795; Pate Johann Käfer, Marhofer; P. Egid Moßer e.h., Coop.[204] – Georg Hasenbichler starb als Bettler am 14.12.1854 im Alter von 60 Jahren in Legerbuch 9 an „Schlagfluß" und wurde am 16.12. in St. Paul im Lavanttal begraben.[205] – Nach seinem Alter an seinem Todestag wurde er jedoch 1793 oder 1794 geboren.

Maria, getauft am 03.05.1798; Patin Theresia Käferin, Marhoferin; P. Korbinian Strutzmann e.h.[206]

Anna, getauft am 26.05.1801; Patin Theresia Käferin, Marhoferin; P. Egid Moßer e.h.[207] – Anna Haßenbüchlerin starb am 26.06.1806 in Legerbuch 9 im Alter von 6 Jahren an der

---

[198] Pfarre St. Paul im Lavanttal: S59_012-1, Trauuungsbuch tom. I, Kopie, 10. Februar 1784 – 27. Mai 1827, Blatt 018, Nr. 3, (letzte Eintragung). Eintragung vorwiegend in Deutsch, nur teilweise in Latein. – Vorhergehende Aussage vgl. ebenda.

[199] Vgl. Pfarre St. Andrä im Lavanttal: S14_004-1, Geburtsbuch III, 1. Januar 1745 – 20.07.1770, Blatt 121, Seite 122, rechte Spalte, Nr. 5. Eintragung ausschließlich in Latein. – Enthaltene Direktzitate siehe ebenda.

[200] Vgl. Pfarre St. Paul im Lavanttal: S59_018-1, Sterbbuch tom. II, Kopie, 8. Januar 1801 – 11. März 1826, Blatt 019, Nr. 13.

[201] Die Taufe von Theresia Haßenbüchlerin wurde im alphabetischen Index zum Geburtsbuch tom. II nicht gefunden.

[202] Vgl. Pfarre St. Paul im Lavanttal: S59_003-1, Geburtsbuch tom. III, Kopie, 9. Februar 1770 – 7. Juli 1794, Blatt 059, Seite 110, Nr. 4. Hier sind schon alle Eintragungen in Deutsch.

[203] Vgl. Pfarre St. Paul im Lavanttal: S59_019-1, Sterbbuch tom. III, Kopie, 16. Januar 1826 – 31. Dezember 1869, Blatt 052, Nr. 4.

[204] Vgl. Pfarre St. Paul im Lavanttal: S59_004-1, Geburtsbuch tom. IV, Kopie, 21. Juli 1794 – 26. Dezember 1825, Blatt 007, Nr. 7.

[205] Vgl. Pfarre St. Paul im Lavanttal: S59_019-1, Sterbbuch tom. III, Kopie, 16. Januar 1826 – 31. Dezember 1869, Blatt 066, Nr. 7. – Enthaltenes Direktzitat siehe ebenda.

[206] Vgl. Pfarre St. Paul im Lavanttal: S59_004-1, Geburtsbuch tom. IV, Kopie, 21. Juli 1794 – 26. Dezember 1825, Blatt 021, Nr. 11, (gesamt; vorletzte Eintragung; von 1798 jedoch laufende Nr. 2).

„Fräß“ [Fraisen]. Sie wurde von P. Guttenberg e.h. in St. Paul im Lavanttal begraben.[208]

Maria Haßenbichler, geb. Muchitschin, starb am 23. Dezember 1806 als vulgo Gästlin in Legerbuch 9 im Alter von 35 Jahren an „Schlagfluß“ und wurde von D. Gutenberg e.h. in St. Paul im Lavanttal begraben.[209] – (Haßenbichler = Hasenbichler, als vulgo Gästlin = beim vulgo Gastl.) – Nach ihrem Alter bei ihrer Verehelichung zu schließen, wurde sie 1766 oder 1767 geboren, von ihrem Alter an ihrem Todestag ausgehend, wurde sie hingegen 1770 oder 1771 geboren.

Maria Muchitsch hatte zumindest zwei Geschwister, und zwar **Maria**, geb. am 04.11. 1763, und **Josephus**, geb. am 18.03.1765. Maria wurde von P. Lambert Achern e.h. und Josephus von P. Henricus Schöbel e.h. getauft. Als Patin fungierte bei Maria „Agnete Georgy, Stelzer hoakl an burgstall“, und bei Josephus „Andrea Strezer, häkl zu S. Jacob“.[210]

Die Daten der Eltern der Maria Muchitsch konnten nicht ermittelt werden.[211]

Mathias Hasenbichler heiratete in zweiter Ehe am 19.04.1807 in St. Paul im Lavanttal. „1807, 19. april. Bräutigam: Mathias Haßenbichler, Legerbuch 9; katholisch, 40 Jahre alt, Witwer. Braut: Margaretha Bürzin; katholisch, 26 Jahre alt, unverehelicht. Zeugen: Johann Haßenbichler, Hanßelbauer in Greith; Mathias Conzo, Bauer an der Conzohuben. Getraut von R. D. de Gug e.h.“[212] – (Haßenbichler = Hasenbichler, Bürzin = Bürz = Writz = Pumin, Hanßelbauer in Greith = Hanselbauer in Greuth, R. D. de Gug = von P. Gutenberg e.h. – Alter des Bräutigams richtig: „fast 44 Jahre alt“. – Siehe unten Anmerkungen ähnlicher Art.)

Margaritha Pumin wurde am 04.04.1780 beim Pum in Buch geboren und von R. P. Romanus Schellander e.h. getauft. Eltern: „Gregorius Pum et uxor ejus Margaritha, nata Schwärzlin.“ Patin „Elisabeth, Harolpauerin. C. Pum (in luogo buch).“[213] – (Pumin = Pum, Gregorius Pum et uxor … = Gregor Pum und seine Ehefrau Margaritha, geborene Schwarzl; …pauerin = …bäuerin, C = katholische Religion, in luogo buch = im Ort Buch. – Spalten im Taufbuch: Dies et Mensis = Tage und Monate, Baptizans = Taufender/Pater, Baptizatus = Getaufter/Täufling, Parentes = Eltern, Patrinus = Pate, Religio = Religion, Locus = Ort.)

Mathias Hasenbichler und seine Ehefrau Margareth(a)/Margaritha Brizin/Writz, Pumin, hatten folgende ehelich geborene Kinder:
Theresia, getauft am 27.11.1807; Patin Theresia Käferin, Marhoferin; P. Egid e.h.[214] – Theresia Haßenbichler heiratete am 21.08.1831 im Alter von 23 Jahren den 30 Jahre alten Franz Lafer/Rafer, Besitzer der Ambroshube in St. Martin, damals Müllerknecht beim Maier am Hof, ehel[icher] Sohn des Andr[eas] Lafer/Rafer und der Maria Redl. Die Braut hielt sich im väterlichen Haushalt auf, das war in Loschenthal [Loschental/Legerbuch] 9. „Zeugen: Joseph

---

207 Vgl. Pfarre St. Paul im Lavanttal: S59_004-1, Geburtsbuch tom. IV, Kopie, 21. Juli 1794 – 26. Dezember 1825, Blatt 007, Nr. 7; Blatt 021, Nr. 11; Blatt 034, Nr. 2. – Enthaltenes Direktzitat siehe ebenda.

208 Vgl. Pfarre St. Paul im Lavanttal: S59_018-1, Sterbbuch tom. II, Kopie, 8. Januar 1801 – 11. März 1826, Blatt 016, Nr. 9. – Direktzitat siehe ebenda.

209 Vgl. Pfarre St. Paul im Lavanttal: S59_018-1, Sterbbuch tom. II, Kopie, 8. Januar 1801 – 11. März 1826, Blatt 017, Nr. 9. – Enthaltenes Direktzitat siehe ebenda.

210 Vgl. Pfarre St. Andrae im Lavanttal: S14_004-1, Geburtsbuch III, 1. Januar 1745 – 20.07.1770, Blatt 105, Seite 106, linke Spalte, Nr. 1, und Blatt 109, S. 110, linke Spalte, Nr. 4, (letzte Eintragung). – Enthaltene Direktzitate siehe ebenda.

211 In der Pfarre St. Andrae im Lavanttal beginnt der Geburtsindex im Jahre 1745, der Trauungsindex 1784 und der Sterbindex 1805.

212 Pfarre St. Paul im Lavanttal: S59_012-1, Trauuungsbuch tom. I, Kopie, 10. Februar 1784 – 27. Mai 1827, Blatt 091, Nr. 3. Eintragung vorwiegend in Deutsch, nur sehr wenig in Latein. – Vorhergehende Aussage vgl. ebenda.

213 Pfarre St. Paul im Lavanttal: S59_003-1, Geburtsbuch tom. III, Kopie, 9. Februar 1770 – 7. Juli 1794, Blatt 027, rechte Seite, Nr. 6. – Enthaltene nicht direkt zitierte Aussagen vgl. ebenda.

214 Vgl. Pfarre St. Paul im Lavanttal: S59_004-1, Geburtsbuch tom. IV, Kopie, 21. Juli 1794 – 26. Dezember 1825, Blatt 057, Nr. 1.

Käfer, v[ulg]o Monde-Bauer; Philipp Meringer, v[ulg]o Graze-Bauer. – Mathias Hasenbichler, Vater der Braut, mit dessen Einwilligung die ehl[iche] Verbindung geschah. – Ehelizenz ddo. [vom] 12. Aug. 1831 v[on] d[er] Stiftsherrschaft St. Paul, Nr. 6. Copul[ator = die Trauleute segnender Priester/Pfarrer] Jac[ob] Speiser e.h."[215]

Joseph, †23.07.1810 in Greuth 12 im Alter von 1 ½ Jahren an der Ruhr.[216] – Nach seinem Alter an seinem Sterbetag zu schließen, wurde er 1808 oder 1809 geboren.[217]

Johannes, getauft am 26.04.1809; Patin Theresia Pangrazin für Johannes Käfer, Marhofer; P. Nicolaus Kapferer e.h.[218] – (Siehe unten Besitznachfolger beim vulgo Gastl in Legerbuch 9.)

Mädchen/Anna, getauft/†24.12.1810; Patin Theresia Pangerzin, Marhoferin; P. Nicolaus Kapferer e.h.[219]

Josepha, †01.01.1811 in Loschenthal 9 im Alter von 8 Tagen an Schwäche. Sie wurde von P. Niclaus Kapf e.h. in St. Paul im Lavanttal begraben.[220] – Nach ihrem Alter an ihrem Sterbetag zu schließen, wurde sie Ende Dezember 1810 geboren.[221]

Agnes, getauft am 20.01.1812; Patin Theresia Pongratzin, Herzogberg; P. Jo. Nepomuc Schelb e.h.[222] – Agnes Hasenbichler starb am 08.11.1880 als Bettlerin im Alter von 68 Jahren in Legerbuch 14 an „Schlagfluß" und wurde am 10.11. von P. Paul Spechtl e.h., Cooperator, in St. Paul im Lavanttal begraben.[223]

Urbanus und Mathias/Mathäus, getauft am 15.05.1814; Zwillinge, Patinnen Theres Pongratzin, Marhoferin, und Maria Rauscherin, Kürschnerin; P. Nicolaus Christen e.h.[224] – Mathäus Hasenbüchler starb am 14.08.1816 in Loschenthal 9 im Alter von 2 Jahren an „Husten". Er wurde von P. Augustin e.h. in St. Paul im Lavanttal begraben.[225]

Mathias, getauft am 14.01.1816 in Loschenthal 9; Patin Theres Pangratzin, Marinhoferin; P. Nicolaus Christen e.h.[226] – Mathias Hasenbichler starb am 04.03.1874 im Alter von 57 Jahren als Knecht beim vulgo Raming in Unterbüchling 6, Pfarre Maria Rojach, an „Blutschlag", weshalb er nicht versehen werden konnte. Er wurde am 05.03. in Maria Rojach von Pfarrer Franz Fick begraben.[227] – Nach seinem Geburtsdatum zu schließen, war er an seinem Sterbetag jedoch schon 58 Jahre alt.

---

215 Pfarre St. Paul im Lavanttal: S59_013-1, Trauungsbuch tom. II, Kopie, 31. Januar 1826 – 13. Oktober 1868, Blatt 005, Nr. 3. – Vorhergehende Aussagen vgl. ebenda.

216 Vgl. Pfarre St. Paul im Lavanttal: S59_018-1, Sterbbuch tom. II, Kopie, 8. Januar 1801 – 11. März 1826, Blatt 027, Nr. 3.

217 Die Taufe von Joseph Hasenbüchler wurde im alphabetischen Index zum Geburtsbuch tom. II nicht gefunden.

218 Vgl. Pfarre St. Paul im Lavanttal: S59_004-1, Geburtsbuch tom. IV, Kopie, 21. Juli 1794 – 26. Dezember 1825, Blatt 062, Nr. 10.

219 Vgl. Pfarre St. Paul im Lavanttal: S59_004-1, Geburtsbuch tom. IV, Kopie, 21. Juli 1794 – 26. Dezember 1825, Blatt 068, Nr. 9.

220 Vgl. Pfarre St. Paul im Lavanttal: S59_018-1, Sterbbuch tom. II, Kopie, 8. Januar 1801 – 11. März 1826, Blatt 028, Nr. 10.

221 Die Taufe von Josepha Hasenbüchler wurde im alphabetischen Index zum Geburtsbuch tom. II nicht gefunden.

222 Vgl. Pfarre St. Paul im Lavanttal: S59_004-1, Geburtsbuch tom. IV, Kopie, 21. Juli 1794 – 26. Dezember 1825, Blatt 072, Nr. 2.

223 Vgl. Pfarre St. Paul im Lavanttal: S59_020-1, Sterbbuch tom. IV, Kopie, 10. Januar 1870 – 22. Dezember 1883, Blatt 073, Nr. 5. – Enthaltenes Direktzitat siehe ebenda.

224 Vgl. Pfarre St. Paul im Lavanttal: S59_004-1, Geburtsbuch tom. IV, Kopie, 21. Juli 1794 – 26. Dezember 1825, Theresia, Blatt 057, Nr. 4; Johannes, Blatt 062, Nr. 10; Mädchen/Anna, Blatt 068, Nr. 9; Agnes, Blatt 072, Nr. 2; Urbanus und Mathias, Blatt 079, Nr. 7 (Kreuz beim Mathias hinzugefügt). – Taufen der Geschwister der Zwillinge Urbanus und Mathias siehe oben.

225 Vgl. Pfarre St. Paul im Lavanttal: S59_018-1, Sterbbuch tom. II, Kopie, 8. Januar 1801 – 11. März 1826, Blatt 044, Nr. 17, (letzte Eintragung). – Enthaltenes Direktzitat siehe ebenda.

226 Vgl. Pfarre St. Paul im Lavanttal: S59_004-1, Geburtsbuch tom. IV, Kopie, 21. Juli 1794 – 26. Dezember 1825, Blatt 085, Nr. 11.

227 Vgl. Pfarre Maria Rojach: M09_033-1, Sterbbuch E (V), 8. Januar 1859 – 31. Dezember 1883, Blatt 046, Nr. 13 (gesamt, 1873/74), Nr. 9 (1874). – Direktzitat siehe ebenda.

Joseph, getauft/†16.03.1819 in Loschenthal 9; Patin Theres Pongratzin, alte Marin Hoferin; P. Augustin Rosbacher e.h.[228] – Joseph Hasenbichler starb am 17.03.1819 in Loschenthal 9 im Alter von 1 Tag an Schwäche. Er wurde von P. Nicolaus Lehreiter e.h. in St. Paul im Lavanttal begraben.[229]

Michael, getauft am 12.09.1820 in Loschenthal 9; Patin Theresia Pongratzin, alte Marinhoferin; P. Nicolaus Christen e.h.[230]

Markus, getauft/†25.04.1825 in Loschenthal 9; Vater Mathias Hasenbichler, vulgo Gastl; Mutter Margareth, geb. Britz; Patin Klara, geb. Köfer, verw. Getena, Marinhöferin; P. Nicolaus Christen e.h., Cooperator.[231] – (verw. = verwitwete.) – Markus Hasenbichler starb am 15. 08.1829 im Alter von 4 Jahren in Loschenthal 9 an der Ruhr. Er wurde am 23.08. in St. Paul im Lavanttal begraben.[232]

Mathias Haßenbichler, vulgo Gastl, starb am 13.10.1837 in Loschenthal 9, im Alter von 74 Jahren, an Wassersucht und wurde am 15.10. in St. Paul im Lav. begraben.[233]

Margarethe Hasenbichler, geb. Pum(in), starb am 11.09.1862 in Legerbuch 9 als „vulgo alte Gastlin“ im Alter von 80 Jahren an Altersschwäche. Sie wurde mit den Sakramenten versehen und am 13.09. in St. Paul im Lavanttal begraben.[234] – (Eigentlich war sie an ihrem Sterbetag 81 Jahre alt.)

Die Eltern von Margarethe/Margaritha Hasenbichler, geb. Pum(in), waren Gregor und Margaritha. Margarithas Vater Gregorius wurde am 08.03.1734 von P. Joannes Jordan e.h. als ehelicher Sohn des Gregorius Pumb und seiner Ehefrau Margaritha getauft. Patin war Mathia Rausch „am Koglbauer grund“.[235] – Weitere Daten ihrer Eltern wurden nicht gefunden.

Urgroßvater Johann HASENBICHLER, 26.05.1809 – 03.02.1885,

„getauft 1809, am 26. May, hora 3[tia] matutita geboren, in Legerbuch 9, Johannes Hasenbüchler; katholisch, Knabe, ehelich geboren. Vater Mathias Hasenbüchler. Mutter Margaritha Brizin. Patin Theresia Pangerzin im Namen von Johannes Köfer, Baur. Getauft von P. Nicolaus Kapferer e.h.“[236] – (May = Mai, hora 3[tia] matutita = um 3 Uhr am Morgen, Hasenbüchler = Hasenbichler, Brizin = Briz = Writz, Pangerzin = Pangerz, Köfer = Käfer, Baur = Bauer.)

Johann Haßenbichler heiratete am 29. April 1834 in St. Paul im Lavanttal. „Bräutigam: „Johann Haßenbichler, wohnhaft in Herzogberg 3, Besitzer der vo. Gastlhube u. ehlicher Sohn des Mathias Haßenbichler u. der Margar., geb. Writz, seines Eheweibes; katholisch, 25

---

[228] Vgl. Pfarre St. Paul im Lavanttal: S59_004-1, Geburtsbuch tom. IV, Kopie, 21. Juli 1794 – 26. Dezember 1825, Blatt 091, Nr. 4. – Todesdatum differiert mit dem Sterbbuch um 1 Tag.

[229] Vgl. Pfarre St. Paul im Lavanttal: S59_018-1, Sterbbuch tom. II, Kopie, 8. Januar 1801 – 11. März 1826, Blatt 053, Nr. 14.

[230] Vgl. Pfarre St. Paul im Lavanttal: S59_004-1, Geburtsbuch tom. IV, Kopie, 21. Juli 1794 – 26. Dezember 1825, Blatt 095, Nr. 1.

[231] Vgl. Pfarre St. Paul im Lavanttal: S59_004-1, Geburtsbuch tom. IV, Kopie, 21. Juli 1794 – 26. Dezember 1825, Blatt 107, Nr. 1. – Bis hierher wurden die Taufdaten an Stelle der Geburtsdaten genannt, weil letztere in den Taufbüchern nur spärlich und in lateinischen Abkürzungen vorkommen, die ich nicht entziffern kann.

[232] Vgl. Pfarre St. Paul im Lavanttal: S59_019-1, Sterbbuch tom. III, Kopie, 16. Januar 1826 – 31. Dezember 1869, Blatt 007, Nr. 1.

[233] Vgl. Pfarre St. Paul im Lavanttal: S59_019-1, Sterbbuch tom. III, Kopie, 16. Januar 1826 – 31. Dezember 1869, Blatt 023, Nr. 17, (vorvorletzte Eintragung).

[234] Vgl. Pfarre St. Paul im Lavanttal: S59_019-1, Sterbbuch tom. III, Kopie, 16. Januar 1826 – 31. Dezember 1869, Blatt 094, Nr. 1. – Enthaltenes Direktzitat siehe ebenda.

[235] Vgl. Pfarre St. Paul im Lavanttal: S59_001-1, Geburtsbuch tom. I, Kopie, 13. Januar 1698 – 25. Februar 1748, Blatt 145, Seite 289, S. 2. Eintragung fast zur Gänze in Latein. – Enthaltenes Direktzitat siehe ebenda. – Index zum Trauungsbuch ab 1784, Index zum Sterbbuch ab 1801.

[236] Pfarre St. Paul im Lavanttal: S59_004-1, Geburtsbuch tom. IV, Kopie, 21. Juli 1794 – 26. Dezember 1825, Blatt 062, Nr. 10. Eintragung vorwiegend in Deutsch, nur teilweise in Latein.

Jahre alt, unverehelicht. Braut: Maria Käfer, des Johann Käfer, vo. Lakner am Herzogberge, u. der Agatha, geb. Loibnegger, ehliche Tochter; katholisch, 26 Jahre alt, unverehelicht. Zeugen: Michael Buchbauer, vo. Puffer; Joseph Käfer, vo. Monde. – Ehelizenz ddo. 11. Apr. 1834 von der Stiftsherrsch[aft] St. Paul, Nr. 1. Copul. Dr. Jac. Speiser e.h., paroch."[237] – (Haßenbichler = Hasenbichler, vo. = vulgo, Margar. = Margarethe/Margaritha, ddo. = detto = vom, Copul. = Copulator = Trauender / die Trauleute segnender Priester/Pfarrer, paroch. = Pfarrer. – Beim Alter des Bräutigams müsste stehen „fast 25 Jahre alt". Beim Alter der Braut müsste stehen: „30 Jahre alt". – Zu Differenzen bei Daten siehe auch nächsten Absatz.)

Maria Käfer wurde am „30. August 1803 getauft, ... in Legerbuch 11 als Maria Köferin geboren; katholisch, Mädchen, ehelich geboren. Vater Johann Köfer, vulgo Mayrhof. Mutter Theresia Pongratzin. Pate Franz Leobnegger, Koch Bauer zu Allersdorf. Getauft von Jos. Gletzgau e.h."[238] – (Die Geburtszeit ist in lateinischen Abkürzungen angegeben. – Köfer(in) = Käfer, Leobnegger = Loibnegger. – Nach dem im vorigen Absatz bei ihrer Trauung angegebenen Alter wurde Maria Käfer 1807 oder 1808 geboren und getauft.)[239]

Dem Geburtsbuch V der Pfarre St. Paul im Lavanttal zu Folge hatte Maria, geb. Käfer, mit Georg Hasenbichler, vulgo Gastl in Loschenthal 9, folgende eheliche Töchter, die schon als Kleinkinder verstarben:

Maria Hasenbichler, getauft am 28.04.1834 von P. Engelbert Pahler e.h., Coop[erator]; geboren in Loschenthal 9; ungeprüfte Hebamme Anna Gruber; Patin Priska Waldmann, Bäuerin vulgo Monde. Vater Georg Hasenbichler, vulgo Gastl. Mutter Maria Hasenbichler, geb. Käfer.[240] – Maria Hasenbichler starb am 07.02.1837 im Alter von 2 Jahren als Gastl-Kind in Loschenthal 9 am „Brand".[241] – Nach ihrem Geburtsdatum zu schließen, war Maria an ihrem Todestag 2 Jahre und 9 Monate alt.

Maria Hasenbichler, getauft am 09.01.1840 von P. Henric Huber e.h., Conventual; geboren in Loschenthal 9; ungeprüfte Hebamme Maria Sigmund; Patin Priska Käfer, geb. Waldmann, Bäuerin vulgo Monde. Vater Georg Hasenbichler, vulgo Gastl. Mutter Maria Hasenbichler, geb. Käfer.[242] – Maria Haßenbichler starb am 11. „Hornung" [= 11.02.1840] als Gastl-Kind im Alter von 5 Wochen in Loschenthal 9 an „Brustcathar".[243]

Ebenso laut Geburtsbuch V der Pfarre St. Paul im Lavanttal hatte Johann Hasenbichler (*26.05.1809), vulgo Gastl in Loschenthal 9, mit Maria, geb. Käfer, folgende eheliche Söhne:

Josephus Hasenbichler, getauft am 15.07.1837 von P. Godfrid Dollinger e.h., Prof. et Capi-

[237] Pfarre St. Paul im Lavanttal: S59_013-1, Trauungsbuch tom. II, Kopie, 31. Januar 1826 – 13. Oktober 1868, Blatt 007, Nr. 5 (aus 1833/34), Nr. 1 (aus 1834). – Vorhergehende Aussage vgl. ebenda. – Hier liegt eine gravierende Datenunsicherheit vor. In der Pfarre St. Georgen im Lavanttal wurde im Index zu Geburtsbuch tom. C, Kopie, S23_004-2, 1. Januar 1700 – 31. Dezember 1813, Blatt 121 und 122, keine Taufe einer Maria Koeffer gefunden. – Daher entschied ich mich für Maria Käfer als Tochter von Johannes Baptista Köffer und Pongratzin/Pumin Theresia, get. 30.08.1803. – Eine schriftliche Auskunft des Pfarramtes St. Paul im Lavanttal bevorzugte vor Jahren auch die zweite Variante. – Hab die Datenunsicherheit im Stammbaum vermerkt.

[238] Pfarre St. Paul im Lavanttal: S59_004-1, Geburtsbuch tom. IV, Kopie, 21. Juli 1794 – 26. Dezember 1825, Blatt 041, Nr. 4. Eintragung vorwiegend in Deutsch, nur teilweise in Latein. – Vorhergehende Aussage vgl. ebenda.

[239] Im Zeitraum von 1807 und 1808 ist im Geburtsbuch IV der Pfarre St. Paul im Lav., Blatt 053-060, keine Eintragung für eine Maria Käfer vorhanden. – Siehe dazu [237] und [238]. > Datenunsicherheit!

[240] Vgl. Pfarre St. Paul im Lavanttal: S59_005-1, Geburtsbuch tom. V, 1. Januar 1826 – 31.12.1858, Blatt 024, Nr. 4.

[241] Vgl. Pfarre St. Paul im Lavanttal: S59_019-1, Sterbbuch tom. III, Kopie, 16. Januar 1826 – 31. Dezember 1869, Blatt 022, Nr. 2. – Enthaltenes Direktzitat siehe ebenda.

[242] Vgl. Pfarre St. Paul im Lavanttal: S59_005-1, Geburtsbuch tom. V, 1. Januar 1826 – 31.12.1858, Blatt 038, Nr. 2.

[243] Vgl. Pfarre St. Paul im Lavanttal: S59_019-1, Sterbbuch tom. III, Kopie, 16. Januar 1826 – 31. Dezember 1869, Blatt 028, Nr. 6. – Enthaltenes Direktzitat siehe ebenda.

tal.; geboren in Loschenthal 9; ungeprüfte Hebamme Josepha Fißher; Pate Joseph Käfer, vulgo Monde. Vater Johann Hasenbichler, vulgo Gastl. Mutter Maria Hasenbichler, geb. Käfer.[244] – (Josef HASENBICHLER wurde Besitznachfolger beim vulgo Gastl. Siehe unten.)

Michael Haßenbichler, *29.09.1843 in Loschenthal 9, getauft am 30.09. von P. Jacob Speiser e.h., paroch./Pfarrer; ... Hebamme Klara Nachl; Pate Joseph Käfer, Bauer vulgo Monde. Vater Johann Haßenbichler, vulgo Gastl. Mutter Maria Hasenbichler, geb. Käfer.[245] – Michael Hasenbichler starb am 13.11.1917 im Alter von 74 Jahren, geb. 1843, in Gries 25 (Krankenhaus Wolfsberg) als von Legerbuch gebürtiger und verwitweter sowie ortsfremder Taglöhner an „Arteriosclerose". Er wurde versehen und am 15.11. am Friedhof in Wolfsberg von Jos. Ebenberger e.h., Coop., begraben.[246]

Mein Vater hätte mir aber davon erzählt, dass die Maria Hasenbichler, geborene Käfer, zweimal mit einem Gastl-Sohn verheiratet war, zuerst mit Georg und dann mit Johann Hasenbichler. Er hat dabei immer ausdrücklich betont, dass der Vater der Maria Käfer für sie beim vulgo Gastl in Loschental/Legerbuch Nr. 9 die Landwirtschaft gekauft hat, damit sie ihren geliebten Knecht heiraten konnte. Und dass die Familie vulgo Gastl mit der Familie vulgo Monde eng verwandt war, hat er mir auch öfters erzählt. Ich war sogar einmal bei einem Begräbnis mit dabei, bei dem mein Onkel Michael Hasenbichler, vulgo Gastl in Legerbuch, mit seinen Rappen und dem Totenwagen die Leiche beim vulgo Monde in Legerbuch abgeholt hat. Vulgo Monde ist ein direkter Nachbar vom vulgo Gastl. Wir sind in einer Begräbnisprozession dem Leichenwagen bei brütender Sommerhitze in einem einstündigen Fußmarsch bis nach St. Paul im Lavanttal gefolgt. Das war Anfang der 1950-er Jahre.

Ich nehme jetzt einfach an, dass Maria, geb. Käfer, nur mit meinem Urgroßvater Johann Hasenbichler (*26.05.1809), vulgo Gastl in Legerbuch 9, verheiratet war und mit ihm die folgenden ehelichen Kinder hatte: Maria (1834-1837), Joseph (1837-1907), Maria (*/†1840), Michael (1843-1917). Es gehen sich im fraglichen Zeitraum auch keine zwei Ehen aus, denn beide Töchter „Maria" sollen von „Georg Hasenbichler" gewesen sein, die Söhne „Joseph" und „Michael" aber von „Johann Hasenbichler". Der Schriftführer muss sich beim Eintragen des Vornamens vom Kindesvater ganz einfach zweimal geirrt haben, als er „Georg" schrieb anstatt „Johann". – (Zu Georg Hasenbichler, get. 05.04.1795, siehe Anmerkungen oben.)

Maria Hasenbichler, geb. Käfer, starb am 01.01.1863 im Alter von 55 Jahren in Legerbuch 11 als vulgo Gastlin an Lungenlähmung, weshalb sie nicht versehen werden konnte. Sie wurde am 03.01. in St. Paul im Lavanttal begraben.[247] – Nach ihrem Alter an ihrem Sterbetag zu schließen, wurde sie jedoch 1807 oder 1808 geboren. – (Siehe oben immer wieder Unstimmigkeiten bei den Geburts- und anderen Daten.)

Johann Hasenbichler (*26.05.1809) starb am 03.02.1885 als Inwohner beim vulgo Gastl in Loschenthal 9 im Alter von 76 Jahren an Typhus. Er wurde nicht versehen, weil „das Delirium andauerte", und von P. Columban Urnik e.h., Cooperator, am 05.02. in St. Paul im Lavanttal begraben.[248]

Ich weise hier noch einmal ausdrücklich darauf hin, dass die Daten meiner Hasenbichler Vorfahren bis hierher mühsam rekonstruiert wurden, obwohl es in den Matriken für diesen

---

[244] Vgl. Pfarre St. Paul im Lavanttal: S59_005-1, Geburtsbuch tom. V, 1. Januar 1826 – 31.12.1858, Blatt 031, Nr. 3.

[245] Vgl. Pfarre St. Paul im Lavanttal: S59_005-1, Geburtsbuch tom. V, 1. Januar 1826 – 31.12.1858, Blatt 048, Nr. 8.

[246] Vgl. Pfarre Wolfsberg: W12_053-1, Sterbbuch XIII, 3. Juni 1911 – 19. Juli 1918, Blatt 284, Nr. 5. – Enthaltenes Direktzitat siehe ebenda.

[247] Vgl. Pfarre St. Paul im Lavanttal: S59_019-1, Sterbbuch tom. III, Kopie, 16. Januar 1826 – 31. Dezember 1869, Blatt 095, Nr. 1.

[248] Vgl. Pfarre St. Paul im Lavanttal: S59_021-1, Sterbbuch tom. V, Kopie, 12. Januar 1884 – 21. November 1839, Blatt 006, Nr. 6 (gesamt, 1884 und 1885), Nr. 4 (1885). – Enthaltenes Direktzitat siehe ebenda.

Zeitraum keine Querverweise gibt. Es kann also durchaus sein, dass ich jemand einer falschen Familie zugeordnet habe. In diesem Falle entschuldige ich mich dafür aufrichtig. – Es ist mir aber bei der Familie Käfer aufgefallen, dass die Besitzer zwischen vulgo Maier am Hof, Pfarre St. Paul im Lavanttal, und vulgo Lackner am Herzogberg, Pfarre St. Georgen im Lavanttal, hin- und her wechselten. (Siehe unten.)

Großvater Josef HASENBICHLER, 15.07.1837 – 13.09.1907,

„getauft am 15. July 1837 in Loschenthal 9, Josephus Haßenbichler; katholisch, Knabe, ehelich geboren; Hebamme Josepha Gipfer, ungeprüft. Vater Johann Haßenbichler, vulgo Gastl. Mutter Maria, geb. Käfer. Pate Joseph Käfer, Bauer vulgo Monde. Getauft von P. Godfried Dollinger e.h., Prof. et Capital. S. Paul."[249] – (July = Juli, Loschenthal = Loschental = Legerbuch, Josephus Haßenbichler = Josef Hasenbichler, Godfried = Gottfried, et = und.)

Josef Hasenbichler heiratete am 10.02.1863 in Lavamünd. „Bräutigam: Josef Hasenbichler, [wohnhaft in] Legerbuch 9, des Johann Hasenbichler, vulgo Gastl, und seines Eheweibes Maria, geb. Käfer, ehelicher Sohn, wirklicher Besitzer der Gastlhube; katholisch, 25 Jahre alt, unverehelicht. Braut: Maria Renner, des Gregor Renner, vulgo Lorenzemonter in Plestetten, und seines Eheweibes Magdalena, geb. Hansl, eheliche Tochter, im Vaterhause sich aufhaltend; katholisch, 18 Jahre alt, unverehelicht. Zeugen: Blasius Wethand, vulgo Korßhner, Beystand des Bräutigams; Josef Goßh, vulgo Valtan-Bauer, Beystand der Braut. Wilhelm Lichtenegger e.h., Pfarrer und Namens[fertiger]. – Gregor Renner, Vater der Braut, mit dessen Einwilligung die Ehe geschlossen wurde. – Ehelizenz vom S. G. Bezirks-Gerichte St. Paul, ddo. 29. Jänner 1863, Nr. 2. – Die Copulation in Lavamünd."[250] – (Plestetten = Plestätten, Beystand = Beistand/Zeuge, ddo. = detto = vom, Copulation = Trauung/Verehelichung.) – Nach dem Alter bei ihrer Trauung zu schließen, wurde Maria Renner 1844/1845 geboren.[251]

Josef Hasenbichler und Maria, geb. Renner, hatten folgende ehelich geborene Kinder:

Michael, getauft am 24.09.1864 von P. Wilhelm Lichtenegger e.h., paroch./Pfarrer; geboren in Loschenthal 9; katholisch, Knabe, ehelich geboren; ungeprüfte Hebamme Anna Gonzi; Patin Frau Maria Käfer, vulgo Maieramhof.[252] – (Michael HASENBICHLER wurde Besitznachfolger beim vulgo Gastl in Loschental/Legerbuch 9.)

Maria, getauft am 11.05.1867 von P. Odilo Heßle e.h., Cooperator; geboren in Legerbuch 9; katholisch, Mädchen, ehelich geboren; ungeprüfte Hebamme Margareth Streit; Patin Maria Käfer, vulgo Mayeramhof. – Maria Hasenbichler heiratete als Magd am 18.02.1901 Urban Haßler, geb. in Wölfnitz, geb. 19.07.1856, Witwer, Besitzer vulgo Haßlerkeusche in Andersdorf 27, ehel. Sohn des verstorb. Urban Haßler, gew. Besitzer vulgo Heilinger in Wölfnitz, und der Cajetana Maria Haßler, Auszüglerin in Pölling beim vulgo Koch. Das Paar wurde getraut von P. Raim. Kucharz e.h.[253] – Maria Hasenbichler starb am 07.08.1940 in Goding laut Standesamt Eitweg vom 28.08.1940.[254]

---

[249] Pfarre St. Paul im Lavanttal: S59_005-1, Geburtsbuch tom. V, Kopie, 1. Januar 1826 – 31. Dezember 1858, Blatt 031, Nr. 3.

[250] Pfarre St. Paul im Lavanttal: S59_013-1, Trauungsbuch tom. II, Kopie, 31. Januar 1826 – 13. Oktober 1868, Blatt 062, Nr. 2. – Vorhergehende Aussage vgl. ebenda.

[251] Im Geburtenbuch tom. IV der Pfarre St. Paul im Lavanttal wurde in den Jahren 1844 und 1845, Blatt 050-058, kein Taufeintrag für Maria Renner gefunden.

[252] Vgl. Pfarre St. Paul im Lavanttal: S59_006-1, Geburtsbuch tom. VI, Kopie, 8. Januar 1859 – 7. Juni 1876, Blatt 026 und 026a, Nr. 5.

[253] Vgl. Pfarre St. Paul im Lavanttal: S59_014-1, Trauungsbuch tom. III, Kopie, 7. Februar 1869 – 5. Mai 1913, Blatt 178, Nr. 1.

[254] Vgl. Pfarre St. Paul im Lavanttal: S59_006-1, Geburtsbuch tom. VI, Kopie, 8. Januar 1859 – 7. Juni 1876, Blatt 035, Nr. 6. – Taufe und Sterbetag eingetragen.

>>> Maria Hasenbichler gebar am 18.06.1899 um 8 Uhr am Abend in St. Martin 11 beim vlg. Pettauer die uneheliche Tochter **Aloisia**, getauft am 19.06. von Pfarrer P. Columban Urnik e.h. in St. Martin im Granitztal; Patin Aloisia Hasenbichler, Gastl-Tochter in Legerbuch; ungeprüfte Hebamme Maria Pichler. [Es wurde nie ein Vater eingetragen.][255] – Aloisia Hasenbichler starb am 29.11.1902 in Legerbuch 21, 3 Jahre alt, an Brandwunden und wurde nach der Obduktion von P. Gregor Ehgartner e.h. am 30.11. in St. Paul im Lavanttal begraben.[256]

Josef, geb. 24.11.1869 um 1 Uhr in der Nacht, getauft am selben Tag um 9 Uhr in der Früh von P. Friedrich Schwarz e.h., Pfarrer; geboren in Loschenthal 9 beim vulgo Gastl; katholisch, Knabe, ehelich geboren; ungeprüfte Hebamme Maria Hasenbichler; Pate Josef Käfer, vulgo Maier am Hof, Besitzer.[257]

Anna, geb. 05.01.1872 um 3 Uhr am Nachmittag, getauft am 06.01. um 2 Uhr am Nachmittag von P. Placidus Keimbacher e.h., Cooperator; geboren in Legerbuch 9 beim vulgo Gastl; katholisch, Mädchen, ehelich geboren; ungeprüfte Hebamme Magdalena Renner; Patin Anna Käfer, vulgo Maieramhoferin.[258]

>>> Anna Hasenbichler gebar in Legerbuch 17 die uneheliche Tochter **Appolonia**, getauft am 09.02.1896 von P. Pauer Hermann e.h. in St. Paul im Lav.; Patin Maria Hasenbichler.[259] – Apollonia Hasenbichler, †20.04.1896, 10 Wochen alt, in Legerbuch 10 an Lebensschwäche, wurde am 22.04. von P. Blasius Simetsberger e.h. in St. Paul im Lav. begraben.[260]

>>> Anna Hasenbichler gebar als Dienstmagd in Unterrainz 3 die uneheliche Tochter **Maria**, getauft am 22.06.1897 von P. Hermann Pauer e.h. in St. Paul im Lav.; Patin Maria Hasenbichler, Dienstmagd beim vlg. Weninger. – Maria Hasenbichler, †18. 07.1985, in Rabenstein-Greuth 14, laut Standesamt Lavamünd unter Sterbebuch Nr. 9/1985.[261]

Johannes de Nep., geb. 09.05.1874 um 12 in der Nacht, getauft am 09.05. um 4 Uhr am Nachmittag von P. Friedrich Schwarz e.h., Pfarrer; geboren in Legerbuch 9 beim vulgo Gastl; katholisch, Knabe, ehelich geboren; ungeprüfte Hebamme Magdalena Renner; Patin Anna Käfer, Maieramhoferin.[262] – Johann Hasenbichler starb am 10.05.1874 um 3 Uhr am Nachmittag in Legerbuch 9 beim vulgo Gastl im Alter von 27 Stunden an der [Fraisen] und wurde von P. Friedrich Schwarz e.h., Pfarrer, am 12.05. in St. Paul im Lavanttal begraben.[263]

Aloisia, geb. 01.06.1875 um 12 Uhr in der Nacht, getauft am 04.06. von Paul Spech e.h., Cooperator; geboren in Legerbuch 9 beim vulgo Gastl; katholisch, Mädchen, ehelich geboren; ungeprüfte Hebamme Magdalena Renner; Patin Anna Käfer, vulgo Maier am Hof. – Aloisia Hasenbichler heiratete am 20.03.1922 Peter Weinberger in St. Paul im Lavanttal.

---

[255] Vgl. Pfarre St. Martin im Granitztal: S48_008-1, Geburtsbuch tom. H, Kopie, 10. November 1895 – 1. September 1902, Blatt 069, Nr. 2.

[256] Vgl. Pfarre St. Paul im Lavanttal: S59_021-1, Sterbbuch tom. V, Kopie, 12. Januar 1884 – 21. November 1939, Blatt 067, Nr. 10.

[257] Vgl. Pfarre St. Paul im Lavanttal: S59_006-1, Geburtsbuch tom. VI, Kopie, 8. Januar 1859 – 7. Juni 1876, Blatt 047, Nr. 1.

[258] Vgl. Pfarre St. Paul im Lavanttal: S59_006-1, Geburtsbuch tom. VI, Kopie, 8. Januar 1859 – 7. Juni 1876, Blatt 062, Nr. 7 (gesamt, 1871/72), Nr. 2 (1872).

[259] Vgl. Pfarre St. Paul im Lavanttal: S59_008-1, Geburtsbuch tom. VIII, Kopie, 1. Januar 1895 – 23. Dezember 1904, Blatt 015, Nr. 1.

[260] Vgl. Pfarre St. Paul im Lavanttal: S59_021-1, Sterbbuch tom. V, Kopie, 12. Januar 1884 – 21. November 1939, Blatt 050, Nr. 13.

[261] Vgl. Pfarre St. Paul im Lavanttal: S59_008-1, Geburtsbuch tom. VIII, Kopie, 1. Januar 1895 – 23. Dezember 1904, Blatt 031, Nr. 3.

[262] Vgl. Pfarre St. Paul im Lavanttal: S59_006-1, Geburtsbuch tom. VI, Kopie, 8. Januar 1859 – 7. Juni 1876, Johannes, Blatt 078, Nr. 6; Aloisia, Blatt 085 und 085a, Nr. 2.

[263] Vgl. Pfarre St. Paul im Lavanttal: S59_020-1, Sterbbuch tom. IV, Kopie, 10. Januar 1870 – 22. Dezember 1883, Blatt 026, Nr. 6.

>>> Aloisia Hasenbichler gebar in Legerbuch 9 beim vlg. Gastl den unehelichen Sohn **Oswald**, getauft am 10.10.1896 von P. Raimund Kucharz in St. Paul im Lavanttal; Patin Hedwig Sternat, vlg. Monde; ungeprüfte Hebamme Maria Hasenbichler. – Oswald Hasenbichler starb am 17.12. 1896 in Loschenthal 9, 9 Wochen alt, an Fraisen und wurde am 19.04. von P. Hermann e.h. in St. Paul im Lavanttal begraben.[264]

>>> Aloisia Hasenbichler gebar am 22.04.1899 in Loschenthal 9 totgeborene **Zwillinge**, und zwar zwei **Mädchen**; katholisch, unehelich geboren. Sie wurden nicht getauft. Es gab also keine Taufe, keine Taufpatin und auch keine Hebamme.

>>> Aloisia Hasenbichler gebar den unehelichen Sohn **Alois** in Loschenthal 10, der von P. Gallus Jäger e.h. am 11.01.1901 in St. Paul im Lavanttal getauft wurde; Patin Josefa Hasenbichler, vulgo Gastl-Tochter in Loschenthal. – Alois Hasenbichler starb am 31.12.1971 in Wolfsberg-Gries 25, laut Sterbbuch Nr. 360/1971.[265]

Josefa, getauft am 15.03.1878 von P. Friedrich Schwarz e.h.; geboren in Loschenthal 9; katholisch, Mädchen, ehelich geboren; ungeprüfte Hebamme Magdalena Renner; Patin Maria Käfer, Marenhoferin.[266] – Josefa Hasenbichler starb am 12.06.1909 im Alter von 30 Jahren als ledige Dienstmagd in Loschental 9 an Nervenfieber und wurde am 14.06. von P. Norbert Bauer e.h. in St. Paul im Lavanttal begraben.[267] – (Richtig: Josefa † im Alter von 31 Jahren).

„Josef Hasenbichler, gestorben am 13. September 1907 um ½ 6 Uhr Abends, begraben am 15.[09., am] Nachmittag; als Inwohner von Legerbuch, politischer Bezirk Wolfsberg in Kärnten, gebürtig und dahin zuständig, im Krankenhaus [in] Wolfsberg [Nr.] 25; verheimatet (seit wann? unbekannt) und ortsfremd; katholisch, männlich, 70 1/6 Jahre alt; [g]eboren 15. Juli 1837; an Nephritis/Nierenentzündung, Wunde ärztlich behandelt. Laut Todtenbsch. ddo. 14/9 1907, Protok. Nr. 78 K. Versehen. Beerdigt am Friedhofe zu Wolfsberg von Herrn Ignaz Millonig e.h., Coop."[268] – (Todtenbsch. – Totenbeschauschein, ddo. = detto = vom, Protok. = Protokoll, Coop. = Cooperator.)

Maria Hasenbichler, geb. Renner, starb am 14.06.1917 im Alter von 73 Jahren als verwitwete Auszüglerin in Loschental 9 an „Genickstarre". Sie wurde versehen und am 16.06. von P. Raim. Kucharz e.h. in St. Paul im Lavanttal begraben. Sie war am 02.02.1844 in Lavamünd geboren.[269]

Vater Michael HASENBICHLER, 24.09.1864 – 21.01.1934,

„geb. am 24. Sept. 1864 in Loschenthal [Loschental/Legerbuch] 4, Michael Hasenbichler; kath., Knabe, ehelich geboren; getauft von P. Wilhelm Lichtenegger e.h., [Pfarrer]; ungepr[üfte] Hebamme Anna Gonzi. Vater Josef Hasenbichler, vulgo Gastl. Mutter Maria, geb. Renner. Patin Maria Köfer, vulgo Maieramhof."[270] – (Mein Großvater väterlicherseits.)

---

[264] Vgl. Pfarre St. Paul im Lavanttal: S59_021-1, Sterbbuch tom. V, Kopie, 12. Januar 1884 – 21. November 1939, Blatt 052, Nr. 7.

[265] Vgl. Pfarre St. Paul im Lavanttal: S59_008-1, Geburtsbuch tom. VIII, Kopie, 1. Januar 1895 – 23. Dezember 1904, Oswald, Blatt 024, Nr. 2; totgeborene Zwillinge, Blatt 052, Nr. 5, (letzte Eintragung); Alois, Blatt 071, Nr. 5 (gesamt, 1900/01), Nr. 2 (1901). – Die Daten einiger Kinder werden hier zusammengefasst dargestellt.

[266] Vgl. Pfarre St. Paul im Lavanttal: S59_007-1, Geburtsbuch tom. VII, Kopie, 12. Juni 1876 – 27. Dezember 1894, Blatt 018, Nr. 6, (letzte Eintragung).

[267] Vgl. Pfarre St. Paul im Lavanttal: S59_021-1, Sterbbuch tom. V, Kopie, 12. Januar 1884 – 21. November 1939, Blatt 086, Nr. 14.

[268] Pfarre Wolfsberg: W12_052-1, Sterbbuch XII, 26. Januar 1907 – 30. Mai 1911, Blatt 054, Nr. 2.

[269] Vgl. Pfarre St. Paul im Lavanttal: S59_021-1, Sterbbuch tom. V, Kopie, 12. Januar 1884 – 21.11.1939, Blatt 121, Nr. 9, (ganz unten). – Enthaltenes Direktzitat siehe ebenda. – Pfarre Lavamuend: L04_011-1, Geburtsbuch V (E) + Index, 1. Januar 1838 – 17. Dezember 1860, Blatt 053, 02.02.1844 keine Maria Renner getauft.

[270] Pfarre St. Paul im Lavanttal: S59_006-1, Geburtsbuch tom. VI, Kopie, 8. Januar 1859 – 7. Juni 1876, Blatt 026 und 026a, Nr. 4.

Michael Hasenbichler heiratete am 11.06.1900 Maria, geb. Skubl, in Lavamünd. „11. Juni 1900; Witternig 2; Bräutigam: Michael Hasenbichler, v[ulgo] Gastlbauer in Loschenthal, ehl. Sohn des Josef Hasenbichler und dessen Eheweibes Maria, geb. Renner; kath.; 35 Jahre alt, geb. 24. Sept. 1864, unverehelicht. Braut: Maria Skubl, Magd, unehl. Tochter der Maria Skubl, einer Magd in St. Paul; kath., 24 Jahre alt, geb. 3. Aug. 1875, unverehelicht. Zeugen: Gregor Wiedenbauer e.h., vlg. Strutti, Bauer in Unterbergen; Peter Gertschnigg e.h., vlg. Golly in Rabenstein-Greuth; getraut von Matthias Scheriau e.h., Pfarrer. – Obiges Brautpaar wurde nach dreimaligem Aufgebote am 3., 4. und 10. Jan. l[aufenden] J[ahres] sowohl in hiesiger Pfarrkirche als der der Braut als auch in der Pfarrkirche St. Paul als der des Bräutigams nach aufgenommenem Trauungsproto[k]oll Nr. 7 nach gut erfolgter Religions[unter]weisung und einer kurtzen … derselben und Obiger Verlautungsakten in der Marktkirche ohne Entdeckung eines Ehehindernisses getraut und kirchlich eingesegnet. – Trauungsakten des Jahres 1900: a) beiderseitigen Taufschein, b) Braut[heimat]schein.“[271] – (Richtig: Braut, geb. 07.08.1875.)

Meine Großmutter väterlicherseits „Maria Skubl wurde am 7. August 1875 in Močula 1 geboren und am 8. [Januar] von J. Črnkovic e.h., Provisor, getauft; katholisch, weiblich, unehelich geboren; ungeprüfte Hebamme Eva Kanzian. [Hier wurde nie ein Vater eingetragen.] Mutter Maria Skubl, ledige Dienstmagd, uneheliche Tochter der kath[olischen] Inwohnerin Margareth Skubl. Patin Maria Meschnark, v[ulg]o Zellerin in Zeil, Pfarre Lavamünd, kath[olischer] Religion. J. Črnkovic e.h., Namensf[ertige]r. – Verehelichte Hasenbichler, †22.2.1959 in Pf[arre] St. Paul, Legerbuch.“[272] – (Meiner Erinnerung nach starb meine Hasenbichler Großmutter im Herbst 1959, und zwar zwischen Ende September und Anfang Oktober, denn mein zweites Schuljahr in der HAK Villach hatte soeben begonnen, als ich von meinem Vater einen diesbezüglichen Brief erhielt. Ich war zum Begräbnis aus Kostengründen nicht eingeladen, nur mein Vater und mein Bruder Albin nahmen daran und am Totenmahl teil. Es ist im Lavanttal so üblich, dass zwei Personen pro Haushalt dazu eingeladen werden.)[273]

Meine Urgroßmutter Maria Skubl wurde am 17.04.1841 in Oberdorf 9 geboren und am selben Tag von S. Deutschmann e.h., Pfarrer, in Schwabegg getauft; katholisch, Mädchen, unehelich geboren; ungeprüfte Hebamme Aloisia Rader; Paten Leopold Rader, vulgo Sadjak und seine Ehefrau Apollonia, Keuschler. Mutter Margareth Skubl, vulgo Tratnigkeuschler-Tochter. – [Vaterschaftserklärung:] Der Gefertigte, uns wohlbekannte Primus Kaz, Knecht beim Kaz, hat sich freiwillig vor uns als Kindesvater erklärt und verlangt, als solcher eingetragen zu werden, am 02.05.1841. Johann [Huainig], Zeuge; Deutschmann e.h.[274] – Wann und wo diese Urgroßmutter gestorben ist und ob sie nicht doch irgendwo geheiratet hat, konnte nicht erhoben werden.[275] – (Valentin Weiss aus Ottmanach war nicht ihr Vater.)

---

[271] Pfarre Lavamuend: L04_022-1, Trauungsbuch tom. IV, Kopie, 9. Januar 1883 – 6. Februar 1940, Blatt 107, Nr. 1. – Vorhergehende Aussage vgl. ebenda.

[272] Pfarre Neuhaus/Suha: N01_001-1, Geburtsbuch I, 3. November 1858 – 25. November 1865, [richtig wäre: bis 22. Oktober 1913; danach folgen noch Nachträge vom November 1865], Blatt 088, Nr. 3, (letzte Eintragung).

[273] Das letzte, im Internet veröffentlichte Sterbbuch tom. V der Pfarre St. Paul im Lavanttal reicht nur bis zum 21.11.1939, S59_021-1, und der Alphabetische Index zu den Sterbbüchern reicht auch nur bis zum 31. Dezember 1945, S59_023-3. – Weitere Matriken sind wegen EU-Datenschutz gesperrt. (Stand 02.07.2023.)

[274] Vgl. Pfarre Schwabegg/Žvabek: S07_005-1, Geburtsbuch IV, 6. Dezember 1833 – 9. November 1854, Blatt 050, Nr. 2.

[275] Durchsucht wurden: Index zu Sterbbuch der Pfarre Schwabegg/Žvabek (1717-1903), Sterbbuch V der Pfarre Schwabegg/Žvabek, S07_018-1, 27.06.1883 – 26. November 1950; der Alphabetische Index zu den Sterbbüchern, Kopie, der Pfarre Neuhaus/Suha, N01_005-2, 1. Januar 1858 – 31.12.2005; die entsprechenden Indizes zu den Sterbbüchern sowie die in Betracht kommenden Sterbbücher der Pfarren Lavamünd (ab 1864), St. Paul im Lavanttal (Sterbbuch II und III), St. Georgen im Lavanttal (Index 1891-2000), sowie Sterbbuch (1860-1880) und Bleiburg/Pliberk: Index 1819-1836, B06_022-1, Geburtsbuch D, 4. Juli 1808 – 24. Dezember 1835; B06_012-1, Geburtsbuch C; B06_011-1, (1806-1808). – Margareth Skubl auch im Taufbuch/Krstna knjiga der Pfarre Leifling/082Libeliče, 01242, 1. Januar 1822 – 31. Dezember 1842, nicht gefunden. Vgl. https://data.matricula-online.eu/de/slovenia/maribor/libelice/01242/?p_1, Zugriff 02.07.2023, 23:30 Uhr.

Nach viel vergeblichem Suchen stieß ich bei den Taufdaten von Michael und Josefa Hasenbichler, (*07.07.1901 bzw. *02.03.1903), auf den Hinweis, dass ihre Großmutter Maria Skubl eine „noch lebende Dienstmagd in Klagenfurt" sei. Nachdem eine Dienstmagd in Klagenfurt sicherlich nicht zu Hause verstirbt, sondern im Krankenhaus, fand ich auch ihren Sterbeeintrag: „gestorben am 4. April 1906 um ¼ 12 [Uhr] Mittags, begraben am 6., verstorben im Krankenhaus in der St. Veitstraße, Maria Skubel, ledige Inwohnerin, gebürtig und zuständig in Schwabegg, B[ezirk] Völkermarkt; katholisch, weiblich, 65 Jahre alt; 1841 gebürtig; starb an eitriger Zellgewebsentzündung und Herzschwäche; wurde versehen und in Klagenfurt-Terndorf [heute Klagenfurt-Annabichl, slowenisch Trnja vas] von P. Alois Slabanja e.h., Seelsorger, begraben.[276]

Die Lebensdaten meiner Ururgroßmutter Margareth Skubl fand ich ebenfals nicht.[277] – Ich fand aber die Taufe einer **Margareth Skoubou** [dialektal, > Skubel/ Skubl] in der Pfarre Schwabegg/Žvabek am 22.05.1819, geboren in Oberdorf 11, ehel. Tochter des Thomas Suppanz, „natus" [geborener] Skoubou, und seiner Ehefrau Maria, „nata" [geborene] Resch. Paten Anna und Johann Pungart, Bauersleute in …; Pfarrer Simon Ragingg e. h.[278]

Und ich fand die Taufe einer **Maria Anna**, ehel. geb. Tochter des **Antonij Scobl** und seiner Ehefrau Anna, getauft am 26.06. 1721 von P. Colestinus e.h., Patin Maria Kollerin.[279] – (Scobl = Skubel/Skubl.)

Meine Großmutter Maria Skubl (1875-1959) hatte auf alle Fälle zwei (Halb-)Schwestern, nämlich Amalia und Agnes Skubl.

Amalia Skubl wurde am 05.07.1878 um 1 Uhr in der Früh in Neuhaus 3 geboren und am selben Tag von Math. Randl e.h. getauft; katholisch, Mädchen, unehelich geboren; ungeprüfte Hebamme Maria Duller. [Auch hier wurde nie ein Vater eingetragen.] Mutter und Patin wie oben bei Maria Skubl, verehelichte Hasenbichler.[280] – Sie blieb vermutlich in der Pfarre Neuhaus/Suha und gründete dort eine Familie.[281]

Agnes Skubl wurde am 16.01.1883 um 4 Uhr am Nachmittag in Močula[/Motschula] 1 geboren und am 18.01. von Mathias Randl e.h., Provisor, getauft; katholisch, Mädchen, unehelich geboren; ungeprüfte Hebamme Maria Kaiser. [Auch bei ihr wurde nie ein Vater eingetragen.] (Mutter und Patin wie oben bei Maria Skubl, verhelichte Hasenbichler.) – Cop[uliert] 28.02.1916 mit Rudolf Kuković, Stadtpfarre Innsbruck-Pradl.[282] – Agnes Skubl heiratete am 28.02.1916 in der Pfarrkirche Innsbruck-Pradl. Bräutigam: Rudolf Kukovič, J. B. Oberbauarbeiter, M[aria-Theresien-]gasse 18, Sohn des Jakob [Kukovič], Bauer, und der Maria Jojnko, zuständig und gebürtig in St. Veit bei Grubelno, Bezirk Zilli in der Steiermark, [heute Šentvid pri Grobelnem na Štajerskem, Slowenien], am 7. April 1888 [geboren]; katholisch, ~~22~~ [27] Jahre alt, unverehelicht. Braut Agnes Skubl, Köchin, Gaswerkstraße 25, Tochter der Maria, Inwohnerin, zuständig und geboren in der Gemeinde Schwabegg, Pfarre Neuhaus, Bezirk Völkermarkt in Kärnten, am 16. Jänner 1883 [geboren]; katholisch, 33 Jahre

---

[276] Klagenfurt-Krankenhaus: K14_024-1, Sterbbuch I, 2. September 1896 – 31. Mai 1906, Blatt 598, Nr. 3.

[277] In der Pfarre Neuhaus/Suha beginnen die Geburtsmatriken mit 03.11.1858, die Trauungsbücher mit 13.02. 1860 und die Sterbbücher mit 31.10.1858.

[278] Vgl. Pfarre Schwabegg/Žvabek: S07_004-1, Geburtsbuch III, 1. Januar 1817 – 16. November 1833, Blatt 025, Nr. 4, (letzte Eintragung). – Direktzitate siehe ebenda.

[279] Vgl. Pfarre St. Paul im Lavanttal: S59_001-1, Geburtsbuch tom. I, 13. Januar 1698 – 25. Februar 1748, Blatt 105, S. 208, Nr. 8, (letzte Eintragung).

[280] Vgl. Pfarre Neuhaus/Suha: N01_001-1, Geburtsbuch I, 3. November 1858 – 25. November 1865, [richtig wäre: bis 22. Oktober 1913; danach folgen noch Nachträge vom November 1865], Blatt 103, Nr. 3.

[281] Die direkte Verwandtschaftslinie kann dort aber nicht nachgewiesen werden, weil die entsprechenden Geburtsdaten in den Matriken wegen des EU-Datenschutzes noch gesperrt sind. (Stand 03.07.2023.)

[282] Vgl. Pfarre Neuhaus/Suha: N01_001-1, Geburtsbuch I, 3. November 1858 – 25. November 1865, [richtig wäre: bis 22. Oktober 1913; danach folgen noch Nachträge vom November 1865], Blatt 131, Nr. 1.

alt, unverehelicht. Zeugen: Heinrich Weber, Bahnmeister, Fabrikgasse 8, Innsbruck; Franz Kos, Bahnbediensteter, Neurauthgasse 7. – Aufgebot hier und in Witten am 13., 20. und 27. Februar. Getraut von J. Ignatius e. h., Namensfertiger.[283] – Agnes/Neža Kukovič lebte während und nach dem Zweiten Weltkrieg in Marburg/Maribor in Slowenien und heiratete Anfang der 1950-er Jahre noch einmal. Ich kann mich an einen Brief erinnern, den sie uns nach Fransdorf 1, P. St. Georgen im Lavanttal, in Slowenisch geschickt hat. Meine Stiefmutter konnte Slowenisch. Sie hat ihn mir damals in unserer Zimmer-Küche-Wohnung beim vulgo Juri vorgelesen.

Und ich fand ein **Skubl Mädchen**, tot geboren am 28.03.1897 um 8 ¼ Uhr am Vormittag in der Landesgebäranstalt als unehelich geborenes Magdkind aus Klagenfurt. Dieses Mädchen wurde am 30.03. von P. Gallos Jäger e.h., O.S.B., in Klagenfurt-St. Ruprecht begraben.[284] – Es war entweder eine weitere Tochter oder eine Enkelin von Maria Skubl, (1841-1906).

Meine Lavanttaler Großeltern Michael und Maria Hasenbichler, geb. Skubl, hatten folgende eheliche Kinder: Michael, (*/†07.07.1901); Josefa, (02.03.1903 – 06.09.1903); Michael, (05.07.1904 – 22.06.1979); Bibiana, (25.12.1905 – 15.02.1983); Emmerich, (18.01.1908 – 30.07.1971) und Albin, (13.03.1915 – 31.10.1999).

Michael Hasenbichler starb am 21.01.1934 um ¾ 10 Uhr in Loschental 9 im Alter von 69 Jahren als Auszügler an Auszehrung und wurde am 23.01. um ½ 10 Uhr in St. Paul im Lavanttal begraben. Er war seit 1900 verheiratet und am „25. IX. 1864“ zu Legerbuch geboren und daselbst zuständig.[285] – Maria Hasenbichler, geb. Skubl, starb im Herbst 1959. (Siehe oben.) – In meinem Geburts- und Taufschein der Pfarre St. Stefan bei Finkenstein vom 28. 10.1948 steht „Maria Skuhl“ statt „Maria Skubl“. > (Viele Unstimmigkeiten in den Matriken.)

Ich kann mich an meine Lavanttaler Großmutter noch ganz genau erinnern. Sie hatte immer einen dunkelbraunen Wickelrock und eine langärmelige Bluse an und wenn sie bei kaltem Wetter aus dem Haus ging, legte sie sich den sogenannten „Wëichl“ um ihre Schultern, ein gehäkeltes Schultertuch aus schwarzer Wolle. Wir haben bei ihr übernachtet, als die Hochzeit meines Kusins Albin Rudl noch bis am nächsten Tag zu Mittag am Laufen war. Sie hat meinen Bruder Albin zum Zahnarzt nach St. Paul im Lav. begleitet und sie hat uns von ihrem Sitzbankerl am Hügel unter der Gastl-Liegenschaft aus mit einem großen Taschentuch zugewinkt, wie mein Bruder und ich 1955 das erste Mal mit dem Zug von der Bahnhaltestelle St. Georgen im Lav. zu unseren Tanten und Onkeln in St. Stefan/Finkenstein in die Sommerferien gefahren sind. Als sie schon sehr schwach und krank war, habe ich sie einmal an einem Nachmittag nach der Hauptschule besucht und ihr aus meinem Lesebuch was vorgelesen. Sie hatte ihre Auszugskammer im alten Gastl-Haus in Legerbuch 9, gleich bei der Haustüre hinein links. Das war dann 1956 oder 1957 im Sommer, so gegen den Schulschluss hin. Sie war insgesamt nur eineinhalb Jahre zur Schule gegangen. Sie hatte daher nie schreiben gelernt, das Zeitung-Lesen hat sie sich selber beigebracht. Im Zweiten Weltkrieg mussten ihr ihre Söhne die Briefe in schönster Schrift verfassen, damit sie sie selber entziffern konnte. Zurückschreiben musste dann aber ihre Schwiegertochter Gisela.

Sohn Michael Hasenbichler, */†07.07.1901,

gestorben am 07.07.1901 als Gastl-Kind in Loschenthal 9 und begraben am 09.07. von P. Raimund Kucharz e.h. in St. Paul im Lavanttal, Michael Hasenbichler; römisch-katholisch,

---

[283] Vgl. www.matriken.tirol.gv.at > katholische Pfarrgemeinde Innsbruck-Pradl, Traubuch 1816-1919 mit Index MF0717-3, Version vom 17.09.2014, 10:15 Uhr, Blatt 234, Nr. 2. – Das Geburtsdatum ist im Sterbbuch mit 25.09. falsch eingetragen. Es müsste heißen: 24.09.1864. – Alter der Braut von mir korrigiert.

[284] Vgl. Pfarre Klagenfurt-LKH: K14_024-1, Sterbbuch I, 2. September 1896 – 31. Mai 1906, Blatt 021, Nr. 7.

[285] Vgl. Pfarre St. Paul im Lavanttal: S59_021-1, Sterbbuch tom. V, Kopie, 12. Januar 1884 – 21. November 1939, Blatt 194, Nr. 1. – Enthaltenes Direktzitat siehe ebenda.

männlich, ehelich geboren; geboren am 07.07.1901, Frühgeburt, eine Stunde alt; notgetauft von der ungeprüften Hebamme Maria Hasenbichler, [vermutlich seine Großmutter].[286] – (Eintragung der Eltern und Großeltern siehe unten bei Schwester Josefa.)

Tochter Josefa Hasenbichler, 02.03.1903 – 06.09.1903,

gestorben am 06.09.1903 als Gastl-Kind in Loschental 9, Gemeinde Legerbuch, im Alter von ½ Jahr an Fraisen und begraben am 08.09. von P. Raimund Kucharz e.h. in St. Paul im Lavanttal, Josefa Hasenbichler; römisch-katholisch, weiblich, ehelich geboren; geboren am 12.03.1903.[287] – [Vergleiche dazu Taufeintragung:] getauft am 02.03.1903 von P. R. Kucharz e.h.; geboren in Loschental 9; katholisch, Mädchen, ehelich geboren; ungeprüfte Hebamme Maria Hasenbichler, [vermutlich ihre Großmutter]; Patin Aloisia Hasenbichler, Gastltochter in Loschental. Vater Michael Hasenbichler, Besitzer vulgo Gastl, ehelicher Sohn des Josef Hasenbichler, gewesener Besitzer, und der Maria, geb. Renner, beide katholisch. Mutter Maria, geb. Skubl, uneheliche Tochter der noch lebenden Maria Skubl, Dienstmagd in Klagenfurt. Eheschließung der Eltern im Mai 1901 in Lavamünd.[288] – (Richtig: Eltern heirateten am 11.06.1900 in Lavamünd.)

Sohn Michael Hasenbichler, 05.07.1904 – 22.06.1979,

geboren am 05.07.1904 in Loschental 9, Michael Hasenbichler, getauft am 06.07. von P. R[aimund] Kucharz e. h., ungeprüfte Hebamme Maria Hasenbichler, alte Gastlin, [seine Großmutter]; katholisch, Knabe, ehelich geboren; Patin Aloisia Hasenbichler, Dienstmagd beim vulgo Gastl in Loschental. Vater: Michael Hasenbichler, vulgo Gastl in Loschental, daselbst 24.09.1864 geboren, ehelicher Sohn des noch lebenden Josef Hasenbichler, gewesener Gastl, jetzt Auszügler, und der Maria, geb. Renner, beide aus St. Paul im Lavanttal gebürtig, katholisch. Mutter: Maria, geb. Skubl, katholisch, uneheliche Tochter der noch lebenden Dienstmagd Maria Skubl in St. Paul im Lavanttal, katholisch, von Neuhaus gebürtig, geboren am 07.08.1875. Eltern geheiratet am 07.05.1901 in Lavamünd. [Richtig ist: Eheschließung seiner Eltern am 11.06.1900.] – Michael Hasenbichler hat sich am 01.07.1930 mit Gisela, geb. Konetschnig, in St. Paul im Lavanttal verehelicht. – Gestorben am 22.06.1979 in Loschental 4. – „Vidi 6. 7. 1904. Zweiger e.h.“[289] (Vidi = Gesehen/Kontrolliert. – Richtig: Renner Maria war aus der Pfarre Lavamünd gebürtig.)

Michael Hasenbichler heiratete also am 01.07.1930 in St. Paul im Lavanttal. „Bräutigam: Hasenbichler Michael, wohnhaft in Loschental 9; katholisch, 26 Jahre alt, unverehelicht; Besitzer beim vulgo Gastl in Loschental, Pfarre St. Paul, daselbst am 5. 7. 1904 geboren, zuständig in Legerbuch, ehelicher Sohn der katholischen, noch lebenden Eltern Michael Hasenbichler, Besitzerssohn, und der Maria, geb. Skubl. Braut: Konetschnig Gisela, Besitzerstochter in Zellbach Nr. 12 in Granitztal, geboren in der Pfarre St. Ulrich an der Goding, 5. 4. 1906, eheliche Tochter der katholischen Eltern, des † Josef Konetschnig, gew[esenen] vulgo Fürstenegger in Granitztal, und der noch lebenden Katharina, geb. Holzbauer; katholisch, 24 Jahre

[286] Vgl. Pfarre St. Paul im Lavanttal: S59_021-1, Sterbbuch tom. V, Kopie, 12. Januar 1884 – 21. November 1939, Blatt 064, Nr. 3. – Vgl. auch Pfarre St. Paul im Lavanttal: S59_008-1, Geburtsbuch tom. VIII, Kopie, 1. Januar 1895 – 23. Dezember 1904, Blatt 076, Nr. 5, (letzte Eintragung).

[287] Vgl. Pfarre St. Paul im Lavanttal: S59_021-1, Sterbbuch tom. V, Kopie, 12. Januar 1884 – 21. November 1939, Blatt 070, Nr. 5.

[288] Vgl. Pfarre St. Paul im Lavanttal: S59_008-1, Geburtsbuch tom. III, Kopie, 1. Januar 1895 – 23. Dezember 1904, Blatt 095, Nr. 4, (vorletzte Eintragung).

[289] Vgl. Pfarre St. Paul im Lavanttal: S59_008-1, Geburtsbuch tom. III, Kopie, 1. Januar 1895 – 23. Dezember 1904, Blatt 112, Nr. 4. – Enthaltenes Direktzitat siehe ebenda. – Vgl. Pfarre St. Paul im Lavanttal, Sterbbuch tom. VI, [Blatt] 209/16 und Sterbbuch Nr. 14/1979. – Entsprechendes Sterbbuch wegen EU-Datenschutz noch gesperrt und im Internet nicht verfügbar. (Stand 07.07.2023.)

alt, unverehelicht. Zeugen: Florian Greilberger e.h., St. Andrä, Schmiede[meister]; Peter Guntsche e.h., vulgo gewes[ener] Galli in Legerbuch. – Dieses Brautpaar wurde hier und in St. Martin i[m] Gr[anitztal] am 15. VI., 22. VI. und 29. VI. 1930 verlautbart und ohne Entdeckung eines Ehehin[dernisses hier] getraut von P. Raimund Kucharz e.h. – Ehedokumente: … – [Michael] gest. am 22. Juni 1979 unter Sterbbuch tom. VI, [Blatt] 209/16, und Sterbbuch Nr. 14/1979. – [Gisela] gest. am 3. 9. 1981 in Loschental 4, vulgo Gastl, unter Sterbbuch Nr. 25/1981. – …“[290]

Gisela Konetschnig wurde am 05.04.1906 in St. Ulrich Nr. 13 an der Goding geboren und am selben Tag von Karl [Kono] e.h., Pfarrer, getauft; ungeprüfte Hebamme Anna Morianz; katholisch, Mädchen, ehelich geboren; Patin Agnes Greilberger, Gastwirtsgattin in Gemmersdorf. Vater: Josef Konetschnig, vulgo Hobebauerkeuschler in St. Ulrich, geb. am 18.08.1888, ein ehelicher Sohn des Blasius Konečnik, vulgo [Fennet] in Köttelach, [jetzt slowenisch Kotle, Gemeinde Bleiburg/Pliberk], und der Antonia, geb. Schla[waschel], [laut Trauschein E/2 geborene Spanscheu]. Alle katholischer Religion. Mutter: Katharina Holzbauer, dessen Ehefrau, eine eheliche Tochter der katholischen, schon verstorbenen Eheleute Josef Holzbauer, vulgo Patsch in St. Martin im Granitztal, und der Gertraud, geb. Leiner. – Kindesvater laut Trauschein am 16.03.1852 geboren.[291]

Michael Hasenbichler und Gisela, geb. Konetschnig, hatten folgende eheliche Kinder: vermutlich Michael, (*15.07.1931, möglicherweise totgeborene Frühgeburt); Katharina, (*24. 11.1933); Aloisia, (*23.06.1934); Michl, (22.03.1935 – 17.04.1935); Franz, (*30.03.1936); Michael, (*15.07.1937); 7. Josef, (*20.03.1939): Gisela, (*26.07.1942) und Albin, (*09.12. 1945).[292]

Tochter Bibiana Hasenbichler, 25.12.1905 – 15.02.1983,

geboren am 25.12.1905 in Loschental 9, Bibiana Hasenbichler, getauft am 26.12. von P. Raim. Kucharz e.h.; katholisch, Mädchen, ehelich geboren; ungeprüfte Hebamme Maria Hasenbichler, [vermutlich ihre Großmutter]; Patin Aloisia Hasenbichler, Dienstmagd beim vulgo Weinberger am Weinberg. Vater: Michael Hasenbichler, vulgo Gastl in Loschental, röm. kathol., ehelicher Sohn der katholischen Eltern Josef Hasenbichler, Auszügler und gewesener Gastl, und der Maria, geb. Renner. Mutter: Maria Skubl, röm. kathol., uneheliche Tochter der noch lebenden Maria Skubel, Dienstmagd in St. Paul im Lavanttal, von Neuhaus gebürtig. Eltern geheiratet am 07.05.1901 in Lavamünd. [Richtig ist: Eheschließung ihrer Eltern am 11. 06.1900.] – Verehelicht am 5. Juli 1932 hier mit Matthäus Rudl. – Witwe: Mann †09.07.1951 in St. Georgen. – Gestorben am 15.02.1983 im Krankenhaus am Wagner-Jauregg-Platz in Graz, 16. Bezirk (unter Sterbebuch Nr. 771/1983, Standesamt A-8010 Graz).[293] (Richtig: Matthäus Rudl †12.07.1951.)

Bibiana Hasenbichler heiratete am 05.07.1932 Matthäus Rudl, Besitzer vulgo Juri in Fransdorf Nr. 1, Pfarre St. Georgen im Lavanttal, geboren am 16.09.1893 in Schöllenberg, Pfarre Prävalje, ehelicher Sohn der katholischen Ehegatten, des verstorbenen Ernst Rudl, ge-

[290] Pfarre St. Paul im Lavanttal: S59_016-1, Trauungsbuch tom. V, Kopie, 15. Januar 1929 – 26. Dezember 1939, Blatt 013, Nr. 2. – Vorhergehende nicht direkt zitierte Aussage vgl. ebenda. – Es folgen die Taufdaten einiger Kinder dieses Paares, die ebenfalls dem EU-Datenschutz unterliegen. (Stand 07.07.2023.)

[291] Vgl. Pfarre St. Ulrich an der Goding: S80_005-1, Geburtsbuch tom. "E", Kopie, 7. Januar 1886 – 23. August 1928, Blatt 173, Nr. 1.

[292] Diese Geburtsdaten sind aus EU-Datenschutzgründen noch gesperrt. (Stand 07.07.2023.) Ich kannte 7 dieser Hasenbichler Kusins und Kusinen, nur die beiden älteren Michaels, die (vermutlich) verstorben sind, eben nicht. Ich besitze auch ein Foto von ihnen, mit ihren Eltern, das ich aber aus Datenschutzgründen hier nicht veröffentliche.

[293] Vgl. Pfarre St. Paul im Lavanttal: S59_009-1, Geburtsbuch tom. IX, Kopie, 7. Januar 1905 – 14. Januar 1929, Blatt 015, Nr. 1.

wesener vulgo Juri, und der noch lebenden Elisabeth, geb. Božič, Auszüglerin in Fransdorf, zuständig in St. Georgen im Lavanttal; katholisch, 39 Jahre alt, [richtig ist: fast 39 Jahre alt], unverehelicht. Braut: Bibiana Hasenbichler, vulgo Gastltochter in Loschental Nr. 9, Pfarre St. Paul, daselbst am (25.11.1905) geboren, [richtig ist: geb. am 25.12.1905], zuständig in Legerbuch, eheliche Tochter der noch lebenden katholischen Eltern Michael Hasenbichler, Auszügler, und Maria Skubel; katholisch, 27 Jahre alt, [richtig ist: 26 ½ Jahre alt], unverehelicht. Zeugen: Peter Guntsch[nig] e.h., vulgo Golli in Legerbuch; Töfferl Josef e.h., vulgo Neubauer in Andersdorf. – Dieses Ehepaar wurde hier und in St. Georgen am 26.06., 29.06. und 03.07. verlautbart und ohne Entdeckung eines Ehehindernisses hier getraut von P. Maurus Wirth e.h. – 1. Ehedokumente: C. J. E. Frat. Pf. St. Paul, vom 23.06.1932, Zahl 78. 2. Taufschein des Bräutigams: Pf. Prevalje, Z. 414, vom 09.07.1923. 3. Taufschein der Braut: ---. 4. Verkündschein Pf. St. Georgen, vom 04.07. 1932.[294] – (Prävalje = Prävali, deutsch = Prevalje, slowenisch. – Die Namensschreibung wurde nach eigenem Gutdünken der Pfarrherren vorgenommen, obwohl es seit der Jahrhundertwende in beiden Sprachen schon eine normierte Grammatik gab. Ebenso gibt es bei den Daten immer wieder Abweichungen.)

Bibiana Rudl, geb. Hasenbichler, heiratete als Witwe zu Anfang der 1950-er Jahre einen Herrn Mayerhofer in Niederösterreich oder der Steiermark, der sie sehr sehr schlecht behandelte, sodass sie eines Tages zu einer Nachbarin flüchten musste, die ihr dann die Heimfahrt nach Fransdorf 1 zum vulgo Juri ermöglichte. So konnte sie zu ihrem Sohn zurückkehren. Meine Tante Bibiana hat sich dann vom Mayerhofer scheiden lassen. Die waren ja nur standesamtlich verheiratet. Mein Vater hatte seiner Schwester vorher wohlweislich geraten, sich nicht den gesamten Auszug auszahlen zu lassen. Tante Bibiana hat ihren zweiten Mann an Hand eines Zeitungsinserates ausgewählt.)

Meine Firmpatin Bibiana Mayerhofer, geborene Hasenbichler, verwitwete Rudl, starb am 15.02.1983 im Krankenhaus (siehe oben) und wurde am Grazer Zentralfriedhof ohne einen Priester in einem Einzelgrab begraben. Es war mir ein Bedürfnis, beim Begräbnis meiner Firmpatin anwesend zu sein.

Matthäus Rudl wurde am 16.09.1893 in Schellenberg 9, Pfarre Prevalje (/Prävali), geboren und am 17.09. von Joh. Warmuth e.h., Kaplan, getauft; katholisch, Knabe, unehelich geboren; Hebamme Ursula Kotnik; Pate Matthäus Božič, vulgo Ulcej in Schellenberg, und dessen Ehefrau Josefa. Mutter: Elisabeth Božič, hier geboren, eheliche Tochter des Johann Božič, vulgo Tramoličnik in Winkel, und der Margaretha, geb. Kotnik. Vaterschaftserklärung: Ernst Rudl, vulgo Slaniksche. Die unterfertigten Zeugen [erklären] eidesstättig, dass sie ihn dem Namen und der Person nach wohl kennen. [Er] war hier zugegen und hat sich als Vater des Kindes Matthäus Božič bekannt und die Einschreibung in das Taufbuch verlangt. Factum est coram me, 01.10.1893, A. Müller e.h., Pfarrer. Ernst Rudl, Vater; Franz Bebej, Zeuge; Gaspar Tschebul, Zeuge; Anton Müllker e.h., Zeuge und Namensfertiger. – Legitimiert durch die am 10.02.1875 hier geschlossene Ehe der Eltern. A. [Kunarz] e.h., Pfarrer. – Geheiratet am 05. 07.1932 Bibiana Hasenbichler in St. Paul.[295]

Matthäus Rudl, geborener Božič, starb am 12.07.1951 und wurde in St. Georgen im Lavanttal begraben.[296] – Ich kann mich auch an dieses Begräbnis ganz genau erinnern. Ich war mit meinem Vater aus Goritschach bei Finkenstein dorthin angereist, wonach ich dann gleich

[294] Vgl. Pfarre St. Paul im Lavanttal: S59_016-1, Trauungsbuch tom. V, Kopie, 15. Januar 1929 – 26. Dezember 1939, Blatt 029, Nr. 1.

[295] Vgl. Pfarre 142 Prevalje: Krstna knjiga / Taufbuch, 02067, 1. Januar 1884 – 31. Dezember 1897, Blatt 305, Nr. 4, (vorletzte Eintragung). – Die Matriken aus dem Mießtal befinden sich jetzt im Archiv der Erzdiözese Marburg/Maribor. Vgl. https://data.matricula-online.eu/de/slovenia/maribor/prevalje/02067/?pg=304, Zugriff 08.07.2023, 11:25 Uhr. – Prevalje, slowenisch, hieß in der österr. Monarchie Prävali, deutsch.

[296] Die Sterbbücher der Pfarre St. Georgen im Lavanttal sind nur bis Ende 1939 im Internet abrufbar. – Es besteht ja auch hier die EU-Datenschutzrichtlinie. (Stand 08.07.2023.)

bei Tante Bibiane Rudl, geborene Hasenbichler, beim vulgo Juri in Fransdorf 1, verblieb, weil ich dort ab Herbst 1951 die 2. Klasse der Volksschule St. Georgen im Lavanttal besuchte. Vater kam dann mit unserer Stiefmutter und meinem Bruder Albin erst im Spätherbst mit einem grünen Steyr Lkw nach, weil er bis dahin noch bei einem Tischler in Müllnern arbeitete. Wir bewohnten dann eine Ein-Zimmer-Küche im Bauernhaus vulgo Juri, und zwar gleich bei der vorderen Haustüre hinein, der große Raum links. Während ich den Lavanttaler Dialekt gleich verstand, hatte unsere Stiefmutter große Schwierigkeiten damit.

Die Eltern von Matthäus Rudl, Ernst Rudl und Elisabeth Rudl, geborene Božič, wohnten als Auszügler bei ihrem Sohn beim vulgo Juri in Fransdorf 1. Ernst Rudl starb am 02.01.1917 in Fransdorf 5 als Besitzer beim Holzfällen. Er war am 02.01.1855 geboren. Er wurde nicht versehen und am 05.01. von P. Bonifaz Se[n]tzer e.h., Pfarrer, in St. Georgen im Lavanttal begraben.[297] – Ernsts Ehefrau Elisabeth Rudl, geborene Božič, starb am 13.02.1950 und wurde ebenfalls in St. Georgen im Lavanttal begraben.[298]

Mein Vater hat mir erzählt, dass Onkel Matthäus Rudl beim vulgo Juri in Fransdorf 1 gekauft hat. Das Stock-Haus war am Zusammenfallen. Er hat alles in Schwung gebracht und sich dabei vollkommen verausgabt und zu Tode geschunden. Ich nehme an, dass er, nachdem er das Haus notdürftig renoviert hatte, seine Eltern aus Prävali zum vulgo Juri nach Fransdorf nachgeholt und ihnen einen Auszug verschrieben hat. Onkel Matthäus war erst 23 Jahre alt, als sein Vater beim Holzfällen verunglückte, sodass er bei schweren Arbeiten keine kompetente Unterstützung mehr hatte, außer natürlich die Mithilfe von irgendeinem Knecht.

Bibiana Hasenbichler und Matthäus Rudl hatten einen Sohn, Albin, geb. 26.05.1933.[299] – Matthäus Rudl hatte schon vorher einen unehelichen Sohn, nämlich Rudolf Rudl, geb. 27.-11.1926. Rudolfs Mutter war auch eine geborene Rudl. – Davon hat mir mein Vater erzählt. Ich weiß, wo diese Familie gewohnt hat. Ich kam an meinem Schulweg daran vorbei, als ich tagtäglich mit dem Zug in die HS nach Wolfsberg fuhr.[300]

Tante Bibiana ließ ihren Sohn Albin nach dem Tod seines Vaters beim Bezirksgericht St. Paul im Lavanttal für großjährig erklären, damit er den bäuerlichen Besitz übernehmen konnte. Mein Kusin Albin hat dann bald einen Holder Traktor angeschafft, hat zuerst mehrere Motorräder zu Schrott gefahren, dann Autos der Type Ford Taunus. Er häufte Schulden an und zündete am Samstag vor dem Muttertag im Jahre 1956 in der Früh seinen Stadel an. Mein Vater war als erster am Brandort. Wir wohnten damals schon im Keller von Vaters späterem Einfamilienhäuschen, etwa 40 Meter westlich vom Juri Wirtschaftsgebäude. Vater stand immer um halb fünf Uhr früh auf und ging auf unser Plumpsklo im Freien. Auf einmal hörte er einen lauten Knall und in dem Moment sah er schon den Juri-Stadel in Flammen aufgehen. Er lief über den doppelten Weidezaun hinauf, um die Rinder und Pferde zu retten, die Kühe und Kälber, die Ochsen und auch den Zuchtstier. Albin wurde schließlich wegen Brandstiftung verurteilt, der Notar Dr. Alfons Zentrich und das Gericht verkauften die Liegenschaft und kauften mit dem nach Deckung der Schulden verbliebenen Restgeld in Graz-Thondorf ein Häuschen für Albin Rudl und besorgten ihm einen Arbeitsplatz in den Puch-Fahrrad-Werken. Auch ich kann mich an diesen Brand noch ganz genau erinnern. Und mein späterer Arbeitgeber, Notar Dr. Alfons Zentrich, erzählte mir eines Tages „von diesem Fall".

---

[297] Vgl. Pfarre St. Georgen im Lavanttal: S23_029-1, Sterbbuch E, Kopie, 2. Januar 1881 – 27. Dezember 1939, Blatt IMG_112.

[298] Vgl. Pfarre St. Georgen im Lavanttal: Das Sterbbuch E endet mit 1939. – Dann gibt es keine weiteren Sterbedaten mehr im Internet, wegen EU-Datenschutz. (Stand 08.07.2023.)

[299] Auch diese Daten sind aus EU-Datenschutzgründen gesperrt. (Stand 08.07.2023.) – Vgl. Pfarre St. Georgen im Lavanttal: S23_014-1, Alph. Index zu den Geburtsbüchern, Kopie, 1. Januar 1892 – 31. Dezember 2000.

[300] Auch diese Daten sind aus EU-Datenschutzgründen gesperrt. (Stand 08.07.2023.) – Vgl. Pfarre St. Georgen im Lavanttal: S23_014-1, Alph. Index zu den Geburtsbüchern, Kopie, 1. Januar 1892 – 31. Dezember 2000.

Sohn Emmerich Hasenbichler, 18.01.1908 – 30.07.1971,

geboren am 18.01.1908 in Loschental 9, Emmerich Hasenbichler, getauft am 19.01. von P. Raimund Kucharz e.h.; ungeprüfte Hebamme Maria Hasenbichler, [vermutlich seine Großmutter]; Patin Aloisia Hasenbichler, Dienstmagd beim Weinberger; katholisch, männlich, ehelich geboren. Vater: Michael Hasenbichler, vulgo Gastl in Loschental, Pfarre St. Paul (24. 09.1864) gebürtig, ehelicher Sohn der katholischen Eltern: des Josef Hasenbichler, gewesener vulgo Gastl, und der Maria, geb. Renner. Mutter: Maria, geb. Skubl, römisch katholisch, von Neuhaus (07.08.1875) gebürtig, uneheliche Tochter der Maria Skubl, Dienstmagd in St. Paul. Eheschließung der Eltern am 07.05.1901 in Lavamünd. [Richtig ist: Eheschließung seiner Eltern am 11.06.1900.] – Kirchlich geheiratet am 04.01.1956, (Nr. 62), und standesamtlich geheiratet am 05.01.1956 in St. Georgen im Lavanttal. – Gestorben am 30.07.1971 in der Pfarre St. Andrä im Lavanttal. (St. Paul im Lavanttal, Nr. 11/1971.)[301]

Ich kann mich an die Hochzeitsvorbereitungen meiner Stiefmutter auch noch ganz genau erinnern. Mein Bruder Albin und ich waren zu dieser Hochzeit mit dem Festessen im Gasthaus Stauber, im großen Saal im ersten Stock, nicht eingeladen, wohl aber unser Halbbruder Karl, für den Mutter eine lange Hose und ein Rockerl nähte, dessen Revers sie mit einem Eichenblattmuster bestickte. Die Ärmel hat sie gestrickt, weil sie solche aus Stoff weder zuschneiden noch einsetzen konnte. Mein Kusin Albin fuhr Vater, Mutter und Karl in seinem Ford Taunus nach St. Georgen hin. Irgendwie wurde in meiner Familie um diese Hochzeit ein großes Geheimnis gesponnen. Ich habe mich schon damals gewundert, warum die in St. Georgen im Lavanttal und nicht in St. Paul oder St. Andrä heirateten.[302]

Anna Hasenbichler, geborene Schedenig, wurde am 14.06.1925 in der Pfarre St. Margarethen bei Wolfsberg geboren[303] und starb am 24.08.1983 als Anna Hasenpichler in Messensach.[304]

Onkel Emmerich war lange Zeit Marknecht am Gutshof Meier am Hof in der Nähe von St. Paul im Lavanttal. Und Tante Anna, Nani rief man sie, war dort Saudirn [als Magd zuständig für die Schweine]. Onkel Emmerich hat mir zu meinem Namenstag am 21. Juni, ich bin auf den Hl. Aloysius von Gonzaga getauft, immer einen Stoff für ein Kleid geschenkt, als ich als Kind im Lavanttal gelebt habe. Einmal war ich diesen Stoff für ein Sommerkleid mit meinem Bruder Albin persönlich auf obigem Gutshof abholen. Ich erinnere mich noch an das gewaltige Stockhaus und die riesengroße Küche, in der wir beide sogar von der Hausfrau persönlich begrüßt wurden. Tante Nani durfte uns einen Saft servieren.

Onkel Emmerich war dann Bauarbeiter und lebte mit seiner Familie im 1. Stock einer hölzernen Keusche in St. Jakob an der Straße Nr. 6, wo er auch starb.[305] Onkel Emmerich hatte

---

[301] Vgl. Pfarre St. Paul im Lavanttal: S59_009-1, Geburtsbuch tom. IX, Kopie, 7. Januar 1905 – 14. Januar 1929, Blatt 050, Nr. 1.

[302] Das Trauungsbuch G der Pfarre St. Georgen im Lavanttal, S23_028-1, reicht im Internet nur bis 23.05.1921. – Der dortige Index zu den Trauungsbüchern ist nur bis 1845 im Internet abrufbar. Siehe EU-Datenschutzrichtlinien. (Stand 09.07.2023.)

[303] Vgl. Pfarre St. Margarethen bei Wolfsberg: S41_007-1, Index zu den Geburtsbüchern, Kopie, 1. Januar 1894 – 31. Dezember 2005, Blatt 037 > Geburtsbuch F, Blatt 170. – Dieser Taufeintrag ist wegen EU-Datenschutz noch gesperrt. (Stand 12.07.2023.) – Vgl. Geburtsbuch tom. F, Kopie, S41_006-1, 4. Oktober 1910 – 31. Dezember 1939, ab Blatt 151 wegen EU-Datenschutz gesperrt. (Stand 12.07.2023.) – Deshalb konnten Annas Eltern und Vorfahren nicht ermittelt werden. – Nach tagelanger Suche in allen Pfarren des Unteren Lavanttales konnte ich Tante Nani doch noch finden. Sie ist die einzige Anna Schedenig, die im entsprechenden Zeitraum geboren wurde. Ich hatte als Geburtsjahr allerdings 1921 in Erinnerung. – St. Margarethen bei Wolfsberg ist jetzt ein Stadtteil im Nordwesten von Wolfsberg.

[304] Vgl. Pfarre St. Andrae im Lavanttal: S14_044-1, Alph. Index zu den Sterbbüchern, Kopie, 1. Januar 1907 – 31. Dezember 2006. – Das Geburtsbuch XII ist wegen EU-Datenschutz noch nicht im Internet abrufbar. (Stand 09.07.2023).

sehr viel Geld zusammengespart, traute sich aber nicht, damit zunächst einen Keller zu errichten, in dem er mit seiner Familie leben konnte, wie das mein Vater gemacht hat. Nach seinem Tod zog Tante Nani mit ihren Kindern nach Messensach in der Gemeinde Maria Rojach.

Anna Hasenbichler, geb. Schedenig, hatte einen unehelich geborenen Sohn, Albin. – Emmerich Hasenbichler und Anna, geb. Schedenig, hatten zwei Kinder: Traudi und Emmerich.[306]

Sohn Albin HASENBICHLER, 13.03.1915 – 31.10.1999,

„geb. 13. März 1915 in Loschental 9, Albin Hasenbichler, am 15.[03.] get[auft] von P. Raimund Kucharz e.h.; ungepr[üfte] Hebamme Maria Hasenbichler, [vermutlich seine Großmutter]; kath[olisch], Knabe, ehelich geboren; Patin Adelheid Oleschko e.h., Maieramhofwirtin. Vater: Michael Hasenbichler, v[ulg]o Gastl in Loschental, daselbst 24. Sept. 1864 gebürtig, katholisch, ehelicher Sohn der kath[olischen] Eltern, des Josef Hasenbichler, gewes[ener] v[ulg]o Gastl, und der Maria, geb. Renner; geheiratet in Lavamünd 7. 5. 1901. [Richtig ist: Eheschließung seiner Eltern am 11.06.1900.] Mutter: Maria, geb. Skubl, katholisch, von Neuhaus (7. 8. 1875) gebürtig, uneheliche Tochter der Maria Skubl, Dienstmagd in St. Paul. – Gefirmt am 16. VI. 1928 zu St. Andrä i. L[av]. von Weihbischof Dr. Filzer, Salzburg. – 1944 in Mallestig, Pfarre St. Stefan bei Villach, geheiratet (kirchlich). – 1. VII. 1950 v[or] d[em] Standesamt Latschach mit Böhm Anna getraut (2. Ehe). – Gestorben am 31. 10. 1999, um 15^{h}05 Uhr laut St[andes]a[mt] Neuhaus, 18/1999 (in Pudlach).“[307]

Mein Vater Albin Hasenbichler heiratete am 03.06.1944 in der Pfarre St. Stefan bei Finkenstein[308] meine Mutter Aloisia Angela, geb. Gastl, geb. am 31.05.1917 in St. Stefan[309]. Meine Mutter Aloisia Angela Hasenbichler, geb. Gastl, starb am 24.12.1949 im LKH Villach. (Weitere Angaben zu meiner Mutter Aloisia Angela Hasenbichler, geb. Gastl, siehe im II. Teil unter „Chronik der Familie Anton Gastl in St. Stefan bei Finkenstein.) – Meine Eltern Albin und Aloisia Angela Hasenbichler, geb. Gastl, wohnten mit mir [Aloisia/Luise Maria] [310] zuerst im Großmutterhaus beim vulgo Erian in St. Stefan 17, (jetzt Kirchenplatz 1, 9584 Finkenstein), dann mit mir im Großvaterhaus beim vulgo Schmied in St. Stefan 1, (jetzt Höflingerstraße 12, 9584), und schließlich mit meinem Bruder Albin und mir in der vulgo Šimankeusche in Goritschach 8, (Post Mallestig / ab 1972 Post 9584 Finkenstein).

Unser Vater Albin Hasenbichler heiratete am 11.06.1950 in der Pfarre St. Stefan bei Finkenstein unsere Mama[311] beziehungsweise am 01.07.1950 vor dem Standesamt Latschach[312]

---

305 Der Index zu den Sterbbüchern der Pfarre St. Andrae im Lavanttal, S14_044-1, ist zwar für den gesamten Zeitraum vom 1. Januar 1907 – 31.12.2006 abrufbar, das entsprechende Sterbbuch XII, Blatt 077, ist aber wegen EU-Datenschutz gesperrt. (Stand 09.07.2023.)

306 In der Pfarre St. Paul im Lavanttal endet der Index zu den Geburtsbüchern mit 31. Dezember 1945, und in der Pfarre St. Andrae im Lavanttal ist der Index zu den Geburtsbüchern ab 1950 im Internet nicht abrufbar.

307 Pfarre St. Paul im Lavanttal: S59_009-1, Geburtsbuch tom. IX, Kopie, 7. Januar 1905 – 14. Januar 1929, Blatt 144, Nr. 4, (letzte Eintragung).

308 Vgl. Pfarre St. Stefan-Finkenstein / Šteben-Bekštanj: S77_025-1, Alph. Index zu den Trauungsbüchern, Kopie, 1. Januar 1912 – 31. Dezember 2006, Blatt 012, > Trauungsbuch VII, Blatt 166. – Trauungsbuch VII wegen EU-Datenschutz noch gesperrt. (Stand 13.07.2023.)

309 Vgl. Pfarre St. Stefan-Finkenstein / Šteben-Bekštanj: S77_012-2, Index zu den Geburtsbüchern, Kopie, 1. Januar 1915 – 31. Dezember 1930, Blatt 243. – Vgl. auch Geburtsbuch tom. XII, S77_012-1, 2. Januar 1915 – 1. Juli 1930, Blatt 031, Nr. 2, (mittlere Eintragung).

310 Im Dritten Reich gab es eine eigene „deutsche“ Namensliste für Neugeborene. Deshalb heiße ich kirchlich Aloisia, standesamtlich aber Luise.

311 Vgl. Pfarre St. Stefan-Finkenstein / Šteben-Bekštanj: S77_025-1, Alph. Index zu den Trauungsbüchern, Kopie, 1. Januar 1912 – 31. Dezember 2006, Blatt 012, > Trauungsbuch VIII, Blatt 015. – Trauungsbuch VIII wegen EU-Datenschutz noch gesperrt. (Stand 13.07.2023.)

seine zweite Ehefrau Anna, geb. Böhm, geb. am 13.02.1923[313]. – Sie hatte eine uneheliche Tochter, Sieglinde Böhm. (Siehe unten „Chronik der Familie Ferdinand Böhm in Kanin bei St. Jakob im Rosental".)

Unser Vater Albin Hasenbichler starb am 31.10.1999 im Altersheim in Pudlach.[314] Unser Vater wohnte mit seiner zweiten Ehefrau und uns zwei Kindern zunächst auch in Goritschach 8, dann ab Spätherbst 1951 in einer Ein-Zimmer-Küche bei seiner Schwester Bibiana Rudl beziehungsweise bei seinem Neffen Albin Rudl beim vulgo Juri in Fransdorf 1, 9423 St. Georgen im Lavanttal. Hier wurde mein Halbbruder Karl geboren. Schließlich wohnte unsere Familie ab Frühjahr 1956 im Keller und wieder einige Jahre später im von Vater erbauten Eigenheim in Fransdorf 11, 9423 St. Georgen im Lavanttal.

Mehr Daten zu meinen direkten Hasenbichler Vorfahren konnten nicht ermittelt werden.

Der Familienname Hasenbichler

Der Familienname Hasenbichler leitet sich weder von „Hase" noch von „Bücher" ab, sondern vom Altlavanttaler Dialektbegriff „hasn" für „glatt, eben" und von „Bichl" für „Hügel, Bühel". Der Hasenbichler Bauer ist also derjenige, der auf einem ebenen Hügel wirtschaftet.

Ich konnte im Internet für die Zeit vor Jahrhunderten keine berühmten Namensträger finden. – Mein Halbbruder Karl Hasenbichler nahm im letzten Quartal des 20. Jahrhunderts an Autorennen teil. So gewann er zum Beispiel 1992 die Interserie-Div. 2 mit 97,5 Punkten. (https://www.driverdb.com/drivers/karl-hasenbichler, Zugriff 20.07.2023, 10:10 Uhr. – Weitere Informationen im Internet unter „Karl Hasenbichler".) – Und ich fand dort einen Artikel des ORF über die Restaurierung alter Mühlen im Lavanttal, die vom Zimmermann Karl Hasenbichler und von Herbert Hasenbichler bewerkstelligt wird. (Siehe unten Bildmaterial.)

In den Matriken zu meinen Hasenbichler Vorfahren tauchen folgende Schreibvarianten auf: Hasenbichler/in, Hahsenbihler, Hahsenpichler/in, Hasenbüchler/in, Hasenpichler/in, Haßenbichler/in, Haßenbüchler/in, Haßenpichler/in, haßenpichler, Haßsenbichler/in, Haßßenbichler/in, Haßßenpichler/in.[315]

Die Bedeutung anderer Familiennamen

Achern – lav. åachan – „eichern", aus Eiche (R)
Anton – Vorname (R)
Bauer/Pauer – Berufsbezeichnung (R)
Bebej > Bebel > Babilo > Babo, germ./asä. badu – Streit (N)
Böhm – der Böhme, aus Böhmen, Tschechien Stammender (R)
Božič – s. Bog – Gott, Göttlicher; mythologischer Gott, der jährlich neu geboren wird (F)
Bräthueber – mhd. breit –breit, weit ausgedehnt (N); Breithuber/Breitenhuber – eine umfangreiche Landwirtschaft, einen sehr großen Hof Bewirtschaftender (R)
Buchbauer – Buche + Bauer (R); einen Buchenwald Bewirtschaftender (R); Buchenwaldbesitzer (R)
Christen > Kristen – Christian (N); nd. Christ (N)
Collmann – Coloman/Koloman, Vorname (R)

[312] Vgl. Geburts- und Taufeintragung von Albin Hasenbichler, Pfarre St. Paul im Lavanttal: S59_009-1, Geburtsbuch tom. IX, Kopie, 7. Januar 1905 – 14. Januar 1929, Blatt 144, Nr. 4, (letzte Eintragung).

[313] Vgl. Pfarre Latschach/Lo[č]e: L02_005-1, Geburtsbuch tom. V, Kopie, 29. November 1897 – 31. Oktober 1932, Blatt 176, Nr. 2.

[314] Vgl. Pfarre Neuhaus/Suha: N01_005-2, Alph. Index zu den Sterbbüchern, Kopie, 1. Januar 1858 – 31. Dezember 2005, Blatt 016. – Die letzte Eintragung wurde am 24. Oktober 1999 getätigt. Zum Sterbedatum von Albin Hasenbichler gibt es also hier keine Eintragung mehr. – Das entsprechende Sterbbuch ist im Internet nicht abrufbar. Siehe dazu EU-Datenschutz. (Stand 13.07.2023.)

[315] In früheren Jahrhunderten wurde dem Familiennamen des Ehegatten die Endsilbe „–in" für jenen der Ehefrau, Witwe oder Tochter hinzugefügt. Das hat nichts mit dem heute üblichen Gendern zu tun.

Črnkovic > Czernetzki, poln. czarny – schwarz (N); > Czornak, oso. čorny – schwarz (N); s. črn – schwarz (R); auf die schwarze Haarfarbe bezogen (R); ON Čenkovice – Tschenkowitz, Schunkendorf, Böhmen, Tschechien (W)
Deutschmann – Deutscher (R)
Dollinger – s. dol – unten, unterhalb, im Tal ansässig (F); Talbewohner (R); mnd. dol – über-, hochmütig (N); Hochmütiger (R)
Duller > Dueler, s. dolinar – im Tal Wohnender (F)
Ebenberger > Ebenrot, Riese Ebenrot (N); fränk. ON Ebenrot bzw. Ebenried (N); eben + Berg, einer, der auf einer Hochebene wirtschaftet (R)
Ebner – auf einer Ebene Wohnender (R)
Ehgartner > Egert(er), mhd,. egerde, egerte – Brachland (N); schweizer. ON Ägerten (N); aus Ägarten Stammender (R)
Fangzerl > Fanghänel, mhd. vanke, vunke – Funke (N); bergmännisches han – Silberteilchen, das im Schmelzofen von der Erzstufe abspringt (N); beweglicher, auffahrender Mensch (N); mhd. vanc – Fang + henel – Hähnchen als Lockvogel (N)
Fick – Friedrich (F); Viktor (F)
Filzer – Filz (R); eine Art Walker von Loden (R); Filzhersteller (R)
Fißher > Fischer, Funktions-/Berufsbezeichnung (R)
Gastl – l. castell – Schloss (R); Gast – Fremder (F) ; l. Castulus > l. castus – keusch (G)
Georgy – Georg (R)
Gertschnigg – s. grča – Knorren (?) (F)
Getena > Gaede, asä. gigado – Genosse (N); > Goedec(k)e, Gottfried (N)
Gipfer > Gepfert > Göpfert, ahd. god-fridu – Gott + Friede, Schutz (N)
Gletzgau > ON Klettgau, Landkreis Waldhut, S-Bayern (W); > ON Klettgau in den Kantonen Aargau, Schaffhausen und Zürich, Schweiz (W)
Gobarc > Gobec, s. gobec – Maul, Schnauze, Gosche (F)
Goßh > Gosch, Gosche, Maul, Schnauze (F)
Greilberger > Greiler – mhd. griuwel, griul, griule – Schrecken, Grauen, Gräuel (F) und Berger – am Berg Wohnender (R); am Berg Wohnender und Schrecken Verbreitender (R)
Gruber – Grube, der bei einer Grube wohnt (F)
Guntsche – Hüger, Bewohner eines Hügels (F); s. guncati – schaukeln (F)
Guntschnig – Hüger, Bewohner eines Hügels (F); s. guncati – schaukeln (F)
Gutenberg/Guttenberg > de Gug – an einem besonders guten, ertragreichen Ort Lebender (R); ON + Schloss Gutenberg, Steiermark (W)
Hans/Hansl – Vorname (R)
Haßler – Haselstaude (F); bei den Haselstauden Wirtschaftender (R)
Heßle > Heß, aus Hessen (F); altlav. –le = Verkleinerungsform (R); aus Hessen Stammender (R)
Holzbauer – mhd. holt – Wald, Gebüsch (N); lav. Hulz – Wald (R); Bauer am Waldrand (R)
Huainig > Joainig – Janko, Johann (F)
Huber – mhd. huober – Bauer, Besitzer einer Hube, Vollbauer (F); niederdt. Hufe – Ackerland von 60 Morgen (F)
Jäger – Funktionsbezeichnung (R)
Jojnko – Johann (F); John(e), Johnke – Johannes (N)
Jordan – hl. Fluss (F); der Name kam mit den Kreuzzügen auf (mit dem Jordanwasser getauft) (F)
Junegger – Jun + Egger – ein Johannes, der in einem Winkel wirtschaftet (R); Juni + Egger (R)
Käfer/Köfer/Köffer – Tierbezeichnung (R); ahd. chevar, mhd. kefer – Käfer (F)
Kaiser – Bauer auf einem Fürstengut, Königsgut (F)
Kanzian – hl. Kanzian (F); drei Geschwister als Märtyrer in Aquilea (R)
Kapf > Kapp, mhd. kappe – Kapaun (N); > Kapp, mhd. kappe – mantelartiges, mit einer Kapuze versehenes Kleid (N); Bauernkittel (N); Mütze, Kappe (N); Träger einer solchen Bekleidung (N); > Karpf, mhd. karp(f)e und mnd. karpe – Karpfen (N); Karpfenhändler (N); Polycarpus (N); ON Kapf (W); aus Kapf Stammender (R)
Kapferer – Kapaunzüchter (R); aus Kapfenberg Stammender (R); Hersteller von Kappen, Bekleidung mit Kapuzen (R); Karpfenhändler (R); ON Kapf (W); aus Kapf Stammender (R)
Kaz/Katz – Kanzian (F); Pankratz (N)

Keimbacher – kaim + Bacher (R); > Kein, die Kühe (Ü); altengl. kine – die Kuh (Ü); Bauer mit Kühen an einem Bach (R)
Kleibner > Kleiber – Bauhandwerker, der Lehmwände macht (F); Klei – Lehmerde (F); fnhd. kleiber – Spechtmeise (N)
Koch – Berufsbezeichnung (R)
Koller – Coloman, Koloman (F); Vorname (R)
Konetschnig/Konečnik – s. konec – Ende, Talschluss (F); der am Talschluss Wirtschaftende (R)
Konzi/Gonzi/Conzo/Kono – friul. it. Konzilia (F); Conrad, Konrad (N)
Kotnik – s. kot – Winkel (F); der im (letzten) Winkel Wirtschaftende (R)
Kucharz/Kunarz – s. kuhar – Koch (F); der alte Koch (R)
Kuković/Kukovič – s. kukovica – Kuckuck (F)
Lafer/Rafer – lav. Lafer – Läufer (R); lav. Rafer – Raufer, Raufbold, Streithandel Suchender (R)
Lehreiter > Lecha/Lech, kymrisch llech – Steinplatte (W); bretonisch lech – Grabstein (W); > Lech – der Steinige (W); Lech + Reiter (R); > Reiter – Reut(h)er – jemand, der gerodet hat (R)
Lichtenegger – ON Lichtenegg (F); aus Lichtenegg Stammender (R)
Loibnegger/Leobnegger – aus Loibegg Stammender (F)
Mayerhofer – aus Mayerhofen Stammender (F); Hofbesitzer, Herrschaftshofbesitzer (R)
Mayr – l. major domus – Verwalter, Meierei (F); Marhof, Herrschaftshof (R)
Meringer – Mär Erzählender (R); > marig, bekannt, offenbar werden (Ü); > lautmarig sagt man von einer durch längere Zeit geheim gehaltenen und nun unter viele Leute verbreiteten Sache (Ü); Klatsch-, Tratschmaul (R); aus Mähren Stammender (R)
Meschnark – Mesner (F); Funktionsbezeichnung (R)
Millonig – s. mlinar – Müller, Berufsname (F); Berufsbezeichnung (R)
Morianz > Muri, > Mori – Maure (der Dunkelhäutige) (F); Mohr (F)
Mosser/Moßer – Moos (R); der am Moos Lebende, Wirtschaftende (R)
Muchitsch – s. muha – Fliege (F); s. muhič – Unkraut (F); Gelände mit Fliegen und Unkraut (R)
Müller/Müllker – Berufsbezeichnung (R)
N. – Anonymus, manchmal Vermerk des Pfarrers bei Personen ohne Familiennamen (R)
Nachl > Nagel – Schmied, Berufsbezeichnung (R); > Nagl, Nelke (Ü)
Nünnhart – ON Neuhausen (N); > Neidhard(t) > Neidhart, ahd. nīt-hart – Verlangen, Begierde, Sehnsucht + hart, streng (N); ahd. nīt-hart – Feindschaft, Haß, Bosheit (N); mhd. Nīthart – neidischer, missgünstiger Mensch (N); mhd. Nīthart – Teufel (N)
Oleschko – Alex, Aleš (F); Alexander (R)
Pahler/Pachler > Bachler > Bacher (F); der am Bach Wirtschaftende (R)
Pongratz/Pangraz/Pangratz/Pongraz/Pangerz – Pankratz (R)
Pichler – ahd. buhil – Hügel, Bühel (bucklig, rund) (F); lav. Bichl – Hügel, Bühel (R); der auf einem Hügel Wirtschaftende (R); ein Buckliger (R)
Pum/Pumb – dial. pommer/pummer – einfältiger Mensch; kleiner, dicker Junge (N)
Pungart > Pungartnik – mhd. boumgart – Baumgarten (F); Besitzer eines Obstgartens (R)
Rabensteiner – Ruine Rabenstein bei St. Paul (Lavanttal) (F); Rabenstein = häufiger Burgname für Anlagen, die mit Blutgerichtsbarkeit ausgestattet waren: hier wurden Hinrichtungen vorgenommen (F); der Rabenstein = der Galgen (F); aus Rabenstein Stammender (R)
Rader – Wagner (F); Berufsbezeichnung (R); Rad – Radmacher (R)
Ragingg > Ragger, s. rak – Krebs (F); Krebsfänger (R); ON Ragging, bei Berchtesgaden, Bayern (W); aus Ragging Stammender (R)
Randl – altlav. Randl – Rand, Ackerrand, Stoffrand (R); am Ortsrand, Wegrand Wirtschaftender (R)
Rausch – ein geräuschmachender, lärmender, ungestümer Mensch (F); ein Prahler (F)
Rauscher – ein geräuschmachender, lärmender, ungestümer Mensch (F)
Redl – Andreas (F); > Radler/Redler – Radmacher (F); > Radler – Wagner (R)
Renner – mhd. rennaere – gewappneter Reitknecht, reitender Bote (F); Reiner – Reinhold, Vorname (F); Rain – Gebietsgrenze, geneigtes Gelände (F); an der Gebietsgrenze, auf abschüssigem Gelände Wirtschaftender (R)
Resch – Lebhafter, Aufbrausender (F); Erasmus, Vorname (R); s. VN Reži – s. Erazem – Erasmus (R 2016)
Rosbacher – Ross + Bach (F); ein Pferdehändler, –besitzer an einem Bach (R)

Rudl – Rudolf (R)

Schedenig – vielleicht s. skedenj – Stadel, Scheune, Stadeler, den Herrschaftsstadel Verwaltender (R); Scheidi(n)g mda. – September (N); der aus Scheidingen Stammende (N); Schädlich – mhd. schedelich, mnd. schedelik – Schaden bringend, schädlich, Missetäter (N); mnd. schēdelik – der zu friedlichen Vergleichen Geneigte, der Versöhnliche (N); Schädlich > Schedlich (G)

Schelb > Schell(e), mhd. und mnd. schelle – Schelle, kleine Glocke (N); Schellenschmied (N); Lärmender (N); mnd. schelle – Schale, äußere Hülle (N); mhd. schel – Schelm, Betrüger (N); altlav. Schel(b)/Schöl(b) – Schelm (R)

Schellander – Bierbrauername (F); eigentlich Aufenthaltsraum der Braugesellen in der Brauerei (F)

Scheriau – s. žerjav – Kranich (F); langbeiniger, hochgewachsener Mensch (F)

Schlawaschel – lav. vermutlich Schlawiner – durchtriebener Schlaufuchs (R)

Schöbel > Schöberl > Schober – Heuschober (F); Heuharpfe (F); Bergname Schobergruppe (F); zum Trocknen auf besondere Art aufgehängtes Gras > Heu (R)

Schwager/Schwaiger/Schwäger, mhd. sweiger – der Bewirtschafter einer Schwaige, eines Rinderhofes, einer Käserei (F); Ehemann der Schwester oder des Bruders, Verschwägerter (R); auch VN (R)

Schwarz/Schwärzl/Schwarzl – schwarz (R); schwarz, dunkelfärbig (N); aus Schwarzenbach, Slowenien, oder Schwarz(a) Stammender (N, R)

Schweighardt > Schweicker, asä. Swīthgēr, 9. Jh. Suitger, asä. swīth – stark + gēr – Speer (N)

Sentzer > Senicar > Senica/Senitza, s. sinica – Meise (F)

Sigmund – Vorname (R)

Simetsberger – Simon + Berger (R); ein Simon, der auf einem Berg lebt (R)

Skubl/Skubel/Scobl/Skoubou/Skuhl – s. skubiti, puliti – rupfen, schleißen – Schleißer (F); Federn Rupfender (R)

Slabanja > Slabernig (F); s. slab – schlecht, böse (R); altlav. Schlabanka – altes, abgerissenes, weites, lose hängendes Kleid, Kleidungsstück (R)

Spanscheu –dial. wahrscheinlich für Spannseil – Hersteller von Seilen, Seiler (F)

Spech – s. špah – Speck (R); speachn – spähen, lauern, Aufsicht pflegen (Ü); der Lauernde (R)

Spechtl > Specht, mhd. speht – Specht (N); mhd. speht(er) – Schwätzer (N)

Speiser – Speisemeister, Speisenausteiler (Hof- und Klosterbeamter) (F)

Stelzer/Sterzar/Strezer – behinderter Mensch mit hölzernem Stelzfuß (F)

Sternat – s. strnad – Goldammer (Singvogel) (F); Vogelhändler (F)

Streit – einer, der immer streitet, zankt (F); Streithansl (R)

Stroißnig > Strußnig > Strauß, nd. Struß, mhd. strūʒ(e) – Vogel Strauß (N); mhd. strūʒ – Widerstand, Zwist, Streit, Gefecht für den Streitbaren (N)

Strutzmann > Strutz > Strietzel, Spottname für den Bäcker (F) und Mann (R)

Suppanz – altslaw. župa – Gemeinde (R); s. župan – Bürgermeister (R); s. župnik – Pfarrer (R); altslaw. župan – slawischer Adeliger (F); Dorfvorsteher (R)

Töfferl – Christof (F); Christoph, Vorname (R)

Thonhauser/Tonhauser – mhd. tan – Wald, Tannenbauer (F)

Tschebul > Čebul, mhd. cibolle, l. cepulla. s. čebula – Zwiebel (F); Zwiebelbauer, -händler (F)

Urnik > Wurnig > Vrbnik, s. vrba – Weidenbaum (F); bei Weiden Wirtschaftender (R); Korbflechter, -händler (R); wäre jetzt einer, der Weidengehölze zur Enegiegewinnung pflanzt oder nutzt (R)

Vogl > Vogel, Vogelhändler, -fänger (F)

Waldmann – ahd. waltman – Waldbewohner (N); mhd. waldenære – Waldaufseher (N); ahd. waltan – walten, herrschen (N); eine verwaltende oder beherrschende Rolle Ausübender (R)

Warmuth – Wahrmund, Warmund = wehrhafter Schützer (F); der Arme, der Hascher (F)

Weber – Berufsbezeichnung (R)

Weinberger – ON Weinberg (R); am Weinberg Wirtschaftender (R)

Weiss – weiß (R)

Wethand > Wettengel, mhd. wec, weg – Weg, Straße (N); mhd. tengelen, tingelen – dengeln, klopfen, die Sende schärfen (N); Wegstampfer, Pflasterer (N); Weg + Hans (R); wet – wird (Ü); håns – ich habe es (Ü); håndla – handlich, bequem, gelenk, gewandt, fertig. Stammwort: Hand (Ü); der alles handlich herrichtet, zurechtmacht (R); einer, der alles weiß, immer eine Lösung parat hat (R)

Wiedenbauer – altlav. Wieden – Weiden (R); bei Weiden Wirtschaftender (R); Korbflechter, -händler (R); wäre jetzt einer, der Weidengehölze zur Enegiegewinnung pflanzt oder nutzt (R)

Wirth – Wirt, Berufsbezeichnung (R)
Writz/Britz/Briz/Bürz – Fritz, Friedrich (F)
Zentrich > Zentgraf, mhd. zentgräve – Vorsitzender der Zent (Gerichtsbezirk) (N); seit 14. Jh. auch Dorfvorstand (N); riechln – das Wiehern von Pferden (Ü); pferdezüchtender Gerichtsvorstand (R)
Zweiger > Zwerg, mhd. twerc, querch, mnd. dwerch – kleinwüchsiger Mensch, Zwerg (N); mhd. twerch – quer, schräg, verkehrt (N); > Zeiger, > Zeigner, mhd. zeiger – An-, Vorzeiger (N); mhd. zeiger – Aushängeschild eines Gasthauses (N); altlav. zoaga – Zeiger von der Kirchturmuhr (R)

Vulgonamen der Hasenbichler Vorfahren

Altacher > altlav. Åltacha, aus Altach, Åltach Stammender (R)
Ambros – Ambrosius, Vorname, röm. kath. Kirchenvater (R)
Bauer an der Raderbrüschen – Bauer + Rader + Brücke (R); Rader – Wagner, Berufsbezeichnung (R); Bauer an der Brücke beim Rader oder Wagner (R); Bauer – Berufsbezeichnung (R)
Conzo – friul. it. Konzilia (F); Conrad, Konrad, Vorname (N)
Doberer – s. Dobrova – Eichen- oder Sumpfwald (R); s. deber – Schlucht (R); der an einer Schlucht oder am Eichenwald Lebende (R)
Eden > Pistotnig, s. pušča, pustinja, pustota, pistota – Ödland, unbebautes Land (F); Bauer in der Einöde, in einem verlassenen Winkel (R); Garten Eden – Paradies (Bibel) (R)
Erian/Rjan – s. Jerjen – Jürgen (F)
Fennet – mhd. vent, vende – Knabe; Junge (N); Ferdinand, Vorname (N)
Fischer – Funktions-/Berufsbezeichnung (R)
Fürstenegger – Fürst + Egger, einer, der im Winkel ein fürstliches Gehöft bewirtschaftet (R)
Galle/Galli/Golly/Golli – Galle, Körperorgan (R); ein grantiger, griesgrämiger Mensch (R)
Gastl – l. castell – Schloss (R); Gast – Fremder (F); l. Castulus > l. castus – keusch (G)
Graze/Gräze > Gratze – Pankraz (F); > Pongratz – Pankratz, Vorname (F)
Hanns an Bach – Hans + Bach (R); ein Hans, der am Bach lebt (R)
Hansl/Hansel/Hanßl/Hanßel/Hänsl/Hänsel/Hänßl – Hansl, Hans (R)
Harol – Karol, Karl, Vorname (R); Karl – altlav. Kårl, Kårəl (R)
Haßler – Haselstaude (F); bei den Haselstauden Wirtschaftender (R)
Heilinger – ahd. heil – gesund, vollkommen, unversehrt (N); Vollkommener, Unversehrter (R); Heiler, Wunderheiler (R)
hoakl/häkl – altlav. Hackle – Hacke, Beil, Axt (R); altlav. håakli – heikel (R), ein heikler Mensch (R)
Hobe – s. Hobjan – Fabian, Vorname (F)
Höggl > Hegel, mhd. hagen – Dornbusch, Hecke, Hag (F)
Jangg > Janeck, Johann, Vorname (F)
Jueggisch > Yug, jenisseische Sprache im Jenisse-Tal in Sibirien, um 1900 ausgestorben (W)
Juri – s. Jurij – Georg (R)
Käferle – kleiner Käfer (R)
Kaßßbauer – dial. Kas – Käse + Bauer (R); Käse erzeugender Bauer (R)
Klockher – altlav. klockn – klopfen, anklopfen (R); die Sense dengeln (R)
Koch – Berufsbezeichnung (R)
Kogl – Kogel, Hügel, Kofel (R)
Koglbauer – Kogl + Bauer (R); auf einem Hügel/Kogel/Kofel wirtschaftender Bauer (R)
Kogler – Mann aus Kogl (R); auf einem Hügel/Kogel/Kofel Lebender (F)
Kovač/Schmied – Berufsbezeichnung (R)
Krabath – Kroate, s. Hrvat (F)
Kramitsch – s. dial. kramer(i)č – Krämer, Gemischtwarenhändler (R)
Kribernigg > Kriebernig > Hribernik, s. hrib(er) – Hügel, Bichl (F); auf einem Hügel Lebender (R)
Kürschner/Korßhner – mhd. kürsenaere – Pelzverarbeiter (F); altruss. krzno – Pelz, mhd. kürsen – Pelzrock (F); s. krzno – Pelz, s. krznar – Kürschner (F, R)
Lackner – Lacke – Aue, Moos (R); der am Moos Wirtschaftende (R)
Leiner – Leiermann, -spieler (F); s. dial. lajnovc, s. lajnar – Fiedler (F); Leierkastenmann, -spieler (R)
Lorenzemonter – Lorenz + Monter von it. monte – Berg (R); der am Lorenziberg Wirtschaftende (R)
Luobl > Löbl – Löwe, Leupold/Leopold, Vorname (N)
Maieramhofwirtin – die Wirtin, Hausfrau beim vulgo Meier am Hof (R)

Meier am Hof/Maier am Hof/Maieramhof/Mayr am Hoff/Mayrhof/Maieramhofer/Maier/Marinhofer/Marin Hofer/Marinhöfer/Marhofer/Marenhofer – l. major domus – Verwalter, Meierei (F); Marhof, Herrschaftshof (R)
Merth Müller – Martin + Müller (R); der Müller Martin (R)
Merth Räßß – Martin (R) + Reß (N); Martin (R) und Reß > Räß, mhd. ræʒe – scharf, herbe, ätzend (N); Martin (R) + mhd. ræʒe – heftig, keck (N); Martin (R) + mhd. ræʒe – leicht reizbarer Mensch (N); Martin, der leicht Reizbare (R)
Merthstainer – Martin + Steiner (R); Martin bei den Felsen (R)
Michelbauer – Michael + Bauer, Berufsbezeichnung (R)
Monde – mhd. munt – Mund (Person) bzw. Vormund, Schutzwalter (N); vermutlich Vorhauser (derjenige, der für ein Mündel, einen Schutzbefohlenen spricht) (R); vielleicht auch von Salomon (R)
Mößßner > Mesner, Funktionsbezeichnung (R)
Neubauer – m mhd. *niubūr(e) – neu siedelnder Bauer (N); auch Neuwirth (N)
Offenhaizer – Hochofenheizer (R)
Oßmann > Aßmann, Erasmus, Vorname (N); 10. Jh. Asmon (N); > Aßmann, asä. ās, ōs – Gott (N); nd. Asseman – Achsenmacher, mnd. asse – Achse (N); altlav. Åßmi – Achsenmacher, Wagner (R)
Patsch – Patzer – Peter, Paulus, Bartholomäus, Vornamen (N)
Paul Schneider – Paul + Schneider, Vorname und Berufsbezeichnung (R)
Pettauer – s. Ptuj – Pettau (F); aus Pettau Stammender (R); ON Pettau, s. Ptuj, Slowenien (R)
Praithhueber > Bräthueber – mhd. breit –breit, weit ausgedehnt (N); Breithuber/Breitenhuber – eine umfangreiche Landwirtschaft, einen sehr großen Hof Bewirtschaftender (R)
Primusgregor – Primus + Gregor, Vornamen (R)
Puffer > Pufe > Puff(e), mhd. buf, mnd. puf – Stoß, Puff, Schlag (N); fnhd. puff – für einen heftigen, stößigen Menschen (N); fnhd. bufe – Bube (N); altlav. Puufa – Trottel, geistig Eingeschränkter (R)
Puggl – lav. Puckl – Buckel, Rücken (R); ein Mann mit einem gekrümmten Rücken (R)
Pulverer – Pulver, Schwarzpulver-Hersteller, Berufsbezeichnung (R)
Pum/Pumb/Pumm – dial. pommer/pummer – einfältiger Mensch; kleiner, dicker Junge (N)
Pürner > Birner, Birne(n) (R); Bauer mit Birnbäumen im Orbstgarten (R)
Raming – mnd. ram, mhd. rammel – Widder, Schafbock (N); aus Ramm Stammender (N)
Reschnigg > Resch, Lebhafter, Aufbrausender (F); Erasmus, Vorname (R); s. VN Reži – s. Erazem – Erasmus (R 2016)
Rettlstainer > Redl – Andreas (F), > Radler > Redler – Radmacher (F), Wagner (R) und Steiner – Stein, Fels(en) (F); ein Andreas als Wagner bei den Felsen (R)
Sadjak – s. sadje – Obst (R); s. sadovnjak – Obstgarten (R); Bauer mit einem Obstgarten (R)
Šiman – s. Šimon – Simon (R)
Schwarzl/Schwärzl > Schwarz, schwarz (R); der alte oder kleine Schwarz (R); schwarz, dunkelfärbig (N); aus Schwarzenbach, Slowenien, oder Schwarz(a) Stammender (N)
Seeberl > Seeber, ahd. sigu-beraht – Sieg + hell, strahlend, glänzend (N); asä. sēo – See (N); ON Seeba (N); aus Seeba Stammender oder am See Wohnender (R); strahlender Sieger (R)
Semblroks > Semmler, mhd. semeler – Weißbrotbäcker (N); Semmel + Rock – Weißbrotbäcker (R)
Sigl > Sieg(e)l, ahd. sigu – Sieg (N); mhd. sigel – Siegel, Stempel (N); mhd. segel, sigel, fnhd. sigel – Segel (N)
Slaniksche – s. slan – gesalzen (R); s. dial. Zlan, s. Ziljan – Gailtaler, der Gailtalerische (R)
Sterniz > Strnišč, s. strnišče – Stoppelfeld, abgeernteter Getreideacker (R 2016)
Stiebl – lav. Stiebl, Stieble – Stube, kleine Kammer (R)
Strutti – s. streti – zerdrücken (R); zerknirschter Mensch (R); s. streti komu srce – jemand das Herz brechen (R); Herzensbrecher (R)
Suppe – altslaw. župa – Gemeinde (R); s. župan – Bürgermeister (R); s. župnik – Pfarrer (R); altslaw. župan – slawischer Adeliger (F); Dorfvorsteher (R)
Tramoličnik –vielleicht Samoličnik – s. sam – abseits gelegenes bzw. einsames Gehöft beim Erlengebüsch (R); s. olšje – Erle, Erlengebüsch, siehe Olschnig (F)
Tratnig – mhd. trate – Brache, s. trata – Tråtn, Viehweide (F)
Troller > Troll, mhd. trol(le) – Unhold, ungeschlachter Mensch, Tölpel (N)
Tüeffenbacher > Tiefenbacher, s. globok – tief (F); tief + Bach (R); der an einem tiefen Bach Wirtschaftende (R)

Ulcej > Ulcus, Ulcera, mhd. geswēr – Geschwür, Abszess, Tumor (W)
Valtan/Valtin – Vålt, Valentin (R)
Weinberger – ON Weinberg (R); am Weinberg Wirtschaftender (R)
Weninger – s. brdo – Hügel, Bichl (F); am Hügel Wirtschaftender (R)
Weinzerl > Weinzierl, mhd. wīnzürl(e), winzürne – Winzer (N)
Witternig > Witting > Witte – der Weiße (N); Mensch mit sehr heller Haut oder weißen Haaren (R); ON Wittingen (N); aus Wittingen Stammender (R)
Wunder – mhd. wunderære, wunderærer – der Wunder oder wunderbare Taten tut (N); der wunderbar lebt (N); der sich wundert (N); mhd. wunder – Verwunderung, Neugier (N)
Zeller – ON Zell, Zelle, Zella (N); ON Zell/Sele, Kärnten (R); aus Zell, Zelle, Zella Stammender (R)

Literaturangaben, Abkürzungen und Anmerkungen:

F = Anton und Tatjana Feinig: Familiennamen in Kärnten und den benachbarten Regionen. Klagenfurt: Hermagoras, 2004/05.
G = Edwin Großgoerge: Deutsche Nachnamen. https://www.alle-deutsche-nachnamen.de/index.php, Rostock, DE/Germany > Haftung, Zugriff 03.11.2023, 13:50 Uhr; > Gastl, 14:00 Uhr; > Schädlich > Schedlich, 14:10 Uhr.
N = Horst Naumann: Das große Buch der Familiennamen. Alter – Herkunft – Bedeutung. Augsburg: Weltbild, 2009.
R = Deutung LMR / Luise Maria Ruhdorfer. – LMR: Die Finkensteiner Vulgonamen und der Barbara-Zyklus in St. Martin am Techelsberg. Remscheid (D): Rediroma Verlag, 2016, > Reschnigg > Reži S. 32; Sterniz > Strnišč S. 39.
Ü = Anton Überfelders Kärntnerisches Idiotikon. Hrsg. Alfred Goubran. Klagenfurt: Heyn, 2015.
W = Wikipedia, https://de.wikipedia.org/wiki/..., Zugriff 22.11.2023, 05:35 – 05:50 Uhr.
ahd. = althochdeutsch, altlav. = altlavanttalerisch, asä. = altsächsisch, altengl. = altenglisch, altruss. = altrussisch, altslaw. = altslawisch, dial. = dialektal, fnhd. = frühneuhochdeutsch, fränk. = fränkisch, friul. = friulanisch, germ. = germanisch, it. = italienisch, l. = Latein/lateinisch, lav. = lavanttalerisch, mda. = mundartlich, mhd. = mittelhochdeutsch, mnd. = mittelniederdeutsch, nd. = niederdt. = niederdeutsch, oso. = ostsorbisch, poln. = polnisch, s. = slowenisch, schweizer. = schweizerisch, urslaw. = urslawisch. – ON = Ortsname, VN = Vulgoname.
Begriffe wie „Bauer, Hof, Hube, Keusche, Keuschler“ entfallen, ausgenommen Bauer, Bauer an der Raderbrüschen, Bräthueber, Buchbauer, Holzbauer, Huber, Kaßßbauer, Koglbauer, Maieramhofwirtin, Meier am Hof, Mayerhofer, Michelbauer, Neubauer, Praithhueber, Wiedenbauer.
Angaben wie „Wohnende/r, Lebende/r, Wirtschaftende/r, …“ werden einfach alternativ angegeben.

Buch „Luise Maria Ruhdorfer: Die slowenische Sprache und Kultur in Kärnten“ in der Serie „Slowenisch als Fremdsprache im Alltag, in der Kirche und in der Literatur. Erster Band, 2016“. – Zu den Hasenbichler Vorfahren siehe die Geschichte „Leichenwagen- und Brautkutschenfahrer“, S. 160-163 und 167. Siehe ferner die Erzählungen „Mit Kind und Kegel – Einrichtung und Ausstattung meiner Familie in Kärnten (1950-1960)“, S. 149-155; „Spielzeug und Süßigkeiten“, S. 157/158; „Hausgeburten“, S. 158/159. Text und Kurztexte im Rahmen des Projektes „Kärnten erzählt sich selbst“ im Bildungshaus Tainach/Tinje.

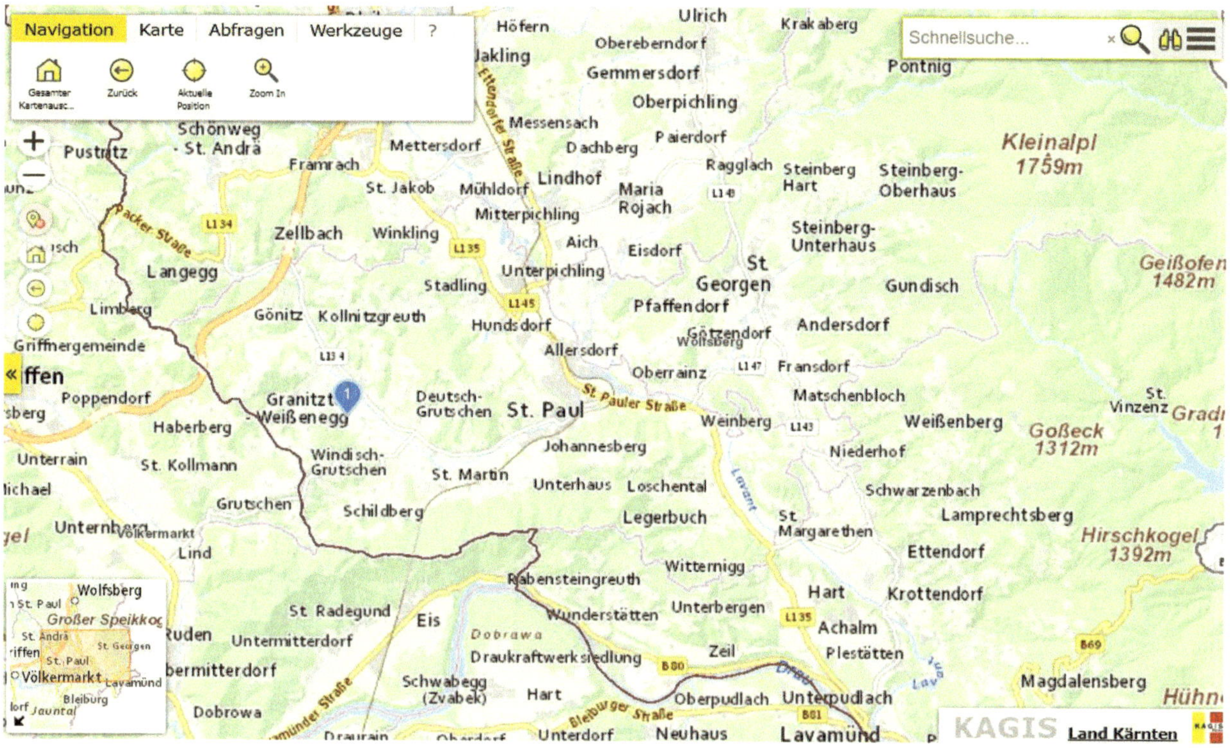

Gemeinden St. Andrä im Lavanttal, Maria Rojach, St. Paul im Lavanttal, St. Georgen im Lavanttal, Ettendorf, Lavamünd. https://gis.ktn.gv.at/webgisviewer/atlas-mobile/map, Zugriff 20.07.2023, 10:45 Uhr.

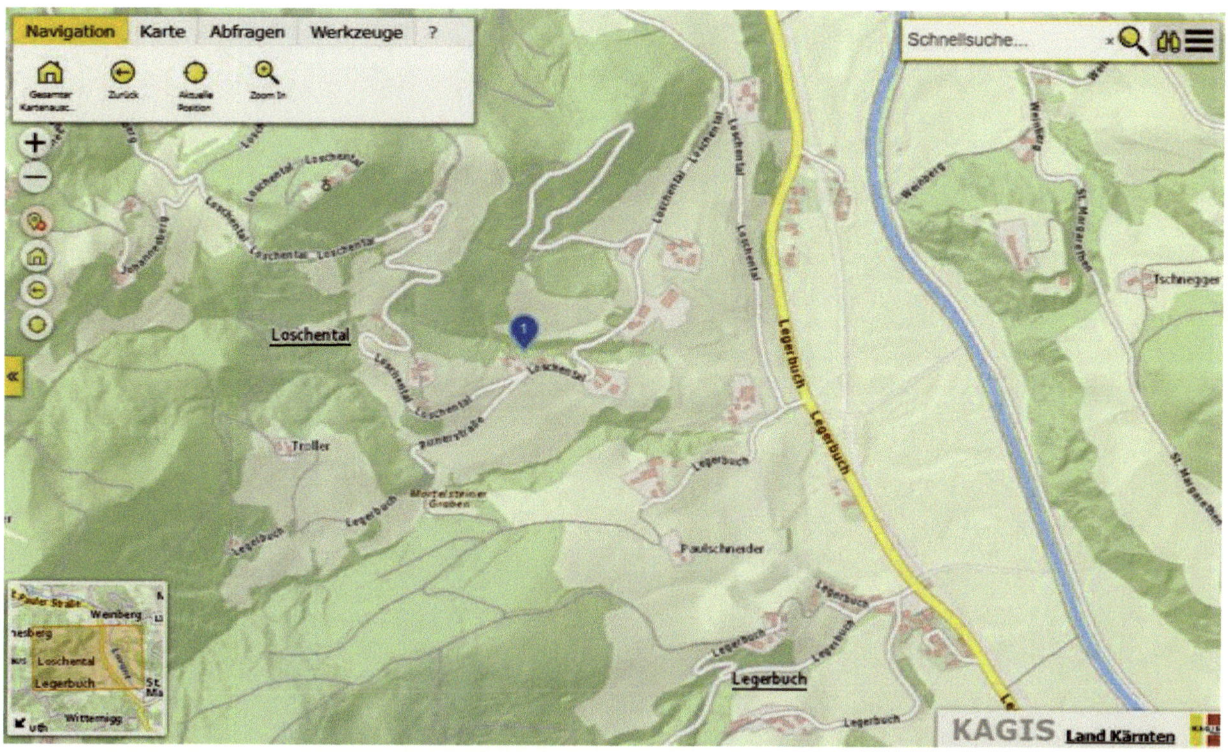

Orte Loschental und Legerbuch, Pfarre St. Paul im Lavanttal.
https://gis.ktn.gv.at/webgisviewer/atlas-mobile/map, Zugriff 20.07.2023, 10:45 Uhr.

Schatzhaus Kärntens. Katalog I, Landesausstellung St. Paul 1991, 900 Jahre Benediktinerstift, S. 245. Kupferstich von Andreas Trost, aus der Topographia Archiducatus Carinthiae antiquae et modernae completa von Johann Weichard Valvasor, Nürnberg 1688, Stift St. Paul.

Stifterfresko, Nordwand

Ostwand

Schatzhaus Kärntens. Katalog I, Landesausstellung St. Paul 1991, 900 Jahre Benediktinerstift, S. 506. Stiftskirche St. Paul im Lav., Stifterfresko, Nordwand; Ostwand.

Alte Mühle am Gemmersdorfer Bach.
Zimmermann Karl Hasenbichler und Herbert Hasenbichler restaurieren alte Mühlen.
https://kaernten.orf.at/stories/3119415/, Zugriff 20.07.2023, 10:04 Uhr.

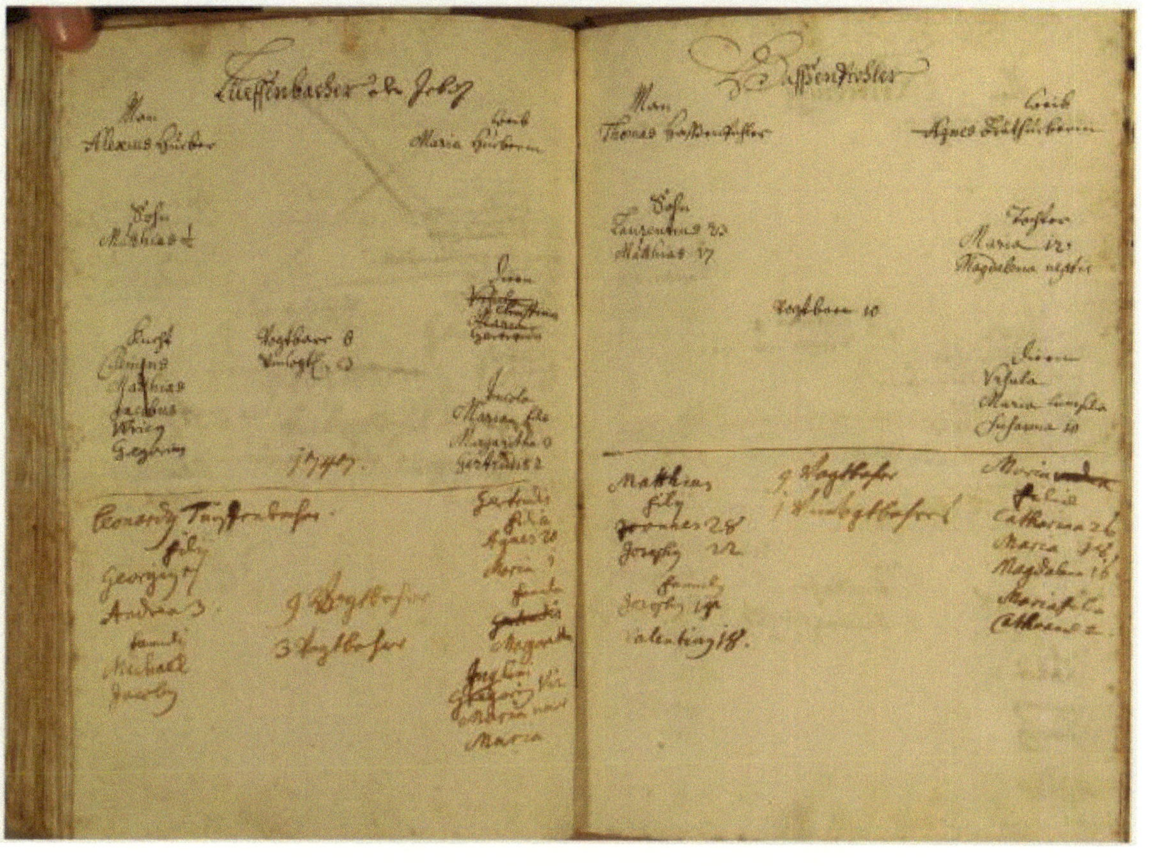

Personenstandsregister 1699 und 1747, Pfarre St. Paul i. Lav., S59_001-1, Geburtsbuch I, 1698-1748, Blatt 265, rechte Seite > vulgo HaßßenPichler, oben: Thomas Haßßenpichler 1699 mit Familie, unten: Matthias Haßßenpichler 1747 mit Familie.

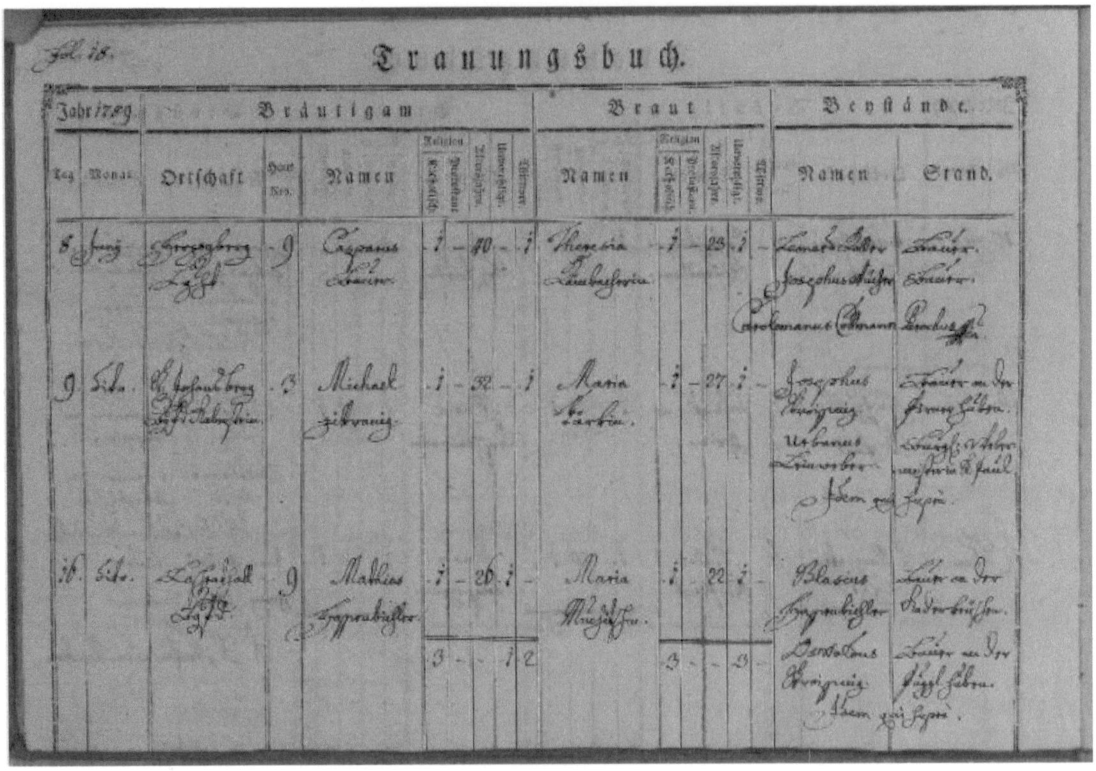

Mathias Haßenbichler und Maria Muchitschin, x 16.06.1789, Pfarre St. Paul i. Lav., S59_012-1, Trauungsbuch tom. I, Kopie, 1784-1827, Blatt 018, Nr. 3.

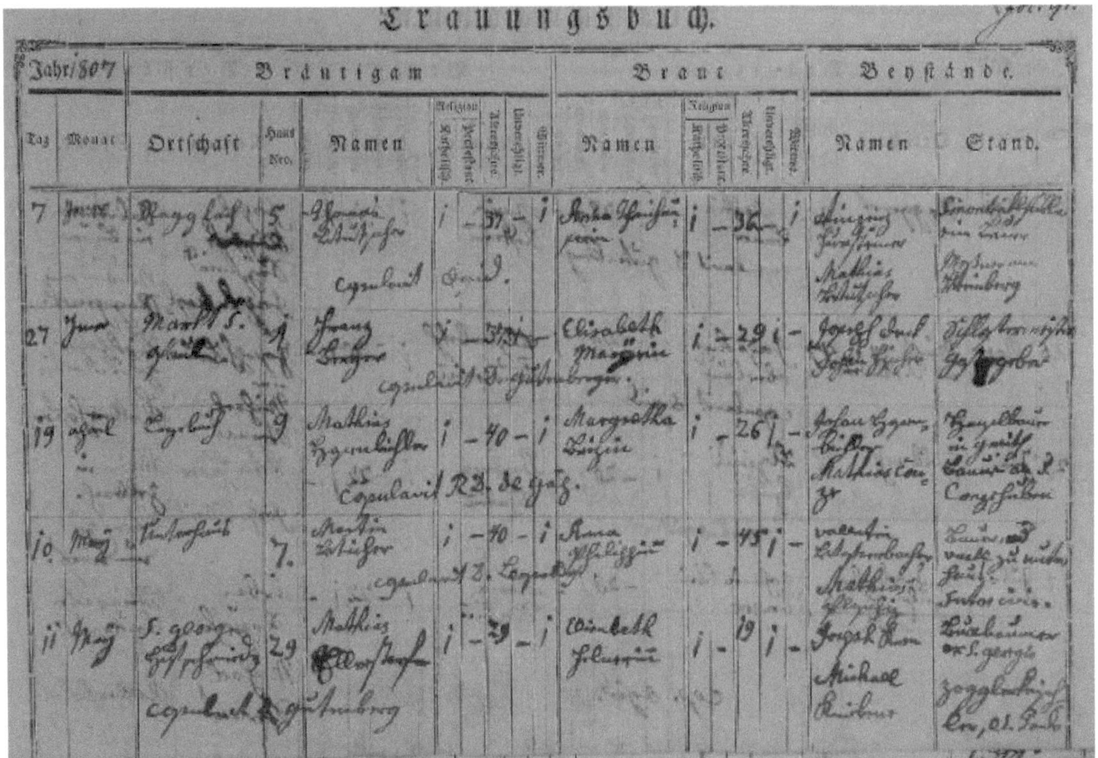

Mathias Haßenbichler und Margaretha Bürzin, x 19.04.1807, Pfarre St. Paul i. Lav., S59_012-1, Trauungsbuch tom. I, Kopie, 1784-1827, Blatt 091, Nr. 3.

Volksschule St. Paul im Lavanttal, 1927; Lehrer Andrecz, P. Ignaz.
vorne 4. von rechts: Albin Hasenbichler (*1915).

Albin Hasenbichler, 1930.

Emmerich Hasenbichler, Marknecht beim Meier am Hof.

Meine Hasenbichler Großeltern:
Michael Hasenbichler (1864-1934). Maria Hasenbichler, geb. Skubl (1875-1959).

Hochzeit Matthäus Rudl und Bibana, geb. Hasenbichler, 05.07.1932.

Familie Hasenbichler, vulgo Gastl, Loschental 4, um 1936;
hinten von links: Matthäus Rudl (*1893), Emmerich H. (*1908), Michael H. (*1904) und Albin Hasenbichler(*1915);
vorne von links: Bibiana Rudl (*1905), Albin Rudl (*1933), Großmutter Maria Hasenbichler, geb. Skubl (*1875).

Annette Marti: Ein ganzes Dorf nimmt Abschied. In Halbkorn lebt der Brauch des Leichenzuges.
https://www.jungfrauzeitung.ch/artikel/48460/, Zugriff 10.08.2023, 10:55 Uhr.
(Onkel Michaels Rappen-Doppelgespann zog so einen ähnlichen Leichenwagen.)

Waffenrad im Technischen Museum Wien.
https://de.wikipedia.org/wiki/Waffenrad#/, Zugriff 10.08.2023, 10:45 Uhr.
(Mit Vaters Waffenrad hab ich im Alter von 10 Jahren in Fransdorf selbst fahren gelernt.)

Mein Vater Albin Hasenbichler vor dem II. Weltkrieg.

Nach meiner Firmung mit Tante Bibi (Bibiana Rudl) und nach Albins Erstkommunion, Haupteingang zur Kirche St. Georgen i. L., 1954.

Gebetbücher von meiner Erstkommunion und von meiner Firmung.

Meine Mama Aloisia Angela Gastl, Herbst 1942.

Meine Stiefmutter und mein Vater — Onkel Michael und Tante Gisela — Tante Anna und Onkel Emmerich am Abend vor meiner Hochzeit (27.05.1967) beim vulgo Erian in St. Stefan 17 in der Küche.

Hochzeit meiner Eltern am 03.06.1944 in St. Stefan bei Finkenstein.
Von links nach rechts: Onkel Anton Gastl (*1911), Mama, Tati, Onkel Michael Hasenbichler (*1904).

Hochzeit meiner Eltern am 03.06.1944 in St. Stefan bei Finkenstein.
Von links nach rechts: Onkel Anton Gastl (*1911, Tonček), Onkel Markus Gastl (*1925, Marko), Mama, Tante Maria Anna Gastl (*1924, Manica), Tati, Tante Agnes Kukovič (*1883, Neža), Onkel Michael Hasenbichler (*1904, Michl), Onkel Matthäus Rudl (*1893, Tevž), Großmutter Maria Hasenbichler (*1875).

Stammbaum
Ferdinand Böhm

BÖHM Anna
13.02.1923 – 15.02.2008, x 11.06./01.07.1950
Hasenbichler Albin, 2. x 11.06./01.07.1950
13.03.1915 – 31.10.1999
Fransdorf 11

BÖHM Martha
18.10.1903 – 04.10.1972
KLEIBNER Josef
16.10.1906 – 19.02.1968, x 17.02.1936
St. Jakob im Rosental 33

BÖHM Josef
19.04.1876 – 20.09.1948, x 22.11.1908
Roßmann Maria
25.06.1878 – 17.01.1928, geschieden
Ožem, Kopein

BÖHM Stefan
25.12.1877 – 20.07.1950, x 22.11.1902
Tarman Theresia
20.04.1887 – 23.04.1963
Altfinkenstein 18

BÖHM Ferdinand
*01.01.1880 , x 10.08.1903
Drolle Maria
*23.04.1880
Kanin; Oberaichwald 39

BÖHM Ferdinand
22.05.1856 – 29.09.1917, x 08.02.1880
Peternell Franziska
02.04.1858 – 24.08.1931
Winkl 28

DROLLE Valentin
22.02.1844 – 15.04.1909, x 04.11.1866
Kofler Constantia
29.07.1838 – 27.12.1896
Oberaichwald 14

TAUPE Johann
17.02.1935 – 16.10.2008, x 1957
Juritsch Johanna
*23.06.1935
Pogöriach

TAUPE Michael
12.04.1890 – 01.10.1967, x 25.05.1946
Mörtl Katharina
15.01.1896 – 10.02.1963
Pogöriach

TAUPE Gregor
14.11.1854 – 23.02.1927, x 28.10.1888
Urschitz/Uršič Anna
29.01.1864 – 20.09.1949
Outschena 11

TAUPE Agatha
02.02.1819 – 11.09.1882
Unteraichwald 6

MÖRTL Alois
x 1880
Tarman Anna
03.03.1860 – 22.04.1925
Putritsch, Pogöriach 13

URŠIČ/Urschitz Blasius
29.01.1816 – 16.07.1885, x
Writze Anna
02.04.1826 – 03.07.1882
Cimperč, Altfinkenstein 7

PETERNELL Luzia
*24.04.1821
Perschitz Johann
Tschemernitzen 12

Chronik der Familie
Ferdinand Böhm
in Kanin bei St. Jakob im Rosental

Urgroßvater Ferdinand BÖHM, 22.05.1856 – 29.09.1917

Ferdinands Vater, Ferdinand Pem der Ältere, starb am 29.09.1917 im Alter von 61 Jahren als verheirateter Keuschler beim vulgo Berger in Kot [/Winkl] 28 an einer Lungenentzündung, wurde von Pfarrer Matej Ražun e.h. versehen und in St. Jakob im Rosental am 01.10. begraben. – Die Originaleintragung lautet: „Pem Ferdinand, umrl dne 29. sept[embra] 1917, pokopan dne 1. okt[obra], Kot 28, tu rojen, kočar p. d. Pergar, poročen 8. febr[uarja] 1880; k[atoliški], m[oški], 61 let star, rojen 22. majn[ika] 1856. Vnetje pljuč; previden; Št. Jakob v Rožu; Matej Ražun l.r., župnik."[316] – (Pem Ferdinand ... = Böhm Ferdinand, gestorben am 29. 09.1917, begraben am 01.10., Winkl 28, vulgo Bergerkeuschler, geheiratet am 08.02.1880; katholisch, männlich, 61 Jahre alt, geb. am 22. Mai 1856. Lungenentzündung; versehen; beerdigt in St. Jakob von Matej Ražun e.h., Pfarrer. – l.r. = lastnoročno = e.h. = eigenhändig.)

Die Ehefrau von Ferdinand Böhm war Franziska Peternell, geb. am 02.04.1858 um 12 Uhr zu Mittag in Gorintschach 7, Francisca Peternell, und am selben Tag getauft von Pfarrer Franz Treiber e.h.; katholisch, Mädchen, unehelich geboren; geprüfte Hebamme Omotta Anna; Patinnen: Maria Gabriel, ledige Keuschlerstochter von St. Jakob; Franziska Sucher, ledige Dienstmagd von Gorintschach; Oswald Wuzella e.h., Namensfertiger. – [Kein Vater eingetragen.] Mutter Luzia Peternell, hier gebürtig, ledige Inwohnerin, uneheliche Tochter der Anna Peternell, einer ledigen Inwohnerin, kath. Rel. – Johann Perschitz von Koritnitz in Krain gebürtig (jetzt entweder Koritnica pri Tolminu / Koritnitz bei Tolmein, oder Koritnice pri Ilirski Bistrici / Koritnitz bei Illyrisch Feistritz), kath. Rel., ledig, Taglöhner in Feistritz, unehelicher Sohn der Maria Perschitz, einer Dienstmagd, erscheint freiwillig vor den gefertigten Zeugen, die ihn gut kennen, erklärt sich freiwillig als Vater des obigen Kindes Francisca, und verlangt als solcher eingetragen zu werden. Johann Perschitz, als Vater; Matthäus Schneider, als Zeuge; Franz Grabrutsch, als Zeuge; Joh.. Evg. Marinič e.h., Namensfertiger; Franz Treiber e.h., Pfarrer.[317] – Franziska Böhm, geb. Peternel, starb am 24.08.1931 um 6 Uhr im Alter von 73 Jahren in Kot/Winkel 28 als verwitwete Keuschlerin an Altersschwäche. Sie wurde von P. Alexander Martelovez e.h., Lazarist, versehen und am 26.08. um ½ 10 Uhr in St. Jakob im Rosental beerdigt.[318]

Die Mutter von Franziska Peternell/Peternelj war **Luzia Peternell**. Sie wurde am 24.04. 1821 als Lucia Peternell in Tschemernitzen 12 geboren und von Pfarrer Thomas Moser e.h. getauft; katholisch, weiblich, unehelich geboren; Hebamme Magdalena Lepuschitz; Patinnen: Maria Petermann, Bäuerin; Luzia Wusche, Inwohnerin. [Kein Vater eingetragen.] Mutter Anna Peternell, eheliche Tochter des Florian Peternell, eines Nagelschmiedes, und seiner Ehefrau Maria N. – Vaterschaftserklärung [später eingetragen]: Michael Smole, recte Robizh. beurlaubter gmeiner Militärmann und Taglöhner bei der Gewerkschaft zu Rosenbach, gebürtig im Dorfe Jesenize in Krain, [jetzt Jesenice, früher Aßling], hat sich heute, am 14.04. 1834, in Gegenwart der gefertigten Zeugen, denen er von Person wohl bekannt ist, zum Vater des mit der Anna Peternell, Einwohnerin zu Kanin, erzeugten Kindes Lucia erklärt und verlangt als solcher in das Taufbuch eingetragen zu werden, welches er mit seinem eigenen Kreuzzeichen bestätigt. + Michael Smole, recte Robizh, Kindsvater; Simon Stornigg, Zeuge dieser Erklärung; Joseph Rauter e.h., Zeuge. – Coram me Thomas Moser e.h., Ortspfarrer.[319] – (Coram me = Vor mir ...)

---

316 Vgl. Pfarre St. Jakob im Rosental / [Š]t. Jakob v Ro[ž]u: S27_048-1, Sterbbuch tom. X, Kopie, 30. April 1913 – 17. Dezember 1939, Blatt 030, Nr. 7. – Vorhergehende Aussagen vgl. ebenda.

317 Vgl. Pfarre St. Jakob im Rosental / [Š]t. Jakob v Ro[ž]u: S27_014-1, Geburtsbuch X, 20. Mai 1857 – 14. September 1873, Blatt 017a, Nr. 1.

318 Vgl. Pfarre St. Jakob im Rosental / [Š]t. Jakob v Ro[ž]u: S27_048-1, Sterbbuch tom. X, Kopie, 30. April 1913 – 17. Dezember 1939, Blatt 110, Nr. 6.

319 Vgl. Pfarre St. Jakob im Rosental / [Š]t. Jakob v Ro[ž]u: S27_009-2, Geburtsbuch, 9. September 1818 – 30. Juni 1829, Blatt 039, Nr. 1.

Ferdinand Böhm/Bem, (*22.05.1856), und Franziska Peternell/Peternelj, (*02.04.1858), hatten folgende eheliche Kinder:

Josef/Jožef, *19.04.1876 in Schlatten/Žlatne/Svatne, legitimiert, Geburtsbuch XI, Blatt 033, x 22.11.1908 Maria Roßman; (siehe unten);

Stefan, *25.12.1877 in Kanin/Hodnina, legitimiert, Geburtsbuch XI, Blatt 054, x 22.11. 1902 Theresia Tarman; (siehe unten);

Ferdinand, *01.01.1880 in Kanin/Hodnina 1, legitimiert, Geburtsbuch XI, Blatt 080, x 10.08.1903 Maria Drolle; (siehe unten);

Maria, *23.01.1882 in Hodnina/Kanin 5, Geburtsbuch XI, Blatt 109, x 19.11.1905 in Maria Gail, †27.05.1970 in Gödersdorf;

Michael, *27.11.1883 in Laze 27, Geburtsbuch XI, Blatt 131, x 02.02.1920 in Maria Gail Magdalena Landman, †09.06.1960 in Schlatten 26;[320]

Matthaeus, *30.11.1885 in Kot/Winkl, Geburtsbuch XII, Blatt 014, †15.10.1963 (Standesamt Finkenstein), Mutter Franziska Peternelj;

Johann/Janez, *27.07.1887 in Vaze, Geburtsbuch XII, Blatt 034, x 17.06.1918;

Franz, *14.11.1889 in Winkel/Kot 28, Geburtsbuch XII, Blatt 068;

Anna, *08.05.1891 in Winkel/Kot 28, Geburtsbuch XII, Blatt 094;

Franziska, *14.03.1893 in Winkel/Kot 28, Geburtsbuch XII, Blatt 123;

Anton, *08.05.1894 in Winkel/Kot 28, Geburtsbuch XII, Blatt 142;

Jacobus, *19.07.1896 in Winkel/Kot 28, Geburtsbuch XII, Blatt 177;

Angela, *04.09.1898 in Winkel/Kot 28, Geburtsbuch XII, Blatt 210.[321]

Großvater Ferdinand BÖHM, *01.01.1880,

geboren am 01.01.1880 um 9 Uhr am Morgen in Kanin 1, Ferdinand Peternel, legitimierter Böhm, und am 02.01. getauft von F. Bar[berič] e.h., Pfarrer; katholisch, Knabe, unehelich geboren; Hebamme Aloisia Jelenik; Paten: Michael Peternel, Holzmeister; Maria Kravina, Inwohnerstochter in Kanin. Vater Ferdinand Böhm, zu Hodni Svatnje [jetzt Svatne/ Schlatten] geboren, ehelicher Sohn des Tevsh [/Matthäus] Böhm und der Maria, geb. Lipe, alle katholisch. Mutter Franziska Peternel, hier geboren, Inwohnerin, uneheliche Tochter der Luzia Peternel, beide katholisch. – Durch die nachfolgende Eheschließung seiner Eltern legitimiert.[322] – Ferdinand Böhm, getraut mit Franziska Peternel am 08.02.1880, erscheint mit den ihn kennenden Zeugen vor dem Pfarrer und erklärt sich als Vater dieses Kindes. Ferdinand Böhm e.h., Vater; Franc Kobenter e.h., Zeuge; Anton Noč, Zeuge; Franc Kobenter e.h., Namensfertiger. Pfarrer Franc Bar[berič] e.h., St. Jakob, 02.05.1880.[323]

Ferdinand Böhm heiratete am 10.08.1903 Maria Drolle, geb. am 23.04.1880 in Oberaichwald[324]. Der Bräutigam wohnte in Vare/Winkel [jetzt Kot/Winkl] 28, war erst 23 Jahre alt, weshalb sein Vater Ferdinand Bem/Böhm die schriftliche Einwilligung zur Eheschließung erteilen musste. Die Eltern der Braut waren Valentin Drole und Constantia, geb. Kofler, wohn-

---

[320] Vgl. Pfarre St. Jakob im Rosental / [Š]t. Jakob v Ro[ž]u: S27_015-1, Geburtsbuch XI, 16. September 1873 – 15. Dezember 1884; Josef, Stefan, Ferdinand, Maria, Michael.

[321] Vgl. Pfarre St. Jakob im Rosental / [Š]t. Jakob v Ro[ž]u: S27_017-1, Geburtsbuch XII, 2. Januar 1885 – 13. September 1903, Matthaeus, Johann, Franz, Anna, Franziska, Anton, Jacobus, Angela.

[322] Diese Formel wurde im Original zur Gänze in Latein verfasst.

[323] Vgl. Pfarre St. Jakob im Rosental / [Š]t. Jakob v Ro[ž]u: S27_015-1, Geburtsbuch XI, 16. September 1873 – 15. Dezember 1884, Blatt 080, Nr. 1.

[324] Vgl. Pfarre Latschach/ Lo[č]e: L02_004-1, Geburtsbuch IV, 3. Januar 1873 – 27. November 1897, Blatt 040, Nr. 1.

haft in Vare/Winkel [jetzt Kot/Winkl] 25. Constantia Kofler stammte aus St. Nikolai in Villach. Und Constantias Eltern waren Lukas Kofler und Maria, geb. Ottowitz.[325]

Maria Drolle wurde am 23.04.1880 um 1/2 11 Uhr am Vormittag in Oberaichwald 12 geboren und am folgenden Tag von Pfarrer Jakob Knaflič e.h. getauft; katholisch, Mädchen, ehelich geboren; geprüfte Hebamme Maria Lan[g]sam; Patinnen: M. Woschitz, vulgo Meßnerkeuschlerin und Wirtin hier; Margareth Walluschnig, vulgo Adameckeuschlerin zu Oberaichwald; J. Knaflič e.h., Namensfertiger. Vater Valentin Drolle, von Maria Elend gebürtig, Besitzer der Dermastinkeusche, ehelicher Sohn des Thomas Drolle, Besitzers der Lexkeusche, und seiner Ehefrau, Anna, geb. Musei, kath. Rel. Mutter Constantia Kofler, von St. Nikolai in Villach gebürtig, eheliche Tochter des Lukas Kofler, gewesenen Besitzers der Voltanbauerhube zu Seebach, und seiner Ehefrau Maria, geb. Ottowitz, kath. Rel.[326] – Wann und wo Ferdinand Böhm gestorben ist, konnte nicht ermittelt werden.[327] – Wann und wo Maria Böhm, geb. Drolle, gestorben ist, konnte auch nicht herausgefunden werden.[328]

Die Eltern von Maria Drolle heirateten am 04.11.1866 in Latschach/Loče. Bräutigam: **Valentin Drolle**, wohnhaft in Oberaichwald 12, Besitzer der Darmastinkeusche, ehelicher Sohn des Thomas Drolle, Besitzer der Löxkeusche, und der schon seligen Anna, geb. Musey, zu Maria Elend gebürtig; katholisch, 22 Jahre alt, geb. am 22.02.1844, unverehelicht. Braut: Konstantia Kofler, eine eheliche Tochter des Lukas Kofler, gewesenen Auszüglers der Voltanbauerhube zu Seebach, und der Maria, geb. Ottowitz, beide schon verstorben, in der Pfarre St. Nikolai in Villach gebürtig; katholisch, 28 Jahre alt, geb. am 29.07.1838, unverehelicht. Zeugen: Johann Mitzulov e.h., Bauer, vulgo Metschina, Beistand des Bräutigams; Joseph Kornel, Keuschler, vulgo Hansele, beide aus der Pfarre St. Rupert am Moos; Nik. Allesch e. h., Namensfertiger. – Trauungsakten erliegen im Pfarrarchive sub Nr. 2 de anno 1866. – Wurde vom k. k. Bezirksamte als Gericht am 12.06.1866 zu Villach großjährig erklärt. – Obiges Brautpaar wurde sowohl zu Latschach als Pfarrkirche des Bräutigams als … am 21. und 28. Okt. und 4. Nov. 1866 verkündet. Da kein Ehehindernis vorkam, am 4. Nov. l. J. nach christkatholischem Gebrauche eingesegnet von Ortspfarrer Nik. Allesch e.h.[329] – (… sub Nr. 2 de anno … = … unter Nr. 2 vom Jahre …) – Valentin Drolle starb am 15.04.1909 im Alter von 64 Jahren, [richtig: von 65 Jahren], in Oberaichwald 14 als verwitweter Foltkeuschler laut Totenbeschauzettel Nr. 12 an Trunksucht, wurde von Pfarrer Jakob Knaflič e.h. nicht versehen und in Latschach beerdigt.[330] – Konstantia Drolle, geb. Kofler, starb am 27.12.1896 im Alter von 58 Jahren in Oberaichwald 34 als verheiratete Foltkeuschlerin an „Mutterkrebs". Sie wurde von Pfarrer J[akob] Knaflič e.h. versehen und in Latschach am 29.12. beerdigt.[331]

Ferdinand Böhm/Bem, (*01.01.1880), und Maria Drolle / Marija Drole, (*23.04.1880), hatten folgende eheliche Kinder:

---

[325] Vgl. Pfarre St. Jakob im Rosental / [Š]t. Jakob v Ro[ž]u: S27_033-1, Trauungsbuch VI, 8. Januar 1866 – 8. Februar 1904, Blatt 248, Nr. 1, (einzige Eintragung).

[326] Vgl. Pfarre Latschach/Lo[č]e: L02_004-1, Geburtsbuch IV, 3. Januar 1873 – 27. November 1897, Blatt 040, Nr. 1.

[327] Im Alph. Index zu den Sterbbüchern 1893-2006, L02_016-1, wurde kein Ferdinand Böhm gefunden. (Stand 16.07.2023.) – Ist im Geburtsbuch der Sterbetag nicht eingetragen, dann kann er bei nach 1953 verstorbenen Personen nicht ermittelt werden, weil die EU-Datenschutzsperre für Verstorbene 70 Jahre beträgt. – Sterbbuch IV ist ab 01.01.1940, Blatt 114, gesperrt. (Stand 16.07.2023.)

[328] Vgl. Pfarre Latschach/Lo[č]e: L02_016-1, Alph. Index zu den Sterbbüchern, 1. Januar 1893 – 31. Dezember 2006, Blatt 003/004 > Böhm/Bem, Blatt 022/023 > Pem, kein Sterbe-Eintrag. (Stand 16.07.2023.)

[329] Vgl. Pfarre Latschach/Lo[č]e: L02_009-1, Trauungsbuch III, 14. Februar 1848 – 7. März 1886, Blatt 051, Nr. 2, (untere Eintragung).

[330] Vgl. Pfarre Latschach/Lo[č]e: L02_015-1, Sterbbuch IV, 1. Januar 1893 – 16. November 1963, Blatt 036, Nr. 14, (letzte Eintragung).

[331] Vgl. Pfarre Latschach/Lo[č]e: L02_015-1, Sterbbuch IV, 1. Januar 1893 – 16. November 1963, Blatt 011, Nr. 11, (letzte Eintragung). – Enthaltenes Direktzitat siehe ebenda.

Martha/Marta, *18.10.1903, Geburtsbuch XIII, Blatt 002; x 17.02.1936, †04.10.1972;

Franziska/Frančiška, *18.05.1905, †15.01.1906, Geburtsbuch XIII, Blatt 064;

Ferdinand, *18.10.1906, †25.03.1907, Geburtsbuch XIII, Blatt 107;

Ferdinand, *06.08.1908, Geburtsbuch XIII, Blatt 147;

Stefan/Štefan, *09.01.1910, †27.05.1913 in St. Stefan-Finkenstein, Geburtsbuch XIII, Blatt 180.[332]

Onkel Josef BÖHM, 19.04.1876 – 20.09.1948,

wurde am 19.04.1876 um 11 Uhr in der Nacht als Josef Peternell, legitimierter Böhm, in Schlatten 29 geboren und von J. Knaflič e.h., Cooperator, getauft; katholisch, männlich, unehelich geboren; ungeprüfte Hebamme Maria Lippe; Patinnen: Maria Zitterschlager, vulgo ledige Per[kojz]tochter zu Schlatten; Magdalena Bleier, vulgo ledige [Nrin]tochter, ebendort. Mutter Franziska Peternell, hier gebürtig, Inwohnerin, uneheliche Tochter der Luzia Peternell, einer Inwohnerin, katholisch. Vater [später eingetragen]: Ferdinand Böhm, [getraut mit Franziska Peternel am 08.02.1880, (siehe oben)], ehelicher Sohn des Matthäus Böhm, gewesenen Inwohners, und seiner Ehefrau Maria, geb. Lippe, kath. – Legitimiert. – (Vaterschaftserklärung ähnlich wie oben beim Bruder Ferdinand Böhm, nur andere Zeugen.) Zeugen: Martin Ottobitz e.h., Zeug[e]; J., Knaflič e.h., Zeuge; Ferdinand Böhm e.h., Vater; Franz Treiber e.h., Pfarrer. – „Jožef Böhm je dne 22.11.1908 v Ločah bil poročen z Marijo Tarman."[333] – (Jožef ... = Josef Böhm wurde am 22.11.1908 in Latschach mit Maria Tarman verehelicht.) – Bei der Eintragung der Verehelichung ist im Geburtsbuch XI der Pfarre St. Jakob im Rosental ein Irrtum passiert. – Josef Böhm heiratete am 22.11.1908 in Latschach keine Maria Tarman, sondern Maria Roßmann, geb. am 25.06.1878 in Möltschach, Pfarre St. Martin bei Villach. Sie war eine uneheliche Tochter der aus St. Leonhard im Lavanttal stammenden Magd Regina Roßmann und wuchs beim vulgo Ožem in Kopein als Ziehtochter und künftige Besitzerin dieser Keusche auf. Zeugen: Johann Zellot e. h., verehelichter Inwohner in der Ožem-Badstube in Kopein und Josef Fugger e.h., vulgo Vavharkeuschler in Winkl. Pfarrer Joh. Knaflič e.h.[334] – Josef Böhm starb am 20.09.1948.[335] – Maria Böhm, geb. Drolle, geschieden, starb am 17. 01.1928 in Kopein 4 als Ožemkeuschlerin an Leberverhärtung und Wassersucht, von Villach-St. Martin gebürtig, nach Ledenitzen zuständig, einheimisch; kath., geb. 23.06.1878, [richtig: *25.06.1878]. Sie wurde von Pfr. Ogris e.h. nicht versehen und am 19.01. in Latschach beerdigt.[336]

Onkel Stefan BÖHM, 25.12.1877 – 20.07.1950,

wurde am 25.12.1877 um 3 Uhr in der Früh in Kanin 1 als Stefan Peternell, legitimierter Böhm, geboren und am selben Tag von Pfarrer Franc Treiber e. h. getauft; katholisch, männlich, unehelich geboren; ungeprüfte Hebamme Magdalena Krabina; Patinnen: Maria Krebina, ledige Inwohnerstochter zu Kanin; Franziska Sucher, ledige Dienstmagd zu St. Jakob. –

---

[332] Vgl. Pfarre St. Jakob im Rosental / [Š]t. Jakob v Ro[ž]u: S 27_018-1, Geburtsbuch tom. XIII, Kopie, 14. September 1903 – 12. Mai 1917, Martha, Franziska, Ferdinand, Ferdinand, Stefan.

[333] Vgl. Pfarre St. Jakob im Rosental / [Š]t. Jakob v Ro[ž]u: S27_015-1, Geburtsbuch XI, 16. September 1873 – 15. Dezember 1884, Blatt 033, Nr.1. – Direktzitat siehe ebenda.

[334] Vgl. Pfarre Latschach / Lo[č]e: L02_010-1, Trauungsbuch IV, 6. Juni 1886 – 4. Mai 1930, Blatt 044, Nr. 3, (letzte Eintragung).

[335] Vgl. Pfarre Latschach/Lo[č]e: L02_016-1, Alph. Index zu den Sterbbüchern, Kopie, 1. Januar 1893 – 31. Dezember 2006, Blatt 003, > IV/141. – Das Sterbbuch IV ist ab 01.01.1940, Blatt 114, wegen EU-Datenschutz noch gesperrt. (Stand 22.07.2023.) – Gilt auch für Stefan Böhm.

[336] Vgl. Pfarre Latschach/Lo[č]e: L02_015-1, Sterbbuch IV, 1. Januar 1893 – 16. November 1963, Blatt 087, Nr. 3.

(Vater und Mutter wie oben beim Bruder Ferdinand Böhm, auch die Vaterschaftserklärung ist sinn-gemäß gleich wie oben.) – Vater Ferdinand Böhm, [getraut mit Franziska Peternel am 08.02.1880, (siehe oben). Durch die Eheschließung seiner Eltern legitimiert.]. – „V Ločah poročen dne 22. 11. 1902 z Terezijo Tarman."[337] – (V Ločah ... = In Latschach getraut am 22.11.1902 mit Theresia Tarman.) – Stefan Böhm starb am 20.07.1950.[338] – Theresia Tarman wurde am 20.04.1887 in Altfinkenstein 18 als eheliche Tochter des Adam Tarman und der Theresia Kobenter aus St. Peter bei St. Jakob im Rosental geboren. Sie starb am 23.04.1963. Patinnen: Theresia Kobenter und Maria Breschan.[339]

Mutter Martha BÖHM, 18.10.1903 – 04.10.1972,

geboren am 18.10.1903 um ½ 11 Uhr am Abend in Vare 25, Marta Pem [/Martha Böhm], getauft von Mat. Ražun e.h.; Hebamme Al. Kravanja; katholisch, Mädchen, ehelich geboren; Paten: Stefan Pem, Arbeiter; Maria Ulbink. Vater Pem Ferdinand, geb. am 01.01.1880, Holzarbeiter, hier gebürtig, ehelicher Sohn des Ferdinand Pem (Böhm) und der Franciska, geb. Peternel, beide katholisch. Mutter Maria Drole aus Loče [/Latschach], geb. am 23.04.1880, ehel. Tochter des Valentin Drole und der Constantia, geb. Kofler, beide katholisch. Eheschließung ihrer Eltern am 10.08.1903. – „17.02.1936 tukaj poročena z Jožefom Kleibner[jem]." – Aus der r. k. Kirche ausgetreten, BH Villach, 16.02.1954, Zahl Rel. 2601/54. – Am 30.09.1972 in die kath. Kirche wieder aufgenommen worden in St. Jakob im Rosental. – Gestorben am 04. 10.1972 in Klagenfurt LKH, 1274/72.[340] – (17.02.1936 tukaj poročena ... = Am 17.02.1936 hier verehelicht mit Josef Kleibner.)

Martha Böhm, Wirtschäfterin, ehel. Tochter des Ferdinand Böhm und der Maria, geb. Drole, hier gebürtig und zuständig; röm.-kath., 32 Jahre alt, geb. am 18.10.1903, unverehelicht; heiratete am 17.02.1936 Josef Kleibner, Hilfsarbeiter, Rosenbach 29; röm.-kath., 29 Jahre alt, geb. am 16.10.1906, unverehelicht; ehel. Sohn des Josef Kleibner und der Maria, geb. Taschwer, geb. in Augsdorf, zuständig nach Schiefling am See. Zeugen: Klančnik Johann e.h., Bundesbahner in Rosenbach; Kleibner Adolf e.h., Schuhmacher in Latschach an der Drau. – [Eheschließung von] Josef Kanduth e.h., Kaplan. – Martha Kleibner, geb. Böhm, †04.10.1972, LKH Klagenfurt. – Josef Kleibner, †19.02.1968, St. Jakob im Rosental 33.[341]

Tochter Anna BÖHM, 13.02.1923 – 15.02.2008

Anna Böhm wurde am 13.02.1923 um ½ 6 Uhr in der Früh in Untergreuth 2 geboren und am 14.02. von Josef Ogris e.h., Pfarrer, getauft; geprüfte Hebamme Ursula Blenkuš; Patin Katharina Milnerič, Inwohnerin. [Es wurde nie ein Vater eingetragen.] Mutter: Böhm Martha, Magd, eheliche Tochter des Ferdinand Böhm, Arbeiter, und der verstorbenen Maria, geb. Groll, von Winkl, Pfarre St. Jakob im Rosental, gebürtig und dorthin zuständig, römisch-katholisch. – (Taufeintrag Anna Böhm und weitere Ausführungen siehe oben „Chronik der Familie Michael Hasenbichler in Loschental" unter „Albin Hasenbichler".) – „Matrimonium

---

[337] Pfarre St. Jakob im Rosental / [Š]t. Jakob v Ro[ž]u: S27_015-1, Geburtsbuch XI, 16. September 1873 – 15. Dezember 1884, Blatt 054, Nr. 6, (letzte Eintragung). – Vorhergehende Aussagen vgl. ebenda.

[338] Vgl. Pfarre Latschach/Lo[č]e: L02_016-1, Alph. Index zu den Sterbbüchern, Kopie, 1. Januar 1893 – 31. Dezember 2006, Blatt 003, > IV/146. – Das Sterbbuch IV ist ab 01.01.1940, Blatt 114, wegen EU-Datenschutz noch gesperrt. (Stand 22. 07.2023.)

[339] Vgl. Pfarre Latschach / Lo[č]e: L02_004-1, Geburtsbuch IV, 3. Januar 1873 . 27. November 1897, Blatt 083, Nr. 1. – Entsprechendes Sterbbuch wegen EU-Datenschutz noch gesperrt. (Stand 16.07.2023.)

[340] Vgl. Pfarre St. Jakob im Rosental / [Š]t. Jakob v Ro[ž]u: S27_018-1, Geburtsbuch tom. XIII, Kopie, 14. September 1903 – 12. Mai 1917, Blatt 002, Nr. 3. – Vorhergehendes Direktzitat siehe ebenda. – Vorhergehende Aussagen vgl. ebenda.

[341] Vgl. Pfarre St. Jakob im Rosental / [Š]t. Jakob v Ro[ž]u: S 27_035-1, Trauungsbuch tom. VIII, Kopie, 28. Oktober 1929 – 4. Februar 1940, Blatt 057 und 057a, Nr. 2.

contraxit die 11. VI. 1950 in par. š. Stephani cum Albino Hasenbichler. Ogris e.h."[342] – (Matrimonium … = Die Ehe geschlossen am 11.06.1950 in der Pfarrkirche St. Stefan mit Albin Hasenbichler. – Großmutter väterlicherseits richtig: Maria, geb. Drolle.)

Meine Stiefmutter Anna Hasenbichler, geb. Böhm, starb am 15.02.2008 im LKH Wolfsberg.[343] – Albin Hasenbichler und Anna, geb. Böhm, hatten den Sohn Karl. – Anna Hasenbichler, geb. Böhm, hatte eine uneheliche Tochter, Sieglinde, geb. Böhm, die erst im Alter von 15 oder 16 Jahren zur Familie Hasenbichler in Fransdorf 11 zog. Ich besuchte damals schon die HAK in Villach. Vorher lebte Sieglinde bei ihrem Großvater Michael Taupe und seiner Ehefrau Katharina, geb. Mörtl, zuerst in der Keusche beim vulgo Tratnik in Altfinkenstein und dann in Faak am See bei der Familie Zenig in Untermiete.

Meine Stiefmutter Anna Böhm, (*13.02.1923), später verehelichte Hasenbichler, wurde als ein paar Tage altes Baby von ihrer Mutter Martha Böhm zu ihrem Vater Michael Taupe gebracht, der Holzknecht war, der sie dann zu ihrer sogenannten Žagar-Tante[344] brachte, bei der sie in Outschena/Ovčena in ärmlichsten Verhältnissen aufwuchs. Anna Böhm besuchte die Volksschule Latschach, arbeitete beim vulgo Zwanzger in Altfinkenstein als Magd, war einige Zeit im Deutschen Reich beschäftigt, musste wegen des Zweiten Weltkrieges wieder nach Hause, wohnte in der zum Zwanzgerhof gehörenden Keusche beim vulgo Tratnik in Altfinkenstein. Dann gebar sie die uneheliche Tochter Sieglinde, die sie nach ihrer Verehelichung mit meinem Vater Albin Hasenbichler, (11.06. beziehungsweise 01.07.1950), bei Sieglindes Großvater Michael Taupe und seiner Ehefrau Katharina, geborene Mörtl, zurückließ.

Entweder hatte Michael Taupe mit drei verschiedenen Frauen je eine uneheliche Tochter, wobei er sich niemals als Vater eintragen ließ, oder Martha Böhm hatte mit drei verschiedenen Männern je eine uneheliche Tochter, davon zwei nach 1923. Daher kann ich beide im Internet nicht finden. Ich sah ja auch nie ein Foto der Halbschwestern meiner Stiefmutter.

Halbschwester Josefine Pirker, 04.02.1920 – 18.12.2005

Die eine Halbschwester meiner Stiefmutter Anna Böhm, (*13.02.1923), verehelichte Hasenbichler, war Josefine, angeblich geboren am 04.02.1920 und gestorben am 18.12.2005.[345] Ich wusste, dass sie Josefine heißt, dass sie vom Ehemann ihrer Mutter Martha Böhm, Josef Kleibner, nach deren Eheschließung am 17.02.1936 adoptiert wurde, dass sie sich nach ihrer Verehelichung Pirker schrieb und dass sie 2005 gestorben ist. Und als Josefine Pirker fand ich sie schließlich auch im Index zum entsprechenden Sterbbuch. Ihre weiteren Lebensdaten konnte ich leider nicht herausfinden.[346] Meine Stiefmutter hat zwar was über ihre ältere Halbschwester Pepi erzählt, die in Rosenbach, Schlatten oder St. Jakob im Rosental lebte, nur selten aber über ihre vermutlich jüngere Halbschwester Muschet Maria ein Wort verloren.

[342] Pfarre Latschach/Lo[č]e: L02_005-1, Geburtsbuch tom. V, Kopie, 29. November 1897 – 31. Oktober 1932, Blatt 176, Nr. 2. – Vorhergehende Aussagen vgl. ebenda.

[343] Vgl. Pfarre Wolfsberg: W12_057-1, Index zu den Sterbbüchern, Kopie, 1. Januar 1870 – 31. Dezember 1946. – Ab 1947 gibt es im Internet keinen Index zu den Sterbbüchern. – Das entsprechende Sterbbuch ist im Internet auch nicht abrufbar. Siehe dazu EU-Datenschutz. (Stand 13.07.2023.)

[344] Ich konnte diese Frau nicht finden, weil ich ihren Namen nicht kenne und weil ich nicht weiß, wie sie mit meiner Stiefmutter wirklich verwandt war. – Ich ermittle nicht durch Interviews. – Zu vulgo Žagar in Outschena/Ovčna siehe LMR: Die Finkensteiner Vulgonamen ..., 2016, S. 149, untere Karte.

[345] Vgl. Pfarre St. Jakob im Rosental / [Š]t. Jakob v Ro[ž]u: S27_049-1, Index zu den Sterbbüchern XI, Kopie, 1. Januar 1892 – 31. Dezember 2007, Blatt 119. – Das entsprechende Sterbbuch ist im Internet wegen EU-Datenschutz nicht verfügbar. (Stand 16.07.2023.)

[346] Josefine, verehelichte Pirker, in den Pfarren Latschach/Loče, Petschnitzen/ Pečnica, St. Jakob im Rosental / Št. Jakob v Rožu, Rosegg/Rožek und Maria Elend / Podgorje gesucht und nur ihren Sterbetag gefunden. – Alle Geburts- und Heiratseinträge sind ab 1924 und die Todeseinträge ab 1954 wegen EU-Datenschutz noch gesperrt. (Stand 16.07. 2023.)

Halbschwester Maria Muschet

Die andere Halbschwester meiner Stiefmutter, Maria Muschet, konnte ich in den im Internet abrufbaren Matriken nicht finden. Ich glaube mich daran zu erinnern, dass sie irgendwo in der Nähe von Ledenitzen gelebt hat. Jedenfalls weiß ich ganz sicher, dass alle vier Frauen, also meine Stiefmutter Anna Hasenbichler, geb. Böhm, und ihre beiden Halbschwestern Josefine Pirker und Maria Muschet sowie auch deren Mutter Martha Böhm am Grünen Star litten und Jahre vor ihrem Sterbetag (fast) total erblindet sind.

Halbbruder Johann TAUPE, 17.02.1935 – 16.10.2008

Michael Taupe, (*12.04.1890), hatte mit seiner späteren Ehefrau Katharina Mörtl, (*15. 01.1896), den Sohn Johann Mörtl, legitimierter Taupe, (Eheschließung seiner Eltern am 25. 05.1946), den Halbbruder meiner Stiefmutter, geb. am 17.02.1935.[347]

Johann Taupe heiratete 1957 Johanna, geborene Juritsch, *23.06.1935. Johanna Juritsch war beim vulgo Travnčnjak in Altfinkenstein zu Hause.[348] – Johann Taupe starb am 16.10. 2008.[349] – Johann Taupe und Johanna, geb. Juritsch, hatten fünf Kinder: Christine Maria, Renate, Anna Maria, Angelika und Johannes.

Vater Michael TAUPE, 12.04.1890 – 01.10.1967,

geboren am 12.04.1890 um 2 Uhr in Ovčina 18 und am 13.04. um 4 Uhr am Nachmittag von Jakob Knaflič e.h., Pfarrer, getauft; katholisch, Knabe, ehelich geboren; auch seine etwas ältere Zwillingsschwester **Ursula Taupe**; katholisch, Mädchen, ehelich geboren; ungeprüfte Hebamme Magdalena Ruc; Paten Michael Muschet e.h., verehel., Inwohner; Ursula Abruč e.h., vulgo Miklaukeuschlerin in Ovčina. Vater Gregor Taupe, hier geb., Inwohner beim vulgo Novinjak, unehel. Sohn der Agatha Taupe, einer gewesenen Inwohnerin, kath. Rel. Mutter Anna Uršič, hier geb., ehel. Tochter des Blasius Uršič, gewesenen Besitzers der Zimperčkeusche zu Altfinkenstein, und der Anna, geb. Writze, kath. Rel. – Ursula Taupe starb am 30.08.1890. – Michael Taupe starb am 01.10.1967. [Er wurde in Latschach begraben]. Michael Taupe heiratete am 25.05.1946 Katharina Mörtl. Ogris e. h.[350]

Katharina Taupe, geb. Mörtl, *15.01.1896 in Pogöriach 13, †10.02.1963, wurde ebenfalls in Latschach begraben. Ihre Eltern waren **Alois Mörtl**, vlg. Pinterčkeusche in Pogöriach, und Anna Tarman aus dem Ort Im Walde / Gojzd in der Pfarre Kronau in Kranj [Gozd Martuljek, Pfarre Kranjska Gora]. Ihre Großeltern väterlicherseits waren Johann Mörtl, Folčkeusche zu Ratnitz, und Maria, geb. Frank. Ihre Großeltern mütterlicherseits waren Andreas Tarman, Selanhube zu Pogöriach, und Maria, geb. Blenkuš. Alle kath. Rel.[351] – **Mörtl Anna, geb. Tarman**, starb am 22.04.1925 im Alter von 65 Jahren als Keuschlersgattin beim vlg. Putritsch in Pogöriach 13 lt. Totenbeschauerklärung vom 23.04. an Wassersucht, wurde von Pfarrer Josef Ogris e.h. versehen und am 24.04. in Latschach beerdigt. Sie war am 03.03.1860 in Kronau

---

[347] Vgl. Pfarre Latschach/Lo[č]e: L02_007-1, Alph. Index zu den Geburtsbüchern, 1. Januar 1897 – 31. Dezember 2006, Blatt 017. – Das Geburtsbuch ist wegen EU-Datenschutz noch gesperrt. (Stand 16.07. 2023.)

[348] Informationen von der Familie Taupe, Pogöriach. – Entsprechende Matriken wegen EU-Datenschutz noch gesperrt. (Stand 16.07.2023.)

[349] Vgl. Parte Johann Taupe unter https://aspetos.com/gedenkseite/johann-taupe-2008-10-16/traueranzeige/, Zugriff: 17.07.2023, 10:30 Uhr.

[350] Vgl. Pfarre Latschach/Lo[č]e: L02_004-1, Geburtsbuch IV, 3. Januar 1873 – 27. November 1897, Blatt 099, Nr. 1, Ursula und Michael, Zwillinge.

[351] Vgl. Pfarre Latschach/Lo[č]e: L02_004-1, Geburtsbuch IV, 3. Januar 1873 – 27. November 1897, Blatt 135, Nr. 4, (letzte Eintragung). – Geburtsbuch tom. V, Kopie, Latschach, L02_005-1, 29. November 1897 – 31. Oktober 1932, ist im Internet verfügbar bis Blatt 185, ab Blatt 186 jedoch wegen EU-Datenschutz noch gesperrt. (Stand 16.07.2023.)

[jetzt Kranjska Gora] geboren, nach Finkenstein zuständig. verheiratet seit 1880 und galt als einheimisch.[352] – Von den Lebensdaten der Eltern der Katharina Taupe, geb. Mörtl, konnte also nur der Sterbetag ihrer Mutter Mörtl Anna gefunden werden.[353]

Alois Mörtl und Anna, geb. Tarman, hatten in Pogöriach 13 folgende eheliche Kinder:

Maria, *25.07.1882, †28.07.1965, Blatt 052, Nr. 3;

Franz, *02.04.1889, †30.10.1957, Blatt 093, Nr. 2;

Ferdinand, *06.01.1893, †27.06.1948, Blatt 115, Nr. 5, (letzte Eintragung);

Katharina, *15.01.1896, x 25.05.1946, †10.02.1963, Blatt 135, Nr. 4, (letzte Eintragung). (Siehe oben.)[354]

Großvater Gregor TAUPE, 14.11.1854 – 23.02.1927

Der Vater von Michael Taupe, (geb. 12.04.1890), Gregor Taupe, wurde am 14.11.1854 um 8 Uhr am Vormittag in Outschina 4 geboren und am Tag seiner Geburt getauft; katholisch, männlich, unehelich geboren; geprüfte Hebamme Theresia Urschitz. Laufende Nummer 3864. [Kein Vater eingetragen.] Mutter Agatha Taupe, ledige Einwohnerin beim Meiritsch in Outschina, eheliche Tochter des Anton Taupe und seiner Ehefrau Agnes, geborene Käfer; in hiesiger Pfarre gebürtig; katholisch. Von der Pfarre St. Stefan schwanger gekommen. Paten: Franz Hoja, Keuschler; Katharina Krainer, Bauerntochter; Mikula e.h., Namensfertiger. Jakob Lukanz e.h., Pfarrer.[355]

Gregor Taupe heiratete am 28.10.1888 in Latschach. Bräutigam: Gregor Taupe, Altfinkenstein 10, hier geboren, Knecht beim vulgo Mikulabauer in Altfinkenstein, unehelicher Sohn der Agatha Taupe, einer gewesenen Inwohnerin beim vulgo Mairitsch in Ovčina, kath. Rel.; katholisch, [fast] 34 Jahre alt, „geb. am 4. Nov. 1854", [müsste lauten: geb. am 14. Nov. 1854], unverehelicht. Braut: Anna Uršič, zu Altfinkenstein geboren, eheliche Tochter der schon verstorbenen Eltern, des Blasius Uršič, gewesenen Besitzers der Cimperčkeusche zu Altfinkenstein, und der Anna, geb. Writze, kath. Rel.; katholisch, 24 Jahre alt, geb. 29. Jänner 1864, unverehelicht. Zeugen: Franz Urschitz e.h., vulgo Cimperčkeusche zu Altfinkenstein; Franz Hochmüller e.h., Pfarrmeßner hier. – Dieses Brautpaar wurde hier in der Pfarre beider am 14., 21. und 28. Oktober vorschriftsmäßig beim öffentlichen Gottesdienst verlautbart, und da kein Ehehindernis entdeckt wurde, am Obigen in der hiesigen Pfarrkirche nach christkatholischem Ritus ehelich eingesegnet von mir. Jak. Knaflič e.h., Pfarrer.[356]

Anna Urschitz wurde am 29.01.1864 um 5 Uhr am Abend in Altfinkenstein 7 geboren und am 30. zu Mittag getauft; kath., Mädchen, ehel. geboren; Hebamme Maria Wuchrer aus

---

352 Vgl. Pfarre Latschach/Lo[č]e: L02_015-1, Sterbbuch IV, 1. Januar 1893 – 16. November 1963, Blatt 078, Nr. 2.

353 Beide im Geburtsbuch IV der Pfarre Latschach/Lo[č]e verzeichneten „Alois Mörtl" sind als Kinder gestorben, nämlich */†02.03. 1876, 01.02.1879 – 05.06.1891, Geburtsbuch IV, Blatt 033, Nr. 3, bzw. Blatt 019. – Sonst gibt es im Index zu den Geburtsbüchern, L02_004-2, 1. Januar 1873 – 31. Dezember 1897, keinen geborenen Alois Mörtl. (Stand 24.07.2023.) – Es konnte für Alois Mörtl und Tarman Anna in der Pfarre Latschach auch keine Trauung verzeichnet werden. (Stand 24.07.2023.) – Für Anna Tarman wurde ihr Geburtsdatum auch in der Pfarre Kronau / Kranjska Gora gesucht und nicht gefunden. Vgl. Pfarre Kranjska Gora / Kronau, Krstni index / Taufindex, 00941, 1. Januar 1848 – 31. Dezember 1852, sowie 00951, Krstna knjiga / Taufbuch, 1. Januar 1847 – 31. Dezember 1885. Vgl. Nadškofija Ljubljana v Sloveniji unter https://data.matricula-online.eu/de/slovenia/ljubljana, Zugriff 24.07.2023, 18:50 Uhr. (Stand 24.07.2023.)

354 Vgl. Pfarre Latschach/Lo[č]e: L02_004-1, Geburtsbuch IV, 3. Januar 1873 – 27. November 1897, Maria, Franz, Ferdinand, Katharina.

355 Vgl. Pfarre Latschach/Lo[č]e:: L02_003-1, Geburtsbuch III mit Index, 3. März 1841 – 2. Dezember 1872, Blatt 131, Nr. 3.

356 Vgl. Pfarre Latschach/Lo[č]e: L02_010-1, Trauungsbuch IV, 6. Juni 1886 – 4. Mai 1930, Blatt 006, Nr. 2. – Enthaltenes Direktzitat siehe ebenda.

Pogöriach. Vater Blasius Urschitz, zu Altfinkenstein gebürtig, Besitzer der vlg. Zimpritschkeusche in Altfinkenstein 7, ehel. Sohn des Peter Urschitz, vlg. Zimpritschkeuschlers, und der Ursula Lipe, alle katholisch. Mutter Anna Writze, zu Pogöriach gebürtig, ehel. Tochter des Johann Writze, vlg. Hedetkeuschler zu Pogöriach, Pfarre Latschach, und der Maria Kattnig, alle kath. Patinnen: Agnes Kramer, vlg. Mairitschin, Keuschlerin zu Outschina; Maria Trießnigg, vlg. Orischiz, Bauerntochter zu Pogöriach. H. Johann Globatschnig e.h., Kaplan.[357] – Gregor Taupe starb am 23.02.1927 im Alter von 74 Jahren als Inwohner in Outschena 11 an Lungenentzündung, hier gebürtig, verh. seit 1888; von Josef Ogris e.h., Pfarrer, versehen und am 26.02. in Latschach begraben. Geboren am „14. [11.] 1854“.[358] – Taupe Anna, geb. Urschitz/Uršič, geb. 29.01.1864, starb am 20.09.1949.[359]

Der Vater von Anna Urschitz/Uršič war **Blasius Uršič**/Urschitz. Er wurde am 29.01.1816 in Mittergreuth [jetzt Altfinkenstein] 7 geboren und am 30.01. im Pfarrhof von Pfarrer Johann Proßen e.h., getauft; katholisch, Knabe, ehelich geboren; Hebamme Maria Tantinin, Keuschlerin in Outschina 18; Paten: Johann Kofler, Frshiniak zu Finkenstein; Elisabeth Trantinin, ledig. Vater Peter Urschitz, kath., Zimpritsch, ehelicher Sohn des Gregor Urschitz, Fegele zu Goritschach, und der Ursula Pinterin. Mutter Uršula, kath., eheliche Tochter des Michael Lipe, eines Inwohners bei St. Jakob, und der Maria Kampanin.[360] – Blasius Uršič starb am 16.07.1885 um 4 Uhr am Nachmittag im Alter von 70 Jahren, [richtig: von 69 1/2 Jahren] an der Cimperčkeusche in Altfinkenstein 7 als verwitweter Auszügler an Wassersucht. Er wurde von Pfarrer J. Knaflič e.h. versehen und am 18.07. in Latschach beerdigt.[361] – **Anna Writze** wurde am 02.04.1826 um 7 Uhr am Morgen beim vulgo Hudetitsch in Pogöriach 7 geboren und am selben Tage von Pfarrer Aloys Malleggia e.h. getauft; katholisch, Mädchen, ehelich geboren, fortlaufende Nummer 3145; Hebamme Anna Katharina, verwitwete Fritz, vulgo alte Hudetitschin in Oberaichwald; Paten: Anton Treiber e.h., vulgo Rejauz zu Faak, kath.; Regula Tereß Ulbing, vulgo Söllan-Bäuerin in Pogöriach, kath. Vater Johann Writze, Besitzer der Hudetitschkeusche zu Pogöriach 7, ehelicher Sohn des Peter Writze und der ..., geb. Ulbing, aus der hiesigen Pfarre gebürtig, kath. Mutter Maria, eheliche Tochter des Anton Kattnigg, Auszüglers an der Kattnigg-Hube zu Pogöriach, und der Agnes, geb. Oschgan, beide noch lebend, aus der hiesigen Pfarre gebürtig, kath.[362] – Anna Uršič, geb. Writze, starb am 03. 07.1882 um 5 Uhr am Nachmittag im Alter von 55 Jahren [richtig: von 56 Jahren] in Altfinkenstein 7 als verehelichte Cimperčkeuschlerin an Altersschwäche. Sie wurde von Pfarrer J. Knaflič e.h. versehen und am 05.07. in Latschach beerdigt.[363]

Urgroßmutter Agatha TAUPE, 02.02.1819 – 11.09.1882

Die Mutter von Gregor Taupe war Agatha Taupe. Sie wurde am 02.02.1819 um 2 Uhr in

[357] Vgl. Pfarre St. Stefan-Finkenstein / Šteben-Bekštanj: S77_007-1, Geburtsbuch IV, 4. März 1848 – 25. September 1865, Blatt 163, Nr. 1.

[358] Pfarre Latschach/Lo[č]e: L02_015-1, Sterbbuch IV, 1. Januar 1893 – 16. November 1963, Blatt 083, Nr. 5. – Dieses Sterbbuch ist wegen EU-Datenschutz ab Blatt 114, Jahr 1940, noch gesperrt. (Stand 17.07.2023.) – Vorhergehende Aussage vgl. ebenda.

[359] Vgl. Pfarre Latschach/Lo[č]e: L02_016-1, Alph. Index zu den Sterbbüchern, Kopie, 1. Januar 1893 – 31. Dezember 2006, Blatt 029. > IV 144. – Das entsprechende Sterbbuch ist wegen EU-Datenschutz ab Blatt 114, Jahr 1940, noch gesperrt. (Stand 17.07.2023.)

[360] Vgl. Pfarre St. Stefan-Finkenstein / Šteben-Bekštanj: S77_005-1, Geburtsbuch V, 4. Januar 1809 – 15. Dezember 1827, Blatt 041, Nr. 1.

[361] Vgl. Pfarre Latschach/Lo[č]e: L02_014-1, Sterbbuch III, 9. Dezember 1852 – 24. Dezember 1892, Blatt 119, Nr. 7, (vorletzte Eintragung).

[362] Vgl. Pfarre Latschach/Lo[č]e: L02_002-1, Geburtsbuch II mit Index, 11. November 1812 – 23. Februar 1841, Blatt 120, Nr. 2.

[363] Vgl. Pfarre Latschach/Lo[č]e: L02_014-1, Sterbbuch III, 9. Dezember 1852 – 24. Dezember 1892, Blatt 109, Nr. 6, (vorletzte Eintragung).

der Nacht in Untergreuth 2 geboren und am selben Tag von Pfarrer Aloys Malleggia e.h. getauft; katholisch, weiblich, ehelich geboren; fortlaufende Nr. 2892; Hebamme Maria Robatschitschin; Paten: Andrer Bartl, Knecht beim Ulbing in Untergreuth, kath.; Maria Schegenin, Magd beim Illitsch in Obergreuth, kath.; Aloys Malleggia e.h., Namensfertiger aller des Schreibens unkundigen Paten. Vater Anton Taupe, Inwohner in der Hoja-Badstube in Untergreuth, des Johann Taupe und der Ursula, geb. Potutschnig, ehelicher Sohn, aus der hiesigen Pfarre gebürtig, kath. Rel. Mutter Agnes, des Martin Köfer, vulgo Schicherkaufland in Oberaichwald, und der Agnes, geb. Baumgartner, eheliche Tochter, aus der hiesigen Pfarre gebürtig, kath. Rel. – Vidit et Scripsit Aloys Malleggia e.h., Pfarrer.[364] – (Vidit et ... = Gesehen und niedergeschrieben Aloys ...) – Agatha Taupe starb als ledige Inwohnerin am 11.09.1882 um 10 Uhr am Abend im Alter von 63 Jahren in Unteraichwald 6 an „Rundem Magengeschwür". Sie wurde von Pfarrer J. Knaflič e.h. versehen und am 14.09. in Latschach beerdigt.[365] – Die Verehelichtung von Blasius Uršič und Anna Writze wurde weder in Latschach noch in St. Stefan bei Finkenstein gefunden.[366]

Mehr Lebensdaten von den direkten Verwandten meiner Stiefmutter Anna Hasenbichler, geb. Böhm, (*13.02.1923), habe ich entweder nicht gesucht oder nicht gefunden.

Die Familiennamen BÖHM und TAUPE

Der Familienname **Böhm** kennzeichnet einen Zugezogenen aus Böhmen, Tschechien (F). Slowenische Varianten sind Bem oder Pem (F). Ein Urahne ist sicherlich aus Böhmen ins Kärntner Rosental zugezogen, der auf Grund der mangelnden Datenlage nicht mehr ermittelt werden kann (R). Es gab bereits 1251 den Familiennamen Beheim, 1402 Behem und 1410 die Form Boeme. Böhm ist also Familienname, Stammesname und Herkunftsname (N).

Berühmte Namensträger sind: Musikverlag in Augsburg, 1803 von Andreas Böhm gegründet, zählt zu den zehn ältesten Musikverlagen in Deutschland. – Mundharmonikabauer Böhm, dessen Firma seit 1883 in Untersachsenberg im Klingenthaler Raum Mundharmonikas herstellt. – Hugo Böhm (1888-1995), Orgelbauer in Waltershausen; Firmennachfolger verlegte die Firma 1900 nach Gotha. – Karlheinz Böhm (1928-2014) aus Darmstadt verkörperte als österr. Schauspieler in der Sisi-Trilogie Kaiser Franz Joseph. – Karl Edler von Böhmersheim (1827-1902) wurde als Mediziner 1887 Direktor des Allgemeinen Krankenhauses in Wien. Er starb in Mödling. (Vgl. https://de.wikipedia.org/wiki/, Zugriff 26.07.2023, 12:20 Uhr.)

Der Familienname **Taupe** kommt von ahd. tupa, mhd. tube für Taube, bezeichnet demnach einen Taubenzüchter oder Taubenhändler. Es gibt in der Katastralgemeinde Mallestig im südlichen Ortsteil von Finkenstein den Vulgonamen Tavpi, [/Taupe/Taube]. – Der Begriff Taupe benennt aber auch eine Farbe, und zwar eine graue Farbe mit einem Stich ins Braune. Diese Farbe geht auf lat. taupa sowie frz. taupe für Maulwurf zurück. Seit den 1940-er Jahren gibt es unter der Bezeichnung „Taupe" viele verschiedene Farbtöne. (Vgl. https://de.wikipedia.org/wiki/, Zugriff 26.07.2023, 12:50 Uhr.)

Die Bedeutung anderer Familiennamen

Abruč > Gabrič, Gabriel (F); Gabruč – Erzengel Gabriel (R); > Gabruč – Gabrijel, Gabriel (R 2016, 73); der alte Gabriel (R)

---

[364] Vgl. Pfarre Latschach/Lo[č]e: L02_002-1, Geburtsbuch II mit Index, 11. November 1812 – 23. Februar 1841, Blatt 081, Nr. 6, (letzte Eintragung).

[365] Vgl. Pfarre Latschach/Lo[č]e: L02_014-1, Sterbbuch III, 9. Dezember 1852 – 24. Dezember 1892, Blatt 110, Nr. 4. – Direktzitat siehe ebenda.

[366] In der Pfarre Latschach/Lo[č]e fehlen für die Jahre 1813-1847 sowohl der Index zum Trauungsbuch als auch das Trauungsbuch selbst. (Stand 25.07.2023.) – Im Index zum Trauungsbuch St. Stefan-Finkenstein / Šteben-Bekštanj ist für die Jahre 1830-1873 keine Trauung dieses Paares verzeichnet. (Stand 25.07.2023.)

Allesch > Lex > Leksch – hl. Alexius (F); > Alesch – Albrecht (N)
Barberič > Barberino, drei Orte in der Nähe von Florenz, Italien (W); aus Barberino Stammender (R)
Bartl – Bartholomäus, Vorname (F)
Baumgartner > Baumgart, ahd. und mhd. boum – Baum (F); Bauernhof mit einem Obstgarten (R)
Bleier – Bleigießer, Bleiarbeiter (F)
Breschan > Preschan > Preschern, modernes Hammerwerk aus Brescia (F); Arbeiter am Bressan-Hammer, am Hammer aus Brescia (F)
Blenkuš > Blenck/Blenk, mhd. blanc – weiß, glänzend, schön – Haut-/Haarfarbe, schöne Gestalt (G); > Blenker – rhein. Plenke – kahle Stelle im Wald (G)
Drolle/Drole – Troll – Kobold aus der nordischen Mythologie (R); grober, ungeschlachter Kerl (R)
Frank – Franz (R); aus Franken eingewandert (F); aus Franken Zugezogener (R)
Fritz – Fritz, Friedrich (R)
Fugger – mhd. vüegen – hinzufügen, verbinden, schaffen, handeln (F); Augsburger Handelshaus (F); mhd. fucker – Schere zum Schafscheren (F)
Gabriel – Erzengel, Vorname (R)
Globatschnig – s. hlevišče – Stall (F); s. globoko – tief (F); Stallung (R)
Groll – mhd. grel – grell, zornig, Grelle, Grell (N); mhd. grel(le) – das Krallende, Stechende, Dorn, Gabel, Spieß (N); ein grollender, zorniger Mensch (R)
Hasenbichler – altlav. hasn – glatt, eben + altlav. Bichl – Hügel, Bühel (R); auf einem ebenen Hügel Wirtschaftender (R)
Hochmüller – hoch oben + Müller, Berufsbezeichnung (R); hoch gelegene Mühle (R)
Hoja – Hans, Johann (R)
Jelenik – s. jelen – Hirsch (F)
Juritsch – s. Jurij – Georg (F); Sohn vom Georg (R); (siehe vorne unter Hasenbichler den Vulgonamen Juri)
Käfer – Tierbezeichnung (R); ahd. chevar, mhd. kefer – Käfer (F)
Kanduth – hl. Candidus, Vorname (F)
Kampan – s. kopati, kopljem – graben, ich grabe (F); auf einem neugerodeten Grundstück Wirtschaftender (R)
Kattnigg/Kattnig – s. kot – Winkel (F); der im letzten Winkel Wirtschaftende (R); (siehe vorne unter Hasenbichler den Namen Kotnik)
Klančnik > Klančar, s. klanec – Hohlweg, steiler Weg, Anhöhe (F); der an einem Hohlweg Lebende oder Wirtschaftende (R)
Kleibner > Kleiber – Bauhandwerker, der Lehmwände macht (F); Klei – Lehmerde (F); fnhd. kleiber – Spechtmeise (N)
Knaflič > Knafelč – Knabe, Jüngling, junger Bursch, Geselle, Gehilfe im Handwerk (F); besitzweichender Sohn vom vuilgo Knaf(e)l (R)
Kobenter > Kobentar, mhd. konvent, kovent (F); Klosteruntertan (F); Klostergemeinschaft (R)
Kofler – an einem Kofel, Kogel, kegelförmigen Berggipfel wohnend (F); auf einem Kogel Wirtschaftender (R)
Kornel > Cornel, Cornelius, Vorname im rätoromanischen und rumänischen Sprachraum (W)
Krabina/Krebina/Kravina > Kravina, s. krava – Kuh (F); Rinderzüchter (R)
Krainer – aus Krain stammend (F); Zugewanderter aus Krain (R)
Kramer – mhd. kramer – Kleinhändler (F); Gemischtwarenhändler (R)
Kravanja – s. krava – Kuh (F); nicht romanischer Herkunft (F)
Landman > Landsmann (F)
Langsam – langsamer Mensch (R)
Lepuschitz > Lipusch, Lipuš (F); s. Filip – Philipp (F)
Lippe/Lipe – Lippe – der Gesichtsteil (R); s. dial. Lipe – Philipp (R)
Lukanz – Lukas (F)
Malleggia – it. mal(e) + it. legato – Blutwurst aus Schweinsblut, Fett und Rosinen, nicht so fest verbunden wie etwa Salami (lo Zingarelli + Dizionari Sansoni)
Marinič > Marinč – der kleine Marinus (R 2016, 58)
Martelovez – it. martello, martellatore + s. –ovec/-ovc – Hammer, Hammerschmied (lo Zingarelli + Dizionari Sansoni); dieser Begriff könnte aus dem Resiatal in Oberitalien stammen (R)

Milnerič > Millner – Müller, s. mlinar (F); besitzweichender Sohn des Millner/Milner (R)

Mitzulov > Menzel > Mentzel, ahd. magan – Kraft, Stärke (N); > Menz – Meinhardt, Meinhold (N); > Menz – Her(r)mann (N); Meinhardt, Meinhold, Hermann, Vornamen (R)

Mörtl – Martin (R)

Moser – Moos (R); der am Moos Lebende, Wirtschaftende (R)

Muschet – s. mešetar – Vermittler, Unterhändler, Makler (F)

Musey/Musëi – s. mož – Ehemann (R); s. moški – Mann (R); nso. muž – Mann (N); mhd. musche – Sperling (N); Moses, biblischer Stammvater, Vorname (N)

N. – Anonymus, manchmal Vermerk des Pfarrers bei Personen ohne Familiennamen (R)

Noč – s. noč – Nacht (R)

Ogris - s. ogrezati se – sich absenken, die Erde senkt sich ab (F); an einer Senke Lebender (R)

Omotta > it. Omotteri – Homoptera, Gleichflügler = Zikaden + Pflanzenläuse (lo Zingarelli + Dizionari Sansoni; W)

Oschgan – s. ožgan – verbrannt, versengt (R); s. vžgan – eingebrannt (R); sonnengebräunter Mann (R); in einer verbrannten Gegend, auf einer Brandstatt Wohnender (R)

Ottowitz/Ottobitz – s. Otovec (F); Otto + Witz – Werner (N)

Perschitz > Bersch(e) > Berchtold, Peter (N); nso. persk – Barsch (N); oso. persk – kleiner, unansehnlicher Mensch (N); mnd. persik – Pfirsich, Persicke (N)

Petermann – Peter + Mann (R)

Peternell/Peternel/Peternelj – Petronella/Petronilla (F); aus Petronell Stammender (F); Petronella/Petronilla, weiblicher Vorname (R)

Pinter – Binder, Fassbinder (F); Berufsbezeichnung (R)

Pirker – Birke (F); bei den Birken Wirtschaftender (R)

Potutschnig > Pototschnig, s. potok – Bach (F); der am Bach Lebende und Wirtschaftende (R)

Proßen > Prosen, s. proso – Hirse (F); Getreidebauer, der (auch) Hirse anbaut (R)

Rauter – Gereuth, Rauth, Greuth, Rodung (F); > Kraut (F); derjenige, der gerodet hat oder auf einer Rodung lebt und wirtschaftet (R)

Ražun > Rasch(e), mhd. rasch – schnell, hurtig, gewandt, kräftig (N); fnhd. rasch – leichtes Wollgewebe (N); ON Rasch, Rascha, Raschau (N); aus Rasch, Rascha, Raschau Stammender (R); slaw. *Raš – Radomir (N); > Radach – Radomir (N); > Radach, urslaw. *radъ – gern froh (N): Radomir, Voname (R)

Robatschitsch > Robač > Ropač – Rupert (F); besitzweichender Sohn des Robač (R)

Robizh – s. rob – steiler Abhang, Felskante (F); > Rabitsch – der am Steilhang Lebende (R)

Roßmann/Roßman – Ross + Mann – Pferdewirt, Pferdehändler (R)

Ruc > Rücker, mhd. rücken, rucken – schiebend an einen anderen Ort bringen, rücken, zücken (N); > Rücker, mnd. rucker – Räuber, Raffer, Habgieriger (N); > Rücker, asä. rīkigēr – Herrscher, mächtig + Wurfspeer (N)

Schegen – s. dial. žegen, s. sejem, blagoslov – Kirchtag, Segen (R)

Schneider – Berufsbezeichnung (R)

Smole – s. smola – Pech, Pechsammler (F); s. smole – Harz, Harzsammler (R); s. dial. smolej – Wacholder, bei Wacholderstauden Wohnender (R); s. smolnata bakla – Kienspanerzeuger (R)

Stornigg > Štornik, s. štor – Baumstumpf (F); der Baumstümpfe ausgegraben, entfernt hat (F)

Sucher > Suhar, s. Suha, s. dial. Suša – Dürrenbach, Wildbach (F); s. suh – dürr, dünn (F); ein zeitweise ausgetrockneter Wildbach (R); ein magerer Mensch (R)

Tarman – vielleicht von s. tarnati, tarnam – jammern, ich jammere (R); vielleicht Jammerer (R)

Taschwer – Werg, Wergleinwand, mit Werg Handelnder (F); Werg – Fasern als Dichtungsmittel für Wasserrohrleitungen aus Metall (R)

Trantin/Tantin – roman. (F); vielleicht it. tratta – Trasse (R 2016, 73); vielleicht it. trattare – verhandeln (R 2016, 73); vielleicht Händler, Unterhändler (R)

Treiber – Viehtreiber, Sautreiber (F); Schweinehändler (F); Eselstreiber (F)

Trießnigg – slaw. trizna – Siegerprämie auf einem Fest zu Ehren der Verstorbenen bei den alten Slawen (R 2016, 34); Dietfried, Vorname (R 2016, 34)

Ulbing/Ulbink > s. Volbenk > s. Volbank – Wolfgang (F)

Urschitz/Uršič – s. vrh – Kogel, Gupf, Berg, Gipfel, oberes Ende (F); s. Urh/Vrh – Ulrich (F); auf dem Gipfel Wohnender (R)

Walluschnig > Werluschnig > s. Brložnik, s. brlog – Tierbau (F)
Woschitz – s. bog, s. dial. buh – Gott (F); s. božič – der kleine Gott aus der antiken Mythologie, der jedes Jahr wiedergeboren wird (F); s. božič – Weihnachten, Weihnachtszeit (F); s. ubožec – der Arme, der Hascher (F)
Writze – Fritz, Friedrich (R)
Wuchrer > Wucherer, mhd. wuocher – Wucher, Zinsgewinn (F)
Wusche > Buši > Bušej, s. buša – etwas Kleines (R 2016, 41); s. buša – kleines Rind in Bosnien (R 2016, 41); > Vušej, vielleicht buschig, s. košat – ein gesetzter Mensch (R 2016, 51)
Wuzella > Maister Piero de Bucelj siedelt sich in Feistritz an (F); Feistritzer Eisenwerke (F); s. vrzel – Lücke (PONS)
Zellot – s. želod – Eichel (?) (F); s. celota – das Ganze (PONS); Zeloten – politisch aktive Gruppe im Judentum zur Zeit von Jesus, griech. – Eiferer (W)
Zenig – s. črn – schwarz, Zernig, Tschernig (F); s. črn – schwarz – Tscherne, Schwarz (R); (siehe vorne unter Tscherne)
Zitterschlager – Zitherspieler (R); „Der Citherschläger und das Gaugericht“, ein altdeutsches Lustspiel in 2 Akten von August von Kotzebue (1761 Weimar – 1819 Mannheim), Leipzig, 1806 (W)

Vulgonamen der Böhm und Taupe Verwandten

Adameck – Adam, Stammvater, Vorname (R); der alte Adam (R)
Berger/Pergar – Berg (R); der auf dem Berg Wirtschaftende (R)
Cimperč/Zimpritsch – s. dial. cimperman, s. tesar – Zimmermann (R); der junge Zimmermann (R)
Dermastin/Darmastin – s. drmastiti, lomastiti, pretepsti – verprügeln, verdreschen (R); ein jähzorniger, streitsüchtiger, rauflustiger Mensch (R)
Fegele – Flegel (R); mhd. vegen – fegen, reinigen, putzen, scheuern – Feger, Schwert-, auch Schornsteinfeger (G); (Kaminreiniger)/Rauchfangkehrer (R)
Folt – Vålt, Valentin (R)
Foltč – Sohn vom Vålt, Valentin (R)
Frshiniak – s. fužina – Hochofen (R); > Fužinjak > Fəžinjak, s. fužina – Hochofen (R 2016, 37)
Gewerkschaft zu Rosenbach – Hammerwerk, vorindustrielle Eisenverarbeitungsstätte (R)
Hansele – Hansl, Hans (R)
Hedet > Hudej, s. hud – böse (F); Bösewicht, Missetäter (F); > Hudet > Hdet (R 2016, 45); magerer Mensch (R 2016, 45)
Hoja – Hans, Johann (R)
Hudetitsch > Hudej, s. hud – böse (F); Bösewicht, Missetäter (F); besitzweichender Sohn vom Hedet, Hudetz/Huditz (R); > Hedetič, besitzweichender Sohn vom Hudet, Hdet (R); magerer Mensch (R 2016, 57)
Illitsch – s. Aljaž – Elija, Elias (F); alttestamentlicher Prophet, Vorname (R)
Kattnigg – s. kot – Winkel (F); der im letzten Winkel Wirtschaftende (R); (siehe vorne unter Hasenbichler den Namen Kotnik)
Lex/Löx – Alex, Alexander (R)
Meiritsch/Mairitsch > Mayer – l. major domus – Verwalter, Meierei (F); Marhof, Herrschaftshof (R); besitzweichender Sohn vom Marhof (R)
Meßner > Mesner, Funktionsbezeichnung (R)
Metschina > Motsch > Mötsch > Metsch, mda. motzen – obd. zögern, rhein. verdrießlich sein, mda. Motsch, Mötzsch – Kuh (N); ON Mečina in Tschechien (W); aus Mečina Stammender (R); s. mečina – das weiche Fleisch der Früchte (PONS)
Miklau – s. Miklavž – Nikolaus (F); heiliger Bischof (R)
Mikula – s. Miklavž – Nikolaus (F); heiliger Bischof (R)
Novinjak – s. novina – Neubruch (F); Neubauer, Neugebauer (R); mhd. *niubūr(e) – neu siedelnder Bauer (N); auch Neuwirth (N)
Nrin > Nerin > Durif – Rotweinsorte in Frankreich (W); it. Nerino d'Avola – tief rubinroter, stark parfümierter Rotwein aus Sizilien (lo Zingarelli + Dizionari Sansoni); it. nero – schwarz (R); schwarze Augen, Haare, sehr dunkle Hautfarbe (R)
Orischiz > Orieschnig, s. oreh – Nuss, Nussbaum (F); s. dial. urah – Nuss, Nussbaum (F)
Ožem – s. Erazem – Erasmus, Vorname (R 2016, 88)

Perkojz > Perkovič, sv. Peter (F); hl. Petrus (R)
Pinterč – s. dial. pintar – Binder, Fassbinder (F); der Sohn vom Binder, Fassbinder (R)
Putritsch – s. putrih – Butte, kleines Wasserfass aus Holz mit einem Handgriff (R); vielleicht auch von Peter, der Sohn vom Peter (R)
Rejauz > Rejouvc > Rejouc, s. rejec – Tierzüchter (R 2016, 55 f.); s. rejenec, rejenka – Pflegekind, Pflegesohn, Pflegetochter (R 2016, 55 f.)
Schicher – der Sichere (F); Sighart, Sigihard (F); Sighart, Sigihard, Vornamen (R); > Žiher > Žihar – Sigmund, Sighard, Sigurd, Vornamen (R 2016, 32, 42, 62, 66,); s. Žiga – Sigmund (R)
Selan/Söllan – aus Sele/Zell Stammender (F); s. naseliti se, sedeti – sich ansiedeln, sesshaft werden (F); > Zlan > Zelan – s. Ziljan – Gailtaler (R 2016, 47, 59); aus dem Gailtal Stammender (R)
Tratnik – mhd. trate – Brache, s. trata – Tråtn, Viehweide (F)
Travnčnjak > Trauntschnig (F); s. travnik – Wiese (R); der auf einer (entlegenen,) weitläufigen Wiese Wirtschaftende (R)
Ulbing > s. Volbenk > s. Volbank – Wolfgang (F)
Vavhar – s. valjar – Walze (R 2016, 87); s. valjalnica – Lodenwalkkeusche (R 2016, 87)
Voltan – Vålt, Valentin + Bauer (R)
Zwanzger – Zwanziger – frühere Militäreinheit (R); einstige Münze (R)
Žagar – s. žagar – Sägler (R)

Literaturangaben, Abkürzungen und Anmerkungen:

F = Anton und Tatjana Feinig: Familiennamen in Kärnten und den benachbarten Regionen. Klagenfurt: Hermagoras, 2004/05.
G = Edwin Großgoerge: Deutsche Nachnamen. https://www.alle-deutsche-nachnamen.de/index.php, Rostock, DE/Germany > Haftung, Zugriff 03.11.2023, 13:50 Uhr; > Blenkuš https://www.alle-deutsche-nachnamen.de/index.php?start=1420, Zugriff 02.11.2023, 14:20 Uhr. > Fegele, https://www.alle-deutsche-nachnamen.de/index.php?start=250, Zugriff 02.11.2023, 14:15 Uhr.
N = Horst Naumann: Das große Buch der Familiennamen. Alter – Herkunft – Bedeutung. Augsburg: Weltbild, 2009.
PONS = https://de.pons.com/, Online-Wörterbuch, Slowenisch-Deutsch, Zugriff 26.11.2023, 13:40 Uhr – 13:50 Uhr. + Fran = https://www.fran.si, Zugriff 26.11.2023, 14:10 Uhr – 14:20 Uhr.
R = Deutung LMR / Luise Maria Ruhdorfer. – LMR: Die Finkensteiner Vulgonamen und der Barbara-Zyklus in St. Martin am Techelsberg. Remscheid (D): Rediroma Verlag, 2016. (Nach dem Beistrich folgt die jeweilige Seitenzahl.)
W = https://de.wikipedia.org/wiki/, Zugriff 26.11.2023, 13:05 Uhr – 13:25 Uhr.
lo Zingarelli. Vocabolario della lingua italiana di Nicola Zingarelli. Bologna: Zanichelli. Ristampa 2008 della Dodicesima edizione.
Dizionari Sansoni. I. Tedesco – Italiano. II. Italiano – Tedesco. Direzione di Vladimiro Macchi. Red. Ruth Evers. Milano: RCS Libri e Grandi opere S.p.A., IX. ristampa, 1994.
ahd. = althochdeutsch, altlav. = altlavanttalerisch, asä. = altsächsisch, dial. = dialektal, fnhd. = frühneuhochdeutsch, griech. = griechisch, it. = italienisch, l./lat. = Latein/lateinisch, mda. = mundartlich, mhd. = mittelhochdeutsch, mnd. = mittelniederdeutsch, nso. = niedersorbisch, obd. = oberdeutsch, oso. = obersorbisch, rhein. = rheinisch, roman. = romanisch, s. = slowenisch, slaw. = slawisch, urslaw. = urslawisch. – ON – Ortsname.
Begriffe wie „Bauer, Hof, Hube, Keusche, Keuschler, Badstube“ entfallen.
Angaben wie „Wohnende/r, Lebende/r, Wirtschaftende/r, …“ werden einfach alternativ angegeben.

„Luise Maria Ruhdorfer: Die Finkensteiner Vulgonamen und der Barbara-Zyklus in St. Martin am Techelsberg“ in der Serie „Slowenisch als Fremdsprache im Alltag, in der Kirche und in der Literatur, Zweiter Band,“ 2016, und „Luise Maria Ruhdorfer: Die Finkensteiner Haus- und Flurnamen, Sechster Band,“ 2020.

Außerdem verfasse ich für diese Familienchronik im Anhang die Erzählung „Die Zottenklauberin und andere fahrende Persönlichkeiten“.

Faak am See/Bače, Pogöriach/Pogorje, Ratnitz/Ratenče, Latschach/Loče, Oberaichwald/Hriber, Altfinkenstein/Stari Grad, Outschena/Ovčna, Untergreuth/Spodnje Rute. FLU-LED Zweisprachige Tourismuskarte Marktgemeinde Finkenstein am Faaker See, 01.05.2015.

Šimankeusche in Goritschach 8, 1997.
(1950: Garage war Stall, keine Holzstiege, Heuboden über dem Stall.
Wohnungsteil > von der Haustüre die zwei Fenster in Richtung Süden.)

Vaters Einfamilienhäuschen, Fransdorf 11, 20.05.2017.
(Wir lebten zuerst im Keller, mit einfachem Dach.)

St. Georgen im Lavanttal, Ansichtskarte, um 1960. [Neuerliche Überschwemmung im Ortsgebiet nach Starkregenfällen ab Freitag, 04.08.2023.]

St. Georgen im Lavanttal, SO-Ansicht der Pfarrkirche Hl. Georg, © Johann Jaritz. https://upload.wikimedia.org/wikipedia/commons/e/ec/, Zugriff 28.07.2023, 15:40 Uhr.

St. Georgen im Lavanttal, N-Ansicht von Burg Stein, © Johann Jaritz.
https://upload.wikimedia.org/wikipedia/commons/e/ec/, Zugriff 28.07.2023, 15:45 Uhr.

Volksschule Latschach, Schuljar 1936/37.
ganz hinten, 2. von links: Anna Böhm (*1923).

Hochzeit Albin Hasenbichler und Anna, geb. Böhm, 11.06./01.07.1950.

Kunstkarte Nr. 4, Switbert Lobisser: Holzschnitt opus 160, Bergmutter.

Stammbaum
Johannes KÖFFER,
Mayr am Hoff, Legerbuch 21

HASENBICHLER Mathias
15.02.1763 – 13.10.1837,
1. x 16.06.1789; 2. x 19.04.1807
1. Muchitschin Maria
24.09.1769 – 23.12.1806, x 16.06.1789
2. Writz Margaritha, Pumin
04.04.1780 – 11.09.1862, x 19.04.1807
Gastl, Loschental 9

HASENBICHLER Josef
26.06.1724 – 05.02.1791
1. Gertrude
1728/1729 – 15.07.1770
2. Elisabeth
Hanslbauer, Greuth

HASENBICHLER Mathias
*1681/1682
1. Magdalena
2. Maria
Hanslbauer, Greuth

HASENBICHLER Thomas
Bräthueberin Agnes
Hanslbauer, Greuth

MUCHITSCH Mathäus
Elisabeth
Luobl, Burgstall

PUM Gregorius
*08.03.1734
Schwärzlin Margaritha

KÖFFER Henricus, *1686/1687
Clara
Lackner-Zollner, St. Paul i. Lav.

KÖFFER Martin
(*vor 1666)
Bachnerin Martha
Lackner-Zollner, St. Paul i. Lav.

Käfer Maria
30.08.1803 – 01.01.1863
HASENBICHLER Johann
26.05.1809 – 03.02.1885, x 29.04.1834
Gastlin, Loschental/Legerbuch 9

KÄFER Johannes Baptista
06.05.1774 – 16.02.1846, x 05.06.1804
Loibnegger Agatha
1784-1786 – 10.02.1845
Lackner, Herzogberg 3

KEFFER Johannes Nepomuk
13.05.1780 – 26.11.1846
1. x ; 2. x 04.11.1816
Paltnigin Theresia
*11.02.1779
Gfrerer Constantia
*1793/1794, , 2. x 04.11.1816
Mayr am Hof, Legerbuch 21

KEFFER Matthaeus
13.09.1738 – 26.02.1802
Cunegundis, 1738/1739 – 07.03.1801
Lackner, Herzogberg 3

KÖFFER Johannes Baptista
13.05.1742 – 18.04.1813
1. x Schwagerin Elisabeth
1739/1740 – 22.05.1786
2. x Pongratzin/Pumin Theresia
05.09.1766 - , x 04.07.1786
Mayr am Hoff, Legerbuch 21

KÖFFER Benedict
26.09.1751 – 24.03.1798
Ellerstorfer Maria Anna
Tischlermeister, St. Paul i. Lav. 54

KÖFFER Benedict
(vor 1727 – nach 1749)
Theresia, 1707/1708 – 03.04.1776
Mayr am Hoff, Legerbuch

Köfer Joseph
Ende August 1812 – 22.10.1812

Köferin/Käfer Maria
30.08.1803 – 01.01.1863
HASENBICHLER Johann
26.05.1809 – 03.02.1885, x 29.04.1834
Gastlin, Loschental/Legerbuch 9

Köferin Magdalena
30.09.1799 – 21.10.1799

Köferin Maria
04.03.1798 – 09.03.1798

Kefer Mathias
22./23.02.1796 – 03.03.1796

Kefferin Clara
25.02.1794 – 13.03.1832
FELLNER Petrus
1787/1788 – 11.04.1824, x 05.02.1811
Marinhofer, Legerbuch 21

Kefferin Agnes
*14.01.1792

Köferin Josepha (Zwilling)
19.03.1791 – 26.03.1791

Käfer Josephus (Zwilling)
*/†19.03.1791

Kefferin Theresia
*27.01.1788

Kefferin Getrudis
06.03.1787 – 08.03.1787

Keffer Zwillinge
*/†22.05.1786

Keffer Joseph
28.02.1785 – 12.03.1785

Kefferin Maria
*22.03.1782

Köffer Josephus
21.07.1779 – 24.07.1781

Keffer Erhardus
21.01.1778 – 12.08.1778

Kefferin Anna
23.07.1775 – 09.09.1778

Keffer Benedictus
21.03.1773 – 23.07.1776

Kefferin Gertrudis
15.03.1772 – 23.03.1772

Keffer Gregorius
27.04.1770 – 02.09.1837, ~~x 0~~

KÖFFER Johannes Baptista
13.05.1742 – 18.04.1813
1. x ; 2. x 04.07.1786
1. x Schwagerin Elisabeth
1739/1740 – 22.05.1786
2. x Pongratzin/Pumin Theresia
*05.09.1766 , 2. x 04.07.1786
Mayr am Hoff, Legerbuch 21

(Stammbaum zur S. 187 ff.)

Köffer Josephus
*13.10.1749

Keffer Theresia
*23.10.1744

Köffer Anna
*24.04.1747

Köffer Gregorius
28.02.1740 – 17.04.1810
Fransdorf 9

KÖFFER Johannes Baptista
13.05.1742 – 18.04.1813
1. x ; 2. x 04.07.1786
1. x Schwagerin Elisabeth
1739/1740 – 22.05.1786
2. x Pongratzin/Pumin Theresia
*15.09.1766 , 2. x 04.07.1786
Mayr am Hof, Legerbuch 21

Keffer Matthaeus
16.09.1735 – 25.11.1808
Knecht in Roggeneg 9

Keffer Cunegunde
*10.02.1738

Keffer Simon
*21.10.1731

Keffer Anna
*09.07.1733

KEFFER Georgius
17.04.1728 – 18.06.1796
Maria
Schmied beim Mayr am Hoff, Legerbuch

Keffer Maria
*16.03.1730

KÖFFER Benedict
(vor 1727 – nach 1749)
Theresia
1707/1708 – 03.04.1776
Mayr am Hoff, Legerbuch

Hier wurden nur die Kinder angeführt, deren genaues Geburtsdatum bekannt ist. Außerdem wurden geboren: Gregor 1729/30, Georg 1730/31, Maria 1732/33, Theresia 1742/43, Chunegunde.

(Stammbaum zur S. 182 ff.)

Köffler Antonius
*12.01.1766

Köffer Josephus
*04.09.1769

Keffer Maria
*09.09.1761

Keffer Ursula
*29.03.1764

Keffer Elisabeth
*18.11.1757

Köffer Theresia
*13.10.1759

Keffer Kind
1752/1753 – 06.04.1757

Köfferl Joannes
10.12.1756 – 07.01.1757

Maria, adopt. Keffer
1746/1747 – 28.05.1752

KEFFER Georgius
17.04.1728 – 18.06.1796, x
Maria
Schmied beim Mayr am Hoff, Legerbuch

(Stammbaum zur S. 182 f.)

Köffer Benedictus Joannes
*26.08.1790

Köferin Clara
24.09.1792 – 17.08.1812

Köferin Maria Anna
31.10.1785 – 19.08.1812

Köferin Clara
*30.07.1788

Köferin Susanna
20.02.1782 – 11.07.1829

Köferin Agnes
*21.01.1784

Köferin Barbara
*10.10.1778

KÖFFERL Johannes Nepomuk
*13.05.1780
Mayr am Hoff, Legerbuch 21

KÖFFER Benedict
26.09.1751 – 24.03.1798
Ellerstorfer Maria Anna
1772/1773 – 10.06.1849
Tischlermeister, St. Paul i. Lav. 54

Der Stammbaum des Tischlermeisters KÖFFER Benedict gehört zu einer Nebenlinie, die hier angeführt wurde, weil sein Sohn Johannes Nepomuk in einer späteren Generation Besitznachfolger beim vulgo Meier am Hof in Legerbuch 21 wurde, zumal Johannes Baptista KÖFFER, (*13.05.1742), von beiden Ehefrauen keinen männlichen Erben hatte.

(Stammbaum zur S. 180 f.)

Chronik der Familie
Johannes KÖFFER,
Mayr am Hoff, Legerbuch 21

Vulgo Mayr am Hoff / Meier am Hof

Der Gutsbesitz Mayr am Hoff / Meier am Hof in der Pfarre und Gemeinde St. Paul im Lavanttal[367] geht bis in die Römerzeit zurück. Auf diesem Gutshof wurde „ein Gräberfeld festgestellt, aber nicht ausreichend untersucht. (Funde im Stiftsmuseum St. Paul i. Lav.)“.[368] Von den Römern stammen weitere Funde aus dem Unteren und Oberen Lavanttal.[369] Die Familie Köffer/Keffer > Käfer war dort im Jahre 1699 noch nicht bezeugt, sie ist dort aber 1747 schon dokumentiert.[370]

Vereinzelte Köffer/Keffer Vorfahren

Von Philippus Köffer/Keffer, Wirt in Allersdorf, und Ehefrau **Margaretha** wurden folgende eheliche Kinder getauft:

Joseph, get. 17.04.1700, P. Alberto Aniodt e.h., Pate Adamo Freitag.

Matthias, get. 22.01.1703, P. Guilielmus Glantschnig e.h., Pate Adamus Freitag.

Benedict, get. 08.07.1704, P. Anselmus Nunhart e.h., Prior; Pate Adamus Freitag, „an klokher grundt zu loschintal“ – (vom Klocker Grund in Loschenthal).

Rosina, get. 28.12.1709, P. Franciscus e.h., Patin Anna Freitagin.

Anna, get. 19.04.1713, P. Bernardus e.h., Patin Johanna Freytagin.

Petrus, get. 28.06.1716, P. Ambrosius e.h.; Pate Thomo Freytag.[371]

Folgende eheliche Kinder von **Blasius Köffer** und seiner Ehefrau **Maria** wurden getauft:

Bartholomaeus, get. 16.08.1698, P. Edmundus e.h., Pate Georgius Keffer.

Jakobus, get. 22.07.1700, P. Sylvester Kopitsch e.h., Pate Georgius Köffer.

Maria, get. 07.12.1702, P. Otto e.h., Patin Maria Kefferin.

Chunigunde, get. 15.02.1706, P. Wilhelmus Glantschnig e.h., Patin Maria Danielin.

Maria, get. 28.06.1707, P. Carolomannus Thalhaimb e.h., Patin Maria Mayrin, aus der Pfarre Maria Rojach.

Susanna, get. 18.05.1710, P. Guilielmus Gläntschnig e.h., Patin Maria Mayrin an der Tonnerhube.

Mathias, get. 9.02.1713, P. Edmundus e.h., Pate Petro Mayr.

Rosina, get. 15.11.1719, P. Augustinus e.h., Patin Maria Märin, Pfarre Maria Rojach.[372]

---

[367] Die Gemeinde St. Paul im Lavanttal hieß während des II. Weltkrieges „Spanheim“.

[368] Gernot Piccotini: Die Römer in Kärnten. Ein Führer zu den wichtigsten römerzeitlichen Ausgrabungen und Denkmälern des Landes. Klagenfurt: Carinthia, 1989, S. 117, St. Andrä/Lav., Gem. St. Andrä/Lav., BH Wolfsberg. – Siehe dazu S. 110, Meier am Hof, Gem. St. Paul i. Lav., BH Wolfsberg. – Siehe auch unter St. Andrä/Lavanttal. – Vorhergehende Aussage vgl. ebenda.

[369] Vgl. Schatzhaus Kärnten, Katalog zur Landesausstellung St. Paul 1991, 900 Jahre Benediktinerstift, S. 35 ff. Römerzeitliche Funde sind belegt aus dem Steinbruch Spitzelofen in der Gemeinde St. Georgen i. Lav., Geschirr von einem Gutshof in Allersdorf in derselben Gemeinde, ein Töpferofen aus St. Paul i. Lav., ein Mars-Labotius Heiligtum mit Kultstiege und Kultbecken aus St. Margarethen-Burgstall in der Gemeinde Lavamünd, eine Dreifuss-Schale und 3 Töpfe vom Gutsbesitz Meier am Hof in St. Paul i. Lav., Funde vom Mundifeld [in Loschental, Nachbar vom vulgo Gastl] bei St. Paul i. Lav. und aus weiteren Lavanttaler Orten.

[370] Vgl. Pfarre St. Paul im Lavanttal: S59_001-1, Geburtsbuch tom. I, 13. Januar 1698 – 25. Februar 1748, Blatt 265, rechte Seite, oberer und untererTeil, betrifft Stand von 1699 und 1747.

[371] Vgl. Pfarre St. Paul im Lavanttal: S59_001-1, Geburtsbuch tom. I, 13. Januar 1698 – 25. Februar 1748. Joseph, Blatt 012, S. 22, Nr. 2; Matthias, Blatt 026, S. 51, Nr. 2; Benedict, Blatt 032, S. 62, Nr. 7, (letzte Eintragung); Rosina, Blatt 056, S. 110, Nr. 1; Anna, Blatt 073, S. 145, Nr. 3; Petrus, Blatt 086, S. 171, Nr. 5, (letzte Eintragung).– Direktzitat bei Benedict siehe ebenda. – Ich reihe die einzelnen Familien hier nach dem Tauftag des ersten bekannten Kindes. – Geschwister werden in den Fußnoten gemeinsam erfasst.

Von **Josephus Köffer**, Wirt in Allersdorf, und seiner Ehefrau **Maria** brachte die Hebamme folgende eheliche Kinder zur Taufe:

Josephus, get. 18.03.1712, P. Edmundus Füernberger e.h., Pate Joanne Stich.

Joannes Andreas, get. 23.11.1716, P. Edmundus Tierenberger e.h., Pate Joannes Stich, aus der Pfarre St. Georgen.

Maria Theresia, get. 26.02.1719, P. Basilius e.h., Patin Anna Eva Regina Stichin.

Georgius, get. 20.04.1721, P. Morianus e.h., Pate Joannes Stich.

Anna, get. 26.09.1723, P. Augustinus e.h., Patin Eva Anna Regina Stichin.

Clara, get. 31.05.1725, P. Vitalis Deckard e.h., Patin Eva Regina Stichin, aus St. Georgen.[373]

Von einem **Joseph Köfferl** wurde folgendes Kind getauft:

Maria Regina, get. 13.12.1713, P. Edmundus e.h.

Von einem **Joseph Köfferl** und seiner Ehefrau **Barbara** wurde getauft:

Philippus, get. 12.01.1715, P. Ambrosius e.h., ehelicher Sohn, Pate Philippo Schulterer.[374]

Des Weiteren wird hier mangels weiterer gefundener Daten das Sozialgefüge auf einigen kleinen Bauernhöfen in Unterrainz dargestellt.

>>> **Joannes**, get. 25.12.1737, von P. Gothardus Stierner e.h., **unehelicher Sohn** des Thomas Pachonegg und **der Maria, einer Köfferl-Tochter** an der Rainz, Pate Mathias Hollauff aus „anorstorff". – (anorstorff = vermutlich Andersdorf.)

>>> **Sylvester**, get. 30.12.1746, von P. Romanus e.h., geboren in den frühen Morgenstunden, **unehelicher Sohn** des Jakob Lucas Pohoinig und **der Theresia, einer Tochter des Köfferl-Bauern** an der Rainz, Pate Vitus Puechpauer.[375]

Barbara starb am 04.03.1757 im Alter von 56 Jahren als **Ehefrau des Köfferl** an der Rainz und wurde von P. Josephus e.h. beerdigt. – Sie wurde demnach 1700 oder 1701 geboren.

>>> †19.04.1757, P. Antonius e.h. beerdigte den 20 Jahre alten **Sohn einer Catharina**, abgeholt beim vulgo Köfferl an der Rainz. – Demnach 1736 oder 1737 geboren.

Am 22.04.1768 starb die **Ehefrau des vulgo Kefferl** an der Rainz im Alter von 23 Jahren. Sie wurde versehen und beerdigt. – Also 1744 oder 1745 geboren.

>>> †16.08.1762, beerdigt wurde **Thomas** im Alter von 2 Jahren als **Sohn einer Magd** beim vulgo Köfferl in Rainz. – Demnach 1760 geboren.[376]

---

[372] Vgl. Pfarre St. Paul im Lavanttal: S59_001-1, Geburtsbuch tom. I, 13. Januar 1698 – 25. Februar 1748, Bartholomaeus, Blatt 004, S. 6, Nr. 5; Jakobus, Blatt 013, S. 24, Nr. 3; Maria, Blatt 025, S. 48, Nr. 6; Chunigunde, Blatt 039, S. 77, Nr. 4; Maria, Blatt 044, S. 87, Nr. 1; Susanna, Blatt 058, S. 115, Nr. 4; Mathias, Blatt 072, S. 142, Nr. 2; Rosina, Blatt 100, S. 198, Nr. 1.

[373] Vgl. Pfarre St. Paul im Lavanttal: S59_001-1, Geburtsbuch tom. I, 13. Januar 1698 – 25. Februar 1748, Josephus, Blatt 068, S. 134, Nr. 2; Joannes Andreas, Blatt 088, S. 175, Nr. 1; Maria Theresia, Blatt 096, S. 191, Nr. 7, (vorletzte Eintragung); Georgius, Blatt 104, S. 207, Nr. 6; Anna, Blatt 113, S. 225, Nr. 2; Clara, Blatt 119, S. 237, Nr. 7, (vorletzte Eintragung).

[374] Vgl. Pfarre St. Paul im Lavanttal: S59_001-1, Geburtsbuch tom. I, 13. Januar 1698 – 25. Februar 1748, Maria Regina, Blatt 076, S. 151, Nr. 1. – Hier ist weder eine Mutter noch eine Patin angegeben. – Philippus, Blatt 081, S. 160, Nr. 1.

[375] Vgl. Pfarre St. Paul im Lavanttal: S59_001-1, Geburtsbuch tom. I, 13. Januar 1698 – 25. Februar 1748, Joannes, Blatt 153, S. 305, Nr. 4; Sylvester, Blatt 175, S. 348, Nr. 1. – Direktzitat bei Joannes siehe ebenda.

[376] Vgl. Pfarre St. Paul im Lavanttal: S59_002-2, Sterbbuch tom. Ia, Kopie, 1. Januar 1749 – 27. August 1770, Barbara, Blatt 070, S. 123, Nr. 7; Sohn einer Catharina, Blatt 078, S. 138, pagina 9, Nr. 19, (letzte Eintragung); Ehefrau vlg. Kefferl, Blatt 095, S. 172, fol. 43, Nr. 4; Thomas, Blatt 086, S. 155, fol. 26, Nr. 5.

†23. Hornung[/02.] 1818, **Luzia Keferin**, Unterrainz 7, kath., weiblich, 63 Jahre alt, starb an Wassersucht, versehen, beerdigt von P. Augustin Roßbacher e.h. – Demnach 1754 oder 1755 geboren.

†07.03.1824, **Theresia Käfer**, Unterrainz 3, Inwohnerin, kath., weiblich, 63 Jahre alt, starb an Altersschwäche, versehen und beerdigt von P. Nicolaus e.h. – Demnach 1760 oder 1761 geboren.

†31.01.1815, **Lisabeth Köferin**, Unterrainz 8, kath., weiblich, 50 Jahre alt, starb an Leberfäule, versehen, beerdigt von P. Augustin e.h.[377] – Also 1764 oder 1765 geboren.

Johann Keffer und seine Ehefrau **Eva** ließen das folgende eheliche Kind taufen:

Catharina, get. 27.04.1715, P. Maximilianus e.h., Patin Lucia Grillizin.[378]

Adam Keffer, vulgo Lindenbauer in Stadling, und seine Partnerin beziehungsweise Ehefrau **Agatha**, ließen

am 20.07.1722 ihre unehelich geborene Tochter **Anna** von P. Benedictus e.h. in St. Paul und

am 28.10.1729 ihre bereits ehelich geborene Tochter **Theresia** von P. Rupertus e.h. in St. Jacob taufen. Patin war bei beiden Maria Haslin/Häslin.[379] – Theresia Köfferin starb am 31.08. 1775 im Alter von 46 Jahren am Kräßtehof beim Rettl in Raggoneg 14, wurde von P. Magnus Peyerl versehen und von P. Aegidius Moser e.h. in St. Paul im Lavanttal beerdigt.[380]

Getauft wurde am 26.02.1723 von P. Josephus e.h. **Cunigunde**, die **uneheliche Tochter** des Joannes und **der Elisabetha Käfferin**, Patin Maria Köllerin.[381]

Jacob Keffer, Koch in Alerstorf[/Allersdorf], und seine Ehefrau **Eva** veranlassten die Taufe ihrer ehelichen Kinder:

Michael, get. 28.09.1734, P. Dominicus e.h., Pate Bartholomeo Keffel, Juschgo in Pichling.

Maria, get. 19.11.1735, Aemilianus B. e.h., Patin Gertrude Zedinin/Zedirin aus Rojach.[382]

Joseph Keffer, „an den Galler am Kogl grund“ oder „vulgò Haller auf der Rainz“, und seine Ehefrau **Susanna** ließen folgende eheliche Kinder zur Taufe bringen:

Maria Anna, get. 01.10.1735, P. Candidus Tirk e.h., Patin Maria „inderhofferin“.

Maria, get. 10.01.1738, P. Candidus Tirk e.h., Patin Maria Hoffpeierin.

Matthaeus, get. 20.09.1740, P. Joannes Jordan e.h., Pate Marco Niederhoffer.

Martinus, get. 03.11.1743, P. Damascen e.h., Pate Marco Niederhoffer, aus Allerstorff. – Ein

---

[377] Vgl. Pfarre St. Paul im Lavanttal: S59_018-1, Sterbbuch tom. II, Kopie, 8. Januar 1801 – 11. März 1826, Luzia Keferin, Blatt 051, Nr. 9 (gesamt), Nr. 2 (1818); Theresia Käfer, Blatt 066, Nr. 10; Lisabeth Köferin, Blatt 039, Nr. 8 (gesamt), Nr. 4 (1815).

[378] Vgl. Pfarre St. Paul im Lavanttal: S59_001-1, Geburtsbuch tom. I, 13. Januar 1698 – 25. Februar 1748, Blatt 082, S. 163, Nr. 3.

[379] Vgl. Pfarre St. Paul im Lavanttal: S59_001-1, Geburtsbuch tom. I, 13. Januar 1698 – 25. Februar 1748, Anna, Blatt 108, S. 215, Nr. 6, (vorletzte Eintragung); Theresia, Blatt 134, S. 266, Nr. 1.

[380] Vgl. Pfarre St. Paul im Lavanttal: S59_017-1, Sterbbuch tom. I, Kopie, 2. Oktober 1770 – 30. Dezember 1800, Blatt 021, fol. 41, Nr. 10.

[381] Vgl. Pfarre St. Paul im Lavanttal: S59_001-1, Geburtsbuch tom. I, 13. Januar 1698 – 25. Februar 1748, Blatt 110, S. 219, Nr. 8, (letzte Eintragung).

[382] Vgl. Pfarre St. Paul im Lavanttal: S59_001-1, Geburtsbuch tom. I, 13. Januar 1698 – 25. Februar 1748, Michael, Blatt 146, S. 291, Nr. 7; Maria, Blatt 150, S. 299, Nr. 4.

Martin Köffer starb entweder am 26.06.1806 in Legerbuch und wurde von Gutenberg e.h. beerdigt oder er starb am 18.06.1806 in St. Paul an einer Geschwulst und wurde von Egid e.h. versehen und beerdigt.[383]

Theresia, get. 12.09.1747, Patin Maria Hoffpaierin. – Ihre Zwillingsschwester N. verstarb leider knapp vor ihrer Taufe.[384]

Lucia, get. 10.04.1749, P. Jodocus Gatterer e.h., Patin Maria Hoffpäurin, Gästin in Allersdorf.[385] – Luzia Köferin starb am 16.02.1803 im Alter von 54 Jahren beim vulgo Rader in Raggonik 8 an Gelbsucht und wurde von Korb[inian] Strutzmann e.h. versehen und in St. Paul im Lavanttal beerdigt.[386]

Maria Köferin verstarb am 11. Hornung[/Februar] 1810 im Alter von 64 Jahren plötzlich beim vulgo Suppe in OberRainz 9, weshalb sie nicht versehen werden konnte. Sie wurde von P. Niclaus Kapfer e.h. in St. Paul im Lavanttal beerdigt.[387] – Also 1745 oder 1746 geboren.

Georg Köffer, am Ragger Grund, und seine Ehefrau **Maria** ließen mehrere Kinder taufen:

Maria, get. 03.09.1753, P. Dominicus e.h., Patin Anna Wertin, ... zu Hundsdorf.[388] – (Erstes Kind.)

Von **Martinus Keffer**, Bauer beim vulgo Rader in Raggonig, und seiner Ehefrau **Maria**, geb. Rieschnigin, und Maria, geb. Pächlerin, wurden folgende Kinder getauft:

Joannes Georgius, get. 26.03.1787 von P. Antonius Maistern e.h., geboren um 3 Uhr vor Mittag in Raggonig 8, Landgericht Stein, Mutter Maria, geb. Rieschnigin, Pate Joannes Georgius Puchbauer.

Maria, get. 28.05.1780 von P. Magnus Peyerl e.h., geboren 27.05. um 3 Uhr in der Nacht in Raggenig 8, Landgericht Stein, Mutter Maria, geb. Pächlerin, Patin Maria Buechbäuerin, vulgo Schattenhoferin.[389]

Gregorius Keffer, Einwohner beim vulgo Rettl in Raggenig, und seine Ehefrau **Maria**, geb. Leobneggerin, vulgo Paul-Schneider, ließen folgendes Kind taufen:

Josephus, get. 04.01.1789 von P. Antonius Meistern e.h., geboren in Raggenig 15, Patin Maria Köfflin, Bäuerin vulgo Ludj zu Mätschenbloch.[390]

---

383 Vgl. Pfarre St. Paul im Lavanttal: S59_018-1, Sterbbuch tom. II, Kopie, 8. Januar 1801 – 11. März 1826, Blatt 014, Nr. 9 ober Nr. 7. – Laut Index zum Geburtsbuch sollten sich beide Eintragungen auf S. 15 befinden, die aber ausgelassen wurde, weshalb die Aufzeichnungen auf Blatt 014 mit einem Zettel überklebt und daher nur unvollständig lesbar sind.

384 Vgl. Pfarre St. Paul im Lavanttal: S59_001-1, Geburtsbuch tom. I, 13. Januar 1698 – 25. Februar 1748, Maria Anna, Blatt 149, S. 297, Nr. 5; Maria, Blatt 177, S. 322, Nr. 6; Matthaeus, Blatt 163, S. 325, Nr. 3; Martinus, Blatt 170, S. 339, Nr. 4; Theresia, Blatt 178, S. 354, Nr. 1. – Enthaltene Direktzitate siehe ebenda.

385 Vgl. Pfarre St. Paul im Lavanttal: S59_002-1, Geburtsbuch tom. II, Kopie, 12. März 1748 – 22. Dezember 1770, Blatt 005, Nr. 14 (gesamt), Nr. 7, (1803, letzte Eintragung).

386 Vgl. Pfarre St. Paul im Lavanttal: S59_018-1, Sterbbuch tom. II, Kopie, 8. Januar 1801 – 11. März 1826, Blatt 005, Nr. 14 (gesamt), Nr. 7 (1803).

387 Vgl. Pfarre St. Paul im Lavanttal: S59_018-1, Sterbbuch tom. II, Kopie, 8. Januar 1801 – 11. März 1826, Blatt 026, Nr. 4.

388 Vgl. Pfarre St. Paul im Lavanttal: S59_002-1, Geburtsbuch tom. II, Kopie, 12. März 1748 – 22. Dezember 1770, Blatt 017, S. 32, Nr. 1.

389 Vgl. Pfarre St. Paul im Lavanttal: S59_003-1, Geburtsbuch tom. III, Kopie, 9. Februar 1770 – 7. Juli 1794, Joannes Georgius, Blatt 042, S. 83, Nr. 1; Maria, Blatt 050, S. 98, Nr. 1.

Die hier angeführten Köffer/Keffer > Käfer Nebenlinien wurden nach dem Jahr 1747 nur noch sehr vereinzelt beschrieben. Aus den Einzelnachweisen ließen sich in mühsamer Kleinarbeit die Lackner Nebenlinie des Martin Köffer und die Nachkommenschaft des Tischlermeisters Benedict Köffer herausschälen. – Wie die hier aufgelisteten Köffer/Keffer/Käfer Nebenlinien mit der Hauptlinie des Benedict Köffer, vlg. Meier am Hof, also mit Maria Hasenbichler, geb. Käfer, (*30.08.1803), verwandt waren beziehungsweise sind, lässt sich mangels entsprechender öffentlich zugänglicher Aufzeichnungen nicht mehr eruieren.

Lackner Urgroßvater Martin KÖFFER, (*vor 1666)

Martinus[/Martin] Köffer[391], vulgo Lackner-Zollner, St. Paul im Lavanttal, und Ehefrau Martha, geb. Bachnerin, veranlassten die Taufe folgender ehelicher Kinder:

Josephus, get. 1684/1685.

Henricus, get. 1686/1687. – (Nachfolger beim vulgo Lackner-Zollner in St. Paul im Lav.)

Maria, get. 1694/1695.

Cunegundis und **Theresia**, Gemellae[/Zwillinge]/Mädchen, get. 2.10.1699, P. Placido Strasser e.h., Patinnen Cunegundis Straittin und Maria Köfflin.

Martin, get. 27.09.1703, P. Joannes Rainer e.h., Pate Mattheus Streitt.[392]

Im Personenstandsregister der Pfarre St. Paul im Lavanttal werden im Jahre 1699 für die Familie Köffer, Lackner-Zollner, folgende Personen erwähnt: **Martinus Köffer**, Mann; Söhne: **Josephus** 14 Jahre alt, **Henricus** 12 Jahre alt; Knechte: **Henricus**, **Laurentius Locher**. Weib **Martha Bachnerin**; Tochter **Maria** 4; Mägde: **Gertrudis**, **Agnes**; Einwohnerin **Vrsula**.

Lackner Großvater Henricus KÖFFER, (*1686/1687)

Von Henricus Köffer/Keffer, Lackner Hube, und seiner Ehefrau Clara wurden folgende eheliche Kinder getauft:

Matthaeus, get. 13.09.1738, Pate Mathias Seifrid. – Beim Taufeintrag dieses Matthaeus Keffer sind als Eltern Georgius und Clara eingetragen. Ich nehme an, dass es sich um einen Irrtum handelt.[393] – (Nachfolger des Johannes KÖFFER, (*13.05.1742), Sohn vom vulgo Meier am Hof, da dieser keinen männlichen Erben hatte.)

Josephus, get. 28.02.1740, P. Candidus e.h., Pate Mathias Seyfried.

Henricus, get. 24.04.1746, P. Dominicus e.h., Pate Mathias Seyfrid.

---

[390] Vgl. Pfarre St. Paul im Lavanttal: S59_003-1, Geburtsbuch tom. III, Kopie, 9. Februar 1770 – 7. Juli 1794, Blatt 046, S. 91, Nr. 1.

[391] Hier werden die Familien nach ihrem Wohnort oder Arbeitsplatz gereiht, zuerst die Lackner Linie vom Herzogberg 3, dann die Linie des Tischlers in St. Paul 53 und 54 und schließlich meine direkten Vorfahren beim vulgo Meier am Hof in Legerbuch 21. – Im Stammbaum Käfer werden die Familien jedoch hauptsächlich nach chronologischen Gesichtspunkten geordnet.

[392] Vgl. Personenstandsverzeichnis Pfarre St. Paul im Lavanttal, S59_001-1, im Geburtsbuch tom. I, 13. Januar 1698 – 25. Februar 1748, Blatt 220, linke Seite, oben, Lackner-Zollner, Stand 1699. – Josephus, Henricus und Maria sind im Personenstandsverzeichnis als Kinder erwähnt. – Cunegundis und Theresia, Blatt 009, S. 17, Nr. 5, (letzte Eintragung); Martin, Blatt 029, S. 56, Nr. 2. – Alle Taufeintragungen im Geburtsbuch I sind in Latein verfasst, werden hier aber der Einfachheit halber in Deutsch und gekürzt wiedergegeben. – Ich reihe die einzelnen Familien auch hier nach dem Tauftag des ersten bekannten Kindes.

[393] Der Taufeintrag von Georgius Keffer wurde weder in der Pfarre St. Paul im Lavanttal noch in der Pfarre St. Martin im Granitztal gefunden. – Durchsucht wurden von St. Paul i. Lav. in S59_001-1 das Geburtsbuch tom. I, im Jahre 1748 sowie in S59_0021 das Geburtsbuch tom. II für die Jahre 1748-1750; des Weiteren von St. Martin im Granitztal in S48_001-3 das Geburtsbuch tom. A, Kopie, die Jahre 1745-1750, Blatt 106-122 (linke Seite).

Anna, get. 24.04.1747, P. Henricus, Pate Mathias Seyfrid.[394]

Im Personenstandsregister der Pfarre St. Paul im Lavanttal werden im Jahre 1747 für die Familie Köffer, Lackner-Zollner, folgende Personen erwähnt: **Gregorius Köffer**, Mann; Söhne: **Matthaeus** 9 Jahre alt, **Josephus** 6 Jahre alt, **Henricus** 1 Jahr alt; Knechte: **Gregor**, **Sebastian**. Weib **Clara**; Tochter **Maria,** 4 Jahre alt; Mägde: **Gertrudis**, **Agnes**; Einwohner: **Blasius**, Mann, **Veronica**, Ehefrau; **Joannes**, Mann, **Maria**, Ehefrau; Sonstige: **Joseph** 20 Jahre alt, **Gertrudis** 18 Jahre alt, **Theresia** 9 Jahre alt, **Matthaeus** 8 Jahre alt, **Georgius** 15 Jahre alt, **Joseph** 30 Jahre alt.[395] – (Weitere Verwechslung passierte bei Tochter Maria. Sie ist schon 1699 im Alter von 4 Jahren angeführt. Hier muss es richtig heißen: **Anna**, 4 Jahre alt.)

Lackner Vater Matthaeus KEFFER, 13.09.1738 – 26.02.1802

Von Mattaeus Keffer/Köffer, vulgo Lackner am Herzogberg 3, und seiner Ehefrau Cunegundis wurden auch mehrere Kinder getauft:

Josephus, get. 31.05.1761, P. Bernardus Wunder e.h., Pate Josephus Keffer. – Ein **Joseph Käfer** starb am 04.01.1849 in Johannisberg 10 beim vulgo Steinbruchveidl, kath., männlich, 85 Jahre alt, an Altersschwäche. Er wurde am 06.01. in St. Paul im Lavanttal beerdigt.[396] — Demnach 1763 oder 1764 geboren. – (Richtig wäre: starb 87 2/3 Jahre alt.)

Maria, get. 05.03.1763, P. Antonius e.h., Patin Anna Maria Köfflin, vulgo Juschgin sen. zu Pichling. – [Vater erstmals als vulgo Lackner am Herzogberg erwähnt.] – Maria Kefferin heiratete am 14.06.1785 im Alter von 21 Jahren den 34 Jahre alten Georg Pichler aus Unterrainz 13, Landgericht Stein; beide katholisch und unverehelicht. Zeugen: Franz Pichler, Bauer; Joseph Seyfried, Bauer; P. Antonius Meistern e.h.[397] – (Richtig wäre: Braut, 22 Jahre alt.)

Anna, get. 04.01.1765, P. Xaverius Loibner e.h., Patin Anna Köfflin, vulgo Jusgin in Unterpichling.

Benedictus, get. 16.03.1767, P. Xav. Loibner e.h., Pate Josephus Köffer, vulgo Juschgi.
Anna, get. 30.03.1769, P. Benedictus e.h., Patin Anna Köffling, vulgo Jüschlin.[398] – Anna Keffer starb am 23.02.1788 im Alter von 17 Jahren als Lackner Tochter am Herzogberg 3, Landgericht Stein, wurde versehen von P. Carolomannus Collmann und von P. Magnus Peyerl e.h. in St. Paul im Lavanttal beerdigt. – (Richtig wäre: starb im Alter von fast 19 Jahren.)

Georgius, get. 24.03.1771, P. Benedictus e.h., Mutter Ursula als Ehefrau des Mathias Köffer, Pate Josephus Köffl aus Maria Rojach. – Georgius Köffer starb am 01.09.1782 im Alter von 12 Jahren beim vulgo Lackner in Herzogberg 3, Landgericht Stein, wurde von P. Magnus Peyerl versehen und von P. Erhardus Pliemitscher e.h. beerdigt.[399] – (Richtig wäre: starb im Alter von 11 ½ Jahren.)

---

[394] Vgl. Pfarre St. Paul im Lavanttal: S59_001-1, Geburtsbuch tom. I, 13. Januar 1698 – 25. Februar 1748, Matthaeus, Blatt 158, S. 315, Nr. 8; Josephus, Blatt 162, S. 322, Nr. 8; Henricus, Blatt 174, S. 346, Nr. 4; Anna, Blatt 176, S. 351, Nr. 8.

[395] Vgl. Personenstandsverzeichnis Pfarre St. Paul im Lavanttal, S59_001-1, im Geburtsbuch tom. I, 13. Januar 1698 – 25. Februar 1748, Blatt 220, linke Seite, unten, Lackner-Zollner, Stand 1747. – Matthaeus, Josephus, Henricus und Maria, (richtig wäre: Anna), sind im Personenstandsverzeichnis als Kinder erwähnt. – Gertrudis und Agnes sind schon 1699 als Mägde erwähnt.

[396] Vgl. Pfarre St. Paul im Lavanttal: S59_019-1, Sterbbuch tom. III, Kopie, 16. Januar 1826 – 31. Dezember 1869, Blatt 050+050a, Nr. 3.

[397] Vgl. Pfarre St. Paul im Lavanttal: S59_012-1, Trauungsbuch tom. I, Kopie, 10. Februar 1784 – 27. Mai 1827, Blatt 005, Nr. 3, (letzte Eintragung).

[398] Vgl. Pfarre St. Paul im Lavanttal: S59_002-1, Geburtsbuch tom. II, Kopie, 12. Februar 1748 – 22. Dezember 1770, Josephus, Blatt 039, S. 77, Nr. 7, (letzte Eintragung); Maria, Blatt 045, S. 89, Nr. 3; Anna, Blatt 051, S. 101, Nr. 6, (letzte Eintragung); Benedictus, Blatt 058, S. 115, Nr. 2; Anna, Blatt 063, S. 125, Nr. 9.

[399] Vgl. Pfarre St. Paul im Lavanttal: S59_017-1, Sterbbuch tom. I, Kopie, 2. Oktober 1770 – 30. Dezember 1800, Anna, Blatt 054, fol. 106, Nr. 7; Georgius, Blatt 039, fol. 76, Nr. 5.

Joannes Baptista, get. 06.05.1774, P. Benedictus Hollrieder e.h., Pate Josephus Köffel, vulgo Jusgge in Unterpichling, Pfarre Maria Rojach. – (Nachfolger des Johannes Nepomuk KEFFER, (*13.05.1780), als Lackner Sohn in Herzogberg 3 beim vulgo Meier am Hof, da auch dieser keinen männlichen Erben hatte.)

Alexius, get. 15.07.1779 von P. Magnus e.h., geboren um cirka 5 Uhr am Morgen, Pate Joseph Köfferl.[400]

Mathias Köfer, der alte Lackner am Herzogberg 3, starb am 26.02.1802 im Alter von 61 Jahren an „Lungensucht", wurde von Joh. Gletzgau versehen und von Korb[inian] Strutzmann e.h. in St. Paul im Lavanttal beerdigt. – (Richtig wäre: starb im Alter von 63 ½ Jahren.) – Das Trauungsdatum von Mathias Köfer und Cunegundis wurde nicht gefunden. – Cunegund Köferin, alte Lacknerin am Herzogberg 3, kath., weiblich, starb am 07.03.1801 im Alter von 62 Jahren an Abzehrung. Sie wurde von Egid Mosser versehen und von Korbinian Strutzmann e.h. in St. Paul im Lavanttal beerdigt.[401] – (Demnach 1738 oder 1739 geboren.)

Lackner Sohn Johannes Baptista KÄFER, 06.05.1774 – 16.02.1846

Johannes Baptista Käfer wurde am 06.05.1774 in St. Paul im Lavanttal getauft. (Siehe oben „Lackner Vater Matthaeus KEFFER, *13.09.1738".)

Johann Keffer, vulgo Lackner am Herzogberg 3, katholisch, 26 Jahre alt, unverehelicht, heiratete am 05.06.1804 die 19 Jahre alte Agatha Loibneggerin, katholisch, unverehelicht. Zeugen: Anton Keffer, Bauer; Valentin Ramprecht, vulgo Thorbauer zu St. Georgen; Copulavit/Getraut von Egid Moser e.h.[402] – (Richtig wäre: Bräutigam, im Alter von 30 Jahren.) – Demnach wurde Agatha Loibnegger 1784 oder 1785 geboren. – (Differenz in ihrem Geburtsjahr, siehe unten †10.02.1845 im Alter von 59 Jahren, demnach 1785 oder 1786 geboren.)

Johannes Käfer/Keffer, vulgo Lackner am Herzogberg 3, und seine Ehefrau Agatha Loibnegger hatten folgende eheliche Kinder, alle katholisch:

Joseph, get. 04.07.1805 von Egger e.h., geb. in der Nacht um 10 Uhr, Pate Valentin Ramprecht, vulgo Thorbauer Hübler zu St. Georgen. – Joseph Käfer, kath., 19 Jahre alt, unverehelicht, ehel. Sohn des Johann Käfer, vlg. Lackner am Herzogberg 3, Vorhauser an der Mondehube, und seiner Ehefrau Agatha Loibnegger, heiratete am 09.11.1823 mit Einwilligung seines Vaters Priska, verwitwete Waldmann, kath., 40 Jahre alt, unverehelicht. Die Braut war Besitzerin der vulgo Mondehube zu Legerbuch 17. Zeugen: Joseph Loibnegger, Bauer vlg. Aßmann; Philipp Meringer, Bauer vlg. Gratze. – Ehelizenz vom 15.10.1823 von der Stiftsherrschaft St. Paul. Getraut von Cooperator P. Augustin Rosbacher e.h.[403] – (Richtig wäre beim Bräutigam: im Alter von 18 Jahren und 4 Monaten.) – (Braut also 1782 oder 1783 geboren.) – Priska Käfer, verwitwete Waldmann, kath., weiblich, starb am 07.03.1860 im Alter von 78 Jahren als vlg. alte Mondin in Legerbuch 22 an Wassersucht und wurde am 09. 03. in St. Paul im Lavanttal beerdigt.[404] – (Demnach 1781 oder 1782 geboren, siehe vorige Aussage.) – Josef Käfer, Legerbuch 19, katholisch, 55 Jahre alt, Witwer, ehelicher Sohn des

[400] Vgl. Pfarre St. Paul im Lavanttal: S59_002-1, Geburtsbuch tom. III, Kopie, 9. Februar 1770 – 7. Juli 1794, Georgius, Blatt 003, S. 5, Nr. 9, (vorletzte Eintragung); Joannes Baptista, Blatt 013, S. 47, Nr. 1; Alexius, Blatt 026, S. 50, Nr. 2.

[401] Vgl. Pfarre St. Paul im Lavanttal: S59_018-1, Sterbbuch tom. II, Kopie, 8. Januar 1801 – 11. März 1826, Mathias[/Matthaeus], Blatt 004, Nr. 4; Cunegund, Blatt 002, Nr. 7. – Enthaltenes Direktzitat siehe ebenda.

[402] Vgl. Pfarre St. Paul im Lavanttal: S59_012-1, Trauungsbuch tom. I, Kopie, 10. Februar 1784 – 27. Mai 1827, Blatt 084, Nr. 2, (mittlere Eintragung).

[403] Vgl. Pfarre St. Paul im Lavanttal: S59_012-1, Trauungsbuch tom. I, Kopie, 10. Februar 1784 – 27. Mai 1827, Blatt 115, Nr. 2, (mittlere Eintragung).

[404] Vgl. Pfarre St. Paul im Lavanttal: S59_019-1, Sterbbuch tom. III, Kopie, 16. Januar 1826 – 31. Dezember 1869, Blatt 084, Nr. 13.

Johann Käfer, vlg. Lackner am Herzogberg 3, und seiner Ehefrau Agatha, geb. Loibnegger, Besitzer der Mondehube in Loschenthal 17, heiratete dann am 10.06.1860 Anna Muhitsch, im elterlichen Hause wohnhaft, katholisch, 25 Jahre alt, unverehelicht, eheliche Tochter des verstorbenen Josef Muhitsch, vlg. Mayeramhof, und seiner Ehefrau Anna, geb. Fellner.[405]

Maria, get. 23.11.1807 von Gutenberg e.h., geb. um 1 Uhr zu Mittag, Patin Margareth Ramprechtin, Thorbäuerin zu St. Georgen.

Johannes, get. 03.08.1809 von P. Nicolaus de Flüe Christen e.h., Pate Valentin Ramprecht, vlg. Thorbauer von St. Georgen. – Johannes KÄFER wurde Besitznachfolger beim vlg. Lackner am Herzogberg 3, heiratete Josepha, geb. Dollinger, und hatte mit ihr unter anderen die ehelich geborenen Söhne **Gottfried und Franciscus**, get. 08.03.1843 beziehungsweise 26.10. 1844. Gottfried, get. von P. Gottfried Dollinger e.h. in St. Georgen; Franciscus, get. von Pfarrer Dr. Wilhelm Lichtenegger e.h. in St. Paul; Pate Thomas Steinwender, vlg. Schnedl.[406]

Luzia, get. 13.12.1810 von P. Nicolaus Kapferer e.h., Patin Margareth Köferin, Bäuerin von der Pfarre St. Georgen.

Elisabeth, get. 13.09.1813 von P. Nicolaus Flüe Christen e.h., Patin Margaretha Köferin, Thorbäuerin.

Anna, get. 13.05.1816 von P. Nicolaus Christen e.h., Patin Margaretha Köferin, Thorbäuerin.

Theresia, get. 11.10.1818 von P. Nicolaus Christen e.h., Patin Margaretha Köferin, Thorbäuerin.[407] – Theresia Käfer, eheliche Tochter des Johann Käfer, vulgo Lackner, und seiner Ehefrau Agatha Loibnegger, im Dienste bei Herrn Toannach im Markt St. Paul, katholisch, 38 Jahre alt, unverehelicht, heiratete am 24.10.1854 Martin Mraulak, katholisch, 58 Jahre alt, unverehelicht, ehel. Sohn des Martin Mraulak, Pächter in Markt St. Paul 44, aus der Pfarre Tscherberg, und der Maria.[408] – (Richtig wäre bei der Braut: 36 Jahre alt. – Martin Mraulak demnach 1895 oder 1896 geboren.)

†27. Hornung[/02.]1824, Herzogberg 3, **Anna Köfer**, vulgo Lackner Tochter, katholisch, weiblich, 8 Tage alt, Frais, von Cooperator P. Nicolaus e.h. in St. Paul im Lavanttal beerdigt.[409] – Demnach Mitte Februar 1824 geboren.

Agatha Köfer, geb. Loibnegger, vulgo „Laknerin"/Lacknerin am Herzogberg 1, starb am 10.02.1845 an Brustwassersucht, katholisch, weiblich, 59 Jahre alt, und wurde am 12.02. in St. Paul im Lavanttal beerdigt. – (Sie wurde demnach 1785 oder 1786 geboren.) – Johannes Baptista Käfer, vulgo „Lakner"/Lackner, Herzogberg 3, starb am 16.02.1846 durch „Brandige Bräune", katholisch, männlich, 67 Jahre alt, und wurde in St. Paul im Lavanttal beerdigt.[410] – (Richtig wäre: im Alter von 71 Jahren und 5 Monaten.)

Tischlermeister Benedict KÖFFER, (*vor 1731)

Benedict Köffer, am Meier Grund, St. Paul i. Lav. 53, und seine Ehefrau Rosina hatten

---

[405] Vgl. Pfarre St. Paul im Lavanttal: S59_013-1, Trauungsbuch tom. II, Kopie, 31. Januar 1826 – 13. Oktober 1868, Blatt 055, Nr. 4.

[406] Vgl. Pfarre St. Paul im Lavanttal: S59_005-1, Geburtsbuch tom. V, Kopie, 1. Januar 1826 – 31. Dezember 1858, Gottfried, Blatt 047, Nr. 1; Franciscus, Blatt 053, Nr. 1.

[407] Vgl. Pfarre St. Paul im Lavanttal: S59_004-1, Geburtsbuch tom. IV, Kopie, 21. Juli 1794 – 26. Dezember 1825, Joseph, Blatt 048, Nr. 1; Maria, Blatt 057, Nr. 3; Johannes, Blatt 064, Nr. 5; Luzia, Blatt 068, Nr. 6; Elisabeth, Blatt 077, Nr. 4; Anna, Blatt 084, Nr. 3; Theresia, Blatt 089, Nr. 11.

[408] Vgl. Pfarre St. Paul im Lavanttal: S59_013-1, Trauungsbuch tom. II, Kopie, 31. Januar 1826 – 13. Oktober 1868, Blatt 042, Nr. 1.

[409] Vgl. Pfarre St. Paul im Lavanttal: S59_018-1, Sterbbuch tom. II, Kopie, 8. Januar 1801 – 11. März 1826, Blatt 064, Nr. 12 (gesamt), Nr. 8 (1824).

[410] Vgl. Pfarre St. Paul im Lavanttal: S59_019-1, Sterbbuch tom. III, Kopie, 16. Januar 1826 – 31. Dezember 1869, Agatha, Blatt 041, Nr. 4; Johannes Baptista, Blatt 043, Nr. 6. – Enthaltene Direktzitate siehe ebenda.

folgendes eheliches Kind: **Benedictus**, get. 26.09.1751 von P. Maurus e.h., geboren um 4 Uhr am Morgen, Pate Gregorius Haag an der Pulfrern Hueben auf der Rainz.[411]

Die Familie des Tischlermeisters Benedict Köffer wird weder im Personenstandsverzeichnis 1699 noch in jenem von 1747 erwähnt. Im Jahre 1747 war ein **Hanß Michl Loibner** als Tischler eingetragen.[412]

Tischler Vater Benedict KÖFFER, 26.09.1751 – 24.03.1798

Benedict Köffer/Köfer, Tischlermeister in St. Paul 54, hatte mit seiner Ehefrau Maria Anna, geb. Ellerstorfer[/Ellersdorfer], folgende eheliche Kinder [siehe Stammbaum S. 170]:

Barbara, get. 10.10.1778 von P. Paulus Knapitsch e.h., Patin Barbara Schwandnerin, Markt St. Paul 53.

Joannes Nepomuk, get. 13.05.1780 von P. Rupertus Berner e.h., Pate Sebastian Schwandner. – (Besitznachfolger beim vulgo Meier am Hof nach Matthaeus KÖFFER, Lackner Vater, da dieser keinen männlichen Erben hatte.)

Susanna, get. 20.02.1782 von P. Egidius Mosser e.h., Patin Barbara Schwandnerin, geb. Kramerin, aus der Stadtpfarre St. Andrä. – Susanna Käfer starb am 11.07.1829 als Tischlerin von Lavamünd im Alter von 47 Jahren, katholisch, weiblich, in St. Paul 54 an Nervenfieber und wurde am 12.07. in St. Paul im Lavanttal beerdigt.[413]

Agnes, get. 21.01.1784 von P. Egidius Mosser e.h., geboren am 20.01. um ½ 3 Uhr nach Mittag, Patin Barbara Schwandnerin, geb. Kramerin, aus der Stadt St. Andrä.

Maria Anna, get. 31.10.1785 von P. Anselmus Knieperger e.h., Patin Barbara Schwandtner aus St. Andrä. – Anna „Köfrein" starb am 19.08.1812, ledig, im Alter von 27 Jahren in Markt St. Paul 54 an Abzehrung, wurde versehen und von P. Nicolaus Flüe e.h. in St. Paul im Lavanttal beerdigt.[414] – (Ihr Familienname müsste lauten: Köferin.)

Clara, get. 30.07.1788 von P. Egidius Mosser e.h., 29.07. geboren, Patin Barbara Schwandtner aus St. Andrä.

Benedictus Joannes, get. 26.08.1790 von P. Erhardus Pliemitscher e.h., geboren um 10 Uhr nach Mittag, Pate Joannes Keffer, vulgo Meier am Hof.

Clara, get. 24.09.1792 von P. Magnus Peyerl e.h., geboren um 2 Uhr zu Mittag, Patin Theresia Köfer, Bäuerin vlg. Meier am Hof.[415] – Klara Köferin starb am 17.08.1812, ledig, 20 Jahre alt, in Markt St. Paul 54, an der Ruhr. Sie wurde versehen und von P. Nicolaus Flüe e.h. in St. Paul im Lavanttal beerdigt.[416]

Benedikt Köfer, Tischlermeister, starb am 24.03.1798 im Alter von 48 Jahren an „Hektick" in St. Paul 54, katholisch, männlich, wurde von P. Aegid Mosser versehen und von Kor-

[411] Vgl. Pfarre St. Paul im Lavanttal: S59_002-1, Geburtsbuch tom. II, Kopie, 12. März 1748 – 22. Dezember 1770, Blatt 012, S. 22, Nr. 8.

[412] Vgl. Personenstandsverzeichnis Pfarre St. Paul im Lavanttal, S59_001-1, im Geburtsbuch tom. I, 13. Januar 1698 – 25. Februar 1748, Blatt 205, rechte Seite, 1699 > oben, 1747 > unten, Tischler, St. Paul im Lavanttal.

[413] Vgl. Pfarre St. Paul im Lavanttal: S59_019-1, Sterbbuch tom. III, Kopie, 16. Januar 1826 – 31. Dezember 1869, Blatt 006, Nr. 19.

[414] Vgl. Pfarre St. Paul im Lavanttal: S59_018-1, Sterbbuch tom. II, Kopie, 8. Januar 1801 – 11. März 1826, Blatt 032, Nr. 10. – Enthaltenes Direktzitat siehe ebenda.

[415] Vgl. Pfarre St. Paul im Lavanttal: S59_003-1, Geburtsbuch tom. III, Kopie, 9. Februar 1770 – 7. Juli 1794, Barbara, Blatt 024, S. 47, Nr. 4; Johannes Nepomuk, Blatt 028, S. 54, Nr. 1; Susanna, Blatt 031, S. 61, Nr. 8 (gesamt), Nr. 3 (1782); Agnes, Blatt 035, S. 68, Nr. 3; Maria Anna, Blatt 039, S. 76, Nr. 2; Clara, Blatt 045, S. 88, Nr. 6; Benedictus Joannes, Blatt 050, S. 99, Nr. 4; Clara, Blatt 057, S. 108, Nr. 6. – Wenn bei einer Geburt nur die Uhrzeit, aber kein Datum dabei steht, dann gilt der Tag der Taufe auch als Tag der Geburt.

[416] Vgl. Pfarre St. Paul im Lavanttal: S59_018-1, Sterbbuch tom. II, Kopie, 8. Januar 1801 – 11. März 1826, Blatt 032, Nr. 9. – Es gab dann im Jahre 1830 wieder Ruhr-Tote in St. Paul im Lavanttal.

binian Strutzmann e.h. in St. Paul im Lavanttal beerdigt.[417] – (Richtig wäre: starb im Alter von 46 ½ Jahren.) – Die weiteren Lebensdaten von Benedict Köfer/Köffer sowie fast alle Lebensdaten seiner Ehefrau Maria Anna, geb. Ellerstorfer[/Ellersdorfer], bleiben ungeklärt. – Eine **Anna Köfer** starb am 10.06.1849 im Alter von 76 Jahren als Inwohnerin in Markt St. Paul 21 an Altersschwäche, katholisch, weiblich, und wurde am 12.06. in St. Paul im Lavanttal beerdigt.[418] – (Demnach 1772 oder 1773 geboren.)

Tischler Sohn Johannes Nepomuk KEFFER, 13.05.1780 – 26.11.1846

Johannes Nepomuk Keffer wurde am 13.05.1780 geboren. (Siehe oben unter „Tischler Vater Benedict KÖFFER".)

Johannes Nepomuk Keffer heiratete in erster Ehe die am 11.02.1779 geborene Theresia Paltnigin.[419] – (Nähere Angaben zu seiner ersten Ehefrau wurden nicht gefunden.)

Johann Käfer, Markt St. Paul 54, heiratete am 04.11.1816 im Alter von 36 Jahren die 22 Jahre alte Konstantia Gfrererin mit ihres Vaters Einwilligung, beide katholisch und unverehelicht. Zeugen: Leopold Stroißnegg e.h., Marktrichter; Johann Thonhauser, Gastwirt. Getraut von Niclaus Chisten e.h.[420] – (Demnach wurde Constantia Gfrerer 1793 oder 1794 geboren.)

Johann Käfer/Keffer, Tischlermeister in St. Paul 54, hatte mit seiner Ehefrau Konstantia Gfrererin folgende eheliche Kinder, alle katholisch:

Augustin, get. 25.08.1817 von P. Augustin Rosbacher e.h., Pate Peter Fellner. – Augustin Käfer, Markt St. Paul 43, katholisch, 41 Jahre alt, unverehelicht, ehelicher Sohn des verstorbenen Johann Käfer, Tischlermeisters im Markt St. Paul, und seiner Ehefrau Constantia Gfrerer, heiratete am 08.03.1859 Ursula Truschner, katholisch, 38 Jahre alt, unverehelicht, im Dienste im Markt St. Paul, ehel. Tochter des verstorbenen Josef Truschner und seiner verstorbenen Ehefrau Theresia, geb. Wruß. Zeugen: Ferdinand Tangl, Hutmachermeister, Beistand des Bräutigams; Kollomann Maier, Schneidermeister, Beistand der Braut; Wilh. Luschnegg e. h., Pfarrer und Namensfertiger. – Ehelizenz des k. k. Bezirksgerichtes St. Paul vom 18.02. 1859, Nr. 4. Cop./Getraut von P. Wilhelm Luschnegg e.h., Pfarrer.[421] – (Richtig wäre: Bräutigam im Alter von 41 ½ Jahren.) – Augustin Käfer, Tischlermeister, starb am 06.03.1861 im Alter von 44 Jahren, katholisch, männlich, in Markt St. Paul 51 an Lungenlähmung. Er wurde versehen und am 08.03. in St. Paul im Lavanttal beerdigt.[422] (Richtig wäre: im Alter von 43 ½ Jahren.)

Johann, get. 08.07.1819 von P. Niclaus Christen e.h., Pate Peter Fellner. – Johann Käfer, Markt St. Paul 19, Besitzer der Ladecbehausung, heiratete am 01.10.1848, katholisch, 29 Jahre alt, unverehelicht, Margaretha Sehr, im Dienste beim Herrn Morokutti, katholisch, 36 Jahre alt, unverheiratet, ehel. Tochter des Wolfgang Sehr, Glasmacher, und seiner Ehefrau Johanna, geb. Werner.[423]. – (Margaretha Sehr demnach 1811 oder 1812 geboren.) – Johann Käfer, Tischlermeister in Markt St. Paul 19, starb am 09.03.1867 im Alter von 48 Jahren, katholisch, männlich, an Zehnfieber und wurde am 11.03. in St. Paul im Lavanttal beerdigt. (Richtig wä-

---

[417] Vgl. Pfarre St. Paul im Lavanttal: S59_017-1, Sterbbuch tom. I, Kopie, 2. Oktober 1770 – 31. Dezember 1800, Blatt 085, fol. 150, Nr. 3. – Enthaltenes Direktzitat siehe ebenda.

[418] Vgl. Pfarre St. Paul im Lavanttal: S59_019-1, Sterbbuch tom. III, Kopie, 16. Januar 1826 – 31. Dezember 1869, Blatt 50+50a, Nr. 19, (letzte Eintragung).

[419] Laut schriftlicher Auskunft des Pfarramtes St. Paul im Lavanttal vor vielen Jahren.

[420] Vgl. Pfarre St. Paul im Lavanttal: S59_012-1, Trauungsbuch tom. I, Kopie, 10. Februar 1784 – 27. Mai 1827, Blatt 108, Nr. 1.

[421] Vgl. Pfarre St. Paul im Lavanttal: S59_013-1, Trauungsbuch tom. II, Kopie, 31. Januar 1826 – 13. Oktober 1868, Blatt 053, Nr. 4, (letzte Eintragung).

[422] Vgl. Pfarre St. Paul im Lavanttal: S59_019-1, Sterbbuch tom. III, Kopie, 16. Januar 1826 – 31. Dezember 1869, Blatt 088, Nr. 8.

[423] Vgl. Pfarre St. Paul im Lavanttal: S59_013-1, Trauungsbuch tom. II, Kopie, 31. Januar 1826 – 13. Oktober 1868, Blatt 028, Nr. 4.

re: starb im Alter von 47 2/3 Jahren.)

Benedikt, get. 04.02.1821 von P. Nicolaus Christen e.h.?, Patin Klara Keferin, Marinhoferin.

Petrus, get. 25.03.1822 von P. Nicolaus Christen e.h., Pate Petrus Fellner, Marinhofer.

Jakob, get. 11.07.1824 von P. Nicolaus Christen e.h., Patin Klara, verwitwete Köfer, Mayerin am Hof.[424]

Johann Käfer, vulgo alter Markttischler, starb am 26.11.1846, in Markt St. Paul 51 im Alter von 66 Jahren an Lungenlähmung, katholisch, männlich, und wurde am 28.11. in St. Paul im Lavanttal beerdigt.[425] – Das genaue Geburts- beziehungsweise Sterbedatum der Konstantia Käfer, geb. Gfrererin, konnte nicht eruiert werden.

Meier Großvater Benedict KÖFFER, (vor 1727 – nach 1749)

Im Personenstandsverzeichnis 1699 des Benediktinerstiftes St. Paul im Lavanttal gibt es noch keine Familie „Keffer beim vulgo Mayr am Hoff in LegerBuech".[426]

Im Personenstandsverzeichnis 1747 des Benediktinerstiftes St. Paul im Lavanttal gibt es folgende Familie des „Benedict Köffer, vulgo Mayr am Hoff in LegerBuech": **Benedict Köffer**, Hausherr[/Gutsherr]; filii[/Söhne]: **Gregor** 17 [geb. 1729/1730], **Georgius** 16 [geb. 1730/1731], **Joannes** 5 [geb. 1741/1742]; Weib: **Theresia**; filiae[/Töchter]: **Maria** 14 [geb. 1732/1733], **Anna** 14 [geb. 1732/1733], **Theresia** 4 [geb. 1742/1743], **Chunegundis**; famuli[/Diener], männlich[/Knechte]: **Alexius**, **Alexius**, **Georgius**, **Jacobus**, **Benedict**, **Simon**, **Thomas**; famulae[/Dienerinnen], weiblich[/Mägde]: **Agnes**, **Maria**, **Gertrudis**; Incolae[/Inwohne]: **Theresia**, **Maria**, **Maria**; **Matthias**, **Theresia** uxor[/Ehefrau], **Helena**, **Matthoy**, **Gertrudis**, et grobisi bardu[/und der keltische Sänger] **Pancratius**.[427] – [Stammbaum siehe S. 168.]

Da die Daten zu den Kindern der Familie Benedict Köffer im Personenstandsverzeichnis 1747 mit den überprüfbaren Angaben im Geburtsbuch I der Pfarre St. Paul im Lavanttal nicht deckungsgleich sind, werden hier einfach alle Kinder dieses Ehepaares erwähnt, denn es konnten nur einige einwandfrei zugeordnet werden.[428]

„*17. April 1728, R. P. Felix Baptizavit **Georgium** Legitimum Benedicti Keffer an Mayr hoff et Theresia uxoris ejus. Levante Gregorio Haag, Pulfrer". – (Am 17.04.1728 taufte P. Felix e.h. Georg, den ehelichen Sohn des Benedict Keffer, vulgo Meier am Hof, und seiner Ehefrau Theresia; Pate Gregor Haag, vulgo Pulvrer.)[429] – Georg Keffer heiratete eine **Maria** und war Schmied beim vulgo Meier am Hof. – Georg Köffer starb am 18.06.1796 im Alter

---

[424] Vgl. Pfarre St. Paul im Lavanttal: S59_004-1, Geburtsbuch tom. IV, Kopie, 21. Juli 1794 – 26. Dezember 1825, Augustin, Blatt 087, Nr. 4; Johann, Blatt 092, Nr. 5; Benedikt, Blatt 096, Nr. 5; Petrus, Blatt 099, Nr. 7; Jakob, Blatt 104, Nr. 14, (letzte Eintragung).

[425] Vgl. Pfarre St. Paul im Lavanttal: S59_019-1, Sterbbuch tom. III, Kopie, 16. Januar 1826 – 31. Dezember 1869, Blatt 044, Nr. 18, (letzte Eintragung).

[426] Vgl. Personenstandsverzeichnis Pfarre St. Paul im Lavanttal, S59_001-1, im Geburtsbuch tom. I, 13. Januar 1698 – 25. Februar 1748, Blatt 245, rechte Seite, oben, LegerBuech, vulgo Mayr am Hoff, 1699 noch keine Familie Köffer/Käfer eingetragen.

[427] Vgl. Personenstandsverzeichnis Pfarre St. Paul im Lavanttal, S59_001-1, im Geburtsbuch tom. I, 13. Januar 1698 – 25. Februar 1748, Blatt 245, rechte Seite, unten, LegerBuech, vulgo Mayr am Hoff, 1747 Benedict Köffer und Familie. – Enthaltenes Direktzitat siehe ebenda. – Das Verzeichnis ergibt 28 Personen insgesamt, es führt aber „25 Vogtbare, 4 Unvogtbare" an, also insgesamt 29 Personen. Der Unterschied ist jetzt nicht mehr erklärbar.

[428] Vgl. Personenstandsverzeichnis Pfarre St. Paul im Lavanttal, S59_001-1, im Geburtsbuch tom. I, 13. Januar 1698 – 25. Februar 1748, Blatt 245, rechte Seite, unten, LegerBuech, vulgo Mayr am Hoff, Familie Benedict Köffer. – Vgl. auch Pfarre St. Paul im Lavanttal: S59_001-1, Geburtsbuch tom. I, 13. Januar 1698 – 25. Februar 1748.

[429] Pfarre St. Paul im Lavanttal: S59_001-1, Geburtsbuch tom. I, 13. Januar 1698 – 25. Februar 1748, Blatt 129, S. 256, Nr. 8, (letzte Eintragung). – Bei den Kindern sind als Geburtsdaten überall die Taufdaten angegeben.

von 70 Jahren als Mayrhof Schmied an „Seitenstechen“ in Legerbuch 19, Burgfried Rabenstein. Er wurde von P. Ignatz Garm versehen und von P. Aegid Mosser e.h. in St. Paul im Lavanttal beerdigt.[430] – (Richtig: Er war damals 68 Jahre alt.) – [Stammbaum siehe S. 169.]

>>> Von diesem Paar gibt es zahlreich getaufte Kinder, wovon hier nur einige anlässlich ihrer Taufe beziehungsweise ihrer Beerdigung namentlich angeführt werden:

>>> „†28. Januarij 1752, R. P. Dominicus Sepelivit **mariam** filiam adoptivam fabri ferrarij apud istum mayr an Hoff 5 annorum.“ – (Am 28.01.1752 beerdigte P. Dominicus e.h. Maria, die 5 Jahre alte Adoptivtochter des Meier am Hof Schmiedes.) – (Maria wurde also 1746 oder 1747 geboren.)

>>> „†6. Aprilis 1757, P. Bonifacius Sepelivit **infantem** 4 ann. des Mayr am Hoff schmied.“[431] – (Am 06.04.1757 beerdigte P. Bonifacius e.h. das 4 Jahre alte Kind/Kleinkind des Meier am Hof Schmiedes.) – (Dieses wurde demnach 1752 oder 1753 geboren.)

>>> *10.12.1756, **Joannes**, P. Antonius e.h., geb. 11 Uhr vor Mittag, Pate Jacob Ertler, vulgo Shuexer Hube; Vater Georgius Köfferl, Schmied bei „Mayr am Hoff“ und Ehefrau Maria, von der Familie Stemate sen. – (Schmied beim vulgo Meier am Hof.) – „†1757, Januaris 7. Sepultus fuit infans 26 diem des Mayr am Hoff schmied.“[432] – (Am 07.01.1757 wurde das 26 Tage alte Kind/Baby des Meier am Hof Schmiedes beerdigt.)

>>> *18.11.1757, **Elisabeth**, P. Carolomannus Collmann e.h., Patin Maria Ertlerin, vulgo Shuexner Hube; Vater Georgius Keffer, „an der Mayr am Hoff seiner schmidten, und Ehefrau Maria. – (an der Schmiede beim vulgo Meier am Hof.)

>>> *13.10.1759, **Theresia**, geb. um 7 Uhr nach Mittag, P. Bonifacius e.h., Patin Vrsula Gästlin; Vater Georgius Köffer, „fabri ferrarij apud Mayr am hoff“. – (Vater Georg Köffer, Schmied beim vulgo Meier am Hof.)

>>> *09.09.1761, **Maria**, P. Modestus e.h., Patin Ursula Gästlin.

>>> *29.03.1764, **Ursula**, P. Antonius e.h., Patin Ursula Planklin, vulgo Gästlin in Legerbuch.

>>> *12.01.1766, **Antonius**, geb. um 11 Uhr nach Mittag, P. Antonius e.h., Pate Vitus Plankl; Eltern Georgius Köffler, „fabr. ferrarij apud Mayrhoffer, et conjugis ejus Mario, nato Koppin“. – (Vater Georg Köffler, Schmied beim vulgo Meier am Hof, und seine Ehefrau Maria, geb. Koppin.)

>>> *04.09.1769, **Josephus**, geb. um 1 Uhr nach Mittag, P. Odilo e.h., Pate Vitus Plankl; ehel. Sohn des Georgij Köffer, „fabri ferrarij apud Mayr in Hoff“.[433] – (ehelicher Sohn des Georgius Köffer, Schmied beim vulgo Meier am Hof.)

Gregor, 17 Jahre alt, *1729/1730.

„*16. Martius 1730, R. P. Virgilius Baptizavit **Mariam** Benedicti Keffer an Mayr hof et Theresia uxoris ejus. Levante Cunegunda Kagin“. – (Am 16.03.1730 taufte P. Virgilius e.h. Maria, die [eheliche] Tochter des Benedict Keffer, vulgo Meier am Hof, und seiner Ehefrau

---

[430] Vgl. Pfarre St. Paul im Lavanttal: S59_017-1, Sterbbuch tom. I, Kopie, 2. Oktober 1770 – 30. Dezember 1800, Blatt 081, fol. 146, Nr. 10. – Enthaltenes Direktzitat siehe ebenda.

[431] Pfarre St. Paul im Lavanttal: S59_002-2, Sterbbuch tom. Ia, Kopie, 1. Januar 1749 – 27. August 1770, mariam[/Maria], Blatt 070, S. 122, Nr. 14 (gesamt), Nr. 4 (1752); infantem[/Kind], Blatt 078, S. 138, Nr. 17.

[432] Pfarre St. Paul im Lavanttal: S59_002-2, Sterbbuch tom. Ia, Kopie, 1. Januar 1749 – 27. August 1770, Blatt 077, S. 137, Nr. 8 (gesamt), Nr. 2 (1757).

[433] Vgl. Pfarre St. Paul im Lavanttal: S59_002-1, Geburtsbuch tom. II, Kopie, 12. März 1748 – 22. Dezember 1770, Joannes, Blatt 026, S. 50, Nr. 4; Elisabeth, Blatt 030, S. 58, Nr. 4; Theresia, Blatt 035, S. 68, Nr. 5; Maria, Blatt 041, S. 80, Nr. 1; Ursula, Blatt 049, S. 97, Nr. 3; Antonius, Blatt 055, S. 109, Nr. 1; Josephus, Blatt 064, S. 126, Nr. 10, (letzte Eintragung). – Enthaltene Direktzitate bei Joannes, Elisabeth, Theresia, Antonius und Josephus siehe ebenda.

Theresia. Patin Cunegunda Kagin.)

Georgius, 16 Jahre alt, *1730/1731.

„*21. Octob. 1731, R. P. Virgilius Baptizavit Legitimi **Simonem** Benedicti Keffer an Mayr Hoff et Theresia conjug. ejus. Levante Gregorio Haag an Pulfrer grund".[434] – (Am 21. 10.1731 taufte P. Virgilius e.h. Simon, den ehelichen Sohn des Benedict Keffer, vulgo Meier am Hof, und seiner Ehefrau Theresia. Pate Gregorius Haag, am Pulvrer Grund.)

Maria, 14 Jahre alt, *1732/1733.

Anna, 14 Jahre alt, *1732/1733 > „*9. Juli 1733, R. P. Oddo, Legit. **Annam**, Benedicti Keffer et Theresia conjugis ejus. Levante Kunegunde Haagin. – (Am 09.07.1733 taufte P. Oddo e.h. Anna, die eheliche Tochter des Benedict Keffer und seiner Ehefrau Theresia. Patin Kunegunde Haagin.)

„16. September 1735, R. P. Aemiliano Baptizavit **Mathaeum** infantem Benedicti Keffer des märy in hopf et Theresia uxoris sua filium legitimum hora octave ante meridiana natum. levante Gregorio Hag, Pulfrer an der reinz". – (Am 16.09.1735 taufte P. Aemilianus e.h. Matthäus, den ehelichen Sohn des Benedict Keffer, vlg. Meier am Hof, und seiner Ehefrau Theresia, geb. um 8 Uhr vor Mittag. Pate Gregor Hag, vulgo Pulvrer in Rainz.) – Ein **Mathias Keffer** starb am 25.11.1808 im „hohen" Alter von 78 Jahren in Roggeneg 9 als armer Knecht und wurde von Egid e.h. sowohl versehen als auch beerdigt.[435] – (Demnach 1729 oder 1730 geboren.) – (Damals wurde zwischen Mathias und Mathäus nicht unterschieden. Die Patres nahmen auch das Lebensalter und das Geburtsdatum nich immer so genau, denn die Gläubigen hatten ja keine Papiere und konnten weder lesen noch schreiben.)

„*10. Febr. 1738, R. P. Jacobus Blasi Baptizavit **Cunegundem** Filiam leg. Benedicti Keffer et Theresia uxoris eius. levante Cunigunde Gregerhagin, Pulferin an der Rainz". – (Am 10. 02.1738 taufte P. Jacobus Blasi e.h. Cunegunde, die eheliche Tochter des Benedict Keffer und seiner Ehefrau Theresia. Patin Cunigunde Gregerhagin, vulgo Pulvrerin in Rainz.)

„*28. Febr. 1740, P. Candidus Türk baptizavit **Gregorium** fil. legtu. Benedicti Köffer et Theresiae uxoris ejus. levante Gregorio Haag. – [Im entsprechenden Index ist aber Susanna als Mutter angegeben.] – (Am 28.02.1740 taufte P. Candidus Türk e.h. Gregor, den ehelichen Sohn des Benedict Köffer und seiner Ehefrau Theresia. Pate Gregor Haag.) – Gregor Köfer starb als Witwer am 17.03.1810 im Alter von 70 Jahren in Fransdorf 9 an Schwäche, wurde versehen und von Nicolaus Flüe e.h. in St. Paul im Lavanttal beerdigt.[436]

Joannes Baptista, 5 Jahre alt, *1741/1742 > „*13. Majus 1742, R. P. Leonardus baptizavit **Joannem** filium lgtu. Benedicti Köffer vulgò Mayr am hoff et Theresia Conjugis ejus. levante gregorio Hagg od Pulferer auf der Rainz". – (Am 13.05.1742 taufte P. Leonardus e.h. Joannes, den ehelichen Sohn des Benedict Köffer, vulgo Meier am Hof, und seiner Ehefrau Theresia. Pate Gregor Hagg, vulgo Pulvrer in Rainz. – (Besitznachfolger beim vulgo Meier am Hof in Legerbuch 21 siehe unten unter „Meier-Vater KÖFFER Johannes, 13.05.1742 – 18.04.1813".)

Theresia, 4 Jahre alt, *1742/1743.

„*23. Octob. 1744: R. p. Ignatius **Theresiam** Legit: Benedicti Keffer am Mayr hoff et Theresia Conjug: ejus. Levante Cunegund: Hagin in Pulfrer pradis". – (Am 23.10.1744 taufte

---

[434] Pfarre St. Paul im Lavanttal: S59_002-1, Geburtsbuch tom. I, 13. Januar 1698 – 25. Februar 1748, Maria, Blatt 135, S. 268, Nr. 10, (letzte Eintragung); Simon, Blatt 139, S. 277, Nr. 5. – Alle Übersetzungen aus dem Lateinischen ins Deutsche von LMR.

[435] Vgl. Pfarre St. Paul im Lavanttal: S59_018-1, Sterbbuch tom. II, Kopie, 8. Januar 1801 – 11. März 1826, Blatt 022, Nr. 4. – Enthaltenes Direktzitat siehe ebenda.

[436] Vgl. Pfarre St. Paul im Lavanttal: S59_018-1, Sterbbuch tom. II, Kopie, 8. Januar 1801 – 11. März 1826, Blatt 927, Nr. 9.

P. Ignatius e.h. Theresia, die eheliche Tochter des Benedict Keffer, vulgo Meier am Hof, und seiner Ehefrau Theresia. Patin Cunegunde Hagin, von den vulgo Pulvrer Wiesen.)

„*24. Aprilis 1747, R. P. Henricus Baptizavit **Annam**, filia legit. Benedicti Köffer, alias Mayer hoff dicti, et [conjugis] eius Maria Theresia, levante Maria Haggin, Pulfrerin aus Reintz.“[437] – (Am 24.04.1747 taufte P. Henricus e.h. Anna, die eheliche Tochter des Benedict Köffer, vulgo Meier am Hof, und seiner Ehefrau Maria Theresia. Patin Maria Haggin, vulgo Pulvrerin aus Rainz.)

Chunegundis.[438]

„*13. October 1749, R. P. Petrus Sablatnigg baptizavit **Josephum** filium legitimum Köffer Benedicti et Theresiae conjugis ejus et 3ciam horam ante meridiam natus. levante Gregorio haag.“[439] – (Am 13.10.1749 taufte P. Petrus Sablatnigg e.h. Joseph, den ehelichen Sohn des Benedict Köffer und seiner Ehefrau Theresia, der um 3 Uhr vor Mittag geboren wurde. Pate Gregor Haag.)

Benedict Köffer, vlg. Meier am Hof, und seine Ehefrau Theresia hatten also folgende eheliche Kinder: Georgius, (17.04.1728-18.06.1796, Schmied daselbst); Gregor, (*1729/1730); Maria, (*16.03.1730); Georg, (*1730/1731); Simon, (*21.10.1731); Maria, (*1732/1733); Anna, (*09.07.1733); Mathaeus, (16.09.1735-25.11.1808); Cunegunde, (*10.02.1738); Gregorius, (28.02.1740-17.04.1810); Johannes Baptista, (*13.05.1742-18.04.1813); Theresia, (*1742/1743); Theresia, (*23.10.1744); Anna, (*24.04.1747); Chunegunde; Josephus, (*13.10.1749).[440]

Theresia Köfferin starb am 03.04.1776 im Alter von 68 Jahren in Legerbuch 20 und wurde von P. Leopold Hoffer versehen und von P. Aegidius Moser e.h. in St. Paul im Lavanttal beerdigt.[441] – (Nach ihrem Alter an ihrem Todestag zu schließen, wurde sie 1707 oder 1708 geboren.)[442] – (Die weiteren Lebensdaten der Theresia Köfferin konnten nicht ermittelt werden. – Es bleiben auch alle genauen Lebensdaten des Benedict Köffer, vulgo Mayr am Hof, unbekannt.)

Zum **Sozialgefüge am Gutsbesitz Meier am Hof** wurden oben bereits der Schmied Georg Keffer, (*17.04.1728), seine Ehefrau Maria und die Taufe ihrer zahlreichen Kinder sowie die Beerdigung von einigen ihrer Kinder vorgestellt. Des Weiteren wurden vom vulgo Meier am Hof in St. Paul im Lavanttal beerdigt:

†28.03.1761, „**Simon Kefferl**“, im Alter von 71 Jahren, [Knecht], versehen und beerdigt von P. Ignatius Zolner e.h., Prior.[443] – (Demnach 1689 oder 1690 geboren. – Im Personenstandsregister 1747 unter den Knechten schon angeführt. Damals hatte er noch keinen Famili-

---

437 Pfarre St. Paul im Lavanttal: S59_001-1, Geburtsbuch tom. I, 13. Januar 1698 – 25. Februar 1748, Anna, Blatt 144, S. 286, Nr. 11, (vorletzte Eintragung); Matthaeus, Blatt 149, S. 297, Nr. 1; Cunegunde, Blatt 157, S. 323, Nr. 3; Gregorius, Blatt 162, S. 322, Nr. 8; Joannes, Blatt 167, S. 333, Nr. 8; Theresia, Blatt 171, S. 347, Nr. 11; Anna, Blatt 176, S. 351, Nr. 7. – Vorhergehende Aussagen vgl. ebenda.

438 Vgl. Personenstandsverzeichnis Pfarre St. Paul im Lavanttal, S59_001-1, im Geburtsbuch tom. I, 13. Januar 1698 – 25. Februar 1748, Blatt 245, rechte Seite, unten, LegerBuech, vulgo Mayr am Hoff, 1747 Benedict Köffer und Familie. – Trifft für Gregor, Georgius, Maria, Theresia und Chunegundis zu, die hier ohne genaues Taufdatum aufgelistet sind und daher der Geschwisterlinie nicht einwandfrei zugeordnet wurden.

439 Pfarre St. Paul im Lavanttal: S59_002-1, Geburtsbuch tom. II, Kopie, 12. März 1748 – 22. Dezember 1770, Blatt 006, S. 11, Nr. 4.

440 Einigen Kindern konnte kein genaues Tauf- bzw. Geburtsdatum zugeordnet werden. Vgl. dazu [439].

441 Vgl. Pfarre St. Paul im Lavanttal: S59_017-1, Sterbbuch tom. I, Kopie, 2. Oktober 1770 – 30. Dezember 1800, Blatt 023, fol. 44, Nr. 9.

442 Die Suche nach Daten wird erschwert, da in der Pfarre St. Paul im Lavanttal das Geburtsbuch mit 1698, das Trauungsbuch erst mit 1784 und das Sterbbuch mit 1749 beginnen. – Der alph. Index zum Geburtsbuch II liegt ab 01.01.1748 vor, jener zum Trauungsbuch I ab 01.01.1784 und jener zum Sterbbuch II ab 01.01.1801.

443 Vgl. Pfarre St. Paul im Lavanttal: S59_017-1, Sterbbuch tom. I, Kopie, 2. Oktober 1770 – 30. Dezember 1800, Blatt 084, S. 151, fol. 22, Nr. 2. – Enthaltenes Direktzitat siehe ebenda.

ennamen, wurde aber „Kefferl" genannt, weil er zu Lebzeiten einem **Herrn Keffer** diente.

†29.08.1757, P. Marianus e.h. beerdigte **Mathias N.**, Knecht beim Meier am Hof, der im Alter von 60 Jahren beim vulgo Thoni in Frannstorff verstorben ist.[444] – (Demnach 1696 oder 1697 geboren. – Er wurde im Personenstandsregister 1747 als Einwohner erwähnt.)

†28.01.1757, P. Edmundus e.h. beerdigte die Magd **Barbara** im Alter von 50 Jahren.[445] – (Demnach 1706/1707 geboren. – Sie wurde im Personenstandsregister 1747 noch nicht als Magd erwähnt.)

†02.03.1785, **Valentinus Stockl**, Incola apud [/Einwohner beim] Mayr am Hoff, provisus [/versehen von] P. Antonius Meistern, Sepeliens[/beerdigt von] P. Alphonsus Rahs e.h., C C, Legerbuch 22, Burgfried Rabensteingreuth, 71 Jahre alt.[446] – (Demnach 1713 oder 1714 geboren. – C = katholisch, C = Pfarrgemeinde/Friedhof, wobei aber aus den Pfarr-Unterlagen meistens nicht genau hervorgeht, auf welchem der beiden Friedhöfe in St. Paul im Lavanttal die Verstorbenen beerdigt wurden.)

†25.10.1761, **Alexius**, Knecht im Alter von 45 Jahren, beim vulgo Mayerhoffer, versehen und beerdigt von P. Romanus e.h. – (Demnach 1715 oder 1716 geboren. – Im Personenstandsregister 1747 unter den Knechten angeführt.)

†15.03.1769, beerdigt wurde **Paulus N.** im Alter von 50 Jahren, ein Knecht beim vulgo Mayr am Hoff, versehen. – (Demnach 1719 geboren. – Er wurde im Personenstandsregister 1747 noch nicht als Knecht erwähnt.)

†04.04.1758, eine hungernde **Bettlerin** im Alter von 30 Jahren in der Meier am Hof Keusche.[447] – (Demnach wurde sie 1728 geboren. – Sie wurde im Personenstandsregister mangels eines Namens nicht erwähnt.)

†18.11.1791, **Alexius Pistotnig**, Müllknecht beim Mayr am Hof, Legerbuch 21, Burgfried Rabensteingreuth, katholisch, männlich, 23 Jahre alt, von dem Mühlrad zerdrückt worden, P. Magnus Peyerl e.h.[448] – (Demnach 1767 oder 1768 geboren.)

†09.11.1860, **Magdalena Käfer**, Inwohnerin beim Mayer am Hof in Legerbuch 21, katholisch, weiblich, 75 Jahre alt, Wassersucht, beerdigt am 11.11. in St. Paul im Lavanttal.[449] – (Demnach 1784 oder 1785 geboren.)

†26.09.1798, **Joseph Köfer**, Mayrhof Schmid Kind, Legerbuch 19, St. Paul, katholisch, männlich, 4 Jahre alt, an Geschwulst.[450] – (Demnach 1794 geboren.)[451]

†27.12.1868, **Maria Köfer**, ledig, katholisch, weiblich, 66 Jahre alt, in der Marnhof Badstube in Legerbuch 24 an Wassersucht. Sie wurde versehen und am 29.12. in St. Paul im Lavanttal beerdigt.[452] – (Demnach 1801 geboren.)

---

[444] Vgl. Pfarre St. Paul im Lavanttal: S59_002-2, Sterbbuch tom. Ia, Kopie, 1. Januar 1749 – 27. August 1770, Blatt 079, S. 140, pagina 11, Nr. 11. – Dieses Sterbbuch beginnt mit Blatt 066, deshalb gibt es eine zusätzliche Kennzeichnung durch „pagina"/Blatt, die nicht mit der PC-Version übereinstimmen kann.

[445] Vgl. Pfarre St. Paul im Lavanttal: S59_002-2, Sterbbuch tom. Ia, Kopie, 1. Januar 1749 – 27. August 1770, Blatt 077, S. 137, Nr. 15 (gesamt), Nr. 9 (1757), (vorletzte Eintragung).

[446] Vgl. Pfarre St. Paul im Lavanttal: S59_017-1, Sterbbuch tom. I, Kopie, 2. Oktober 1770 – 30. Dezember 1800, Blatt 045, fol. 88, Nr. 1. – Alle Übersetzungen aus dem Lateinischen ins Deutsche von LMR.

[447] Vgl. Pfarre St. Paul im Lavanttal: S59_002-2, Sterbbuch tom. Ia, Kopie, 1. Januar 1749 – 27. August 1770, Alexius, Blatt 085, S. 152, fol. 23, Nr. 2; Paulus N., Blatt 096, S. 174, fol. 45, Nr. 11; Bettlerin, Blatt 080, S. 142, pagina 13, Nr. 25.

[448] Vgl. Pfarre St. Paul im Lavanttal: S59_017-1, Sterbbuch tom. I, Kopie, 2. Oktober 1770 – 30. Dezember 1800, Blatt 066, fol. 130, Nr. 8.

[449] Vgl. Pfarre St. Paul im Lavanttal: S59_019-1, Sterbbuch tom. III, Kopie, 16. Januar 1826 – 31. Dezember 1869, Blatt 087, Nr. 9.

[450] Vgl. Pfarre St. Paul im Lavanttal: S59_017-1, Sterbbuch tom. I, Kopie, 2. Oktober 1770 – 30. Dezember 1800, Blatt 086, fol. 151, Nr. 13.

[451] Diese Verstorbenen vom vulgo Meier am Hof wurden nach ihrem (vermuteten) Geburtsjahr gereiht.

In der Pfarre St. Paul im Lavanttal verstarben zwischen 13.10. und 27.11.1800 zehn Kinder an den Pocken, und zwar im Alter von 2, 7, 1 ½, 3, 5, 4, ¾, 3, 4 und 5 Jahren.[453]

Die Angaben zum Sozialgefüge beim vulgo Meier am Hof sind nur auszugsweise angeführt, weil diese Linie nach der Heirat von Maria Käfer mit Johann Hasenbichler am 29.04. 1834 für mich nicht mehr von vorrangigem Interesse ist. – Anzumerken ist noch, dass es ab dem 19. Jahrhundert noch viele andere Käfer Nebenlinien gab, die hier auch nicht erwähnt werden, zum Beispiel in Legerbuch 17 und 19, in Kollnitz 1 und 8, in Kollnitz-Greuth 7, am Johannesberg 10 sowie in St. Paul 9.

Die Bettler und Bettlerinnen wanderten von Hof zu Hof und kamen meist in der dortigen Keusche bei voller Verpflegung einige Zeit unter. Die Mägde und Knechte wechselten hauptsächlich zu Mariae Lichtmess, 2. Februar, ihren Dienstplatz.

Beim vulgo Meier am Hof gab es also einen land- und forstwirtschaftlichen Großbetrieb, mehrere Keuschen, eine Badstube, eine Schmiede und eine Mühle. Dafür waren sehr viele Bedienstete notwendig, weil es ja bis zu Beginn des 20. Jahrhunderts weder Strom noch Maschinen gab, sondern es wurden alle notwendigen Arbeiten in mühsamer Handarbeit erledigt.

Meier Vater Johannes Baptista KÖFFER, 13.05.1742 – 18.04.1813

Johannes Baptista Köffer/Keffer/Käfer wurde am 13.05.1742 beim vulgo Mayr am Hof geboren. (Siehe oben „Meier Großvater Benedict KÖFFER, (vor 1727 – nach 1749)".)

Johannes Keffer/Köffer, vulgo Mayr am Hoff, und seine Ehefrau Elisabeth Schbagerin/ Schwagerin hatten folgende eheliche Kinder [Stammbaum siehe S. 167.]:

Gregorius, get. 27.04.1770 von P. Antonius e.h., geb. um cirka 6 Uhr vor Mittag, Pate Pancratius Pum von der Pum Hube.[454] – Gregor Käfer starb am 02.09.1837 als Inwohner in Legerbuch 19, also am beim vulgo Meier am Hof, katholisch, männlich, im Alter von 67 Jahren an Entkräftung und wurde am 04.09. in St. Paul im Lavanttal beerdigt.[455] – Da Gregor Käfer nie heiratete, kam er als Besitznachfolger beim vulgo Meier am Hof auch nicht in Betracht.[456] Und er hinterließ demzufolge auch keine ehelich geborenen Kinder, vor allem männlichen Geschlechts, die die Besitznachfolge hätten antreten können. Nachdem er aber zu Hause als Inwohner verstarb, ist anzunehmen, dass er seinem Schwager Petrus Fellner, dem Ehemann seiner Schwester Clara, beim Wirtschaften half, solange seine Kräfte dafür ausreichten. (Siehe unten Clara, get. 25.02.1794, seine Halbschwester.)

Gertrudis, get. 15.03.1772 von P. Oddo Mory e.h., geboren in Legerbuch 21, Burgfried Rabenstein, Patin Margaretha Pumin, Tochter des Georgius Julnigg und der Margaritha Schwarzlin in Greuth, Pfarre St. Erhard. – Gertrud Kefferin starb am 23.03.1772 in Legerbuch 21, Burgfried Rabenstein. „Margaritha Kefferin filia Joannis Keffer ex Parochia S. Erhardi in Communione S. Matris Ecclesio animam Deo reddidit cujus corpus 25. Martij. Sepultum est in Ecclesia Parochiali S. Erhardi à R. P. Oddone Hirsch [m.pr.]. Infans 8 dierum." – (Margaritha Kefferin, Tochter des Johannes Keffer aus der Pfarre St. Erhard, übergab ihre

452 Vgl. Pfarre St. Paul im Lavanttal: S59_019-1, Sterbbuch tom. III, Kopie, 16. Januar 1826 – 31. Dezember 1869, Blatt 117, Nr. 11, (vorletzte Eintragung).

453 Vgl. Pfarre St. Paul im Lavanttal: S59_017-1, Sterbbuch tom. I, Kopie, 2. Oktober 1770 – 30. Dezember 1800, Blatt 091, fol. 156, Nr. 16-20, Nr. 22, Nr. 25, Nr. 27, Nr. 29+30.

454 Vgl. Pfarre St. Paul im Lavanttal: S59_003-1, Geburtsbuch tom. III, Kopie, 9. Februar 1770 – 7. Juli 1794, Blatt 001, Nr. 12, (vorletzte Eintragung).

455 Vgl. Pfarre St. Paul im Lavanttal: S59_019-1, Sterbbuch tom. III, Kopie, 16. Januar 1826 – 31. Dezember 1869, Blatt 023, Nr. 13.

456 Vgl. Pfarre St. Paul im Lavanttal: S59_012-1, Alph. Index zum Trauungsbuch tom. I, Kopie, 1. Januar 1784 – 31. Dezember 1827, Buchstabe K. – Vgl. auch S59_022-2, Alph. Index zum Trauungsbuch tom. II, Kopie, 1. Januar 1826 – 31. Dezember 1794, Buchstabe K.

Seele Gott in der Gemeinschaft der Hl. Mutter Kirche, deren Leichnam in der Kirche der Pfarre St. Erhard von P. Oddone Hirsch e.h. beigesetzt wurde, 8 Tage alt [/ als Baby im Alter von 8 Tagen]. – Der Pater verwechselte offensichtlich die Vornamen der Taufpatin und des verstorbenen Mädchens. – Hier ist klar ersichtlich, dass Gertrud in St. Erhard bestattet wurde.)

Benedictus, get. 21.03.1773 von P. Wilhelmus Kunstatt e.h., geboren in Legerbuch 21, Burgfried Rabenstein, ehelicher Sohn des Benedictus Keffer, vulgo „Mayr in Hoff", und seiner Ehefrau Elisabeth Schwagerin, Pfarre St. Erhard; Pate Gregorius Pum aus Legerbhuch, Sohn des Gregorius Pum aus der Pfarre S. Erhard. – (Hier erwähnte der Pater den Namen des Kindesvaters zweimal hintereinander.) – Benedictus Keffer starb am 23.07.1776 im Alter von 3 Jahren, 4 Monaten und 2 Tagen in Legerbuch 21, Burgfried Rabenstein, und wurde von P. Wilhelmus e.h. beerdigt.

Anna, get. 23.07.1775 von P. Godefridus Hohenburger e.h., geboren in Legerbuch 21, Patin Margaretha Pongrazin von der Pumhube. – Anna Kefferin starb am 09.09.1778 im Alter von 2 Jahren in Legerbuch 21 und wurde von P. Mainrad Kaschubnig e.h. beerdigt. – (Richtig wäre: starb im Alter von 3 Jahren.)

Erhardus, get. 21.01.1778 von P. Wilhelmus e.h., geboren um 2 Uhr am Nachmittag in Legerbuch 21, Pate Gregorius Pongräz, vulgo Pum in Legerbuch. – Erhardus Keffer starb am 12.08.1778, ½ Jahr alt, in Legerbuch 21, und wurde von P. Alphons Räst e.h. beerdigt.

Josephus, get. 21.07.1779 von P. Romanus e.h., geboren um cirka 11 Uhr in Legerbuch 21, Pate Gregorius Pongräz, vulgo Pum. – Joseph Köffer starb am 24.07.1781 im Alter von 2 ½ Jahren, beim vulgo Meier am Hof in Legerbuch 21, Burgfried Rabensteingreuth, und wurde von P. Magnus Peyerl e.h. beerdigt. – (Richtig wäre: im Alter von 2 Jahren.)

Maria, get. 22.03.1782, P. Rupertus Berner e.h., geboren in Legerbuch 21, Patin Margaritha Pumin aus Legerbuch.

Joseph, get. 28.02.1785, P. Antonius Maistern e.h., geboren 27.02. um cirka 12 Uhr in der Nacht in Legerbuch 21, Pate Gregorius Pumm, Bauer beim vulgo Pum in Legerbuch.[457] – Josephus Keffer starb am 12.03.1785, 11 Tage alt, beim vulgo Meier am Hof in Legerbuch 21, Burgfried Rabenstein[greuth], und wurde von P. Benedictus Pfeffer e.h. beerdigt.[458]

Elisabetha Kefferin, geborene Schbagerin/Schwagerin, Hausherrin beim vulgo Meier am Hof, starb am 22.05.1786 im Alter von 46 Jahren zusammen mit ihren Nachkommen in Legerbuch 21, Burgfried Rabenstein. Elisabeth Kefferin wurde von P. Erhardus Pliemitscher e.h. nach katholischem Ritus versehen und sie wurde samt ihren beiden Kindern von P. Hieronymus e.h., Pastorj[/Priester], am Friedhof in St. Erhard im Markt St. Paul im Lavanttal beerdigt.[459] – Ich nehme an, dass Elisabeth Kefferin, geb. Schwagerin, bei der Geburt ihrer Zwillinge verstorben ist, wobei sie während des Geburtsvorganges gestorben sein kann oder knapp nach der Geburt ihrer beiden totgeborenen Kinder, weshalb diese keine Vornamen erhielten und auch nicht notgetauft wurden. – Nach den Angaben im Sterbbuch zu schließen, wurde Elisabeth Kefferin, geb. Schbagerin/Schwagerin, 1739 oder 1740 geboren. Ihr genaues Geburtsdatum wurde nicht gefunden.

---

[457] Vgl. Pfarre St. Paul im Lavanttal: S59_003-1, Geburtsbuch tom. III, Kopie, 9. Februar 1770 – 7. Juli 1794, Gertrudis, Blatt 006, S. 10, Nr. 4; Benedictus, Blatt 009, S. 17, Nr. 2; Anna, Blatt 018, S. 35, Nr. 7; Erhardus, Blatt 023, S. 44, Nr. 5; Josephus, Blatt 026, S. 50, Nr. 4; Maria, Blatt 031, S. 61, Nr. 10, (letzte Eintragung); Joseph, Blatt 037, S. 73, Nr. 4.

[458] Vgl. Pfarre St. Paul im Lavanttal: S59_017-1, Sterbbuch tom. I, Kopie, 2. Oktober 1770 – 30. Dezember 1800, Gertrudis, Blatt 005, fol. 9, Nr. 2; Benedictus, Blatt 024, fol. 46, Nr. 2; Anna, Blatt 028, fol. 55, Nr. 5; Erhardus, Blatt 028, fol. 55, Nr. 3; Josephus, Blatt 037, S. 72, Nr. 2; Joseph, Blatt 045, fol. 88, Nr. 3. – Direktzitat bei Gertrudis siehe ebenda.

[459] Vgl. Pfarre St. Paul im Lavanttal: S59_017-1, Sterbbuch tom. I, Kopie, 2. Oktober 1770 – 30. Dezember 1800, Blatt 048, fol. 93, Nr. 8, (letzte Eintragung).

Johannes Baptista Keffer heiratete dann am 04.07.1786 Theresia Pumin. Bräutigam Legerbuch 21, Burgfried Rabenstein, Johannes Baptist Keffer, katholisch, 45 Jahre alt, unverehelicht. Braut Theresia Pumin, katholisch, 20 Jahre alt, unverehelicht. Zeugen: Josephus Stroißnig, Bauer; Josephus Haßenbichler, Bauer; P. Hieronymus e.h., Priester.[460] – (Richtig wäre: Bräutigam, 44 Jahre alt, verwitwet.) – Theresia Pumb, *05.09.1766, get. von P. Anselmus e.h., ehelich geborene Tochter der Eltern Gregorius Pumb und seiner Ehefrau Margaritha; Patin Gertrude Haßslpichlerin in Greuth.[461] – (Pumin = Pum = Pumb.)

Johannes Keffer/Köffer, vlg. Mayr am Hoff, und seine zweite Ehefrau Theresia, geb. Pumin/Pummin oder Pongratzin, hatten folgende eheliche Kinder [Stammbaum siehe S. 167.]:

Gertrudis, get. 06.03.1787, P. Hieronymus e.h., Priester am Josephiberg, geboren um cirka 12 Uhr zu Mittag in Legerbuch 21, Burgfried Rabenstein[462], Patin Theresia Grillitschin.[463] – Gertrudis Kefferin starb am 08.03.1787 im Alter von 12 Stunden als Tochter des Bauern vulgo Meier am Hof in Legerbuch 21, Burgfried Rabenstein, und wurde von P. Ildephonsus Kähsi e.h. in St. Paul im Lavanttal beerdigt.[464] – (Händische Spalteneinteilung: Annus, Dies et Mensis / Sepeliens / Provisus, -a / Mortuus / Religio / Cometerium / Locus / Nu[merus] Dom. / Etas. – Jahr, Tage und Monate / Einsegnender / Versehen/e / Verstorbener / Religion / Friedhof / Ort / Hausnummer / Alter. – Die Pfarre St. Paul im Lavanttal hatte damals einen größeren Friedhof, der zur Stiftskirche gehörte, und einen kleineren, zur Leonhardikirche gehörenden. – Alle Keffer/Köffer Verstorbenen waren katholisch.)

Theresia, get. 27.01.1788 von P. Magnus Peyerl e.h., geboren 26.01. in Legerbuch oder Loschenthal 21, Burgfried Rabenstein, Patin Theresia Grillitschin, alte Krabathin.[465]

†19.03.1791, **Josephus Käfer**, Mayrhof Kind, katholisch, männlich, Legerbuch 21, Burgfried Rabensteingreuth, 10 Stunden alt, an Schwäche, von Johann Pichler e.h. beerdigt. – (Demnach 19.03.1791 geboren. – Joseph und Josepha waren Zwillinge.)

†26.03.1791, **Josepha Köferin**, Mayrhof Kind, katholisch, weiblich, Legerbuch 21, 7 Tage alt, an Schwäche, von P. Korbinian Strutzmann e.h., Pfarrer, beerdigt.[466] – (Demnach 19.03.1791 geboren. – Joseph und Josepha waren Zwillinge.)

Agnes, get. 14.01.1792 von P. Egidius Moser e.h., geboren um 6 Uhr vor Mittag in Legerbuch 21, Burgfried Rabenstein, Patin Theresia Grillitschin, Bäuerin an der Krabathhube.

Clara, get. 25.02.1794 von P. Aegid Mosser e.h., geboren um 5 Uhr in der Nacht in Legerbuch 21, Burgfried Rabenstein, Patin Theresia Grillitschin, Bäuerin auf der Krabathhube. – Klara Köferin, Legerbuch 21, katholisch, 17 Jahre alt, unverehelicht, heiratete am 05.02.1811 Petrus Fellner, katholisch, 22 Jahre alt, unverehelicht. Zeugen: Mathias Thonhauser, Bauer; Philip Meringer, Bauer. Copulator/Getraut von P. Nicolaus Kapferer e.h., Pfarrer.[467] – (Richtig wäre: fast 17 Jahre alt.) – Klara, geborene Käfer, verwitwete Fellner, vulgo Marinhoferin,

[460] Vgl. Pfarre St. Paul im Lavanttal: S59_012-1, Trauungsbuch tom. I, Kopie,10. Februar 1784 – 27. Mai 1827, Blatt 009, Nr. 2, (mittlere Eintragung).

[461] Vgl. Pfarre St. Paul im Lavanttal: S59_002-1, Geburtsbuch tom. II, Kopie, 12. März 1748 – 22 Dezember 1770, Blatt 057, S. 113, Nr. 3.

[462] Diese Angabe bezeichnet immer die Verwaltungsbehörde bzw. das zuständige Herrschaftsgericht.

[463] Vgl. Pfarre St. Paul im Lavanttal: S59_003-1, Geburtsbuch tom. III, Kopie, 9. Februar 1770 – 7. Juli 1794, Blatt 044, S. 86, Nr. 3.

[464] Vgl. Pfarre St. Paul im Lavanttal: S59_017-1, Sterbbuch tom. I, Kopie, 2. Oktober 1770 – 30. Dezember 1800, Blatt 051, fol. 99, Nr. 1.

[465] Vgl. Pfarre St. Paul im Lavanttal: S59_003-1, Geburtsbuch tom. III, Kopie, 9. Februar 1770 – 7. Juli 1794, Theresia, Blatt 044, S. 87, Nr. 3; Agnes, Blatt 054, S. 105, Nr. 8; Clara, Blatt 063, S. 114, Nr. 6.

[466] Vgl. Pfarre St. Paul im Lavanttal: S59_017-1, Sterbbuch tom. I, Kopie, 2. Oktober 1770 – 30. Dezember 1800, Joseph, Blatt 082, fol. 147, Nr. 10; Josepha, Blatt 082, fol. 147, Nr. 14.

[467] Vgl. Pfarre St. Paul im Lavanttal: S59_012-1, Trauungsbuch tom. I, Kopie, 10. Februar 1784 – 27. Mai 1827, Blatt 100, Nr. 3.

katholisch, weiblich, 38 Jahre alt, starb am 13.03.1832 in Legerbuch 19 laut ärztlicher Beschau an Scharlach, wurde versehen und am 14.03. in St. Paul im Lavanttal beerdigt.[468] – (Peter Fellner demnach 1787 oder 1788 geboren. Wann und wo Petrus/Peter Fellner genau geboren wurde, ist nicht bekannt.[469] – Peter Fellner starb am 11.04.1824 in Legerbuch 21 beim vulgo Marinhofer, katholisch, männlich, 36 Jahre alt, an Abzehrung, wurde von P. Peter versehen und von P. Jacob Speiser e.h. in St. Paul im Lavanttal beerdigt.[470]

†03.03.1796, **Mathias Kefer**, Mayrhofs Sohn, Legerbuch 21, Burgfried Rabenstein, katholisch, männlich, 9 Tage alt, an Schwäche, beerdigt von P. Korbinian Strutzmann e.h., Pfarrer. – (Demnach 22./23.02.1796 geboren.) – (Händische Rubrikeneinteilung über beide Seiten: Jahr 1796, Tag, Monat / Ortschaft / H[au]s Nr. / Namen des Verstorbenen / Religion, Kath[olisch], Prot[estantisch] / Geschlecht, Männlich, Weiblich / Alters-Jahre / Krankheit und Todesart / Provisor/Versehender / Sepeliens/Beerdigender/Einsegnender.)

†09.03.1798, **Maria Köferin**, Mar am Hof Kind, Legerbuch 21, Herrschaft St. Paul, katholisch, weiblich, 5 Tage alt, an Schwäche, von Korbinian Strutzmann e.h., Pfarrer, beerdigt.[471] – (Demnach 04.03.1798 geboren.)

†21.10.1799, **Magdalena Köferin**, Mayrhof Tochter, katholisch, weiblich, Legerbuch 21, 3 Wochen alt, an „Fraß"[/Fraisen], von Korbinian Strutzmann e.h., Pfarrer, beerdigt.[472] – (Demnach 30.09.1799 geboren.)

Maria, 30.08.1803 – 01.01.1863, x 29.04.1834 siehe unten „Meier Tochter Käfer Maria".

†22.10.1812, **Joseph Köfer**, Legerbuch 21, 2 Monate alt, an Schwäche, von P. Nicolaus Flüe e.h. beerdigt.[473] – (Demnach Ende August 1812 geboren.

Johann Köfer starb am 18.04.1813 im Alter von 70 Jahren beim vulgo Meier am Hof an Auszehrung, katholisch, männlich, wurde versehen und von P. Marcus Baader e.h. in St. Paul im Lavanttal beerdigt.[474] – Der Sterbetag von Theresia Köfer, geb. Pongratzin, zu Hause beim vulgo Pum/Pumb, wurde nicht gefunden. – Theresias Vater Gregor Pongratz, vulgo Pum, starb am 10.05.1799 in Legerbuch 5, katholisch, männlich, 72 Jahre alt, an Entkräftung, wurde versehen von Egidius Mosser und von Korbinian Strutzmann e.h. in St. Paul im Lavanttal beerdigt.[475]). – (Gregor Pongratz wurde demnach 1726 oder 1727 geboren.)

In dieser Generation verstarben beim vulgo Meier am Hof in Legerbuch 21 drei Söhne des Johannes Baptista Köffer und seiner ersten Ehefrau Elisabeth, geb. Schwagerin, als Babys oder Kleinkinder, nur Gregor, (*27.04.1770), erreichte das Erwachsenenalter, heiratete aber nie. – Von seiner zweiten Ehefrau Theresia, geb. Pongratzin, verstarben alle drei Söhne, sodass es keinen einzigen Sohn als Besitznachfolger gab. – Von Maria, (*22.03.1782), aus der ersten Ehe ist nichts Näheres bekannt. – Von den Mädchen der zweiten Ehefrau heiratete Cla-

---

[468] Vgl. Pfarre St. Paul im Lavanttal: S59_019-1, Sterbbuch III, 16. Januar 1826 – 31. Dezember 1869, Blatt 011, Nr. 22 (gesamt), Nr. 10 (1832).

[469] Im Geburtsbuch tom. III, Kopie, S59_003-1, 9. Februar 1770 – 7. Juli 1794, ist von 1787 bis 1789 keine Taufe eines Petrus Fellner eingetragen, Blatt 041-048.

[470] Vgl. Pfarre St. Paul im Lavanttal: S59_018-1, Sterbbuch tom. II, Kopie, 8. Januar 1801 – 11. März 1826, Blatt 066, Nr. 4.

[471] Vgl. Pfarre St. Paul im Lavanttal: S59_017-1, Sterbbuch tom. I, Kopie, 2. Oktober 1770 – 30. Dezember 1800, Mathias, Blatt 080, fol. 145, Nr. 101; Maria, Blatt 085, fol. 150, Nr. 16.

[472] Vgl. Pfarre St. Paul im Lavanttal: S59_017-1, Sterbbuch tom. I, Kopie, 2. Oktober 1770 – 30. Dezember 1800, Blatt 088, fol. 153, Nr. 7.

[473] Vgl. Pfarre St. Paul im Lavanttal: S59_018-1, Sterbbuch tom. II, Kopie, 8. Januar 1801 – 11. März 1826, Blatt 033, Nr. 5.

[474] Vgl. Pfarre St. Paul im Lavanttal: S59-018-1, Sterbbuch tom. II, Kopie, 8. Januar 1801 – 11. März 1826, Blatt 035, Nr. 7.

[475] Vgl. Pfarre St. Paul im Lavanttal: S59_017-1, Sterbbuch tom. I, Kopie, 2. Oktober 1770 – 30. Dezember 1800, Blatt 087, S. 152, Nr. 22, (vorletzte Eintragung).

ra Kefferin/ Käfer, (*25.02.1794), Petrus Fellner, und Maria, (*30.08.1803), Johann Hasenbichler. – Petrus Fellner wurde also als Schwiegersohn Besitznachfolger beim vulgo Meier am Hof in Legerbuch 21 (samt Nebengebäuden). – Maria Köferin/Käfer wurde die Hausfrau und Bäuerin beim vulgo Gastl in Legerbuch 9.

Damit verschwand der Familienname KÄFER nach 145 Jahren als Verwalter des Gutsbesitzes vulgo Meier am Hof. – Von den insgesamt 21 Kindern des Johannes Baptista KÖFFER, (*13.05.1742), starben sieben Söhne und sechs Töchter als Babys oder Kleinkinder, starben zwei weitere Kinder bereits bei oder vor ihrer Geburt, blieb ein Sohn unverheiratet zu Hause und wurde 67 Jahre alt, ist von 3 Töchtern nichts Näheres bekannt, heirateten zwei Töchter, wovon eine mit ihrem Ehemann den Gutshof vulgo Meier weiter bewirtschaftete. – Die Familie Fellner wird hier nicht weiter beschrieben, weil sie als Nebenlinie für mich nicht bedeutend ist, handelt es sich bei deren Kindern doch um mögliche Nichten und Neffen meiner Urgroßmutter Maria Hasenbichler, geborene Käfer.

Somit waren Johannes Baptista KÖFFER, (*13.05.1742), mein Ururgroßvater und Benedict KÖFFER, (geb. vor 1727), mein Urururgroßvater. Clara Fellner, geb. Kefferin, (*25.02. 1794), war demnach eine meiner Urgroßtanten und Gregor Keffer, (*27.04.1770), ihr um 24 Jahre älterer Halbbruder, war einer meiner Halb-Urgroßonkel. – Mein Verwandtschaftsverhältnis zu den anderen Besitzern beziehungsweise Verwaltern beim vulgo Meier am Hof mit dem Familiennamen KÄFER oder einer der Namensvarianten habe ich nicht untersucht oder konnte ich mangels öffentlicher Aufzeichnungen in den St. Pauler Matriken nicht eruieren.

Meier-Tochter Maria Käfer, 30.08.1803 – 01.01.1863

Maria Köflerin/Köferin/Käfer, Legerbuch 21, getauft am 30.08.1803 von Jos. Gletzgau e.h., geboren um 2 Uhr nach Mittag, katholisch, Mädchen, ehelich geboren; Pate Franz Leobnegger, Koch Bauer zu Allersdorf. Vater Johann Käfer, vulgo Marnhof [/Meier am Hof], Mutter Theresia Pongratzin.[476] – Maria Käfer heiratete am 29.04.1834 Johann Hasenbichler. – Sie starb am 01.01.1863. – (Siehe dazu oben „Urgroßvater Johann HASENBICHLER, 26.05. 1809 – 03.02.1885".)

Mehr beziehungsweise noch genauere Daten wurden zur Chronik der Familie Käfer, vulgo Meier am Hof in Legerbuch 21, (einschließlich zahlreichen Nebengebäuden), nicht gefunden. (Siehe unten Geschichten zu Hasenbichler und Käfer.)

Der Familienname Käfer

Der Familienname Käfer/Keffer/Köffer leitet sich von der entsprechenden Tierbezeichnung ab, und zwar von althochdeutsch „chevar" und mittelhochdeutsch „kefer" für neuhochdeutsch „Käfer". – (Siehe unten unter „Feinig ...").

In den zitierten Matriken vorkommende Varianten des Familiennamens Käfer sind: Keffel, Käfferin, Kefer/Keferin, Keffer/Kefferin, Kefferl, Köfer/Köferin, Köffel, Köffer/Köfferin, Köfferl, Köffl, Köffler, Köfler, Köfflin, Köflerin und Köfrein. – International üblich sind auch die Varanten: Kaefer, Keever, Kefer, Keffer und Kever.

Rudolf Kaefer (1876-1923) war deutscher Theologe, Pädagoge und Politiker (DVP). – Johann Georg Benedikt Kefer (1744-1833) war deutscher Kirchenhistoriker. – Trijntje Keever (1616-1633), genannt „Das große Mädchen", maß als Niederländerin zu ihrem Todeszeitpunkt 2,55 m. – Franz Xaver Kefer (1763-1802) war Gründer der Feiertagsschule in München, die als Vorbild aller späteren Berufsschulen gilt. – Hein Kever (1854-1922) war nie-

[476] Vgl. Pfarre St. Paul im Lavanttal: S 59_004-1, Geburtsbuch tom. IV, Kopie, 21. Juli 1794 – 26. Dezember 1825, Blatt 041, Nr. 4.

derländischer Landschaftsmaler. – Den Familiennamen Käfer in zahlreichen Ausformungen trugen und tragen viele deutsche und österreichische Schriftsteller, Dichter, Musiker, Sportler und Unternehmer, die ich hier nicht alle aufzähle. (Vgl. https://de.wikipedia.org/wiki/, Zugriff 29.08.2023, 11:25 Uhr.)

Der Kärntner Slowene Florjan Lipuš erwähnt in seinem historischen Roman „Verdächtiger Umgang mit dem Chaos“ die Keffer-Ebene, auf der in Bad Eisenkappel seinerzeit die Scheiterhaufen brannten. (Vgl. Florjan Lipuš: Verdächtiger Umgang mit dem Chaos. Übersetzung Johann Strutz. Klagenfurt: Wieser Verlag, 1997, S. 63 f.) – Es gibt auch die historische Flurbezeichnung „der Keffer“ für eine Erhebung im Landkreis Eichsfeld in Deutschland. – Dann gibt es den Ortsnamen „Kefer“ für einen Ortsteil in Klaus an der Pyhrnbahn, Gemeinde Klaus im Bezirk Kirchdorf in Oberösterreich. – Und außerdem gibt es die Markenbezeichnung „VW Käfer“ für ein PKW-Modell von Volkswagen sowie „Käfer“ für den Kleinstwagen vom Klub „Junger Techniker“, den sie 1958 auf einer Messe in Leipzig präsentierten. (Vgl. https://de.wikipedia.org/wiki/, Zugriff 29.08.2023, 13:35 Uhr.)

Die Bedeutung anderer Familiennamen

Aniodt > Arnodt – Arnold (N); Vorname (R)
Baader – der eine Badstube hat (auch mit medizinischer Betreuung: Aderlass, Wundarzt) (F)
Bachner/Pächler – Bach, Bächlein > Bachner/Pächler – der am Bach Wirtschaftende (R)
Berner – ON Bern (R); aus Bern Stammender (R)
Blasi – hl. Blasius (F); Vorname (R)
Bräthueber – mhd. breit –breit, weit ausgedehnt (N); Breithuber/Breitenhuber – eine umfangreiche Landwirtschaft, einen sehr großen Hof Bewirtschaftender (R)
Christen > Kristen – Christian (N); nd. Christ (N)
Collmann – Coloman/Koloman, Vorname (R)
Daniel – Vorname (R)
Deckard > Dekan – im Dienste eines Dechanten stehend (F); Vorgesetzter von zehn Leuten (F); auch Zunftmeister und Jahrmarktaufseher (F)
Dollinger – s. dol – unten, unterhalb, im Tal ansässig (F); Talbewohner (R); mnd. dol – über-, hochmütig (N); Hochmütiger (R)
Egger – dial. Eck – Ecke, Winkel (R); im Winkel wohnend (F)
Ellersdorfer/Ellerstorfer > Eller – Erle + Dorf (F); bei einem Dorf mit Erlen Wohnender (R)
Ertler – der kleine Ortwin, Ortlieb (F); Vornamen (R); mhd. ort – Spitze des Speeres, Schwertes (F)
Fellner/Felner – Feld (F); neben Feldern Wohnender (R); Felder Bewirtschaftender (R)
Freitag/Freytag – Zinstag, Zinstermin, Fronverpflichtung am Freitag (F); Wochentag (R)
Füernberger – vor (F) + Berg (R); vor einem Berg Wohnender (R)
Garm > Gorny, poln. górny – oben, höher gelegen (N); s. zgornji – der Obere (R)
Gästl > Gastl – l. castell – Schloss (R); Gast – Fremder (F) ; l. Castulus > l. castus – keusch (G)
Gatterer – der am Gatter wohnt (F); der an einem Sägegatter arbeitet (F)
Gfrerer/Gfrörer – mhd. vroeren, vrieren – frieren, gefrieren machen (F); altlav. gfriəsn – gefrieren (R); altlav. dafriəsn – erfrieren (R); eiskalter Mensch (R); in einem Frostwinkel, auf der Schattseite Wohnender, wo das halbe Jahr keine Sonne hinscheint (R)
Glantschnig/Gläntschnig – s. klanec – der steile Hohlweg (F); der an einem steilen Hohlweg Wohnende (R)
Gletzgau > ON Klettgau, Landkreis Waldhut, S-Bayern (W); > ON Klettgau in den Kantonen Aargau, Schaffhausen und Zürich, Schweiz (W)
Gregerhag – Gregor, Vorname + Hag, FN (R); > Hag, mhd. hac – eingezäunte Flur, Wiese, Dorn[en]gebüsch (F)
Grillitsch/Grilliz > Grill, Grille (F); dürrer, hagerer Mensch (F); besitzweichender Sohn vom Grill (R)
Gutenberg > de Gug – an einem besonders guten, ertragreichen Ort Lebender (R); ON + Schloss Gutenberg, Steiermark (W)
Haag/Hagg/Kag/Hag/haag > Hag, mhd. hac – eingezäunte Flur, Wiese, Dorn[en]gebüsch (F)
Hasenbichler/Haßenbichler/Haßslpichler – altlav. hasn – glatt, eben + altlav. Bichl – Hügel, Bühel

(R); auf einem ebenen Hügel Wirtschaftender (R)

Hasl/Häsl – dial. Håßl (R) – Haselstaude (F); bei den Haselstauden Wirtschaftender (R)

Hirsch – heimisches Wild, Rotwild (R)

Hoffer – Hofbesitzer (F)

Hoffpaier/Hoffpeier/Hoffpäur – Hof + Bauer (R); einen größeren Hof Bewirtschaftender (R)

Hohenburger – in einer hoch oder höher gelegenen Burg Wohnender

Hollauff – Holler (R); bei Hollersträuchern Wohnender (R)

Hollrieder – Holunder + Ried (R); Flur mit Holundersträuchern (R); bei Holundersträuchern Wirtschaftender (R); > Rieder, mhd. Schilfrohr, Sumpf-, Riedgras (N); bei Holundersträuchern und Schilfrohr Wohnender (R); der Holunderäste und Schilfrohr erntet und verwertet (R)

Jordan – hl. Fluss (F); der Name kam mit den Kreuzzügen auf (mit dem Jordanwasser getauft) (F)

Julnigg > Just, Justus, Justinus, Jodocus (N); Vornamen (R)

Kähsi > Kahl(e), mhd. kal – kahlköpfig (N); der Kahlköpfige (R)

Kapfer – Kapaunzüchter (R); aus Kapfenberg Stammender (R); Hersteller von Kappen, Bekleidung mit Kapuzen (R); Karpfenhändler (R); ON Kapf (W); aus Kapf Stammender (R)

Kapferer – Kapaunzüchter (R); aus Kapfenberg Stammender (R); Hersteller von Kappen, Bekleidung mit Kapuzen (R); Karpfenhändler (R); ON Kapf (W); aus Kapf Stammender (R)

Kaschubnig > Kaschut(t)nig(g), s. košuta – Hirschkuh (F); > Koschuta, ON, Gebirgsstock in den Karawanken, südlich von Klagenfurt, Kärnten, Österreich (R)

Knapitsch > Knapp – Knappe, Grubenarbeiter, Bergmann (F); besitzweichender Sohn vom Knapp (R)

Knieperger > Knie + Berg, Flurnamen (R); > Knie – mit auffallendem Knie, Arm, Hals (F)

Köller > Köhler, Kohlenbrenner (F); Hersteller von Holzkohle (R)

Kopitsch > Kopp – Jakob (F); Sohn vom Jakob (R)

Kopp – Jakob (F)

Kramer – mhd. kramer – Kleinhändler (F); Gemischtwarenhändler (R

Kräßte – s. kres – Sonnwendfeuer, Scheiterhaufen (F); Kresnik – Bauer, mit der Verpflichtung, bei Herannahen des Feindes an einer bestimmten Stelle Warnfeuer zu entzünden (F); s. kresnik – Dämon der Sonnenwende, Sonnengott, Phöbus (F)

Kunstatt > Kossatz, nso. kósac – Kossät, Inhaber eines kleinen Gehöfts, Kleinbauer (N)

Loibnegger/Leobnegger – aus Loibegg Stammender (F)

Lichtenegger – ON Lichtenegg (F); aus Lichtenegg Stammender (R)

Locher > Lochner > Lochmann, mhd. Loch – Gefängnis (N); Versteck, Höhle, Loch, Öffnung (N); verborgener Wohnungs- oder Aufenthaltsort (N); ON Loch, Lochau (N); aus Loch, Lochau Stammender (R); mhd. lō(ch) – Gebüsch; Wald, Gehölz (N); Waldbauer (R)

Loibner > Loibegger, aus Loibegg Stammender (F)

Luschnegg > Luschnig, s. luža – Pfütze (F); s. luža – Lache (R)

Maier/Mayr/Mär – l. major domus – Verwalter, Meierei (F); Marhof, Herrschaftshof (R)

Maistern/Meistern > Meister > Meisterl, l. magister – Lehrer (F); früher ausschließlich Apotheker (F)

Meringer – Mär Erzählender (R); > marig, bekannt, offenbar werden (Ü); > lautmarig sagt man von einer durch längere Zeit geheim gehaltenen und nun unter viele Leute verbreiteten Sache (Ü); Klatsch, Tratschmaul (R); ON Mähren, Slowakei (R); aus Mähren Stammender (R)

Morokutti – friul. rom. (F); Mohr, Maure (F) + wahrscheinlich Mönch (R); Kütt(e)ner, Kuttner – mhd. kuttener – Kuttenträger, Mönch, auch für den Hersteller dieses Kleidungsstückes (N)

Mory > Mor/Mooren – Mohr, Maure (F)

Moser/Mosser – Moos (R); der am Moos Lebende, Wirtschaftende (R)

Mraulak – s. mravlja – Ameise (F); > Ameisbichler – mhd. ameiza, emazzig – emsig, eifrig, fleißig (F); fleißiger Mensch, der auf einem Hügel lebt und wirtschaftet (R)

Muchitsch/Muhitsch – s. muha – Fliege (F); s. muhič – Unkraut (F); Gelände mit Fliegen und Unkraut (R)

N. – Anonymus, manchmal Vermerk des Pfarrers bei Personen ohne Familiennamen (R)

Niederhoffer/inderhoffer – unten im Tal einen Hof Bewirtschaftender (R)

Nunhart > Nünnhart > Neidhard(t) > Neidhart, ahd. nīt-hart – Verlangen, Begierde, Sehnsucht + hart, streng (N); ahd. nīt-hart – Feindschaft, Haß, Bosheit (N); mhd. Nīthart – neidischer, missgünstiger Mensch (N); mhd. Nīthart – Teufel (N)

Pachonegg/Pohoinig – Prochinig – s. prhati – schnauben, prusten (F); schwer schnaufender Mensch

(R); vielleicht Pferdezüchter, -händler (R)
Pächler > Pachler > Bachler > Bacher (F); der am Bach Wirtschaftende (R)
Paltnig > Poletnik – s. poletje – Sommer (F); > Poletnik – Sommer-/Saisonarbeiter, Sommerbäcker (F); mhd. sumer – Sommer – für eine im Sommer geborene Person, für eine im Sommer fällige Zins- oder Arbeitsverpflichtung, möglicher Wohnort auf der Sonnenseite > FN
Peyerl > Payer – Bayer, aus Bayern [Stammender] (F); der alte oder kleine Bayer (R)
Pfeffer – Gewürz (R); Gewürzhändler (F)
Pichler – ahd. buhil – Hügel, Bühel (bucklig, rund) (F); lav. Bichl – Hügel, Bühel (R); der auf einem Hügel Wirtschaftende (R); ein Buckliger (R)
Pistotnig – s. pušča – Ödland, unbebautes Land (F); in der Einöde Wohnender (R)
Plankl > Plank, blank – glänzend weiß (?) (F); mhd. planke – Plankenzaun, Pallisade (F); der alte oder kleine Plank (R)
Pliemitscher – s. plemič – Adeliger, Edelmann (R)
Pongratz/Pongräz – Pankratz, Vorname (R)
Puchbauer/Puechpauer/Buechbäuer – Buch + Bauer (R); Buch – Buchen, Buchenwald (R); Bauer mit Buchenwald (R)
Pum/Pumb/Pumm – dial. pommer/pummer – einfältiger Mensch; kleiner, dicker Junge (N)
Rahs > Ras – Erasmus (F); Vorname (R)
Rainer – Rain, Gebietsgrenze, geneigtes Gelände, Flussrain, Berg (F); > Reiner – Reinhold (F); Vorname (R)
Ramprecht > Ruprecht, s. Rupert, Vorname (R)
Räst > Rass/Raß – Erasmus (F); Vorname (R)
Rieschnig > Oreschnig – s. oreh – Nuss (F); bei den Nussbäumen Wohnender (R); Nüsse Erntender oder Nüsse Verkaufender (R)
Rosbacher/Roßbacher – Ross + Bach (F); ein Pferdehändler, –besitzer an einem Bach (R)
Sablatnigg – s. za blatom – hinter dem Moos, Moor (F); hinter einem Moos Lebender (R)
Schwager > Schwaiger > Schwäger, mhd. sweiger – der Bewirtschafter einer Schwaige, eines Rinderhofes, einer Käserei (F); Ehemann der Schwester oder des Bruders, Verschwägerter (R); Senner (R)
Schulterer > Schult > Schulte > Scholz, schlesisch (F); l. scultatus – einer, der Verpflichtungen zu einer Leistung befiehlt, Gemeindevorsteher, Schulze (F)
Schwandner/Schwandtner > Schwand > Schwende – durch Brand gerodete Waldstelle (F)
Schwarzl > Schwarz, schwarz (R); der alte oder kleine Schwarz (R); schwarz, dunkelfärbig (N); aus Schwarzenbach, Slowenien, oder aus Schwarz(a) Stammender (N)
Sehr > Seher – Säer (F); Sämann (R)
Seyfried/Seifrid/Seyfrid > Seif(f)ert – Siegfried (F); Vorname (R)
Speiser – Speisemeister, Speisenausteiler (Hof- und Klosterbeamter) (F)
Steinwender > s. Pečjak, s. peč – Fels, Stein (F); bei den Felsen Wirtschaftender (R)
Stemate > Sternat, s. strnad – Goldammer (Singvogel) (F); Vogelhändler (F)
Stich – einer, der beruflich Stiche macht (F); Schuster, Schneider (F)
Stierner > Stirn – mit auffallender Stirn (F)
Stockl > Stöckel – einstöckiges, nobles, gemauertes Haus (F)
Strasser – s. straža – Wache, Grenzposten (F); l. strata via – gepflasterter Weg, Heerstraße (F)
Streit/Streitt/Straitt – einer, der immer streitet, zankt (F); dial. Streithansl (R)
Stroißnig/Stroißnegg > Strußnig > Strauß, nd. Struß, mhd. strūʒ(e) – Vogel Strauß (N); mhd. strūʒ – Widerstand, Zwist, Streit, Gefecht für den Streitbaren (N)
Strutzmann > Strutz > Strietzel, Spottname für den Bäcker (F) und Mann (R)
Tangl – altlav. tångl – tengeln, die Sense schärfen (R)
Tierenberger > Füernberger – vor (F) + Berg (R); vor einem Berg Wohnender (R)
Thalhaimb > Thalhammer – Hammerwerk im Tal (F)
Thonhauser – mhd. tan – Wald, Tannenbauer (F)
Toannach – altlav. Tounən – Tannen (R); in der Nähe eines Tanneswaldes Lebender (R)
Truschner – aus Trixen Stammender (F)
Türk/Tirk – einem Türken ähnlich (mit Schnurrbart und Bart) (F); Türken waren in unseren Breiten erst seit dem 16. Jh. bekannt (F)
Waldmann – ahd. waltman – Waldbewohner (N); mhd. waldenære – Waldaufseher (N); ahd. waltan –

walten, herrschen (N); eine verwaltende oder beherrschende Rolle Ausübender (R)
Werner – Werner, Vorname (R); ahd. werinheri – Volksname der Warnen + Heer (N)
Wert > Werth – nd. Wirt (F)
Writz – Fritz, Friedrich (F)
Wruß – Ambrosius (F); Vorname (R)
Wunder – mhd. wunderære, wunderærer – der Wunder oder wunderbare Taten tut (N); der wunderbar lebt (N); der sich wundert (N); mhd. wunder – Verwunderung, Neugier (N)
Zedin/Zedir > Zednik, tsch. Maurer – s. zidar (F); s. zid – Wand (R)
Zolner – Zolleintreiber, Zolleinheber, Mauteinheber (F); Zöllner (R)

Vulgonamen der Käfer Vorfahren

Aßmann > dial. Oßmann, Erasmus, Vorname (N); 10. Jh. Asmon (N); > Aßmann, asä. ās, ōs – Gott (N); nd. Asseman – Achsenmacher, mnd. asse – Achse (N); altlav. Åßmi – Achsenmacher, Wagner (R)
Galler/Haller – Halde (F); aus Hall Stammender (F); an einer Halde Lebender (R)
Gastl/Gästl – l. castell – Schloss (R); Gast – Fremder (F); l. Castulus > l. castus – keusch (G)
Gratze – Pankraz (F); > Pongratz – Pankratz, Vorname (F)
Hansl – Hansl, Hans (R)
Juschgi/Juschgo/Juschg/Jüschl/Jusg/Jusgge > Jueggisch > Yug, jenisseische Sprache im Jenisse-Tal in Sibirien, um 1900 ausgestorben (W)
Klocker/klokher – altlav. klockn – klopfen, anklopfen (R); die Sense dengeln (R)
Koch Bauer – Koch + Bauer – Berufsbezeichnungen
Köfferl – Variante des Familiennamens Käfer (R); Tierbezeichnung (R); ahd. chevar, mhd. kefer – Käfer (F); der alte oder kleine vulgo Käfer (R)
Krabath – Kroate, s. Hrvat (F)
Kräßte – s. kres – Sonnwendfeuer, Scheiterhaufen (F); Kresnik – Bauer, mit der Verpflichtung, bei Herannahen des Feindes an einer bestimmten Stelle Warnfeuer zu entzünden (F); s. kresnik – Dämon der Sonnenwende, Sonnengott, Phöbus (F)
Lackner/Lakner – Lacke – Aue, Moos (R); der am Moos Wirtschaftende (R)
Ladecbehausung – Ladislaus, Vladislaus, Vlado (Vorname) + Behausung/Wohnung(R)
Lindenbauer – Linde, Laubbaum + Bauer, Berufsbezeichnung (R)
Ludj > Ludi > Ludl – Ludwig (F); Vorname (R)
Luobl > Löbl – Löwe, Leupold/Leopold, Vorname (N)
Meier am Hof / Mayer am Hof / Mayr am Hof / Mayr am Hoff / Mayr am hoff / mayr an Hoff / Mar am Hof / Mayr in Hoff / märy in hopf / Mayer hoff / Mayr hof / Mayr Hoff / Mayr hoff / Marinhofer/Marnhof/Mayeramhof/Mayerhoffer/Mayrhof/Mayrhoffer/Meier – l. major domus – Verwalter, Meierei (F); Marhof, Herrschaftshof (R)
Monde – Mund(t) – mhd. munt – Mund (Person) bzw. Vormund, Schutzwalter (N); vermutlich Vorhauser (derjenige, der für ein Mündel, einen Schutzbefohlenen spricht) (R); vielleicht auch von Salomon (R)
Paul-Schneider/Paulschneider – Paul + Schneider, Vorname und Berufsbezeichnung (R)
Pliemitscher – s. plemič – Adeliger, Edelmann (R)
Pongraz > Pongratz – Pankratz, Vorname (R)
Pulfer/Pulfrer/Pulvrer > Pulverer – Schwarzpulver-Hersteller, Berufsbezeichnung (R) – Pulver – Schwarzpulver (R)
Pum/Pumb/Pumm – dial. pommer/pummer – einfältiger Mensch, kleiner, dicker Junge (N)
Rader – Wagner (F); Berufsbezeichnung (R); Rad – Radmacher (R)
Ragger – s. rak – Krebs (F); Krebsfänger (R); ON Ragging, bei Berchtesgaden, Bayern (W); aus Ragging Stammender (R)
Rettl > Reitel – mhd. reitel – Drehstange, kurze dicke Stange, Prügel, Knüttel (N); fnhd. reidel – (Zaun-)Stecken (N); Eisenstange mit Haken zum Spannen von Ketten, Spanner (R)
Schattenhofer – bewirtschaftet einen Hof auf der Schattseite (R)
Schmied – Berufsbezeichnung (R)
Schnedl > Schnee, mhd. snē – Schnee (N); Weißhaariger (N); der alte oder kleine Weißhaarige (R)
Shuexer/Shuexner > Schürer, mnd. schurer – Putzer, Schwertfeger (N); Schmelzer in einer Schmelz-

hütte (N); mhd. schürn – antreiben, reizen (N); entzünden, das Feuer unterhalten, schüren (N); für einen, der Streit entfacht (N); für einen, der bei der Scheune wohnt (N)

Steinbruchveidl – Steinbruch + Veit (R); Veit, der beim Steinbruch wohnt oder dort arbeitet (R)

Suppe – altslaw. župa – Gemeinde (R); s. župan – Bürgermeister (R); s. župnik – Pfarrer (R); altslaw. župan – slawischer Adeliger (F); Dorfvorsteher (R)

Thoni – Toni, Anton (R)

Thorbauer – Tor + Bauer (R), Bauer an einem Weidegatter oder am Stadttor (R)

Tonner > Tanner(t) – ON Thann(e), Tann(e), Tanna (N); mhd. tanne – Tanne (N); nahe einem Tannenwald Wirtschaftender (R)

Zollner – Zolleintreiber, Zolleinheber, Mauteinheber (F); Zöllner (R)

Literaturangaben, Abkürzungen und Anmerkungen:

F = Anton und Tatjana Feinig: Familiennamen in Kärnten und den benachbarten Regionen. Klagenfurt: Hermagoras, 2004/05.

N = Horst Naumann: Das große Buch der Familiennamen. Alter – Herkunft – Bedeutung. Augsburg: Weltbild, 2009.

R = Deutung LMR / Luise Maria Ruhdorfer.

Ü = Anton Überfelders Kärntnerisches Idiotikon. Hrsg. Alfred Goubran. Klagenfurt: Heyn, 2015.

W = Wikipedia, https://de.wikipedia.org/wiki/..., Zugriff 22.11.2023, 05:35 – 05:50 Uhr.

ahd. = althochdeutsch, altlav. = altlavanttalerisch, altslaw. = altslawisch, asä. = altsächsisch, dial. = dialektal, fnhd. = frühneuhochdeutsch, friul. = friulanisch, l. = Latein/lateinisch, lav. = lavanttalerisch, mhd. = mittelhochdeutsch, mnd. = mittelniederdeutsch, nd. = niederdeutsch, nso. = niedersorbisch, poln. = polnisch, rom. = romanisch, s. = slowenisch, tsch. = tschechisch. – ON = Ortsname, FN = Familienname.

Begriffe wie „Bauer, Hof, Hube, Keusche, Keuschler, Badstube" entfallen, ausgenommen bei Bräthueber, Hoffpauer, Ladecbehausung, Lindenbauer, Meier am Hof, Niederhoffer, Puchbauer, Schattenhofer, Thorbauer.

Angaben wie „Wohnende/r, Lebende/r, Wirtschaftende/r, …" werden einfach alternativ angegeben.

Die Form auf -in ist jeweils die weibliche Form, die im 17. und 18. Jahrhundert im Lavanttal durchaus üblich war, u. zw. bei Vulgonamen für die Ehefrau oder Witwe des Besitzers und bei Familiennamen sowohl für die Ehefrau oder Witwe als auch für die Tochter des Besitzers. Diese Formen auf –in wurden hier aber nicht gesondert angeführt.

Orts- und andere geographische Namen

Allersdorf/Allerstorff/Alerstorf, Altach, Altfinkenstein, am Kogl, Andersdorf/Anderstorff/anorstorff, Augsdorf, Bleiburg/Pliberk, buch, Burgstall/burgstall, Eitweg, Ettendorf, Faak am See/Faak, Feistritz, Finkenstein, Finkenstein = Gödersdorf, Fischering, Forst, Fransdorf/Fränstorff/Frannstorff, Gemmersdorf, Goding, Gorintschach, Goritschach (Finkenstein), Granitztal, Gränzbach, Greuth/Gereith/Kreuth/Greith, Gries, Herzogberg, Hundsdorf/Hundsdorff, Johannesberg/Johannisberg, Josephiberg, Kampach, Kanin/Hodnina, Kärnten, Klagenfurt, Klagenfurt-St. Ruprecht, Klagenfurt-Terndorf [Annabichl/Trnja vas], Kollnitz, Kollnitzgreuth/Kollnitz-Greuth, Kopein, Köttelach/Kotle, Latschach an der Drau, Latschach/Loče, Lavamünd, Laze/Vaze, Ledenitzen, Legerbuch/LegerBuech/Legerbhuch, Loschental/Loschenthal/Loschenthall/loschintal, Maria Elend, Maria Gail, Maria Rojach/Rojach, Mätschenbloch, Messensach, Mittergreuth = Altfinkenstein, Močula/Motschula, Möltschach, Neuhaus/Suha, Nüderhoff, Ober Reinz/Oberrainz/OberRainz, Oberaichwald, Oberaigen, Oberdorf, Obergreuth, Ottmanach, Outschena/Ovčena/Ovčina/Outschina, Pichling, Plestätten/Plestetten, Pogöriach, Pölling, Pudlach, Rabenhof, Rabenstein, Rabensteingreut/Rabenstein-Greuth, Raggane, Raggonig/Roggeneg/Raggoneg/Raggonik/Raggenig, Raming, Ratnitz, Rosenbach, S. Jacob, S. Margarethen, Schiefling am See, Schlatten/Žlatne/Svatne/Hodni Svatnje, Schwabegg/Žvabek, Seebach, St. Andrä im Lavanttal, St. Georgen im Lavanttal, St. Jakob an der Straße, St. Jakob im Rosental/Št. Jakob v Rožu, St. Leonhard im Lavanttal, St. Margarethen bei Wolfsberg, St. Martin bei Villach/Villach-St. Martin, St. Martin im Granitztal, St. Paul im Lavanttal, St. Peter bei St. Jakob im Rosental, St. Rupert am Moos, St. Stefan bei Finkenstein, St. Ulrich an der Goding, Stadling, Stein, Tschemernitzen, Unter Reinz/Unterrainz/reinz/Rainz/Reintz, Unteraichwald, Unterbergen, Unterbüchling/Unterpichling, Unteres und Oberes Lavanttal, Untergreuth, Villach, Völkermarkt, Weinberg, Winkel, Winkl/Winkel/Kot/Vare (Rosenbach), Wölfnitz, Wolfsberg, Wunderstätten, Zeil, Zellbach. [Die Ortsnamen wurden in der Schreibweise übernommen, in der sie im Text vorkommen.]

Literatur: Speziell zu den Ortsnamen erschien von Heinz-Dieter Pohl: „Kärnten/Koroška. 1000 Jahre gemeinsames slowenisches und deutsches Namengut. Interreg-Projekt „SMART Tourist – Spread the Karawanks“ anlässlich von 100 Jahre Kärntner Volksabstimmung. Klagenfurt/Celovec: Hermagoras/ Mohorjeva, 2020.“ Im Internet abrufbar. – Prof. Heinz-Dieter Pohl beschäftigt sich auch mit den Vor- und Familiennamen sowie mit den Kärntner deutschen und slowenischen Dialekten.

Zur Hasenbichler und Käfer Verwandtschaft habe ich mehrere zum Teil frei erfundene Geschichten veröffentlicht. Im Sammelband der „IG Autorinnen Autoren Kärnten (Hrsg.): Sternspritzer. Das etwas andere Weihnachtsbuch. Texte von Kärntner Autorinnen und Autoren“ erschien die Geschichte „Der Scherenschleifer Jože“, Klagenfurt: Hermagoras Verlag, 2017, S. 156-173. – In Fortführung dieser Geschichte verfasste ich die Skizze „Marias Familiengeschichte“. Siehe ganz hinten in diesem Buch. – In weiterer Folge schrieb ich die Skizze „In gutem Glauben getauft“, die sich ebenfalls hinten in diesem Buch abgedruckt findet.

*Ich muss hier die Erzählung meines Vaters berichtigen, wonach Johannes Baptista Köffer (*13.05.1742), der Vater von Maria Käfer (*30.08.1803), für seine jüngste Tochter den Hof beim vulgo Gastl in Legerbuch 9 gekauft hat, damit sie ihren geliebten Knecht, den Johann Hasenbichler (*26.05.1809), am 29.04.1834 hat heiraten können. Ich vermute, dass entweder bei der Hochzeit ihrer Schwester Clara (*25.02.1794) mit Petrus Fellner (*1787/ 1788) am 05.02.1811 oder nach Vaters Tod am 18.04.1813 das Erbteil für meine Urgroßmutter Maria Käfer festgelegt wurde, mit dem sie dann, entweder vertreten durch ihren Ehemann oder ihren ältesten Halbbruder Gregor Keffer (*27.04.1770) oder sonst einen männlichen Verwandten die Liegenschaft beim vulgo Gastl in Legerbuch 9 gekauft hat. Ihr Vater konnte das für sie nicht erledigen, weil sie noch keine zehn Jahre alt war, als ihr Vater am 18.04. 1813 verstarb. Vermutlich hat auch meine Urgroßmutter Maria Käfer ihre ältere Schwester Clara und ihren Schwager Petrus Fellner beim Wirtschaften unterstützt, sobald sie dazu in der Lage war, und erst geheiratet, als diese beiden verstorben waren, (Clara †13.03.1832, Petrus †11.04.1824), und die Besitznachfolge beim vulgo Meier am Hof durch Fellner Nachkommen gesichert war.*

Die Landschaft am Keffer mit dem Neuen Haus.
https://de.wikipedia.org/wiki/Keffer#, Zugriff 01.09.2023, 10:00 Uhr.
© Tobias Nordhausen from Sondershausen, Deutschland – Landschaft in Eichsfeld.

Klaus an der Pyhrnbahn, Ortskern, 1903. (Im Hintergrund das Schloss Klaus.)
https://de.wikipedia.org/wiki/klaus_an_der_pyhrnbahn#, Zugriff 01.09.2023, 10:10 Uhr.
© unbekannt – Raimund Ločičnik: Das Steyrtal, Sutton Verlag, 2010, S. 26.

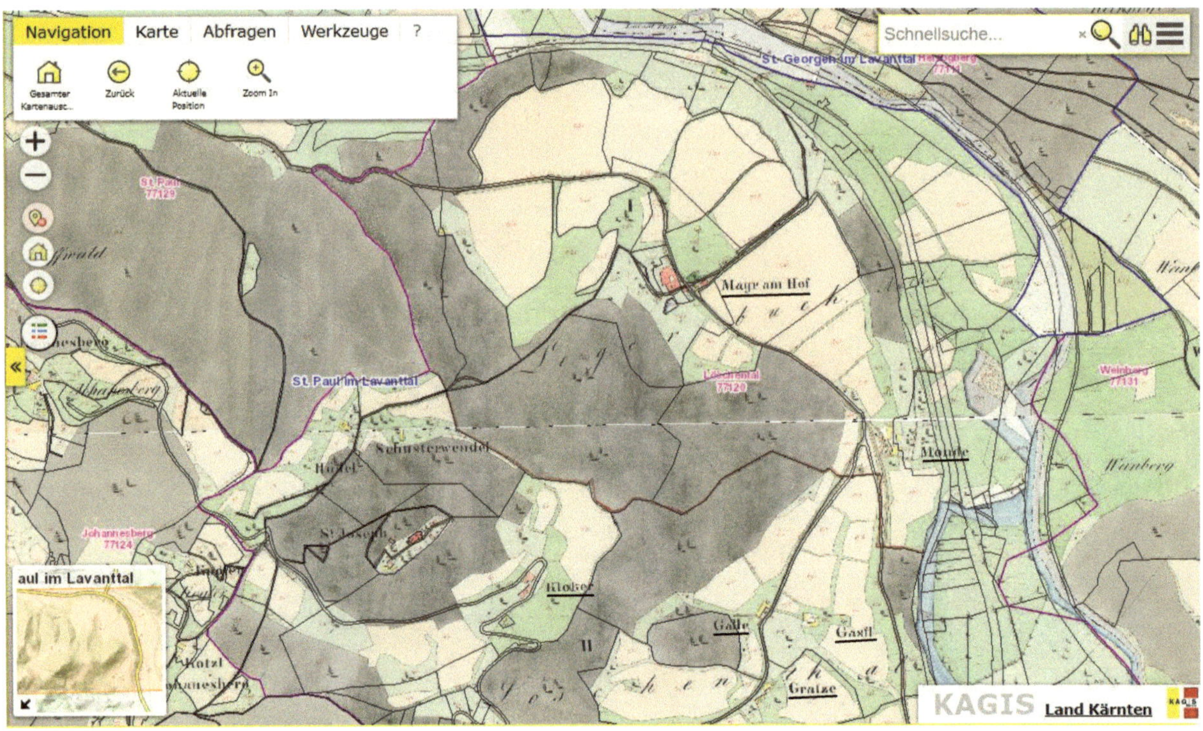

KAGIS Kärnten, Franziszeischer Kataster, KG Loschental.
Legerbuch: Mayr am Hof, Monde, Gastl, Gratze, Galle, Kloker.
https://gis.ktn.gv.at/webgisviewer/atlas-mobile/map/Basiskarten, Zugriff 01.09.2023, 10:25 Uhr.

KAGIS Kärnten, Basismaps, vulgo Meier am Hof, KG Loschental, Gemeinde St. Paul im Lav.
https://gis.ktn.gv.at/webgisviewer/atlas-mobile/map/Basiskarten, Zugriff 01.09.2023, 13:10 Uhr.

TOPF AUS MEIER AM HOF

Fundort: Meier am Hof, Gemeinde St. Paul, BH Wolfsberg; gefunden bei Grabungen 1909. Ältere Urnenfelderkultur

Gebrannter Ton. H. 15,5/Dm Mündung 17,5–19,5/Dm max. 25/Dm Boden 6,5 cm

Stift St. Paul

(v. l. n. r.:) 1.36, 1.42, 1.39, 1.38

FUNDE AUS DEM RÖMISCHEN GUTSHOF BEI ALLERSDORF

Fundort: Allersdorf, Gemeinde St. Georgen unter Stein, BH Wolfsberg, gefunden 1931-1934 bei den Ausgrabungen im römischen Gutshof. 2./3. Jahrhundert n. Chr.

Gebrannter Ton

Stift St. Paul

Schatzhaus Kärnten. Teil I, Katalog zur Landesausstellung St. Paul 1991,
900 Jahre Benediktinerstift, S. 36 und S. 44.

DER MARKT KAPPEL IM JAHRE 1670

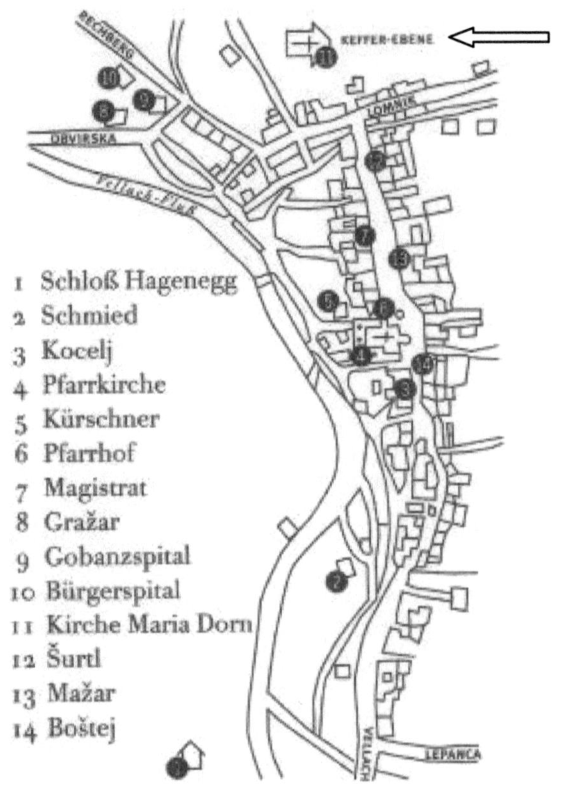

links:
Florjan Lipuš: Verdächtiger Umgang mit dem Chaos. Übersetzung aus dem Slowenischen Johann Strutz. Klagenfurt-Salzburg: Wieser Verlag, 1997, [S. 7].
(Kappel ist jetzt Bad Eisenkappel in Südkärnten in Österreich.)

unten:
Schatzhaus Kärnten. Teil I, Katalog zur Landesausstellung St. Paul 1991, 900 Jahre Benediktinerstift, S. 46. Ausgrabungen am Kreuzacker in St. Paul im Lav., 1932, aus der Römerzeit, 3. Jh. n. Chr.

IDEALREKONSTRUKTION DES TÖPFEROFENS VON ST. PAUL

Maßstab ca. 1:10
Stift St. Paul

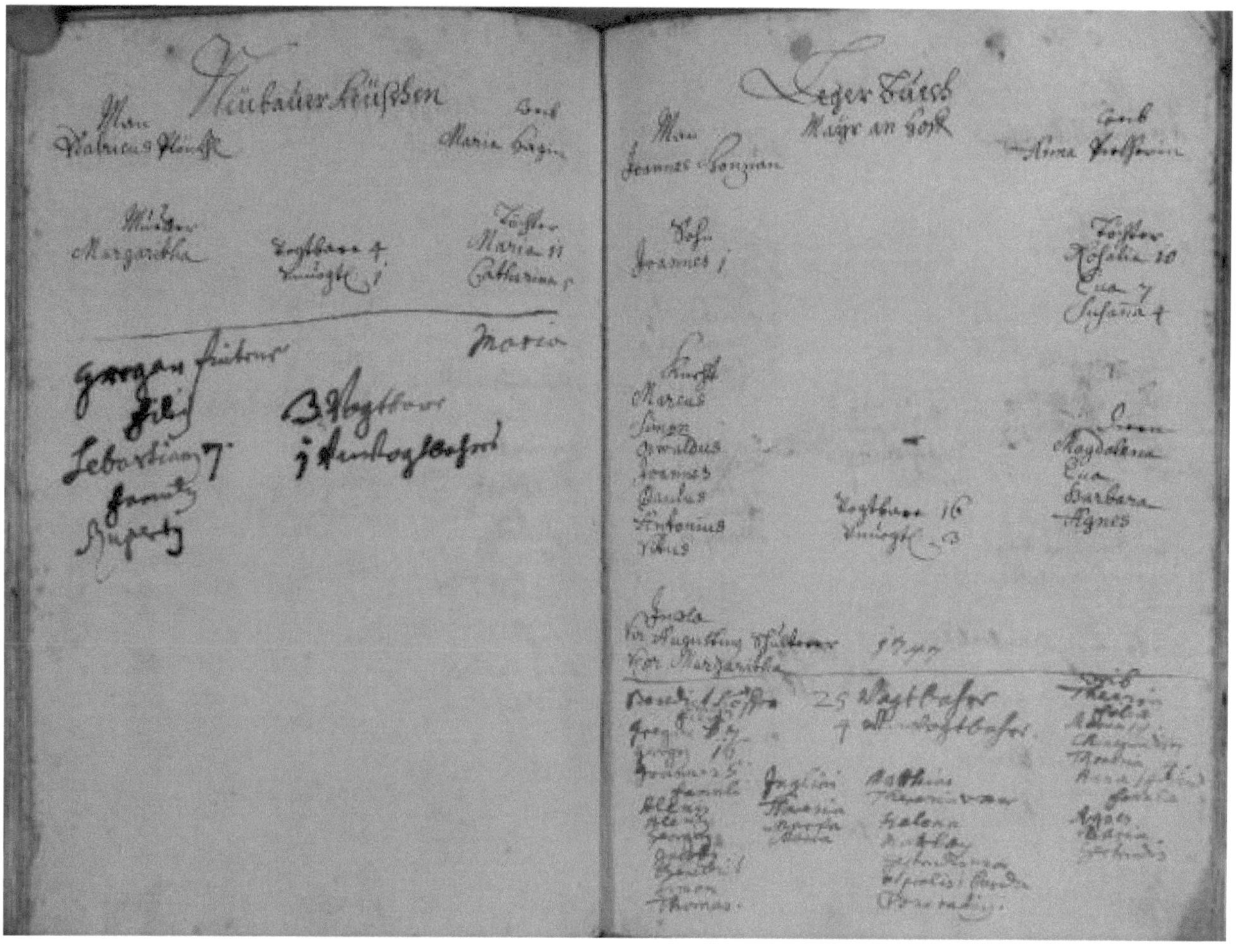

Personenstandsverzeichnis 1747 Pfarre St. Paul im Lavanttal, S59_001-1,
Geburtsbuch tom. I, 13. Januar 1698 – 25. Februar 1748, Blatt 245,
rechte Seite LegerBuech, vulgo Mayr am Hoff,
1699 noch keine Köffer/Käfer > 1747 Benedict Köffer und Familie.

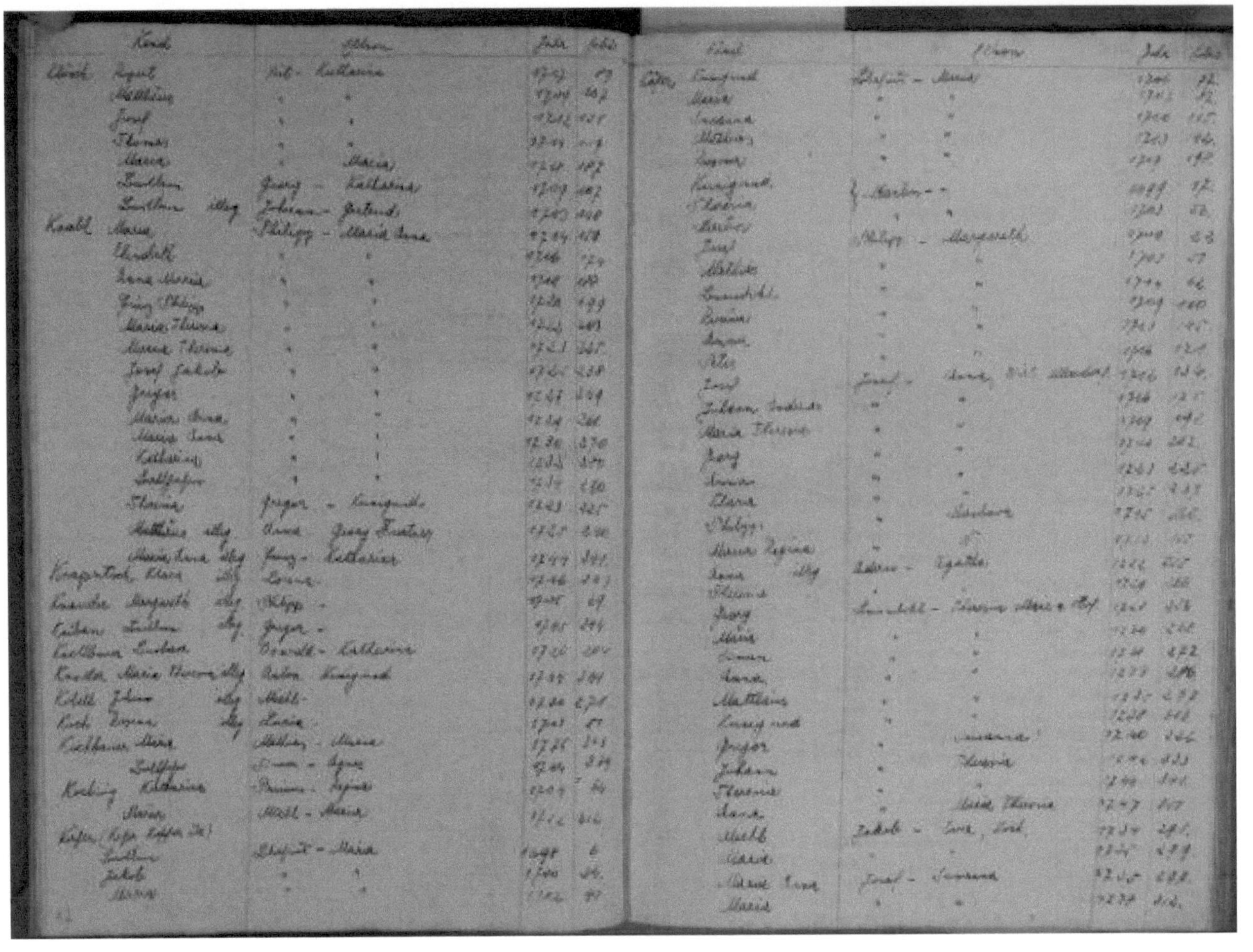

Pfarre St. Paul im Lav., Alph. Index zu den Geburtsbüchern 1698-1748,
Käfer (Kefer, Köffer etc.) Geborene, Auszug, Blatt 012.

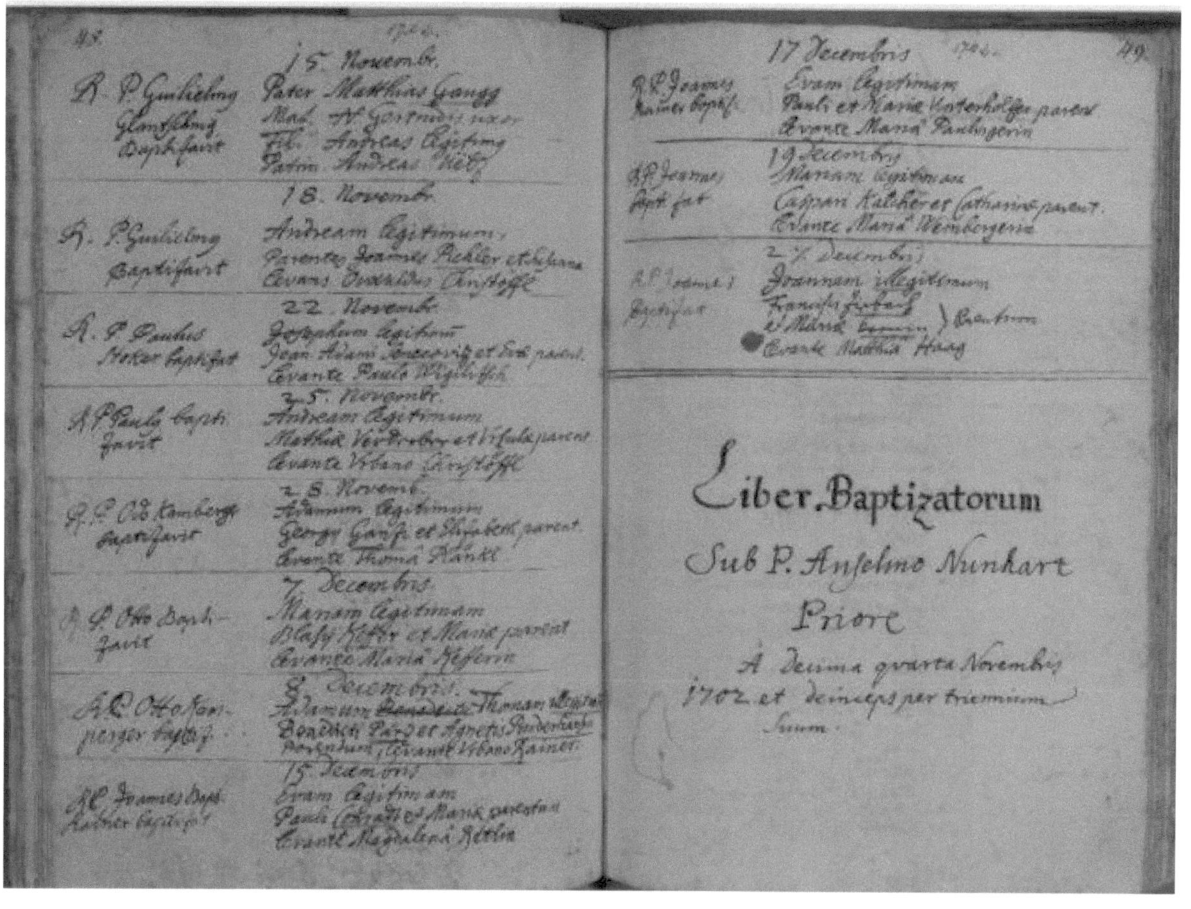

Maria Keffer, *07.12.1702, Pfarre St. Paul im Lav., Taufbuch I, Blatt 025, S. 48, Nr. 6.

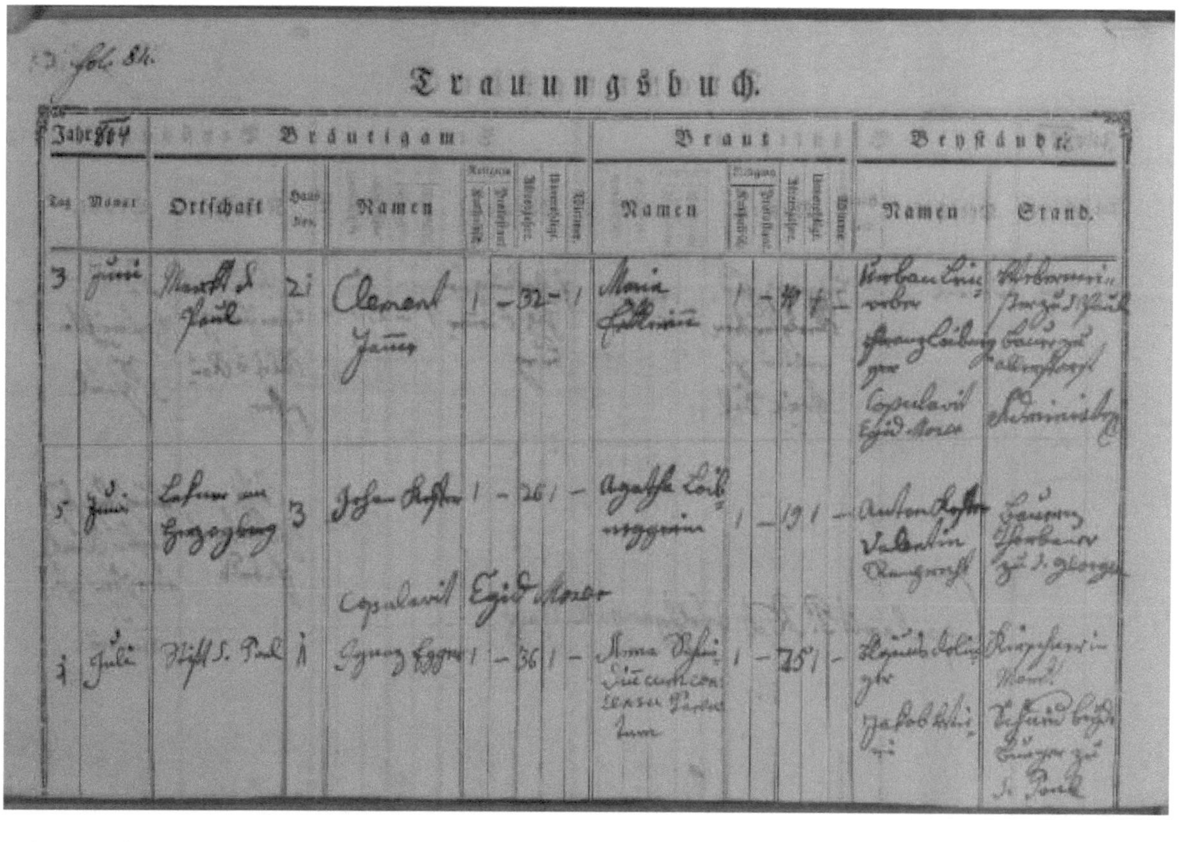

Johann Keffer und Agatha Loibnegger, x 05.06.1804, Pfarre St. Paul im Lav., Trauungsbuch I, Blatt 084, Nr. 2.

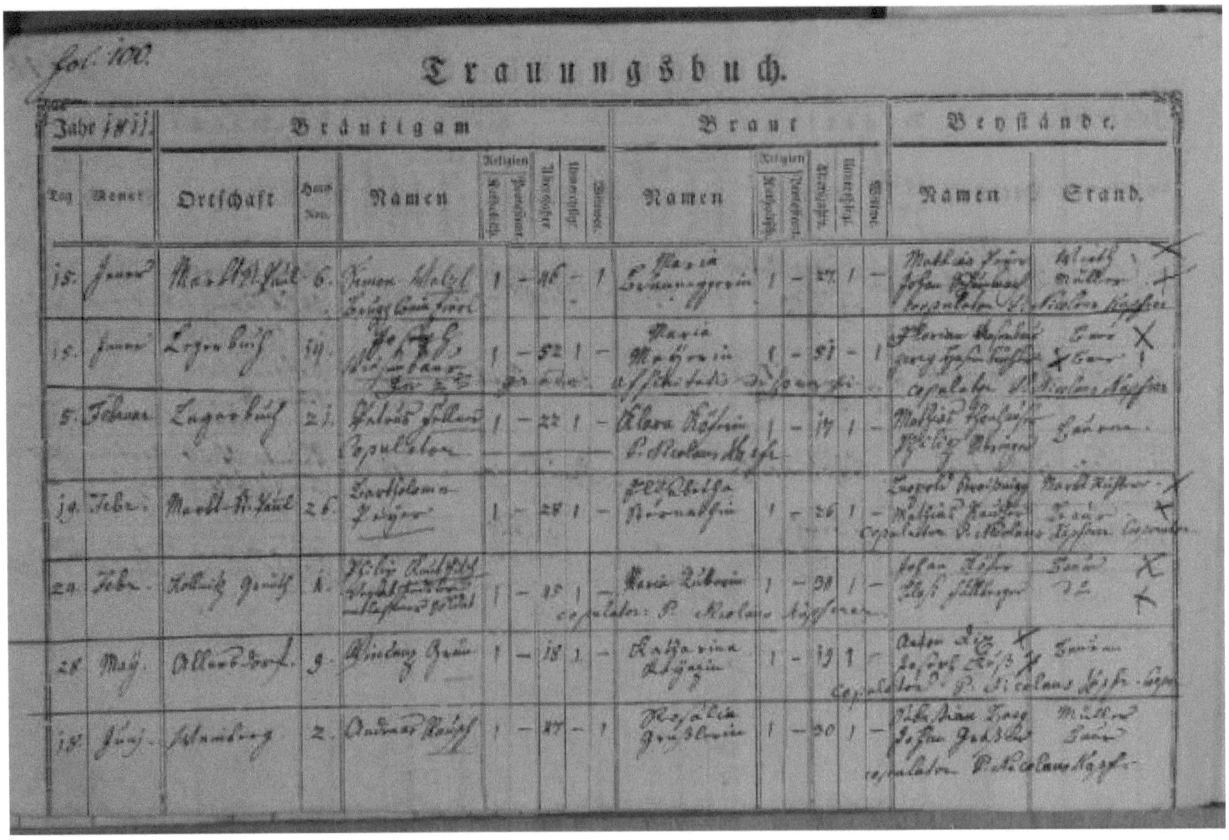

Petrus Fellner und Klara Köferin, x 05.02.1811, Pfarre St. Paul im Lav., Trauungsbuch I, Blatt 100, Nr. 3.

Blick auf die Flexenstraße in Vorarlberg in Österreich.
Herfried Ruhdorfer: VW Käfer, K69.463, 1963.

Schlussbetrachtung

Hier führe ich für jeden Familienverband kennzeichnende Besonderheiten an.

Die Großfamilie **Ruhdorfe**r siedelte hauptsächlich im Gurktal, wobei es sich vorwiegend um Keuschler, Holzknechte und Bauern handelte, die erst in der Generation meines Schwiegervaters Karl Ruhdorfer eine gewerbliche Berufsausbildung genossen. Er war Schuhmachermeister in Gurk und sein Bruder Leo Schneidermeister in St. Georgen bei Judenburg. Ihre Wanderbewegung von einzelnen Gehöften in der Pfarre Strassburg nach Pisweg und Gurk kann man sowohl in den beiden Stammbäumen als auch in den Chroniken nachlesen.

Bei der Großfamilie **Tscherne** handelt es sich vorwiegend um Dienstboten, zumal es sehr oft um unehelich Geborene geht, die von der Inneren Wimitz nach Gurk kamen und dort im Wesentlichen beim vulgo Tandler als Einlegerfamilie ihr karges Dasein fristeten. Bezeichnend für diesen Familienverband ist aber, dass irgendein Vorfahre in der Monarchie mit der Krainer Wallfahrt nach Gurk kam und dort für Nachwuchs sorgte.

Der mit den Tscherne verschwägerte Familienverband der **Hohenwarter** stammt aus Feld-kirchen und umfasste ursprünglich vorwiegend Bauern, in der darauffolgenden Generation Bedienstete des Stiftes Gurk und schließlich den Keuschler vulgo Tandler in Gurk, dessen zahlreiche Kinder mehrheitlich in Gurk und Umgebung siedelten.

Die Großfamilie **Hasenbichler** wirtschaftete zuerst beim vulgo Hanslbauer in Greuth in der Pfarre St. Paul im Lavanttal, von wo später Sohn Mathias zum Bauer beim vulgo Gastl in Legerbuch wurde. In der nächsten Generation heiratete der besitzübernehmende Sohn Johann die Tochter Maria Käfer vom vulgo Meier am Hof, einem bis in die Römerzeit zurück belegten Gutshof in St. Paul im Lavanttal. Alle Besitznachfolger waren dann Bauern beim vulgo Gastl in Legerbuch. Mein Großvater Michael Hasenbichler heiratete die Magd Maria Skubl, deren Mutter und Großmutter auch Mägde waren, die wahrscheinlich wie meine Großmutter mangels an Schulbildung kaum lesen und nicht schreiben konnten. In der Generation meines Vaters Albin Hasenbichler wurden er und sein Bruder Emmerich zunächst zu Knechten, dann zu Hilfsarbeitern. Ihre Schwester Bibiana heiratete einen Großbauern in Fransdorf in der benachbarten Pfarre St. Georgen im Lavanttal.

Mein Vater heiratete nach dem frühen Tod meiner Mutter in zweiter Ehe Anna **Böhm** aus der Pfarre Latschach (ober dem Faaker See). Deren Großfamilie geht mütterlicherseits auf einen Zweig der Familie Böhm in St. Jakob im Rosental zurück, und umfasst väterlicherseits die Großfamilie Taupe, die hauptsächlich in Pogöriach und in den umliegenden Ortschaften der Pfarre Latschach siedelte und dort vorwiegend Keuschler waren und verschiedenem Broterwerb nachgingen.

Schließlich beleuchte ich noch die Großfamilie **Käfer** am Gutshof Meier am Hof in St. Paul im Lavanttal, die sich als Gutsverwalter hauptsächlich aus drei Familienzweigen speisten, nämlich aus dem vulgo Lackner-Zollner im Markt St. Paul im Lavanttal, aus den Bauern beim vulgo Lackner am Herzogberg in der späteren Pfarre St. Georgen im Lavanttal und aus den Nachkommen des Tischlermeisters Köffer Benedict im Markt St. Paul im Lavanttal.

In den Stammbäumen der einzelnen Großfamilien sieht man, wie weit ich in die jeweilige Familiengeschichte eintauchen konnte. Ich entnehme daraus jeweils das Geburtsjahr des ältesten und das Sterbejahr des jüngsten beurkundeten, die Kindheit überlebenden Vorfahren. Die Aufzeichnungen zum Familienverband **Ruhdorfer** beginnen so gesehen 1770 und reichen (über 1850 hinaus) bis 1981 (S. 12 + S. 32). Jene der Großfamilie **Tscherne** reichen von 1834 bis 1979 (S. 54). Vom Familienverband **Hohenwarter** wurden Daten von 1769 (über 1850 hinaus) bis 1979 eruiert (S. 70 + S. 82). Die Großfamilie **Hasenbichler** lässt sich von der Generation vor 1681 (über 1763 hinweg) bis 1999 nachzeichnen (S. 100 + S. 166). Die Auzeichnungen zur Familie **Böhm** reichen von 1856 bis 2008 (S. 144) und jene der Familie

Taupe ab 1819 bis 2008 (ebenfalls S. 144). Und schließlich wurde der Stammbaum der Großfamilie **Käfer** von der Zeit vor 1666 bis 1863 nachverfolgt (S. 166).

Sowohl die Familien- als auch die Vulgonamen wurden erklärt. Familiennamen kommen auch als Vulgonamen vor und können nicht immer voneinander unterschieden werden. Derselbe Personen- oder Vulgoname wurde sehr oft verschieden verschriftet. Von den Stichwörtern geringfügig abweichende Personen- oder Hofnamen wurden durch > gekennzeichnet. Dabei könnte es sich ganz einfach um Schreib- oder Lesefehler oder –varianten handeln. Namen, die ich mit meinem Wortschatz erklären kann, wurden mit (R) versehen. Missverständnisse bei der Verschriftung der einzelnen Namen in den Matriken können durch schlechtes (Hin-) Hören entstanden sein oder auch weil die meisten Leute weder lesen noch schreiben konnten und ihre Namen daher auch nur mündlich an die nächste Generation weitergegeben haben oder aber auch deshalb, weil die Pfarrer den Dialekt der Einheimischen nicht verstanden, und sich umgekehrt Zugezogene nicht deutlich genug auszudrücken wussten. Diese Eigennamen sind sehr ortsgebunden, weshalb sie auch bei jedem Stammbaum extra erklärt wurden. Auffallende Abweichungen vom allgemeinen Schema entstanden durch den von auswärts gekommenen Pfarrer oder zugezogene Personen.

Die Gesamtzahl der beschriebenen Familien- beziehungsweise Vulgonamen wurde aus den Einzelergebnissen bei den einzelnen Familienverbänden ermittelt, wobei doppelt erklärte Stichwörter wegen des riesigen Arbeitsaufwandes und mangels eines geeigneten Computerprogrammes nicht herausgezählt wurden. Zur Großfamilie **Ruhdorfer** gibt es auf S. 43 f. die Haupterklärung, dann auf den S. 45 ff. 80 Familiennamen und auf den S. 47 f. 52 Vulgonamen. Zu **Tscherne** gibt es die Haupterklärung auf S. 61, dann 38 Familiennamen auf S. 62 und 12 Vulgonamen auf den S. 62 f. Zu **Hohenwarter** findet sich die Haupterklärung auf S. 78 f., dann folgen 62 Familiennamen auf den S. 89 f. und 23 Vulgonamen auf den S. 90 f. Zum Familienverband **Hasenbichler** findet man die Haupterklärung auf S. 126, dann sind 132 Familiennamen auf den S. 126 ff. definiert sowie 87 Vulgonamen auf den S. 129 ff. Die Familiennamen **Böhm** und **Taupe** werden auf S. 155 erläutert, die dazugehörigen 88 Familiennamen auf den S. 155 ff. und 38 Vulgonamen auf den S. 158 f. dargestellt. Zum Familienverband **Käfer** gibt es die Haupterklärung auf S. 191 f. und 115 Familiennamen auf den S. 192 ff. sowie 36 Vulgonamen auf den S. 195 f. Das ergibt eine Gesamtzahl an erklärten Familiennamen von 522 und eine Summe von 248 erläuterten Vulgonamen, insgesamt also 770 Eigennamenstichwörter, die hier im I. Teil aufgelistet wurden.

Ich will eigentlich immer nach Gutem streben,
möglichst kein fehlerbehaftetes Beispiel geben,
um das Glück der Zuneigung in Fülle zu erleben.

Abbildungsverzeichnis

Bio-Bibliographie der Autorin

Luise Maria Ruhdorfer wurde 1944 in St. Stefan bei Finkenstein geboren. Sie war bis zu ihrem siebenten Lebensjahr zweisprachig. Nach der Matura an der BHAK Villach arbeitete sie als Notariatsangestellte und Postbeamte. Schließlich gab sie ihren Beruf zu Gunsten der Kindererziehung auf. Sie ist Mutter von vier erwachsenen Kindern, inzwischen verwitwet und Großmutter von fünf Enkelkindern.

Mit 50 Jahren begann sie ein Slawistik- und Romanistikstudium an der Alpen-Adria-Universität Klagenfurt, wo sie 2002 ihr Diplomstudium über das alte slowenische St. Stefaner Passionsspiel des Edwin Müller aus dem Jahre 1931 abschloss. 2008 verteidigte sie dort ihre Doktorarbeit über das Identitätenkarussell der Romanhelden bei Florjan Lipuš erfolgreich. Seither schreibt sie wissenschaftliche und literarische Bücher und Artikel. Sie erhielt auch schon einige Auszeichnungen.

Passionsspielbücher

Das Passionsspiel „Terplenje in smrt Jezusa Kristusa", St. Stefan bei Finkenstein, 1931. [Diplomarbeit.] Klagenfurt: Hermagoras Verlag, 2007. ISBN 978-3-7086-0247-9. A-5, 223 S., 22,00 €. Sponsor: Bundesministerium für Unterricht, Kunst und Kultur, Wien.

Verurteilt zum Tod am Kreuz. Kärntner Christi-Leiden-Spiele. (Redaktion Wilhelm Wadl.) Klagenfurt: Verlag des Kärntner Landesarchivs, 2012 (2011). ISBN 978-3-900531-83-6. A-4, 340 S., 19,50 €. Sponsoren: Kärnten Kultur, Kärnten Kultur Volkskultur, Die Kärntner Sparkasse.

Geboren zum Leiden und Sterben. Kärntner geistliche Volksschauspiele. Remscheid (D): Rediroma Verlag, 2015, BoD, A-4, 337 S., 23,95 €. ISBN 978-3-86870-810-3. Sponsor: LAND KÄRNTEN Kultur

Kärntner Passionsspiele. Remscheid (D): Rediroma Verlag, 2018, BoD. ISBN 978-3-96103-380-5. Din A-5, 40 S., 12,95 €.

Dr. France Kotnik und P. Dr. Romuald Pramberger. Remscheid (D): Rediroma Verlag, 2018, BoD. ISBN 978-3-96103-457-4. A-5, 320 S, 24,95 €. Sponsor: LAND KÄRNTEN Kultur

Bücher zur Lipuš-Prosa

Lipušs Identitätenkarussell. Eine Untersuchung über den Umgang mit Eros, Pathos und Thanatos. [Doktorarbeit.] Remscheid (D): Rediroma Verlag, 2010, BoD, ISBN 978-3-86870-173-9. A-5, 196 S., 15,50 €. (e-Book 2016.)

Elitarnost po Florjanu Lipušu. Slovenske literarne kritike iz periodičnega tiska. Remscheid (D): Verlag Rediroma, 2017, BoD, ISBN 978-3-96103-173-3. A-5, 256 S., 19,95 €. [Elite-Kanon nach Florjan Lipuš. Slowenische Literaturkritiken (in Originalzitaten) aus Periodika.]

Elite-Kanon nach Florjan Lipuš. Slowenische Literaturkritiken [in Originalzitaten] aus Periodika in deutscher Übersetzung. Remscheid (D): Rediroma Verlag, 2017, BoD, ISBN 978-3-96103-201-3. A-5, 272 S., 19,95 €.

Florjan Lipuš im Blickfeld. Deutschsprachige Literaturkritiken aus Periodika. Remscheid (D): Rediroma Verlag, 2022, BoD, ISBN 978-3-98527-757-5. A-5, 328 S., 24,95 €.

Bücher zur Kärntner Volkskultur

Die slowenische Sprache und Kultur in Kärnten. *Erster Band der Reihe Slowenisch als Fremdsprache im Alltag, in der Kirche und in der Literatur. [SAF 1.]* Remscheid (D): Rediroma Verlag, 2016, BoD, ISBN 978-3-86870-961-2. A-4, 185 S., 22,95 €. [Zweisprachigkeit; Florjan Lipuš als Kulturkritiker; Slowenische Gebete, ...; Prosa zur Familiengeschichte.]

Die Finkensteiner Vulgonamen und der Barbara-Zyklus in St. Martin am Techelsberg. *[SAF 2.]* Remscheid (D): Rediroma Verlag, 2016, Bod, ISBN 978-3-96103-006-4. A-4, 160 S., 24,95 €. (Siehe www.flurnamen.at bzw. www.ledinskaimena.si, 29. Mai 2019, pdf-Format. Slow. Volkskundeinstitut Urban Jarnik, Klagenfurt.) [Mit Gedenken am Friedhof St. Stefan-Mallestig-Finkenstein.]

Slowenische Schriftsteller, Reformatoren und Dichter. *[SAF 3.]* Remscheid (D): Rediroma Verlag, 2019, BoD, ISBN 978-3-96103-577-9. A-4, 204 S., 21,95 €.

Slowenische Wortformen mit Anwendungsbeispielen. *[SAF 4.]* Remscheid (D): Rediroma Verlag, 2017, BoD, ISBN 978-3-96103-329-4. A-4, 200 S., 28,95 €.

Zweisprachiger Slowenischkurs für Deutschsprachige. *[SAF 5.]* Remscheid (D): Rediroma Verlag, 2021, BoD, ISBN 978-3-98527-384-3. A-5, 290 S., 24,95 €.

Die Finkensteiner Haus- und Flurnamen. [*SAF 6.]* Remscheid (D): Rediroma Verlag, 2020, BoD, ISBN 978-3-96103-769-8. A-4, 225 S., 23,95 €. [Mit gemeinsamem Gedenken in der Gemeinde Finkenstein und anderswo.]

Gedichte, Erzählungen und Geschichten

klagen-fragen-plagen. NACHDENK-REIME ÜBER VOR-DENKER-TRÄUME. Remscheid (D): Rediroma Verlag, 2010; BoD, ISBN 978-3-86870-196-8. A-5, 166 S., 15,50 €. (e-Book 2014.)

Gott im Verstand, das Herz in der Hand. Erzählungen über ein geglücktes Leben. Remscheid (D): Rediroma Verlag, 2011; BoD, ISBN 978-3-86870-382-5. A-5, 163 S., 16,95 €. (e-Book 2013.) (Siehe http://www.MenschenSchreibenGeschichte.at, Dokumentation, Uni Wien.)

effektiv – perspektiv – normativ. GEDICHTE, PRÄSEN-TATIONEN UND GESCHICHTEN. Remscheid (D): Rediroma Verlag, 2021; BoD, ISBN 978-3-96103-974-6. A-5, 260 S., 18,95 €.

Frei erfundene Geschichten

Mein Amtstag in St. Stephan am Montag, dem 3. September 1647

„Ich bin Hieronymus Rueßdorff, 46 Jahre alt, und verheiratet mit Eleonore, die aus der Wimitz bei St. Veit an der Glan stammt. Ich komme aus Ruhsdorf in der Pfarre Micheldorf. Das liegt zwischen Pöckstein-Zwischenwässern und Hirt, also direkt an der Durchzugsstraße von St. Veit an der Glan nach Hirt und Friesach. Und bei den Burggrafen von Friesach habe ich meine landwirtschaftliche Ausbildung abgeschlossen, also ich wurde im Ackerbau und in der Viehzucht unterwiesen, ich bin Jägermeister und habe mich aber auch mit dem Fischfang beschäftigt und außerdem kenne ich mich in der modernen Waldnutzung aus. Und deshalb hat mich Herr Sigismund Ludwig Graf von Dietrichstein heuer zu Lichtmess, also am 2. Feber 1647, als Besitzer des Meierhofes beim vulgo Neubauer in Outschena ernannt und zum Adjunkten seines Pflegers bestellt."

„Der Herr Graf ist ein sehr fortschrittlicher Burgherr und möchte hier auf seinem Besitz, der zur Burg Finkenstein gehört, in den nächsten Jahren einige Neuerungen einführen, die auf seinem Besitz auf der Hollenburg schon gute Frucht bringen. Er möchte als Burgherr auch hier ganz genau wissen, welche Bauernhöfe und Keuschen zum Bestand der Dietrichsteiner auf Burg Finkenstein gehören, welchen Robot und Zehent sie der hochlöblichen Herrschaft zu leisten haben, was sie dem Herrn Pfarrer von St. Stephan abliefern müssen und wie es um die Dienstboten, also um die Knechte und Mägde, bestellt ist. Außerdem interessiert den Herrn Grafen ganz besonders, welche Handwerker und anderen Gewerbebetriebe es hier gibt und wie die funktionieren. Und ein großes Anliegen ist ihm die Ausbildung seiner Untertanen, denn je zufriedener sein Volk ist, umso weniger Bauernaufstände wird es in Zukunft geben."

„Und nun im Einzelnen. Heute ist Montag, der 3. September 1647, und ich bin mit dem Pfleger auf Burg Finkenstein, Herrn Jakob Stoffl, zu dir nach St. Stephan gekommen, um mit dir zunächst über den Getreideanbau in St. Stephan und Höfling im nächsten Jahr zu sprechen. Der Herr Pfleger wird sich dann mit dir über die Robot und den Zehent unterhalten. Und er wird mit dir, Rupert Waldhauser, über die Geldsummen sprechen, die die Gewerbetreibenden als Abgaben zu leisten haben."

„Bisher gibt es nur wenige Aufzeichnungen aus den Jahren 1531 und 1606 und heuer, also 1647, gibt es einige neue Anwesen, die inzwischen dazugekommen sind. Wir planen für das Jahr 1650 eine umfassende Niederschrift, ein sogenanntes Urbar, in dem alle Häuser mit ihren Besitzern und ihren Leistungen aufscheinen sollen. Ich bin für die Landwirtschaft zuständig, und der Herr Pfleger für die Robot und den Zehent, die Geldleistungen und die Organisation der Sonntagsschule."

„Zunächst gehen wir die Gebäude in St. Stephan und Höfling durch, Rupert, wenn du sie bitte aufzählst, und ich schaue dann im Verzeichnis von 1606 nach, ob die dort schon aufgeschrieben sind. Und die, die dort eventuell noch fehlen, schreibe ich mir auf einer vorläufigen Liste auf. Also, beginnst du bitte hier bei dir, mitten in der Ortschaft St. Stephan, dann kann ich mir das auch leichter merken, wer wo wohnt und wirtschaftet. Ach ja, du erzählst mir das in Windisch, da tust du dir leichter, und der mitgekommene Pferdeknecht, der Tevž, also Matthäus auf Deutsch, übersetzt mir das ins Deutsche. Der kommt nämlich von Ferlach und hat auf der Hollenburg schon beim evangelischen Burgherren und Vorgänger von unserem Grafen Sigismund Ludwig, dem Herrn Bartholomäus von Dietrichstein, gedient. Der Herr musste aber 1633 wegen seinem evangelischen Glauben Kärnten verlassen und hat seinen ganzen Besitz verkauft. Der hat alle Knappen und Pferdeknechte auch in Windisch ausbilden lassen,

damit sie dolmetschen können, wenn ein Verwalter oder Pfleger etwas nicht versteht."

Rupert zählt auf und der Matthäus übersetzt: „Also, dann bin ich der erste Bauer, ich, der Rupert Waldhauser, hab vom meinem Vater, dem Georg Waldhauser übernommen, bei uns ist der Vulgoname zugleich der Familienname, ich bin seither der Dorfvorsteher, also auch für die Gemeinschaftsweide oben in der Dobrowa zuständig. Dann ist neben mir der Kaspar beim vulgo Mörtl. Der Hof besteht schon ganz lang. Und in die andere Richtung ist der Simon Wrann, der nach dem Tod vom Balthasar Fränzl den Hof beim Wranzl übernommen hat. Und dann ist ganz oben auf dem Hügel der Ulrich Hochkofler beim vulgo Gegneritsch, der für die Kirche in St. Stephan abgabenpflichtig ist. Der hat auch eine Keusche, weil dort oben bei ihm viele Leute leben."

Hieronymus: „Ja, und da in der Ortschaft, die anderen Häuser?"

Matthäus: „Ja, also, die sind nicht nach Finkenstein abgabenpflichtig. Der Erian gehört der Herrschaft Wolff Mager, der Roschan dahinter der Kirche in St. Peter bei St. Jakob im Rosental, und der Lenz und der Mesner, das sind die beiden Keuschen rechts vor der Kirche, die gehören nach Treffen beziehungsweise zu einem Stift, ich hab schon vergessen, zu welchem. Den Mesner gibt es auch schon so lang wie den Mörtl. Dann sind neben der Kirche noch die beiden großen Höfe, der Prannt und der Lepuschitz. Die haben den Vulgonamen auch als Familiennamen, der Christoph und der Florian. Die beiden haben auch jeweils eine Keusche, da leben auch ziemlich viele Leute. Und der Lorenz Guetenstainer hat sich vor Kurzem auf meinem ehemaligen Grund eine Keusche gebaut, die hat noch keinen Vulgonamen. Und neben ihm ist der Leonhard Rauchenpacher beim vulgo Ribitsch, der ist zugleich Keuschler, Bachfischer und Pfarrer von Techanting, also wirtschaftet der auch in die Kasse dieses Kirchleins. Und da im Osten, ganz drunten beim Seebach ist der Schmied, der Besitzer ist der Jakob Hochkofler, ein Bruder vom Gegneritsch. Und der Jakob ist nicht nur Schmied, sondern er bewirtschaftet auch noch den halben Pfarrhof in St. Stephan. Und dann gibt es noch den Müller Florian Plaschko unter der Kirche am Seebach, den Lederer Andreas Klemenz in der Keusche auf der anderen Bachseite und seit heuer neu und gleich daneben den Weber Thomas, vulgo Kavc, das heißt auf Deutsch Weber, das sind drei Keuschen. Und am anderen Hügel steht der stolze Pfarrhof, der größte Hof hier in St. Stephan, der zählt aber als Gutshof, der war früher ein Wirtshaus und hatte als einziges Haus schon immer zwei Stockwerke."

Hieronymus: „Also, dann gibt es in St. Stephan fünf Höfe mit zwei dazugehörigen Keuschen sowie fünf weitere Keuschen, darunter gibt es einen Müller, einen Lederer, einen Weber und einen Schmied, die der Herrschaft Dietrichstein auf der Burg Finkenstein untertan sind."

Rupert beziehungsweise Matthäus: „Ja, das ist richtig."

Hieronymus: „Und jetzt die Höflinger Bauern und Keuschler."

Matthäus: „Ja, also, der Martintsch gehört dem Leininger und der Valtitsch der Kirche St. Katharina zu Villach. Das sind zwei der vier großen Höfe in Höfling. Beim Dersoutz ist ein Doppel-Hof, der gehört dem Valentin Dersola, ja, also der zählt als doppelter Hof, weil da auch die Keusche zum Bearbeiten von Hanf und Lein dabei ist, du weißt schon, also eine Hütte zum Kartatschen, mit einer Vorrichtung, damit sich die Leinenfasern vom holzigen Teil des Getreides lösen. Und diese Fasern verarbeitet dann unser neuer Weber zu Leinenstoffen, zu grobem Rupfen und zu ganz feinem Leinen. Aber der Dersoutz ist kein Handwerksbetrieb, sondern die Bauern und Keuschler machen das in Gemeinschaftsarbeit, das Kartatschen. Ist auch immer ganz lustig! Früher gehörte auch die jetzige Froncla-Keusche zum Dersoutz, aber die besitzt jetzt der Franc Sternisch. Also in Höfling sind eine Doppelhube und eine Keusche für Finkenstein. Und dann sind da noch drei ziemlich neue Gewerbebetriebe am Seebach, und zwar der Buatnik, der Sagmeister und der Kateniak. Der Keuschler beim Buatnik nennt sich jetzt Stephan Plätnig, den gibt es schon ein paar Jahre, Sägemeister ist der Simon Hueber und Katerniak ist der Andreas Pecelin. In Höfling sind also alles zusammen eine Doppelhube, zwei Keuschen und zwei Gewerbebetriebe, die zur Herrschaft der Dietrichsteiner auf Finkenstein zählen."

Hieronymus: „Gut, ich danke euch, Rupert und Matthäus. Dass du, Rupert, das alles so auswendig weißt, das ist sehr gut. Also, Matthäus, ich hätte mehr als die Hälfte vom Rupert nicht verstanden. Gut, dass du mit bist und alles so gut übersetzt hast. Ich komme dann zum St. Stephaner Kirchtag wieder bei dir vorbei, Rupert. Und bis dahin erkundigst du dich bei den Bauern, welches Getreide sie nächstes Jahr anbauen wollen. Wir werden das in Zukunft gemeinschaftlich organisieren. Und du schaust auch, welche Geräte die Bauern zum Getreideanbau verwenden. Ich möchte nämlich vom Schmied in St. Stephan neue Zähne für die Eggen machen lassen, und zwar aus Eisen, die halten länger und wirken besser als die jetzigen aus Holz. Aber dafür braucht man dann starke Ochsen oder überhaupt ein Pferd als Zugtier. So ein Gerät kann eine Kuh oder ein Ochse allein nicht ziehen."

Rupert: „Der Mesner läutet gerade zu Mittag. Darf ich euch zum Mittagessen einladen. Gehen wir doch von der Stube in die Küche. Ich bin neugierig, was meine Frau Gutes gekocht hat." (Er öffnet die Tür.) „Hm, es riecht schon so gut herüber in die Stube. – Bitte, nehmt Platz, Herr Hieronymus und Herr Stoffl."

Rupert sprach ein Gebet in Windisch, und seine Frau und Matthäus beteten mit ihm, die Küchenmagd war ganz leise und stand verschämt in der Ecke neben dem Herd, und Herr Stoffl und ich, wir sprachen leise in Deutsch unser Segensgebet und sagten dann aber ganz laut: „Amen." Beim Waldhauser hatten sie schon eine richtige Küche mit einem gemauerten Herd, nicht nur die schwarze Küche mit dem offenen Feuer.

Rupert: „Bog žegni! / Gott segne unsere Speisen!"

Hieronymus: „Ja, das soll er tun, und er soll auch deine Familie und alle St. Stephaner und Höflinger segnen. Und unseren Herrn Pfleger und seine Familie! Und unseren Herrn Sigismund Ludwig auch, und seine Familie, und auch alle Untertanen!"

Die Frau vom Rupert hatte eine köstliche Hühnersuppe zubereitet mit selber gemachten Nudeln und dann gab es das Hühnerfleisch mit gerösteten Erdäpfeln, ich war sehr erstaunt darüber, und als Nachspeise gab es frische Krapfen und zum Trinken frischen Apfelsaft. Der Rupert hatte nämlich eine eigene Obstpresse und vor der Scheune sah ich auch einen Weinstock, aber die Trauben waren heuer noch nicht reif. Wir unterhielten uns auch über den Erdäpfel- und Rübenanbau und ein wenig auch über die Bienenzucht, denn Rupert hatte einen großen Obstgarten gleich beim Haus und drei Bienenstöcke.

Dann war Herr Jakob Stoffl an der Reihe. Ihm musste Matthäus auch dolmetschen, denn er war erst seit einem Jahr der Pfleger auf der Burg Finkenstein, er verstand also auch Vieles nicht, was ihm die Bauern in ihrem windischen Dialekt erzählten. Rupert konnte zur Not schon so viel Deutsch, dass wir uns hätten verständigen können, aber so ging es einfach leichter und schneller.

Und ich kontrollierte dann meine beiden alten Listen und schrieb eine neue. Und ich zeichnete mir einen behelfsmäßigen Plan von St. Stephan, während Jakob mit Rupert (und Matthäus) die nächste Robot und dann den Termin für die Zehentlieferung besprach. Die St. Stephaner mussten die Wege nach Höfling, nach Mallestig und nach Müllnern erhalten. Und auch den Weg hinauf zum Gegneritsch und in die Dobrowa. Da richtete jedes Gewitter großen Schaden an, der Schotter wurde weggeschwemmt, und es entstanden sehr große Schlaglöcher. Drunten beim Müller gab es eine Brücke über den Seebach und am Weg nach Müllnern gab es auch eine Brücke, die sie erhalten mussten.

Dann besprachen sie die Höhe der Getreidelieferungen an die Herrschaft, den Termin dafür, und dass Rupert gleich das gesamte Getreide zum vulgo Mager nach Mallestig bringen sollte, mit einer Liste der Untertanen und der jeweiligen Sorte und Menge. Rupert gab zu verstehen, dass er selber nicht so viel und so gut schreiben könne, um so eine Liste anzufertigen, aber er werde den Mesner bitten, ihm dabei zu helfen.

Schließlich sprachen wir noch gemeinsam über die St. Stephaner Sonntagsschule, die der Mesner leitete. Von Mitte November bis Mitte Februar trafen sich sonntags nach der Messe die Kinder beim vulgo Mesner in der Stube, wo sie zuerst von der Mesnerin was Warmes zu trinken und Reindling zu essen bekamen. Und dann wurden sie vom Mesner im Lesen und Schreiben unterrichtet. Der Mesner besaß zehn Griffel und zehn kleine Schiefertafeln und fünf alte Schreibfibeln, also fünf Teilabschriften aus einer deutschen Schulfibel. Die Kinder lernten Silben zu schreiben und zu lesen, also „Ba, be, bi, bo bu; …; Ma, me, mi, mo, mu“ usw. Und dann lernte jedes Kind seinen Namen schreiben. Und schließlich lernten sie die Marienlitanei und das „Vater unser“ auswendig, alles in Deutsch. Manchmal blieb der Mesner vom Kanzianiberg nach der Messe auch da beim Mesner in St. Stephan. Und der lehrte die Kinder das „Oče naš“ und andere slowenische Gebete, allerdings brauchten sie die nur nachsprechen, also weder lesen noch schreiben können. Die Väter der Kinder bezahlten den Mesner für den Unterricht meist in Naturalien.

Schließlich befragte ich den Rupert noch über die Höfe, Keuschen und Gewerbebetriebe in Mallestig. Und da erfuhr ich schon interessante Einzelheiten. Dort gab es ungefähr 25 Bauernhöfe und gleich viele Keuschen, darunter einen Schmied, der die Pferde auch heilen konnte, einen Wagner, einen Sattler, einen Töpfer. Und es gab dort von der Herrschaft außer dem Dorfvorsteher einen Meierhof, einen Stadler, einen Zechner und einen Robot-Beauftragten. Den Meierhof verwaltete ein Kollege von mir, beim Stadler wurde das Heu und Stroh für die Herrschaft eingelagert, der Zechner beaufsichtigte die Zehentleistungen.

Auch in Mallestig waren nicht alle Bauern und Keuschler Untertanen der Dietrichsteiner auf der Burg Finkenstein, einige Höfe belieferten den Pfarrer von St. Stephan mit Getreide und anderen Produkten. Die Durchzugsstraße von Latschach nach Fürnitz war sehr stark befahren, und daher war es ein großer Vorteil, dass es in Mallestig einige Gastwirtschaften direkt an dieser Straße gab und beim Stadler Heu- und Strohvorräte für die Pferde der Fuhrwerke eingelagert waren. Die Mallestiger hatten den langen Weg durch den Wald hinauf bis zur Burg Finkenstein zu erhalten und den Weg nach Goritschach. Auf den Kanzianiberg hinauf gab es keinen Weg, sondern nur einen Fußsteig, ebenso von Goritschach hinauf zum Illitsch und auf die andere Seite des Grabens zum Truppi und Kopank.

Und am Mittwoch war dann die Ortschaft Goritschach an der Reihe. Dort gab es nach Auskunft des Rupert um die zehn Höfe, einige Keuschen und auch einen Meierhof. Und es hatte dort einmal einen Kohlenmeiler gegeben. Und dann wollten wir am Mittwoch noch den Mesner am Kanzianiberg aufsuchen und mit ihm sprechen. Ich wollte mir auch die Magdalenen-Kapelle und die Kirche ansehen. Den vulgo Illitsch, den Truppi und den Kopank hatten wir zum vulgo Maier in Goritschach eingeladen. „In Goritschach sind fast alle zur Herrschaft der Dietrichsteiner auf Finkenstein gehörig“, sagte der Rupert.

Wir dachten gemeinsam darüber nach, wie wir die aufstrebende Eisenverarbeitung in Müllnern und im Korpitsch-Graben nützen könnten, um bessere Werkzeuge und Geräte für die Land- und Forstwirtschaft zu erhalten, und wie wir den Anbau von Erdäpfeln, Bohnen und Türken fördern könnten, weil diese neuen Produkte für die Ernährung der Bevölkerung dringend notwendig waren, damit es nicht wieder zu Hungersnöten kam. Und wir dachten gemeinsam über neue Rodungen und die Ansiedlung von Zimmerleuten, Gerbern, Sägewerkern, Bergleuten, Kaufleuten und anderen Berufsgruppen nach. Wir brauchten neue Eggen mit Eisenzähnen, neue Pflüge aus Eisen, Hauen, Gabeln und Rechen aus Eisen für die Feldbearbeitung, neue Sensen und neue Sicheln für die Heu- und Getreideernte, neue Dreschflegel aus

Holz und viele hölzerne Reiter, das sind Siebe, und geflochtene Körbe sowie verschiedene Eimer und Häfen aus Blech, das alles für die Getreideveredelung, und dann brauchten wir auch neue Zappel, Hacken und Sägen für die Waldarbeit, neue Krampen und Schaufeln für den Wegebau, neue Kutschen und Pferdewagen sowie Handkarren, neues Ochsen- und Pferdegeschirr und noch vieles andere mehr. In der Reformation, ungefähr von 1550 bis 1600, und in der Gegenreformation, ungefähr von 1601 bis 1640, war nur der Glaube wichtig, ob jemand katholisch oder evangelisch war, die Land- und Forstwirtschaft und auch das Gewerbe wurden völlig vernachlässigt.

„Wir müssten meiner Meinung nach dringend in die Bildung der breiten Bevölkerungsschichten investieren, damit die ihren Beruf besser ausüben können und damit sie dann auch der Herrschaft mehr Einnahmen bringen. Und wir müssten die Mädchen teilweise in Hausarbeit ausbilden. Darüber werde ich dann im Winter mit meiner Frau und der gnädigen Frau auf der Burg Finkenstein sprechen“, sagte ich zum Erstaunen der anderen.

Wir besprachen uns beim Waldhauser bis zum Abendessen. Und danach spielten wir noch Karten und Knobelspiele, der Rupert hatte einen sehr guten Tabak aus Fürnitz, und jeder von uns hatte seine Pfeife dabei, bevor wir uns schließlich so gegen zehn Uhr zu Bett begaben. Und so verbrachten wir einen gemütlichen Abend.

Am nächsten Tag war dann die Besprechung beim vulgo Mager in Mallestig, dem Meierhof. Die war auch sehr interessant und aufschlussreich. Und am Mittwoch trafen wir uns in Goritschach mit dem gleichen Vorhaben. Und wir nahmen uns vor, der Herr Jakob Stoffl, der Matthäus und ich, uns mit dem gnädigen Herrn Sigismund Ludwig sehr bald über die notwendigen Neuerungen im Wirtschaftsleben zu unterhalten, wenn er von seinem Aufenthalt auf der Hollenburg auf die Burg Finkenstein zurückgekommen sein wird.

(Erstveröffentlichung in Slowenisch in der Kärntner slowenischen Kirchenzeitung „Nedelja“ am 18. Juli 2021, als Beilage. – 2. Platz beim Literaturwettbewerb für diese unveröffentlichte Skizze. – Auch veröffentlicht in der „Jepa“ (Zeitschrift des slowenischen Kulturvereines Jepa-Baško jezero (Mittagskogel-Faaker See), September 2021, Jahrgang XXX, Nr. 2 (93), S. 4-6.) – Ich betone hier ausdrücklich, dass ich immer zwei etwas andere Fassungen in Deutsch bzw. Slowenisch veröffentliche, sodass ich meine Texte nie eins zu eins von einer Sprache in die andere übersetze, u. zw. unabhängig vom Genre. Dies gilt sowohl für meine Lyrik- als auch für meine Prosatexte.)

Marias Familiengeschichte

Mittwoch, 4. 12. 1850

Heute ist der Barbaratag, und ich sitze in unserer Küche und schreibe. Ich möchte meine Familiengeschichte aufschreiben, wie ich mich an sie erinnere und wie ich fähig bin, sie zu erzählen, zumal ich nur in die Volksschule gegangen bin, und das alles zusammen nur vier Jahre, aber immer nur im Winter, denn im Sommer habe ich schon sehr jung zu Hause arbeiten müssen. Ich habe bei Bauern oder zu Hause im Haushalt ausgeholfen.

Am Allerseelentag, also am 2. November, heuer ist das auf einem Samstag gewesen, am Vormittag bin ich in der heiligen Messe und dann auch auf dem Friedhof gewesen, und zwar auf dem Grab unserer Nachbarfamilie, weil wir hier in St. Paul im Lavanttal noch kein eigenes Grab haben. Der Herr Pfarrer, ein Benediktinerpater, hat die Gräber gesegnet, und zwar hat er oben beim großen Kreuz angefangen, das mir sehr viel Trost spendet, wenn ich wieder einmal niedergedrückt bin und nicht weiter weiß. An der Außenmauer des Friedhofs befindet sich zuerst das Grab der Benediktinerpater, dann gibt es die Gräber der bedeutenden Familien, der Kaufleute, Notare, Lehrer, Schuldirektoren, anderer Direktoren, Wirte und so weiter. Und dazwischen befinden sich die Reihen mit Familiengrabsteinen oder solchen für Einzelpersonen.

Ich bin Marija (Maria) und jetzt lebe ich in einer Keusche im Granitztal, und zwar ist das die ehemalige Brechelkeusche des Hanslbauern. Und als ich neben den Verwandten der Nachbarfamilie gestanden bin, habe ich an meine Großeltern gedacht, also an die Eltern meines Vaters und meiner Mati (Mutter), obwohl ich über sie gar nichts weiß. Mein Bruder Jože (Josef) hat mir nur einmal erzählt, dass die Eltern unseres Vaters Juden gewesen sind, aber von den Eltern unserer Mati (Mutter) hat auch er nichts zu Näheres gewusst. Ich muss also die Mati (meine Mutter) darüber befragen, wenn die Zeit dafür reif ist und wenn es ihr gesundheitlich schon wieder ein bisschen besser geht.

Zuerst möchte ich die Geschichte meiner Brüder und Schwestern aufschreiben. In meiner Familie gibt es zehn Buben und sieben Mädchen. Also, der älteste Bruder ist der Jozi (Pepi), 1826 geboren. Ich verwende hier absichtlich unsere slowenischen Namen, weil wir ja aus dem Mießtal stammen. Nur hier im Granitztal ist jetzt alles deutsch. Da passen wir uns an. Ich schreibe also unsere deutschen Rufnamen in Klammern dazu. Also, der Jozi (Pepi) ist jetzt Kaufmann in Gutenstein. Und am Stephanitag heiratet er in Unterdrauburg. Dann ist die Nežika (Agnes), die ist 1827 geboren. Die ist mit einem Keuschler verheiratet und hat auch schon ein Kind. Der dritte in der Reihe ist der Vili (Willi), 1828 geboren. Der arbeitet bei einer Zeitung in Wien. Zuerst hat er Pfarrer studiert, aber voriges Jahr hat er das sein lassen, ich weiß aber nicht warum. Der schreibt mir immer.

Wir schreiben uns Podlipnik, außer der Agnes natürlich, weil die schon verheiratet ist und den Schreibnamen ihres Mannes angenommen hat, nur der Vili (Willi), also das heißt der Ludvik, in Deutsch Ludwig, schreibt sich jetzt Unterlindner. Der hat in einem Heim von einem großen Kloster in Oberösterreich gelebt, aber der hat dort so ein fürchterliches Heimweh gehabt, sodass er lieber nach Wien gegangen ist. Was er bei der Zeitung eigentlich arbeitet, weiß ich auch nicht, aber das ist ja auch gar nicht wichtig, wichtig ist nur, dass es ihm jetzt besser geht und dass er sein eigenes Geld verdient. Das sind also die ersten drei in meiner Geschwisterreihe.

Dann ist der Mirko oder Martin. Der ist auch so gescheit wie der Ludwig. Der Martin ist 1829 geboren und Ordensmann. Der lebt in einem Kloster in Klagenfurt. Er wird dort einmal Pfarrer, weil es in Marburg noch kein solches Haus gibt, wo er das studieren kann. Ich weiß nicht, wie so ein Haus eigentlich heißt, wo die Pfarrer studieren. Das ist ja auch nicht wichtig, wichtig ist ja auch nur, dass der Martin weiß, was er werden will. In den Volksschulen haben wir nirgends so eine große Landkarte gehabt, auf der Krain und Kärnten zusammen drauf sind, aber im Geschäft, wo man Papier und Hefte und verschiedene Sorten von Schreibmaterial kaufen kann, habe ich schon gesehen, wie weit es von hier nach Klagenfurt ist und wie viel weiter es erst noch von Unterdrauburg nach Marburg ist. Zu Fuß würde man dorthin sehr lange unterwegs sein.

Dann kommen drei Mädchen, und zwar die Nani (Anni), die Toni (Antonia) und ich, die Marija (Maria). Die Nani (Anni) ist 1831 geboren, die Toni (Antonia) dann 1832 und ich 1833. Wir sind der Reihe nach geboren, jedes Jahr ein Kind, immer im Herbst, nur 1830 hat es kein Geschwisterchen gegeben. Die Nani (Anni) und die Toni (Antonia) sind wo bei einem Bauern als Mägde. Keiner von uns weiß, wo sie jetzt eigentlich sind.

Dann ist der Barti (Bathi, Bartholomäus nach der Schrift, mein Gott sind die deutschen Namen kompliziert!) 1834 geboren, der arbeitet als Streckenarbeiter bei der Bahn. Tomi (Thomas) ist mein nächster Bruder, der 1835 geboren ist, dann ist der Franci (Franzi) wieder ein Jahr später geboren. Die zwei sind Knechte irgendwo bei einem Bauern, nur Gott weiß, wo die wieder sind! Das elfte Kind ist der Hanzi (Hansi), 1837 geboren. Der lebt bei dem alten Mesner hier in der Nähe von St. Paul, und zwar oben bei der kleinen Kirche am Johannisberg. Ich hab mir unsere deutschen Namen wo aufgeschrieben, damit ich nicht vergesse, wie man sie richtig schreibt.

Natürlich haben wir Podlipnik Kinder alle einen amtlichen Namen, einen richtigen Vor-

namen, so wie sie im Kalender zu lesen sind, aber ich verwende hier unsere Namen lieber so, wie uns unsere Mati (Mutter) ruft, weil das für mich leichter ist, denn ich habe in der Schule nie gelernt, wie man alle unsere Vornamen in Slowenisch nach der Schrift schreibt, geschweige denn die deutsche Form davon. Ich habe aber einmal meinen Bruder Hanzi (Hansi) gebeten, dass er mir beim Aufschreiben unserer richtigen Namen hilft, und da schaue ich dann nach, wenn ich das brauche. Die Pfarrer schreiben ja alle Tage eine Taufe auf. Die haben das ja studiert und die können das deshalb ja auch ganz perfekt. Aber unsereins tut sich da einfach wahnsinnig schwer damit. Die Pfarrer kennen ja alle Heiligen auswendig, die wissen ja alle Namenstage und so weiter und so fort.

Dann sind noch drei Geschwister auf die Welt gekommen, nämlich der Rup (Rupert), die Kati (Kathi/Katharina) und der Juri (Georg). Der Rup (Rupert) ist 1839 geboren. Der lebt jetzt mit seinen elf Jahren bei einem Bauern im Süden von St. Paul als Kuhhalter, Hirte, glaub ich, sagt man dazu nach der Schrift. Die Kati (Kathi) ist im Jahr darauf geboren und lebt mit ihren zehn Jahren auch schon beim gleichen Bauern wie der Rup (Rupert), und zwar als Kindermädchen. Sie passt dort auf die Kinder auf und sie muss sie manchmal auch trösten, wenn sie weinen.

Das vierzehnte Kind in unserer Familie ist der Juri (Georg, hier sagt man Jirgl, aber das will ich nicht), 1842 geboren. Der ist bei unserem Vater zu Hause geblieben, der ist aber immer in die Schule gegangen, und zwar immer zwischen Allerheiligen und Palmsonntag, sodass der auch richtig schreiben kann und natürlich auch sehr gut lesen. Der Juri (Georg) hilft unserem Vater in seinen sozusagen verlängerten Ferien beim Schleifen von Scheren, Messern und anderen Schneidwerkzeugen auf den verschiedensten Bauernhöfen im Lavanttal und hinunter bis nach Unterdrauburg beziehungsweise im Granitztal bis hinüber nach Bleiburg.

Über uns, die drei jüngsten Schwestern, schreibe ich dann ein anders Mal was auf.

Mittwoch, 11. 12. 1850

Heute sind die Vorfahren meines Vaters dran. Unser Tati, wie wir ihn nennen, ist fast 46 Jahre alt, er ist zu Weihnachten 1804 geboren, er heißt Jože (Josef) Podlipnik. Die Vorfahren von unserem Tati haben in Marburg gelebt, und zwar im sogenannten Getto, das ist dort neben dem jüdischen Tempel gewesen, also neben der „Sinagoge", wieder so ein schweres Wort. Die haben sich Lindnbaum geschrieben und sind von dort im Jahre 1497 vertrieben worden. Damals ist der Aron Lindnbaum mit seiner ganzen Familie nach Pettau geflohen, später sind sie dann von dort nach Zilli gezogen, und wieder ein paar Jahre später haben sie sich in ein Seitental weiter heroben in die Berge zurückgezogen. Und vor ungefähr fünfzig Jahren, wie der „Napolion" oder wie der französische Kaiser schon geheißen hat, haben sich dort oben in den Bergtälern auch andere Leute versteckt, die im Krieg nicht haben kämpfen wollen, oder solche, die überhaupt nicht zum Militär haben einrücken wollen, um dort in ihren jungen Jahren drei ganze Jahre zu dienen.

Die Eltern meiner Mati sind aber total unbekannt. Sie hat mir erzählt, dass sie heuer am 21. Mai 43 Jahre alt gewesen ist, also ist sie 1807 geboren. Sie ist als Baby vor dem Mesnerhaus gelegen. Einmal hat sie der Mesner eben in der Früh vor sechs Uhr dort gefunden, wie er gerade hat in die Kirche gehen wollen, weil er um diese Uhrzeit immer zum „Engel des Herrn" läutet. Und der Herr Pfarrer hat sie noch am gleichen Tag getauft, und zwar auf den Namen der heiligen Uršula (Ursula), also ist unsere Mati (Mutter) die Urša (Urscha). Sie kann nicht Slowenisch, weil sie später bei einer deutschsprachigen Familie im Banat aufgewachsen ist. In das Taufbuch der Pfarre Egg an der Savinja hat der Herr Pfarrer daher hineingeschrieben: „Uršula Mežnar, Findelkind, Mutter unbekannt." Die Spalte „oče" (Vater) hat er einfach frei gelassen. Unsere Mati (Mutter) ist hier im Granitztal also die „Ursula Podlipnik, geborene Mesner".

Wie unser Tati unsere Mati (Mutter) hat heiraten wollen, hat er keine Papiere gehabt, al-

so das heißt, dass er ohne Dokumente gewesen ist. Unsere Mati (Mutter) hatte welche Papiere, unser Tati aber nicht, weil dem Aron Lindnbaum seine Papiere beim großen Feuer in der Stadt Pettau ganz einfach auch verbrannt sind. Der Rabbi von Marburg hat nämlich alle Neugeborenen ganz genau festgehalten. Dann hat aber der Großvater unseres Vaters seinen Sohn, den Johann Lindnbaum, ganz einfach katholisch taufen lassen. Zwei Männer sind mit ihm zum Herrn Pfarrer gegangen und haben dem gesagt, dass sie ihn gut kennen und dass er Janez Podlipnik heißt. Diese zwei sind dem Großvater unseres Vaters sozusagen als Zeugen zur Hand gegangen und haben für ihn also gebürgt. Eigentlich hieß der aber noch immer Joachim Lindnbaum. Unser Großvater ist also der besagte Janez (Johann) gewesen, der als erster von der Familie unseres Tatis katholisch getauft worden ist. Und weil unser Tati gerne unterwegs ist, wurde er Scherenschleifer, der von Ort zu Ort wandert, mit allerhand Zeug Handel treibt und alle Arten von Schneidwerkzeugen schleift.

Mittwoch, 18. 12. 1850

Heute schreibe ich die sehr tragische Geschichte von unserer jüngsten Schwester, der Rezika (Resi), auf. Zuerst aber noch von unserer Mati (Mutter). Sie ist wahrscheinlich die Tochter einer „schwarzhaarigen Zigeunerin", die einige Zeit auf der Alm ober dem Ort Egg an der Savinja verbracht hat. Die damalige Sennerin hat unserer Mati (Mutter) eines Tages „die Geschichte von ihrer Geburt" erzählt. Zu dieser Zigeunerin ist manchmal ein sehr feiner Herr auf Besuch gekommen. Die zwei haben sich immer auf Deutsch unterhalten, nie haben die miteinander Slowenisch geredet. Und wie unsere Mati (Mutter) drei oder vier Jahre alt gewesen ist, ist dann eine Frau gekommen, die sich als ihre Tante ausgegeben hat, und die Mesnerin hat ihr geglaubt und ihr das Mädchen Urša übergeben, weil die Mesnerin ohnehin viel zu viele Pflegekinder gehabt hat. Und diese Tante hat sie als Mädchen dann zu einem Bauern im Banat gebracht. Urša hat nie eine Schule von innen gesehen, immer hat sie zu Hause auf dem Bauernhof arbeiten und hungern müssen. Wie sie dann zehn Jahre alt gewesen ist, hat sie dann schon als Magd bei einem anderen Bauern gearbeitet.

Und wie unser Mati (Mutter) noch keine zwanzig Jahre alt gewesen ist, haben sie dann geheiratet, unsere Mati und unser Tati, dort oben in Egg an der Savinja, wohin sie einige Zeit davor zugezogen ist. Manchmal hat sie die alte Mesnerin besucht. Ihre ersten Kinder hat sie schon regelmäßig in die Schule geschickt, nur wie die Familie dann immer größer und größer geworden ist, hat unser Tati nicht mehr genug Geld verdient, dass wir alle Kinder das ganze Jahr in die Schule haben gehen können, und unsere Mati (Mutter) hat daheim unsere Hilfe im Haushalt gebraucht, sodass wie nur manchmal im Winter in die Schule geschickt worden sind. Allerdings hat sich der Herr Pfarrer sehr um einige Kinder gekümmert, sonst hätten der Ludvik (Ludwig) und der Martin nie studieren können.

Auch am Freitag, dem 7. Mai 1850, sind wir in der Schule gewesen: der Rup, die Kati, der Juri, der Hanzi und ich, also der Rupert, die Katharina, der Georg, der Johann und ich, die Maria. Auf einmal ist der Schmied in die Klasse gelaufen gekommen und hat geschrien: „Das Wasser kommt! Der Bach geht drüber!" Der Herr Direktor hat sofort dem Šimi (Simon) gesagt, dass er die Schulglocke läuten muss. Wir Kinder stürmten alle in das Vorhaus. Der Herr Lehrer hat dann alle Kinder, die auf der anderen Seite des Baches daheim waren, sicher über die Brücke hinüber geführt und sie dann dort in Gruppen eingeteilt und ihnen aufgetragen, nach welchem Weg sie heute heim gehen müssen. Dann ist er in die Schule zurückgekommen. In der Zwischenzeit haben wir schon unsere Schulsachen zusammengepackt und in unseren Taschen verstaut. Die Schulsachen der anderen Schüler hebt der Herr Lehrer für sie auf, bis sie wieder in die Schule kommen.

Genau an dem Tag bin ich, Marija, auch in der Schule gewesen. Ich bin immer in der letzten Bank gesessen, damit ich nicht störe, weil ich schon älter war als die anderen Kinder, und manchmal habe ich dem Herrn Lehrer sogar was helfen dürfen. Dann sind auch wir nach

Hause gegangen, der Rup, die Kati, der Juri, der Hanzi und ich, die Marija. Und auf der großen Wiese vor dem Haus, in dem wir damals in einem Zimmer gewohnt haben, ist uns schon unsere Mati mit ihren drei jüngsten Kindern entgegen gelaufen gekommen, also sie hat die Rozi an der Hand geführt und die Barbi hat die Rezi getragen.

Alle sind wir dann hinter unserer Mati gegangen, ich hab die Rozi getragen, der Rup die Barbi, und unsere Mati hat selber die Rezi getragen. Die Kati hat den Juri und den Hanzi an der Hand gehalten. Und wie wir oben am Steilhang angekommen sind, hat es gekracht, und die Erde hat auf einmal gebebt, und dann ist einige Meter unter uns auf einmal nichts mehr da gewesen, überhaupt nichts! Der Bach, also die Savinja, hat alles ganz einfach mit sich mitgerissen, überhaupt alles! Die Wiese, die Häuser, die Stadel, alles ist in der Savinja nach unten getrieben. Dort ganz oben ist ein Bauernhaus gestanden, wo wir über die Nacht geblieben sind. Ich erzähle dann nach Weihnachten weiter. Jetzt will ich die traurige Geschichte von unserer Rezi nicht auch noch aufschreiben.

(Erstveröffentlichung in Slowenisch in der Kärntner slowenischen Kirchenzeitung „Nedelja" am 14. August 2022, als Beilage, 4 S, mit dem Titel „Marijina družinska zgodba". Fünftgereiht beim Literaturwettbewerb 2022 für diese unveröffentlichte Skizze.)

In gutem Glauben getauft

Ich heiße Maria und lebe in einer Keusche in St. Jakob an der Straße. Das liegt ungefähr auf der halben Strecke zwischen St. Paul und St. Andrä im Lavanttal. Zu Allerheiligen 1860 war ich zuerst bei der Messe hier in unserer Filialkirche und dann auch auf dem danebenliegenden Friedhof. Da hab ich ein ganz frisches Grab. Heuer im Frühjahr ist nämlich meine Tochter, die Josefine, plötzlich gestorben. Sie war erst zwei Jahre alt. Sie hat plötzlich so hohes Fieber bekommen, direkt geschüttelt hat es sie, dann hat sie die Augen übergedreht und nur noch zweimal kurz drüber geschnauft und dann lag sie einfach nur noch da. Ich war sehr erschrocken. Aber so ist das eben, Gott hat sie mir gegeben und er hat sie mir auch wieder genommen. Heuer im Herbst habe ich meinen Sohn, den Paul, der neun Jahre alt ist, in den Dienst auf den großen Gutshof in Framrach gegeben. Dort ist er Halterbub und es geht ihm ganz gut.

In meiner Jugendzeit war das nicht so. Ich hatte ja sechzehn Geschwister, zehn Brüder und sieben Schwestern. Davon ist die Resi als Kleinkind in der Nähe von Unterdrauburg gestorben und ob meine beiden älteren Brüder, die irgendwo als Knechte im Dienst sind, noch leben, weiß ich nicht. Das gleiche gilt für meine beiden älteren Schwestern, die was weiß ich, wo im Dienst bei einem Bauern sind. Und einer meiner älteren Brüder ist Priester geworden, katholischer Priester. Der ist irgendwo in Mittel- oder Südamerika als Missions--priester tätig. Und mein ältester Bruder lebt in Unterdrauburg. Der ist dort Geschirrhändler und verheiratet. Und ein älterer Bruder arbeitet für eine Zeitung in Wien.

Im Herbst 1850 bin ich dann mit meinen Eltern und den jüngeren Geschwistern aus der Nähe von Unterdrauburg heraufgezogen ins Granitztal. Da habe ich dann bei meinen Eltern in einer Keusche gewohnt und der Bäuerin bei den Näharbeiten geholfen. Mit uns lebten nur noch meine zwei jüngsten Schwestern. Alle anderen Geschwister waren schon so groß, dass sie sich selber ihren Lebensunterhalt verdienen konnten.

Als ich aber bald darauf schwanger wurde, musste ich wo anders unterkommen. Und ich hab meinen Sohn, den Paul, dann im Sommer 1851 schon in der Keusche in St. Jakob zur Welt gebracht. Da habe ich gleich in der Nähe am großen Bauernhof als Küchendirn gearbeitet, zu dem diese Keusche gehört. Und ich habe mir geschworen, mich nie wieder mit einem Mann einzulassen. Aber wie das im Leben so ist, hab ich dann eben vor zwei Jahren im Frühjahr ein Mädchen geboren. Auch ihr hat der Herr Pfarrer den Namen der Tagesheiligen gegeben und deshalb hieß sie Josefine, ähnhlich wie mein ältester Bruder Josef und mein Vater Jože. Und wieder musste die Hebamme dem Herrn Pfarrer sagen, dass der Kindesvater unbekannt ist, als sie meine Neugeborene zu ihm zur Taufe gebracht hat. Und wieder soll der Herr Pfarrer gesagt haben: „Ich taufe auch dich, Josefine, im Namen des Vaters und des Sohnes und des Heiligen Geistes. Und ich taufe dich im guten Glauben, dass auch du ein Geschöpf Gottes bist."

Natürlich weiß ich, wer der Vater meiner Kinder ist, aber erstens ist er verheiratet und zweitens ist er ein Evangelischer. Und er kommt jedes Jahr am 29. Juni nach St. Paul zum dortigen Kirchtag. Er ist ein Standler und handelt mit Kleidern, Schürzen, Kurzware und Stoffen, was die Bauersleute und Dienstboten auf Kirchtagen eben so kaufen. Und er kommt im Herbst auch immer auf den Kolomonimarkt in Wolfsberg. Sein Geschäft hat er in St. Marein am Fuße der Koralpe und von Beruf ist er Schneider. Er kam vor ungefähr fünfzehn Jahren mit seiner Frau aus dem Oberland, aus der Einöde im Gegendtal hierher ins Lavanttal, wo er in St. Marein das Geschäft und die Werkstatt eines alten, alleinstehenden Schneiders übernehmen konnte, der nie eine Frau gehabt hat und auch keine Kinder hatte. Das alles hat er mir jedes Mal so erzählt, wenn wir uns getroffen haben. Bei ihm zu Hause in der Einöde, da gibt es noch sehr viele Evangelische. Und er ist mit seiner Frau auch hier im Lavanttal evangelisch geblieben. Und wenn er unterwegs ist, dann hat er eben sehr gerne Spaß mit einer schönen Frau. Das habe ich mir jetzt vor Kurzem so zusammengereimt.

Aber wenn ich das jemand erzählt hätte, dann hätte der Herr Pfarrer meine Kinder nicht getauft, und ich hätte jedes Mal lange Zeit als Büßerin vor die versammelte Pfarrgemeinde in die Kirche zur Messe kommen und ganz hinten stehen oder knien müssen, im besonderen Büßergewand und begafft von allen Anwesenden. Und das wollte ich nicht. Lieber habe ich mich ganz allein um meine beiden Kinder gekümmert. Und heuer bin ich dann aber nicht mehr zum Kirchtag nach St. Paul und auch nicht zum Kolomonimarkt nach Wolfsberg gegangen beziehungsweise gefahren. Und ich gehe auch sonst auf keine Belustigungen mehr. Lieber mache ich am Sonntag freiwillig Küchendienst bei meiner Bäuerin. Da kann ich was besonders Gutes essen, brauche dafür nichts zu bezahlen und dann kann ich mich am Nachmittag ein bisschen ausruhen. Ich hab diesem Kramer aber ja nie erzählt, wo ich wohne beziehungsweise arbeite, sodass er mich nicht finden kann.

Als Taufpaten habe ich immer den Rossknecht und die Saudirn vom Bauernhof, wo auch ich arbeite, genommen, das heißt ich habe die beiden schon früh genug gebeten, mein Kind mit der Hebamme gemeinsam zur Taufe zu bringen, weil ich Gottes Segen für sie erbitten wollte. Und diese beiden Paten haben mich sehr gut verstanden. Die haben in ihrer Jugend auch nur Not und Elend erlebt und mussten auch beide schon als Kinder sehr früh von zu Hause weg. Und obwohl wir Dienstboten längst nicht jeden Sonntag zur Messe gehen, sind wir doch davon überzeugt, dass es nur einen Herrgott gibt, der alle Menschen gleich liebt, egal ob sie katholisch oder evangelisch, reich oder arm, ehelich oder unehelich geboren sind.

Ich habe ja als Mädchen immer davon geträumt, dass ich glücklich verheiratet sein werde und dass meine Kinder regelmäßig zur Schule gehen werden und dass sie gut schreiben und lesen können und dass sie auch irgendeinen angelernten Beruf ausüben können. Aber ich wollte als Ehefrau auf keinen Fall ein Kind nach dem anderen bekommen wie meine Mutter. Und nun lebe ich nur noch für mich und für den Paul. Ich hab ein bisschen was zusammengespart und das werde ich ihm geben, wenn er neunzehn Jahre alt ist, damit er heiraten kann, auch wenn er nur ein Knecht ist. Und ich träume auch weiterhin davon, dass mein Paul nie was verheimlichen muss, nur damit seine Kinder ohne den Zusatz „Im guten Glauben" getauft werden können.

(Diese Geschichte wurde hier zum ersten Mal veröffentlicht.)